suhrkamp nova

AF783598

Natasha
Lance Rogoff

MUPPETS IN MOSKAU

Die völlig verrückte Geschichte, wie die Sesamstraße *nach Russland kam*

Aus dem
amerikanischen Englisch von
Frank Sievers

Suhrkamp

Die amerikanische Originalausgabe erschien 2022
unter dem Titel
Muppets in Moscow
bei Rowman & Littlefield. An imprint of
The Rowman & Littlefield Publishing Group, Inc.,
Lanham, Maryland

Klimaneutral
Druckprodukt
ClimatePartner.com/14438-2110-1001

Erste Auflage 2023
suhrkamp taschenbuch 5365
Deutsche Erstausgabe
© der deutschsprachigen Ausgabe
Suhrkamp Verlag AG, Berlin, 2023
© 2022 by Natasha Lance Rogoff
Alle Rechte vorbehalten.
Wir behalten uns auch eine Nutzung des Werks
für Text und Data Mining im Sinne von § 44b UrhG vor.
Satz: Dörlemann Satz, Lemförde
Umschlaggestaltung: Rothfos & Gabler, Hamburg,
unter Verwendung des Originalumschlags
von Max Evry und Ian Fried
Druck und Bindung: CPI books GmbH, Leck
Printed in Germany
ISBN 978-3-518-47365-8

www.suhrkamp.de

MUPPETS IN MOSKAU

Inhaltsverzeichnis

DRITTER TEIL
Die Babys werden geboren

Vorwort

Als Kind der 1960er Jahre wurde mir wie allen anderen Menschen im Westen beigebracht, dass ich mich im Falle eines Atomangriffs unter dem Tisch verkriechen oder den Weg zum nächsten Atombunker antreten sollte. In den Abendnachrichten war permanent von der Angst vor dem sowjetischen Feind die Rede, die Populärkultur war durchtränkt von destruktivem schwarzem Humor. Ab und zu gab es dann wieder einen Abrüstungsgipfel, der uns für kurze Zeit Hoffnung auf eine friedliche Zukunft machte.

Man erzählte uns vom »Reich des Bösen« mit seiner Zwangsdoktrin, die das Kollektiv über das Individuum stellte. Dafür wurde die freie Meinungsäußerung geopfert. Kreativität unterdrückt. Kritisches Denken war bei Generationen von Kindern unerwünscht. Zugleich wussten wir um den großartigen historischen Beitrag, den Russland in Kunst, Musik, Theater, Kino und Trickfilm zur westlichen Zivilisation geleistet hatte. Bedeutende Autoren wie Tolstoi, Dostojewski oder Tschechow beflügelten unsere Kultur.

Dann, am 25. Dezember 1991, wurden Hammer und Sichel der sowjetischen Flagge zum letzten Mal eingeholt und durch die drei Balken der Russischen Föderation ersetzt. Darin sahen einige beim Children's Television Workshop, der die *Sesamstraße* produziert, eine große Chance. Die *Sesamstraße* war aus dem Geist des Kampfs gegen die Armut, der Sozialreform von Lyndon B. Johnson und der Bürgerrechtsbewegung geboren worden und hatte ihre ganz eigene, ziemlich geniale Herangehensweise ans Lernen, die von Joan Ganz Cooney erfunden worden und von Jim Henson und seinen Muppet-Puppen inspiriert war. Sie setzte die wirkungsvollen Techniken der Werbung ein, um den

Kindern statt gezuckertem Müsli oder Limonade Buchstaben und Zahlen zu »verkaufen«, und bot ihnen kleine Lehrstücke in Sachen Gemeinschaft, Respekt und Toleranz. Die *Sesamstraße* eroberte Amerika im Sturm. Schon bald wollten auch Deutsche, Mexikaner und Spanier ihre eigene *Sesamstraße* haben. Dafür sollten dort auf der Grundlage der erfindungsreichen amerikanischen Sendung, die Bildung und Unterhaltung kombinierte, eigene Fassungen erstellt werden, die Sprache und Gewohnheiten, Humor und Musik des jeweiligen Landes für sich nutzten, um die Kinder und ihre Familien zu erreichen.

Der Zusammenbruch der UdSSR setzte eine Art »Goldrausch« in Gang. Alle wollten aus der Privatisierung Profit schlagen und neue Unternehmen gründen. Wir vom Children's Television Workshop fanden jedoch, dass sich nicht gerade viele Westler bemühten, den russischen Kindern und Familien respektvoll und partnerschaftlich zu begegnen und ihnen positive, ganzheitliche Ideen aufzuzeigen. Das wollten wir durch eine russischsprachige, multikulturelle Adaption der *Sesamstraße* ändern, die nicht nur in Russland, sondern auch in der Ukraine, Georgien und dem gesamten ehemaligen Sowjetreich ausgestrahlt werden sollte.

Vielleicht war das visionär. Vielleicht war es naiv. Oder beides. Auf jeden Fall trafen wir in Russland auf einige fantastische Menschen, mit denen wir über eine einst unüberbrückbare Kluft hinweg zusammenarbeiten konnten. Gemeinsam gelang es uns, die beeindruckende kreative Energie vieler Autoren und Künstlerinnen zu entfesseln und in einer Gruppe von Personen auf beiden Seiten des Atlantiks, die sich verständlicherweise skeptisch gegenüberstanden, etwas Neues zu schaffen.

Dreißig Jahre danach erzählt nun Natasha Lance Rogoff die wundersame Geschichte nach, wie wohlmeinendes Streben auf realpolitische Hürden stieß. Auf mehreren Reisen nach Moskau lernte ich Natashas Gewandtheit im Umgang mit anderen Kulturen wie auch ihre Unnachgiebigkeit kennen, die sich als die geheime Zutat für unseren Erfolg herausstellen sollten. Trotz größter Risiken und Schwierigkeiten gelang es unserem Team aus Amerikanern und Russen, für Millionen von Kindern in Russland, der Ukraine und der gesamten ehemaligen Sowjetunion etwas Bleibendes zu schaffen. Vor allen Dingen hoffe ich, dass die Leserinnen und Leser dieses Buches einen Quell der Inspiration darin entdecken werden, wie unsere Mitarbeiter in einem unsicheren Umfeld als Gruppe zusammengeschweißt wurden, um einen Beitrag zu einer besseren Welt und zur Achtung der Menschenwürde zu leisten. Wir könnten heute einen solchen Quell der Inspiration ganz sicher wieder gut gebrauchen.

Gary E. Knell
Ehemaliger President und CEO von
Children's Television Workshop

Einleitung

1993 hat mich Sesame Workshop, das Unternehmen, das die *Sesamstraße* produziert, als Produktionsleiterin eingestellt, um die amerikanische Kultsendung für Russland zu adaptieren. Vier Jahre lang hatte ich das Glück und die Ehre, mit Hunderten großartiger Künstler, Autorinnen, Schauspieler und Fernsehschaffender zusammenzuarbeiten, um die *Uliza Sesam* – wie die *Sesamstraße* auf Russisch heißt – zu Millionen Kindern in der ehemaligen UdSSR zu bringen.

Das Sowjetregime endete am 26. Dezember 1991, und die Führer der westlichen Welt investierten in ihrer Freude über den Untergang des Kommunismus Milliarden, damit sich Russland in eine Demokratie westlicher Machart verwandelte. In den USA setzte sich der damalige Senator Joe Biden als einer der Ersten für eine internationale Fassung der *Sesamstraße* ein. Er und seine Kollegen hielten die Muppets für die idealen Botschafter, um den Kindern in der ehemaligen Sowjetunion demokratische Werte und die Vorzüge einer freien Marktwirtschaft zu vermitteln.

Was Senator Biden, der US-Kongress und Sesame Workshop jedoch allesamt verkannten, war der Widerstand, den diese Puppensendung in der postkommunistischen Nation entfesseln würde. Obwohl ich selbst einen großen Teil meiner noch jungen Karriere in Russland verbracht hatte, unterschätzte auch ich, welchen Herausforderungen wir mit den Muppets begegnen würden. Den Überschwang und Idealismus der *Sesamstraße* für Mütterchen Russland zu übersetzen war nicht nur unglaublich schwierig, sondern auch unglaublich gefährlich.

Als Produktionsleiterin landete ich in der surrealen Fernsehlandschaft Moskaus, in der Bombenanschläge, Mord und politische Unruhen nahezu an der Tagesordnung waren. Während unserer Produktion wurden mehrere Führungskräfte russischer Fernsehsender – enge Mitarbeiter und potenzielle Sendepartner – ermordet, und ein weiterer kam beinahe durch eine Autobombe ums Leben. An dem Tag, als russische Soldaten mit ihren AK-47 in unser Produktionsbüro eindrangen und Drehbücher, Zeichnungen und Ausrüstung beschlagnahmten – ja sogar unser geliebtes lebensgroßes Maskottchen Elmo –, meinten die meisten meiner amerikanischen Freunde, ich solle Moskau verlassen, solange mir das noch möglich sei.

Doch trotz der physischen Gewalt, die unsere Produktion bedrohte, blieb ich, weil mich die kulturellen Kämpfe fesselten, die nahezu jeden Aspekt der Sendung betrafen – vom Drehbuch über die Musik bis hin zur Entwicklung der russischen Muppets. Ich stellte fest, dass bei der Adaption der amerikanischen Kindersendung in Moskau nicht selten die progressiven Werte der *Sesamstraße* gegen dreihundert Jahre russischen Gedankenguts antraten. Das Aufeinanderprallen unterschiedlicher Ansichten über Individualismus, Kapitalismus, ethnische Zugehörigkeit, Bildung und Gleichheit bot mir einen Einblick in die kulturellen Konflikte zwischen Ost und West, die bis heute deren Beziehungen dominieren.

Wenn ich mir überlege, dass ich mehr als zehn Jahre in der ehemaligen Sowjetunion gearbeitet hatte, bevor ich von der *Sesamstraße* engagiert wurde, hätte ich auf den erbitterten Widerstand, der uns entgegentrat, eigentlich besser vorbereitet sein müssen.

Als Jugendliche lernte ich die russische Literatur kennen und lieben und änderte sogar meinen Namen von Susan zu Natasha. Auf dem College studierte ich Russisch und mit 22 Jahren ging ich als Austauschstudentin in das damalige Leningrad. Nach einem halben Jahr konnte ich fließend Russisch und freundete mich mit vielen Künstlerinnen und Dissidenten an. Ich veröffentlichte in größeren internationalen Zeitschriften und Zeitungen Artikel über die sowjetische Subkultur, unter anderem »Gay Life in the Soviet Union« (»Schwules Leben in der Sowjetunion«), eine 1983 im *San Francisco Chronicle* erschienene Enthüllungsstory, die als eine der ersten von der Verfolgung der LGBTQIA*-Community in Sowjetrussland berichtete. Im selben Jahr heiratete ich einen schwulen Freund, um ihm zu helfen, dem Unterdrückungsregime zu entkommen.

Mitte der 1980er Jahre wollte ich Diplomatin werden und begann ein Studium an der School of International and Public Affairs der Columbia University, in dem ich mich vor allem mit sowjetischer Außenpolitik beschäftigte. Den Sommer über arbeitete ich als freiberufliche Fernsehjournalistin für CBS und NBC News in Moskau. Doch dann holte mich meine Zeit als Aktivistin wieder ein: In meinem zweiten Studienjahr erhielt ich ein Stipendium für eine Stelle im US-Außenministerium, für die ich eine strenge Sicherheitsüberprüfung durchlaufen musste.

Während des Gesprächs im Hauptquartier des FBI verließ ich einmal den Konferenzraum, um zur Toilette zu gehen. Als ich zurückkam, hörte ich vom Gang aus, wie der das Gespräch leitende FBI-Agent in seinem schleppenden Südstaatendialekt zu seinem Kollegen sagte: »Diese Frau können wir auf keinen Fall für die Regierung der Vereinigten Staaten von Amerika arbeiten lassen. Sie hat mit zwei Arten von Leuten zu tun, die bei uns tabu sind: Roten und Queeren.«

Sicherheitsüberprüfung nicht bestanden.

Nun, da ich nicht für die US-Regierung arbeiten durfte, flog ich wieder nach Moskau, wo ich das Glück hatte, eine Stelle in der Produktion der vierstündigen Fernsehserie *Inside Gorbachev's USSR (Innenansichten aus Gorbatschows UdSSR)* für PBS zu bekommen. Die Serie wurde mit dem Dupont-Columbia Journalism Award ausgezeichnet. Anschließend drehte ich einen abendfüllenden Dokumentarfilm, *Russia for Sale: The Rough Road to Capitalism (Russland zu verkaufen: der harte Weg zum Kapitalismus)*, der 1993 auf PBS ausgestrahlt wurde und breite Anerkennung erhielt.

Wegen meiner Erfahrungen bei Film und Fernsehen in Russland wurde ich sodann von Sesame Workshop für die Produktion der *Uliza Sesam* eingestellt, wofür ich ihnen bis heute dankbar bin. Durch die Muppets erhielt unsere kleine Gruppe amerikanischer Kinderfernsehen-Macher einen beispiellosen Einblick in das innerste Heiligtum des ehemaligen sowjetischen Staatsfernsehens und in das Verständnis der Russen von sich selbst, vom Westen und von der Zukunft ihrer Kinder, früher wie heute. Meine amerikanischen Kollegen und ich begriffen erst später, dass wir damals die schwankenden Gezeiten, die Putins repressivem Regime vorausgingen, aus nächster Nähe miterleben konnten.

Nur wenige von uns sahen zu der Zeit schon voraus, wie sehr sich die Beziehungen zwischen dem Westen und Russland nach der Jahrtausendwende verschlechtern würden. In westlichen Spielfilmen und im westlichen Fernsehen wurden Russen üblicherweise als Schläger, Verbrecher, Prostituierte oder korrupte Oligarchen dargestellt. Diese nahezu weltumspannende Karikatur wurde mir mit der Zeit immer unerträglicher, da sie nicht mit meinem Bild von Russland übereinstimmte, wo ich viele leidenschaftliche, brillante Menschen kennengelernt hatte, normale Bürger ebenso wie Künstlerinnen.

Ich hoffe, mit dieser Geschichte zeigen zu können, dass unsere beiden Kulturen trotz zahlreicher Unterschiede immer noch sehr viel gemeinsam haben. Alle Russen wünschen sich für ihre Kinder ein freieres, glücklicheres Leben. Die unglaublichen Risiken, die meine russischen Mitarbeiter auf sich nahmen, und die Opfer, die sie für die *Sesamstraße* bereit waren zu bringen, sind Ausweis ihres außerordentlichen Engagements, um der nächsten Generation die Hoffnung auf eine hellere, freundlichere und friedlichere Zukunft zu geben. Das ist für mich das Vermächtnis der Muppets in Moskau.

ERSTER TEIL

Leichen und Lizenzen

»Russland hat eine lange, reiche und ehrwürdige Puppentradition, die bis ins 16. Jahrhundert zurückreicht. Wir brauchen Ihre amerikanischen Püppchen in unseren Kindersendungen nicht.«

Lida Schurowa, Chefautorin der *Uliza Sesam*

1

Back in the ~~USSR~~ ... im neuen Russland

Frühjahr 1993

Auf dem Nachtflug von New York nach Moskau herrscht eine Atmosphäre wie auf dem Rummel, alle wollen am neuen Russland teilhaben. Manche wollen Geld oder Sex, andere die Demokratie bringen oder verlorene Seelen retten. Und jetzt mische auch ich in dem Ränkespiel mit, das Russland in eine neue Zukunft führen soll. Aber mein Zaubertrank heißt nicht Religion oder Politik. Ich habe eine Fernsehsendung für Kinder im Gepäck.

Plötzlich, am anderen Ende meiner Sitzreihe, ein Juchzer, der die umliegenden Passagiere in der abgedunkelten Kabine aufweckt. Ich drehe den Kopf und sehe einen Typen Mitte zwanzig, massige Schultern, auf dem Sweatshirt der Schriftzug YALE BULLDOG. Über den schimmernden Laptop gebeugt grinst er seinen Sitznachbarn an und macht anzügliche Kommentare. Als ich den Kopf recke, sehe ich, dass sich die beiden gerade durch eine Fotogalerie mit dem Titel »Hot Russian Babes« scrollen. Seit dem Zusammenbruch des Sowjetkommunismus ist Moskau ein Magnet für junge Männer ihres Schlags: großspurige Typen frisch von der Elite-Uni, Investoren, Banker und Rechtsanwälte mit Geilheit und Dollarzeichen in den Augen. Sie werden über Nacht Millionen machen und mit bettelarmen slawischen Schönheiten ins Bett steigen, die für die Hundert-Dollar-Halskette, die sie ihnen spendieren, drei Monate schuften müssten.

Eine Stewardess bleibt neben mir stehen und bietet mir einen Drink an. Ich fliege zum ersten Mal Business-Class und kann es kaum glauben, dass jemand anders, nämlich Sesame Workshop, meinen Flug bezahlt. Ich nehme ein Glas Champagner und nippe daran. Der Passagier neben mir wedelt mit der Hand und bittet um ein Glas Wasser. Er sei Mormone und habe in Moskau eine Mission zu erfüllen. Ich schaue mich um. Überall sitzen Vertreter verschiedenster Glaubensrichtungen – Mormonen, Christen, orthodoxe Rabbis –, die vermutlich allesamt hoffen, die Menschen im postkommunistischen Russland zur Religion zu bekehren und den Atheismus zurückzudrängen.

Mein Sitznachbar ist jetzt vollends wach, reibt sich die Augen und entschuldigt sich für sein Schnarchen. Dann reicht er mir über die Armlehne hinweg die Hand und stellt sich vor. Er sei Wirtschaftswissenschaftler. »Das ist jetzt das sechste Mal in zwei Monaten, dass ich nach Moskau fliege«, sagt er, wie um seine Erschöpfung zu erklären.

Als ich ihn frage, was er dort macht, schaut er durchs Fenster und stiert in die Wolken. »Ich bin mit einigen anderen Wissenschaftlern damit betraut, den Kapitalismus dort anzukurbeln.« Er spricht vom freien Markt, der sich gerade etabliert, und redet dabei so langsam, als spräche er mit einem Kind. Das kränkt mich nicht. Ich habe mich nie ernsthaft mit Wirtschaft beschäftigt. »Wir versuchen, den Russen die Werkzeuge an die Hand zu geben«, fährt er fort, »die sie für den Übergang zur Privatwirtschaft benötigen.« Am Ende des Satzes ebbt seine Stimme ab, so als würde er selbst nicht daran glauben, dass das gelingen könnte.

Er starrt weiter aus dem Fenster und versinkt in Gedanken, dann wendet er sich mir wieder zu und sagt mit einer gewissen Dringlichkeit in der Stimme: »Wir müssen die Planwirtschaft beenden, damit etwas Neues an ihre Stelle treten kann. Wenn wir das nicht schaffen, wird Russland wieder im Kommunismus versinken oder in etwas noch Schlimmerem.«

Ich vermute, ich soll denken, er sei einer von den Guten. Ganz überzeugt bin ich nicht, dass er es ist, aber ich nicke und denke bei mir, dass er ein bisschen wie Nostradamus klingt. Soweit ich es beurteilen kann, könnte er dennoch mit seiner Prophezeiung recht haben. Ich war zwei Jahre nicht mehr in Russland und habe keine Ahnung, inwieweit sich das Land inzwischen verändert hat.

Da kehren bei meinem Sitznachbarn die gesellschaftlichen Manieren zurück und er fragt mich mit schiefem Lächeln: »Und was machen Sie in Moskau?«

»Ich bringe die *Sesamstraße* nach Russland«, erwidere ich. Fühlt sich überraschend gut an, das einmal laut zu sagen. Dadurch wird es gleich greifbarer, und ich bin fast schon überzeugt, dass es auch tatsächlich gelingen könnte.

Er kichert: »Oh, verrückt.«

Für meine Begriffe sind unser beider Ansinnen in ähnlichem Maße verrückt, was ich aber lieber für mich behalte.

Drei Stunden später landet das Flugzeug auf dem heruntergekommenen Flughafen Moskau-Scheremetjewo 2. Während wir über den löchrigen Asphalt holpern, kommt mir der Beatles-Song »Back in the USSR« in den Sinn und ich singe ihn lautlos vor mich hin. Durch den Nieselregen sehe ich auf dem vertrauten Beton-Terminal die breiten Lettern »MOSKWA«. Bei dem Anblick steigen gleichermaßen Grauen und Hochgefühl in mir auf.

Ich schiebe mich mit den anderen Passagieren auf eine Gangway, die zu einem engen, mit kugelsicherem Glas verkleideten Korridor führt. An beiden Enden des Korridors stehen jeweils zwei Grenzpolizisten mit versteinerter Miene und Maschinengewehr und blicken stur geradeaus, wie ernste Statuen.

Die Masse schiebt mich weiter eine schmale Treppe hinab, bis ich den briefmarkengroßen Bereich der Grenzkontrolle erreiche. Immer mehr Passagiere kommen hinzu und drängen sich auf engstem Raum. Schweißgeruch mischt sich mit dem Rauch der Zigaretten, die sich die russischen Passagiere nach dem Flug angezündet haben, froh, endlich wieder in einem Land zu sein, in dem das Rauchen an öffentlichen Orten noch nicht verboten ist. Es hat sich nicht viel verändert. Trotz der rasanten Entwicklung des Landes tragen die Beamten immer noch die olivgrauen

Uniformen der Sowjet-Ära. Ich blicke nach oben und sehe die zylindrischen Kupferröhren, die für die Olympischen Spiele 1980 installiert worden sind. Die Lampen sind nach wie vor staubverkrustet. Es hat sich offenbar nichts verändert – außer dass noch mehr Birnen durchgebrannt sind.

Die Schlange schiebt sich im Rhythmus gestempelter Dokumente voran. Nach zwanzig Minuten brausen allmählich die Gemüter auf. Als sich eine fast blinde Frau mit Brillengläsern, dick wie der Boden einer Colaflasche, an den anderen Passagieren vorbeizwängt und allen, die ihr im Wege stehen, ihren weißen Stock in die Beine rammt, schütteln mehrere Leute gereizt den Kopf. Eine Russin quäkt: »Wofür hältst du dich, Frau?«

Ich stutze. Wer schreit denn bitte eine alte, behinderte Frau an? Als ich ein paar Minuten später die Passkontrolle hinter mir lasse und zur Gepäckausgabe gehe, sehe ich die Frau wieder. Sie hat Stock und Brille abgelegt und besitzt noch Augenlicht genug, um schnurstracks zum Gepäckband zu stapfen und sich leichthändig ihren überdimensionierten Koffer zu greifen. Ich kichere. Es ist wirklich sehr lange her, dass ich zuletzt in Russland war – ich muss dringend meinen Bullshit-Peiler neu justieren.

2

Wie ich zur *Sesamstraße* kam

Ein russischer Gepäckabfertiger im dunklen Arbeitsanzug wirft achtlos die Koffer aufs rotierende Gepäckband. Wie in Trance schaue ich ihm zu und denke daran zurück, wie alles begann. Vor einem halben Jahr war ich in New York, um an der Columbia University, an der ich studiert habe, meinen Dokumentarfilm über Russland vorzustellen. Im Hörsaal dreihundert Menschen, darunter zwei ehrwürdige Redner: Carl Levin, der dienstälteste Senator von Michigan, und Pamela Harriman, die legendäre Grande Dame der Demokraten, die wesentlich dazu beigetragen hat, dass Bill Clinton ins Weiße Haus einziehen konnte. Mit ihrem leicht stockenden britischen Akzent stellte sie meinen Film vor und lobpreiste das russische Volk: »Viele denken, die Russen seien ein passives Volk, das nur die Hand aufhält und nach unserer Hilfe schreit, aber das ist nicht wahr. Dieser Film zeigt uns, wie entschlossen die Russen sind, eine neue, offenere Gesellschaft aufzubauen.«

Nach der Podiumsdiskussion wurde ich von Gary Knell und Steve Miller angesprochen. Knell war Senior Vice President für Unternehmensfragen bei Sesame Workshop, Miller Vice President der Abteilung Internationales Fernsehen. Sie stellten sich vor und fragten mich, ob es mich interessiere, zusammen mit ihnen die *Sesamstraße* nach Russland zu bringen.

Ich war sprachlos. Ich konnte mir beim besten Willen nicht vorstellen, warum diese Fernsehleute meinten, ausgerechnet ich könnte ihnen bei der Produktion einer Kindersendung von Nutzen sein – nachdem sie gerade noch das düstere Bild gesehen hatten, das ich in meinem Film von Sowjetrussland zeichne. Verwirrt erklärte ich ihnen, ich hätte noch nie fürs Kinderfernsehen gearbeitet und mit echten Kindern hätte ich sogar noch weniger Erfahrung.

Aber Knell ließ sich trotz meines Stirnrunzelns nicht so schnell davon abbringen. »Ach, wir können uns doch einfach mal treffen«, sagte er augenzwinkernd. »Denn wer kann zu Elmo schon Nein sagen?«

Ich hielt mich zwar für die denkbar schlechteste Besetzung für eine Kindersendung, aber das Angebot reizte mich. Und so stimmte ich zu, ihn in der nächsten Woche in der Firmenzentrale der *Sesamstraße* zu einem Gespräch zu treffen – im »Workshop«, wie es unter Insidern heißt.

Der »Workshop« liegt auf der West 64th Street, Ecke Broadway. Als sich die Fahrstuhltür öffnete, fand ich mich jäh in einem anderen Universum wieder – Wände in prallen Primärfarben, von denen mich riesige gerahmte Fotografien von Bibo und Elmo anstarrten. Taufrisch aussehende Twens saßen ernst an ihren Schreibtischen, die sie mit neckischem Kinderspielzeug ausstaffiert hatten – Actionhelden aus Plastik, Gummibällen, Muppetpuppen.

Als ich diese edlen Kreuzritter der Kinderfreuden sah, fühlte ich mich sofort fehl am Platz. Auch nicht besser wurde es, als mich eine elegant gekleidete und perfekt frisierte Dame in einen Konferenzraum führte. Mit Jeans, T-Shirt und Hoodie hatte ich mich nicht gerade passend gekleidet für mein Einstellungsgespräch. Ich kam mir ziemlich idiotisch vor. Aber das ließ sich jetzt auch nicht mehr ändern. Schon schritt Knell herein, begleitet von einem hochaufgeschossenen schlanken Mann.

Ich freute mich, Knell wiederzusehen. Er stellte mir den Vice President der Abteilung Internationale Produktionen vor, der mein Vorgesetzter sein würde, sollte ich die Stelle annehmen. Wir setzten uns an einen Konferenztisch und Knell erklärte mir, dass er schon seit einiger Zeit mit seinen Kollegen versuche, die *Sesamstraße* nach Russland zu verkaufen. So hatte der President des Unternehmens im Januar 1992 beim Senat vorgesprochen und im Haushaltsausschuss für Auswärtiges, dessen Vorsitz Senator Biden innehatte, dargelegt, die *Sesamstraße* könne dazu beitragen, in Russlands postkommunistischer Gesellschaft demokratische Werte zu fördern.

Ich nickte zu allem, was er sagte, konnte mir aber nach wie vor keinen Begriff davon machen, welche Rolle ich nun bei dem Ganzen spielen sollte. Offenbar würde meine erste Aufgabe darin bestehen, einen Partner in Russland zu finden, mit dem Sesame Workshop eine russische Ausgabe der *Sesamstraße* produzieren könnte. Knell schmeichelte mir und erklärte glaubhaft, meine Beziehungen zum Moskauer Fernsehen wären dabei von unschätzbarem Wert.

Ich fragte ihn, ob sie nur die amerikanische Fassung synchronisieren oder eine neue Sendung produzieren wollten, was sehr teuer wäre.

Knell antwortete: »Unsere Idee ist, die Hälfte der Serie in Moskau zu produzieren und die andere Hälfte aus dem internationalen Archiv der *Sesamstraße* zu bespielen.«

Ich hatte meine Zweifel, ob die neue russische Regierung Geld für eine solche Sendung ausgeben würde, wo es doch so viel drängendere Probleme gab. Dann fragte ich ihn, ob er erwarte, dass das russische Staatsfernsehen die Produktion bezahle.

Da griff Knell nach der Mitschrift der Anhörung im Kongress und las aus der bewegenden Einlassung der stellvertretenden russischen Unterrichtsministerin Elena Lenskaja vor: »Unser System braucht eine neue Offenheit und Eingliederung in die globale Welt um uns herum. Unsere Kinder sind sehr lange von den anderen Kindern in der Welt abgeschnitten gewesen. Aber um miteinander kommunizieren zu können, brauchen sie etwas, das sie alle gemeinsam haben ... Das sollte nicht der *Terminator* sein oder *Rambo*, was gerade [im russischen Fernsehen] zu sehen ist, sondern die *Sesamstraße*.«

Ich war beeindruckt. »Das ist großartig als Unterstützung.«

Knell warf mir ein verschmitztes Lächeln zu. »Und genau deshalb brauchen wir Sie – braucht Russland Sie.«

Ich unterdrückte ein Grinsen und wies darauf hin, dass es jede Menge Leute gebe, die Erfahrung mit Kindersendungen hätten und sich für diese Aufgabe doch viel besser eigneten. Und dass ich für meine Dokumentarfilme immer nur mit einem kleinen Team gearbeitet hätte, weil es nicht gerade zu meinen Stärken gehöre, anderen Menschen zu vertrauen.

Aber Knell fuhr einfach mit seinen Schmeicheleien fort, die mir derart peinlich waren, dass ich fast Ja gesagt hätte, nur damit er endlich den Mund hielt.

Doch da verzog der Leiter der Abteilung Internationale Produktionen, der bis jetzt noch kein Wort gesagt hatte, das Gesicht zu einer schmerzverzerrten Grimasse und erhob die Stimme. Er sei letztes Jahr in Russland gewesen und seine Gastgeber hätten ihn in ein dreckiges Hotel gesteckt, wo es nichts zu essen gab und die Fensterscheibe in seinem Zimmer gesprungen war. Er legte den Kopf schief, nach links, nach rechts und meinte: »Kein einziger Russe, mit dem ich gesprochen habe, hat sich für die *Sesamstraße* interessiert. Die waren alle nur auf ausländisches Geld aus.«

Ich sah, wie Knell beim nächsten Satz meines »zukünftigen Vorgesetzten« kurz das Gesicht verzog.

»Meiner Ansicht nach ist jetzt nicht der passende Zeitpunkt, um eine große Koproduktion in Russland anzuleiern«, sagte er. Er befürworte eine andere Herangehensweise: Er wollte es in Russland erst einmal langsam angehen lassen und *Open Sesame* zeigen, eine internationale Version der *Sesamstraße*, bei der sehr viel weniger Originalmaterial benötigt wurde. Zwischen den beiden Herren lag eine spürbare Spannung.

Ich wechselte das Thema und fragte, mit welchem Budget sie planten.

Knell erklärte mir, die Behörde der Vereinigten Staaten für internationale Entwicklung (USAID), der für Auslandshilfe zuständige Arm der amerikanischen Regierung, werde Sesame Workshop für die Produktion der *Sesamstraße* in Russland in Kürze eine größere Summe zur Verfügung stellen. Zusätzliche Gelder kämen dann noch vom russischen Staatsfernsehen oder von privaten russischen Investoren, sodass das Gesamtbudget für die *Uliza Sesam* zwischen 6 und 10 Millionen US-Dollar betragen werde (heute umgerechnet etwa 14 bis 18 Millionen Euro). Und dabei seien Sachwerte, die das russische Fernsehen bereitstellen werde, wie die Nutzung des Fernsehstudios und der Ausrüstung, noch gar nicht mit eingerechnet.

Ich fiel fast vom Stuhl. Das Gesamtbudget für meinen Beitrag über Russland auf PBS lag weit unter einer Million. Noch dazu konnte man mit amerikanischen Dollar in Moskau zehnmal so viele kreative Köpfe und Helfer bezahlen wie im Westen.

Am Ende unseres Gesprächs versicherte mir Knell, ich sei »die ideale Person für diesen Job« und jetzt sei »genau der richtige Zeitpunkt«.

In den nächsten Tagen suchte ich die Regale meiner Stadtteilbibliothek ab und verschlang alles, was ich über Joan Ganz Cooney, die Gründerin der *Sesamstraße*, und Jim Henson, den legendären Erfinder der Muppets, finden konnte. Ich wusste über die *Sesamstraße*, was wohl jeder darüber weiß, hatte sie aber als Kind nicht gesehen, geschweige denn als Erwachsene. Jetzt schaute ich die Serie am laufenden Band und besorgte mir jede VHS-Kassette, die ich nur kriegen konnte, um alles über Format, Botschaft, Songs, den Ton und jede einzelne Figur zu erfahren.

Den Rest der Woche dachte ich über das Angebot nach. Eine Fernsehserie mit 52 halbstündigen Episoden zu produzieren war an sich schon nicht ganz leicht und in Moskau wohl noch sehr viel schwieriger. Fast unmittelbar nach dem Zusammenbruch der Sowjetunion war das Land in Chaos verfallen, da alle möglichen Interessengruppen um Macht rangen. Russland schien sich in einem politischen Schwebezustand zwischen seiner kommunistischen Vergangenheit und einer ungewissen Zukunft zu befinden. Ein derart instabiles Land war eigentlich kein sehr fruchtbarer Boden für die Muppets – oder für einen Karrieresprung.

Auch war ich mir nicht sicher, inwieweit die *Sesamstraße* für Kinder aus der ehemaligen Sowjetunion überhaupt interessant war. So wie ich das Land erlebt hatte, hegte ich meine Zweifel, ob russische Kinder die Mätzchen der Muppets genauso lustig finden würden wie Kinder, die in der freien Welt aufgewachsen waren. Würden sich die unbeschwerten, bekloppten Scherze, die Elmo oder das Krümelmonster machten, für die dostojewskihaft angstbeherrschten Russen übersetzen lassen?

Umgekehrt gefiel mir, dass die Figuren der *Sesamstraße* liberale Werte wie Toleranz, Mitgefühl und Gemeinschaft verkörperten. Seit fast hundert Jahren träumte der Westen davon, dass Russland der Völkergemeinschaft beiträte und deren demokratische Werte und Ziele übernähme. Diese Erweckung war nun zum Greifen nahe. Es lag eine Dringlichkeit in der Luft, und die Vorstellung, ich könnte zu dieser sich gerade im Gange befindlichen Wandlung etwas beitragen, wirkte auf mich verführerisch und sogar berauschend. Und wenn die Sendung ein Erfolg würde, bekäme meine Fernsehkarriere einen ungeheuren Schub.

Auch Geld spielte bei meinen Überlegungen eine Rolle. Ich hatte für den Dokumentarfilm meine kompletten Ersparnisse aufgebraucht und konnte kaum die Miete für meine winzige Souterrainwohnung im West Village aufbringen. Nach dem Studium hatte ich lange weiter wie eine Studentin gelebt, aber inzwischen war ich 32 Jahre alt und brauchte dringend etwas Festes.

Stunden bevor ich Knell meine Entscheidung verkünden musste, rief ich meine jüngere Schwester Emily an. Von meinen fünf Geschwistern ist Emily, die Mittlere, die Vermittelnde, auf die ich immer zählen kann, wenn ich einen klugen und vor allem alltagstauglichen Rat brauche. Als ich ihr erklärte, was für ein Job mir angeboten worden war, musste sie lachen. »Dir ist schon klar, dass das eine Sendung für Kinder ist – und du keine Ahnung davon hast?« Dann ging es auf dieselbe Tour weiter, Russland sei ja wohl eine ganz schlechte Idee. »Du bist gerade im besten gebärfähigen Alter. Hast du schon mal darüber nachgedacht, dass du vielleicht niemals Kinder kriegen wirst, wenn du jetzt diesen Job annimmst? Oder hast du vielleicht vor, dich in einen Russen zu verlieben und süße kleine Russenbabys zu machen?«, scherzte sie.

Ich war es schon gewohnt, dass mein unkonventionelles Leben zur Zielscheibe familiären Humors wurde. Um ehrlich zu sein, hatte ich keinen Gedanken mehr daran verschwendet, Kinder zu bekommen, seitdem mich mein Verlobter vor drei Jahren verlassen hatte. Trotzdem versetzte es mir einen Stich. Ich wollte ihr sagen, dass ich diesen Job dringend brauchte. Ich wollte, dass das, was Knell über mich gesagt hatte, stimmte. Ich wollte glauben, dass ich die »ideale Person« für Moskau war und dass meine Schwester endlich einmal Unrecht hatte.

»Ich werde die Muppets nach Moskau bringen«, hörte ich mich sagen. Eine impulsive Entscheidung.

Am nächsten Tag rief ich Knell an und sagte zu.

Ich spüre einen Stoß, als mich ein massiger Kerl streift, der seinen Koffer vom Gepäckband nimmt. Ich erspähe meine ramponierte schwarze Tasche und schleppe mich damit zur Zollkontrolle. Als Filmemacherin hatte ich immer Bammel, wenn ich in Sowjetrussland durch den Zoll musste. Immer die Angst, meine Aufnahmen, in denen jahrelange Arbeit steckte, könnten beschlagnahmt werden oder ich verhaftet oder Schlimmeres. Zumindest habe ich diesmal kein verfängliches Material dabei – es sei denn, das neue Regime findet etwas Verbotenes daran, wenn Elmo den »Jive Five« tanzt.

3

Die russischen Medien – kein leichtes Terrain

Die erste Regel, wenn du in Russland Geschäfte machen willst: Finde einen Einheimischen, dem du vertrauen kannst. Für mich ist Leonid Sagalski diese Person. Er hat mir versprochen, mich am Flughafen abzuholen, wenn ich durch den Zoll bin.

Wir hatten uns 1988 auf dem Gipfeltreffen zwischen Reagan und Gorbatschow in Moskau kennengelernt, wo wir beide als freie Fernsehproduzenten für NBC News arbeiteten. Sobald mir Leonid den ersten von unzähligen jüdischen Witzen erzählt hatte, war uns klar, dass wir vom selben Stamm sind. Unser Sinn für schwarzen Humor einte uns.

Leonid ist ein preisgekrönter Journalist. In den 1980er Jahren erhielt er eine Auszeichnung für einen investigativen Bericht in der bekannten Zeitung *Literaturnaja Gaseta* über politische Gefangene, die in der Sowjetunion in die Psychiatrie gesteckt wurden. 1989 sprach ihm die Stanford University ein Stipendium zu, das es ihm ermöglichte, ein Jahr mit seiner Frau und ihrem sieben Jahre alten Sohn in Kalifornien an der Uni zu verbringen.

Nach einem Monat in der freien Welt beantragte Leonid für sich und seine Familie dauerhaftes Asyl. Doch während er noch auf die Genehmigung wartete, entschied seine Frau, dass sie noch größere Freiheit brauchte, weshalb sie sich von ihm scheiden ließ. Leonid war am Boden zerstört. Er zog zu mir in meine winzige Wohnung, wo er drei Monate lang auf einer Luftmatratze schlief. Als er schließlich eine Green Card erhielt, ging er erst einmal nach Moskau zurück. Ich probierte alles, um ihn aufzuheitern, aber die Scheidung machte ihm schwer zu schaffen, vor allem, weil er nicht wusste, wie oft er fortan seinen Sohn sehen würde.

Wir telefonierten zwar alle sechs Monate, zuletzt gesehen hatte ich Leonid jedoch vor über einem Jahr, als er auf dem Weg zu seinem Sohn einen Zwischenstopp in New York machte. Ich hätte ihn gern öfter angerufen, aber es war schlicht und einfach zu teuer.

Endlich öffnet sich die Glasschiebetür, die den Zoll von der Ankunftshalle für internationale Flüge trennt, und ich schleppe mich mitsamt Koffer hindurch. Dann sehe ich Leonid in der Menge stehen, Zigarette im Mundwinkel. Ich erinnere mich noch daran, was er vor seiner Abreise aus Amerika als Letztes zu mir gesagt hat: »Natasha, in deiner Wohnung ist kein Licht. Du wohnst unter der Erde wie eine Ratte. Wenn du glücklich sein willst, musst du überirdisch wohnen.«

Ich haste auf ihn zu. »Hey, Cookie! Endlich bist du da, Natalja!«, ruft er aus. Wir sprechen normalerweise Englisch, es sei denn, eine Russisch sprechende Person ist noch dabei, dann wechseln wir für gewöhnlich ins Russische. Wir umarmen uns eine gefühlte Ewigkeit. Als Leonid mich wieder loslässt, schnippt er die Zigarette weg, die er die ganze Zeit in der Hand hatte, und hält mich an den Schultern, um mich von oben bis unten zu mustern.

»Du hast aufs Blut geschworen, dass du nie mehr nach Russland kommst!«, neckt er mich. Dabei dehnt er das Wort »Bluuuuuht«. Wir lachen. Es überrascht mich, wie sehr es mich freut, wieder hier zu sein.

Leonid greift sich meinen Koffer und wir gehen zum Ausgang, vor dem er illegal geparkt hat. Den Autoschlüssel hat er einem jungen Mann überlassen, der aus irgendeinem Grund einen marineblauen Matrosenanzug trägt und offenbar für die zahlreichen illegal geparkten Fahrzeuge zuständig ist. Leonid steckt dem Parkplatzseemann ein Bündel Rubel zu, während er mir bedeutet, meine Dollar wieder einzustecken.

»Mit deinem amerikanischen Geld brauchst du uns hier nicht

zu kommen«, scherzt er und bricht in ein ansteckend verächtliches Lachen aus. Wir rennen durch den Regen zu seinem Wagen. Natürlich stimmt das nicht, amerikanisches Geld wird überall in Russland gern genommen.

Leonid fährt einen ramponierten Lada von 1985. Ich suche den Gurt, dann fällt mir ein, dass russische Autos keine Gurte haben. Als Leonid den Motor anlässt, wird mir vom Geruch des Benzols, das in Russland als Kraftstoff benutzt wird, leicht übel. Dass Leonid über die Schlaglöcher brettert, als würde er ein Autorennen fahren, macht die Sache nicht besser. Wir rasen über die Moskauer Autobahn Leningradskoje, vorbei an sensationsheischenden Werbetafeln mit halbnackten Frauen, die Objektschutz, Westcomputer und Autos anpreisen. Leonid zeigt auf die Schilder.

»Hat sich viel verändert seit deinem letzten Besuch«, seufzt er wehmütig. »Das Geld liegt auf der Straße. Brauchst nur eine Schaufel.«

Das klingt, als wünschte er sich, dass bei dieser Entwicklung etwas mehr Geld in seiner Tasche landen würde. Aber als jemand mit gültigem Aufenthaltsstatus für die USA und einigen Ersparnissen in US-Dollar auf dem Konto kann er sich wahrlich nicht beschweren. Es geht ihm besser als den meisten Russen. Zusammen mit seiner freundlichen Art macht ihn das zu einem ziemlich guten Fang. »Ich kriege von jeder Russin, die ich will, ein Date«, prahlt er ohne Übertreibung.

Das freut mich für ihn. In New York war er nach seiner Scheidung mit einigen Frauen ausgegangen, aber aus dem amerikanischen Balzverhalten nicht schlau geworden, weshalb er meist nicht über das erste Date hinauskam. Schnee von gestern. In Moskau ist das anders.

»Erzähl mir, was in Russland gerade los ist«, sage ich zu ihm. Leonid versteht sofort, dass ich das Thema wechseln will, und lächelt mich verständnisvoll an.

»Moskau ist nicht mehr so, wie du es gekannt hast«, antwortet er traurig. »Ehrlich gesagt mache ich mir Sorgen um dich, es gibt jetzt sehr viel mehr Gewalt.« Leonid erklärt, dass keiner richtig weiß, wer gerade eigentlich im Land die Zügel in der Hand hat. Die Amerikaner sind da, um die russische Regierung bei dem hanebüchenen Versuch zu unterstützen, die staatlichen in private Unternehmen zu verwandeln und das eingenommene Geld in Form von Gutscheinen an die Bürgerinnen und Bürger zu verteilen, damit alle ein kleines Stück von diesem neuen alten Russland erhalten. Er verdreht die Augen. »Die meisten Russen haben keine Ahnung, was diese Gutscheine wert sind. Sie verkaufen sie für ein Brot oder eine Flasche Wodka.« Er nimmt beide Hände vom Steuer, wendet sich zu mir und formt mit den Armen ein V, als wollte er mir ein Angebot unterbreiten: »Das ist der Ausverkauf des Jahrhunderts! Alles kommt unter den Hammer: Sowjetfabriken, Ölraffinerien – sogar unsere wunderschönen Wälder.«

Gerade als ich sagen will, er solle bitte auf die Straße schauen, kommt der Wagen mit kreischenden Bremsen zum Stehen. Leonid starrt auf den stillstehenden Verkehr. »Was für eine Sch… Stau, überall Stau«, sagt er. Seitdem die Regierung das Importverbot aufgehoben hat, hat sich die Zahl der Autos verdoppelt.

In Moskau führen die Straßen in konzentrischen Kreisen um den Kreml und sind wiederum durch Straßen miteinander verbunden, die strahlenförmig vom Kreml ausgehen. Der Flughafen liegt im Nordwesten, etwa eine Dreiviertelstunde vom Stadtzentrum entfernt, wo Sesame Workshop ein Hotelzimmer für mich reserviert hat. Ich sehe, wie heruntergekommen die Gebäude inzwischen sind. Von den kunstvoll verzierten vorrevolutionären Häusern blättert die Farbe ab, als wollten die rissigen Fassaden den Verfall des Landes darstellen.

»Ich will dir was zeigen«, verkündet Leonid und biegt plötzlich von der Hauptstraße ab. Dann parkt er – illegal – hinter der Tretjakow-Galerie.

Ich will eigentlich lieber nicht aussteigen. Es macht mich nervös, den Koffer im Wagen zu lassen.

»Kein Problem«, versichert er mir. »Wir sind in einer Minute zurück.«

Wir betreten ein offenes Gelände hinter dem Museum, einen Friedhof für Monumente, die gefallener Sowjethelden gedenken. Die Statuen aus Granit und Marmor liegen auf dem Boden aufgereiht wie ein versteinertes Defilee. Neben Lenin liegt eine Bronzestatue von Stalin, das Gesicht im Matsch, der ausgestreckte Arm zeigt in die Erde.

Leonid lacht. »Stalin zeigt uns den wahren Weg zum Kommunismus.«

Die zerbrochenen Figuren der Sowjetmacht im Dreck – dieses Bild vermittelt mir mit voller Wucht das Ende einer Ära. Ich hatte mir das Ende der Sowjetunion zwar herbeigesehnt, aber jetzt macht es mich doch auch ein bisschen traurig. Schweigend kehren wir zum Auto zurück.

Während wir weiterfahren, erzählt mir Leonid noch mehr von den Veränderungen, die Moskau in den letzten Jahren erlebt hat, und erklärt, einige seiner Freunde – »alles Juden« – hätten »ganz hübsch von den aktuellen Veränderungen im Land profitiert«.

Ich frage ihn, ob womöglich jemand darunter sei, der gern in die russische *Sesamstraße* investieren würde.

Leonids Antwort fällt überraschend optimistisch aus: »Ich schätze, ein oder zwei Leute könnte das schon interessieren.« Er lacht und sieht mich aus dem Augenwinkel an. »Du verschwendest keine Zeit. Du bist immer noch der unverbesserliche Workaholic, der du früher schon warst.«

Ich erläutere ihm, dass mich Sesame Workshop damit beauftragt hat, einen Koproduktionspartner und einen Sender in Russland zu finden, die mit einem Budget von mehreren Millionen umgehen und die entsprechende Sendezeit für die *Sesamstraße* bereitstellen können.

»Das kriegen wir schon hin.« Leonids Augen leuchten bei dem Gedanken, dass wir vielleicht bald wieder zusammenarbeiten.

Ich füge hinzu, dass ich für die beiden obersten Leiter von Sesame Workshop Termine vereinbaren soll. Sie kommen in zwei Tagen nach Moskau und erwarten, dass ich ihnen den Kontakt zu den Leitern des russischen Fernsehens und zu einigen wichtigen Leuten von der Liste der 500 umsatzstärksten Unternehmen in den USA vermittle, die die Fernsehserie sponsern könnten.

»Hilfst du mir, Geld für die Serie einzusammeln?«, frage ich ihn. »Darf ich dich dafür engagieren?«

Leonid lächelt und nickt. Die Vorstellung scheint ihm zu gefallen. Er mag Herausforderungen genauso gern wie ich.

»Einen Haken gibt es allerdings«, sage ich zu ihm. »Wenn du Geld dafür kriegen willst, müssen wir ein paar von deinen reichen Freunden überzeugen, dass sie die Show finanzieren.«

»Russen lieben solche Geschäfte!« Wieder das gehässige Lachen.

Meine Güte, was habe ich ihn vermisst.

Leonid parkt vor dem Palace Hotel, einem der ersten Moskauer Hotels im westlichen Stil. Am Eingang fragt ein Wachmann nach meinem Pass. Leonid erklärt mir, dass das inzwischen gang und gäbe ist, um das Gesindel abzuhalten und die Sicherheit der Gäste zu gewährleisten. Im Vergleich zu den muffigen alten Sowjethotels wirkt das Palace fast wie das Ritz, glänzende Marmorböden, teure Lüster und ziemlich gute, in schwere Goldrahmen gefasste Reproduktionen von Gustav Klimt. Die Lobby sieht aus wie im Wien der Jahrhundertwende.

Kaum habe ich den Zimmerschlüssel in der Hand, schlägt auch schon der Jetlag zu. Aber Leonid eröffnet mir, dass ich mich jetzt noch nicht hinlegen kann. Er hat nämlich ein Treffen mit Wladislaw Listjew, kurz: *Wlad*, einem der bedeutendsten Fernsehmacher des Landes, vereinbart. Also geht es erst einmal ab an die Hotelbar.

Wlad und Leonid haben beide die prestigeträchtige Moskauer Journalistenschule absolviert. Mit 36 Jahren hat sich Wlad bereits einen Namen gemacht und ist ein beliebter Fernsehmoderator bei Ostankino TV, der größten russischen Fernsehgesellschaft. Die von ihm moderierte investigative Sendung *Wsgljad (Blick)* hat das sowjetische Establishment gehörig durchgerüttelt. Wlad erwies sich als charismatischer Entertainer und moderierte auch die höchst erfolgreiche russische Kopie des *Glücksrads*. Inzwischen moderiert er *Tschas Pik (Rushhour)*, ein kritisches Format, das sich mit *Larry King Live* vergleichen ließe. Leonid erklärt mir, dass Millionen von Menschen seine Sendungen sehen. Wlad hat dem Treffen zugestimmt, da sie beide gemeinsame Freunde haben.

Leonid meint, Wlad könne uns Kontakte zu Leuten in der Branche verschaffen, die die Fernsehserie zusammen mit uns produzieren könnten. Und wenn wir unsere Trümpfe richtig ausspielten, würde er uns womöglich sogar mit Boris Beresowski bekannt machen, dem mächtigen Oligarchen und Miteigentümer von Ostankino TV. Wir müssten allerdings extrem behutsam vorgehen, wenn wir auf Beresowski zu sprechen kommen wollten, da Wlad eine etwas komplizierte Beziehung zu dem Oligarchen unterhalte.

Während wir in der Bar auf Wlad warten, bestellen wir Cocktails bei einer Kellnerin in einer grotesk engen Livree à la Wiener Dienstmädchen, mit tief ausgeschnittenem weißem Bustier, Rüschen und Haube. Drei laut redende Geschäftsleute versuchen, sich gegen das mechanische Klavier zu behaupten, das im Restaurant nebenan in Dauerschleife vor sich hin klimpert. Ich erkenne die Melodie aus *Der dritte Mann*.

Wlad ist spät dran. Aus einem Drink werden mehrere. Vierzig Minuten später betritt er die Bar, zerzaustes sandfarbenes Haar, buschiger Schnauzer, braune Lederjacke, und entschuldigt sich gleich für die Verspätung. Ich finde ihn auf Anhieb sympathisch.

Unsere Zeit ist knapp, weshalb Leonid sofort zum Punkt kommt. Auf Russisch erklärt er Wlad, wobei wir seine Hilfe benötigen.

Als Wlad hört, dass es um die *Sesamstraße* geht, leuchten seine Augen auf. Ich bin einigermaßen überrascht, dass er die Muppets kennt, und auch, dass er unsere Meinung teilt, russische Kinder müssten neue Werte und Fertigkeiten lernen. »Die größte Herausforderung«, sagt er, »besteht für uns darin, unseren Kindern beizubringen, sich frei auszudrücken und selbstständig die Initiative zu ergreifen.« Dazu könne die *Sesamstraße* beitragen.

Leonid und ich sind begeistert. Und ich staune, wie schnell das alles gegangen ist, wo ich doch erst heute Morgen gelandet bin. Ich frage Wlad auf Russisch, welcher Sender sich seiner Meinung nach am besten für unser Vorhaben eignen würde.

Er antwortet: »Bei uns ist es nicht wie in Amerika, wo es viele unabhängige Fernsehgesellschaften und Kabelsender gibt. Wir haben nur zwei Sender von Bedeutung: Ostankino, das teilweise dem Staat gehört, und RTR, das ganz dem Staat gehört. Dann gibt es zwar noch ein paar kleinere private Fernsehsender, die neu hinzugekommen sind, aber deren Reichweite ist zu klein für die *Sesamstraße*.«

Vor dem Treffen hat mich Leonid bereits gewarnt, dass Wlad in der Szene nicht nur mächtige Freunde, sondern auch mächtige Feinde hat. In seiner Fernsehshow zeigt er sich streitlustig, er provoziert Regierungsbeamte und tritt für Gerechtigkeit und Transparenz ein. Als ich Wlad frage, mit welchen Herausforderungen wir zu rechnen haben, bin ich nicht überrascht, dass er eine ernste Miene aufsetzt.

»Die russischen Medien sind momentan kein leichtes Terrain«, sagt Wlad. »Ausländische Konzerne kaufen Werbezeit, ohne auf die Preise zu schauen, um ihre Westprodukte auf dem russischen Markt zu verkaufen. Das ist übrigens auch einer der Gründe, warum meine Show noch läuft. Ostankino verdient damit einfach zu viel Geld, als dass sie sie einfach absetzen könnten.« Er lacht. Dann wird er wieder ernst.

»Das ist ein echtes Problem, weil die Ressortleiter gerade ihre

Sendezeit für viel Geld verkaufen können und gar nichts mehr selber produzieren müssen.«

Ich lasse einfließen, dass der oberste Leiter des Kinderstudios von Ostankino gegenüber meinen Kollegen bei Sesame Workshop das Interesse bekundet hat, mit uns die russische *Sesamstraße* zu produzieren.

Wlad hebt die Augenbrauen und murmelt: »Ich halte es für unwahrscheinlich, dass das Kinderstudio genug Geld hat, um eine Produktion wie die *Sesamstraße* zu stemmen.« Er zwingt sich zu einem Lächeln.

»Da redet ihr mit den falschen Leuten.«

Mir ist nicht ganz klar, was denn dann die nächsten Schritte sein sollen, und erzähle Wlad von den Gerüchten, die ich von meinen Freunden im Sender gehört habe: dass Boris Beresowski bei Ostankino das alleinige Sagen hat. »Stimmt das?«, frage ich.

Leonid tritt mir vors Schienbein – offenbar habe ich gerade eine Grenze überschritten.

Wlad sieht mich an und erwidert: »Nein, das ist nicht ganz richtig.«

Leonid und ich wissen, dass Beresowski die Lösung für alle unsere Probleme wäre. Er hat enorm viel Macht. Ein Fingerschnips von ihm würde dafür sorgen, dass die *Sesamstraße* einen Sendeplatz und einen Werbeträger kriegt. Etwas zögerlich frage ich nach: »Meinen Sie, wir sollten Beresowski fragen, ob er unsere Sendung im russischen Fernsehen zeigen würde?«

Leonid blickt missmutig drein. Wlad sieht schweigend den Tresen an.

Ich nehme all meinen Mut zusammen, atme tief ein und frage ihn: »Sie haben doch sicher mit Beresowski zu tun?«

»Ja, natürlich«, erwidert er.

Leonid durchbohrt mich mit einem Blick, aber ich weiß, dass das die einmalige Chance ist, an Beresowski heranzukommen.

»Meinen Sie, es wäre irgendwie möglich, dass Sie uns mit ihm bekannt machen, Wlad?«

Leonid ist deutlich anzusehen, dass es ihm unangenehm ist, Wlad um diesen Gefallen zu bitten, aber ich als Gast aus dem Ausland darf das.

Die Antwort kommt wie aus der Pistole geschossen: »Ich kann es versuchen, aber ich kann nichts versprechen.«

Wlad rutscht schon ungeduldig auf seinem Stuhl hin und her, aber eine letzte Frage muss ich ihm doch noch stellen: Womit könnten wir Beresowski eher locken? Wenn wir ihm die *Uliza Sesam* als eine Geschäftsgelegenheit vorstellen oder als eine große philanthropische Geste?

Wlad hebt die Augenbrauen und sieht mich an, als wäre ich eine blutige Anfängerin, die von Russland keine Ahnung hat. Er erklärt noch einmal, dass amerikanische Megakonzerne wie Coca-Cola oder Mars Millionen bezahlen, um den Russen kohlensäurehaltige Süßgetränke, Bonbons und Zahnpasta zu verkaufen. Beresowski braucht die *Sesamstraße* nicht, um Werbezeit zu verkaufen.

»In der derzeitigen Lage werden Sie niemanden finden, der Ihre amerikanische Show im russischen Fernsehen zeigt, Natasha, es sei denn ...« Er reibt Daumen und Zeigefinger aneinander. »Und wenn Sie in Moskau nach Werbekunden suchen, ist das wie gesagt gerade sehr viel schwieriger und unsicherer als in Amerika.« Er klopft zweimal auf den Tresen und lächelt. »Das sollte Ihnen unbedingt klar sein.«

Leonid nickt energisch.

Wlad rutscht von seinem Barhocker, dann sieht er mir noch einmal in die Augen. »Ich will Sie damit keinesfalls entmutigen. Aber wir stehen hier vor einer großen Herausforderung: Wir müssen unseren Kindern beibringen, was eine normale Gesellschaft ist. Ich hoffe sehr, dass uns das gelingt – und dass Sie mit der *Sesamstraße* Erfolg haben. Sie könnte einen großartigen Beitrag für unser Land leisten. Ich weiß nicht, ob ich viel für Sie tun kann, aber will gern versuchen, den Kontakt herzustellen.«

Als Wlad gegangen ist, nippe ich an meinem Cocktail und

denke darüber nach, wie sehr sich die Fernsehlandschaft inzwischen verändert hat. »Er ist sehr mutig«, sage ich mit gedämpfter Stimme.

Leonid schiebt seine Brille hoch und nickt. »Allerdings.«

Ich bin noch keine 24 Stunden im Land und habe schon eine deutliche Ahnung davon, wie schwer es werden könnte, an den Türhütern vorbeizukommen.

Leonid und ich sitzen noch bis weit nach Mitternacht an der Bar, genug Zeit, dass er mich einmal zusammenfalten und wieder glattbügeln kann. Als ich aufstehe, kann ich kaum noch stehen. Mein werter Freund würde gern noch einen Absacker trinken, aber ich winke ab. Ich bin sogar zu müde, um ihm Gute Nacht zu sagen.

Nach köstlichem Schlaf auf der marshmallowweichen Luxusmatratze (schon was anderes als mein klobiger Futon daheim) wache ich erquickt auf. Es klopft an der Tür, und wundersamerweise steht dort ein Kellner, der ein Tablett mit einer weißen Kaffeekanne und einer Karaffe warmer Milch trägt. »Ihr Morgen-kaf-fee«, sagt er auf Englisch und verzieht das Gesicht zu einem Grinsen, als hätte er erst kürzlich das Lächeln erlernt. In Sowjetzeiten habe ich, soweit ich mich erinnere, keinen einzigen glücklichen Hotelangestellten gesehen. Für mich der schlagende Beweis, dass das Land einer kunden- und serviceorientierten Kultur entgegensteuert. Als ich ihm das Trinkgeld in Dollar gebe, da ich noch nichts in Rubel umgetauscht habe, wird sein Grinsen breiter.

Ich ziehe mich an und haste nach unten, um zu frühstücken, bevor das Restaurant schließt. Am Buffet ein Übermaß an Köstlichkeiten: Körbe voller Backwaren, Blini mit Kaviar und exotische Früchte. Leonid wohnt ganz in der Nähe. Und da kommt er auch schon ins Restaurant gerauscht und ruft mir zu: »Ich habe fa-bu-lö-se Neuigkeiten!« Er hat ein Treffen mit Igor Malaschenko vereinbart, einem bedeutenden Fernsehmacher, der gerade NTV ins Leben gerufen hat, eine neue private Fernsehgesellschaft westlicher Machart, deren Schwerpunkt auf Nachrichten und Politik liegt. Grinsend verspricht mir Leonid, dass wir von Malaschenko viel darüber erfahren werden, wie es gerade um das russische Fernsehen steht, und auch viel über Beresowski. Malaschenko sei noch bis vor ein paar Jahren Mitglied der Kommunistischen Partei und stellvertretender Vorsitzender von Ostankino TV gewesen. »Inzwischen ist er Unternehmer«, sagt Leonid.

Er steuert zum Buffet und kehrt mit einem Teller zurück, auf den er zwei Portionen Eggs Benedict mit Speck und Würstchen geladen hat. Leonid isst für sein Leben gern, vor allem, wenn andere dafür bezahlen.

Wir setzen uns an einen Tisch am Fenster und verbringen den Tag damit, einen Schlachtplan für meine Kollegen von der *Sesamstraße* zu entwerfen, die jetzt auf dem Weg nach Moskau sind. Ich finde es schon etwas gespenstisch, als wir erörtern, wie wir in einem Land ohne verlässliches Bankensystem oder etabliertes Rechtsstaatsprinzip, dafür mit schwankender Währung am besten eine Fernsehserie finanzieren können. Eines der größten Hindernisse ist dabei, dass der US-Kongress zwar Fördermittel für die Adaption der *Sesamstraße* bereitgestellt hat, dass aber die USAID, die die Auslandshilfen abwickelt, die Gelder erst dann freigibt, wenn wir in Russland einen Partner und einen Sender gefunden haben. Die US-Regierung besteht darauf, dass sich Russland substantiell an dem Deal beteiligt. Hinzu kommt noch, dass wir nicht viel Zeit haben, um die Fördermittel abzurufen. Und wenn wir bis zum Ablaufdatum keinen Partner gefunden haben, kriegt Sesame Workshop keinen Cent.

Leonid ist aber optimistisch. »Wir finden schon jemanden«, sagt er. Nach dem ernüchternden Gespräch am Vorabend mit Wlad überrascht mich dieser Optimismus. Aber warum eigentlich? Leonids positives Denken ist legendär.

Am Abend fahren wir zur Wohnung von Malaschenkos Freundin in einem Moskauer Außenbezirk. Es ist schon dunkel, der

Tag verging wie im Flug. Leonids Wagen schießt an den alten geziegelten Befestigungsmauern des Kreml vorbei. Als wir den Bolshoi Kamenni Most überqueren, die »Große Steinbrücke«, sehen wir den von Flutlichtern erhellten Turm des Kreml in die Dunkelheit aufsteigen. Die rot und grün schimmernden Lichter spiegeln sich auf der Oberfläche des Flusses und tanzen darauf wie ein flüssiges Feuerwerk. Ich hatte schon wieder vergessen, wie romantisch Moskau bei Nacht ist.

Dann erreichen wir eine für Parteimitglieder reservierte Apartmentanlage. Leonid parkt vor dem Eingang und tippt den Code ein, den Malaschenko ihm gegeben hat. Er braucht mehrere Anläufe, weil es zu dunkel ist, um die Ziffern auf der Anzeige zu erkennen. Als wir endlich drinnen sind, pressen wir uns in einen engen offenen Fahrstuhl, einen Eisenkäfig, der langsam zum neunten Stock hinaufknarzt.

Malaschenko öffnet uns persönlich die Tür und bittet uns hereinzukommen. Er erklärt uns, dass seine Freundin noch einmal weg musste. Er ist dünn, vorzeitig ergraut und spricht hervorragend Englisch. Er sieht eher aus wie ein Universitätsprofessor als wie ein ehemaliger Kader der Kommunistischen Partei. Malaschenko ist ungefähr so alt wie Leonid, tadellos gekleidet, ein Anzug aus dem Westen. Er schenkt uns Tee ein und stellt einen Weidenkorb mit Schwarzbrot und Käsestücken auf den Tisch.

Rasch kommt Leonid auf unser Anliegen zu sprechen und erzählt Malaschenko von der *Uliza Sesam*. Dann fragt er nach Beresowski.

»Sie brauchen gar nichts weiter zu sagen«, unterbricht ihn Malaschenko, »ich liebe diese Puppen!« Offenbar hat er die *Sesamstraße* zu der Zeit kennengelernt und lieb gewonnen, als er als Attaché für die Sowjetunion in Amerika war. Ich staune, wie viele russische Fernsehmacher die *Sesamstraße* in ihr Herz geschlossen haben. Das freut mich über alle Maßen.

Malaschenko lehnt sich auf seiner Couch zurück und fängt an, über die Muppets zu plaudern. Es scheint ihn mehr zu interessieren, mit uns über das Krümelmonster zu sprechen als über Beresowski. Aber wir drängen ihn trotzdem, uns etwas über den Oligarchen zu erzählen.

»Beresowski ist, wie Sie sicher wissen, sehr ehrgeizig«, erwidert er kühl. »In Sowjetzeiten hat er sich als Mathematiker schon ganz passabel eingerichtet, aber als der russische Markt liberalisiert wurde, gehörte er zu den Ersten, die begriffen haben, dass da richtig viel Geld zu holen ist.«

»Er verkauft Ladas«, unterbricht ihn Leonid, den Mund voller Essen. »Ich habe auch einen.«

Malaschenko deutet ein Lächeln an. »Ja, er hat Russlands größten Autohändler gekauft und damit einen Riesenerfolg gelandet.«

Er scheint zu überlegen, wie er den nächsten Satz formulieren soll, und nippt dabei an seinem Tee. »Beresowskis Leidenschaft gilt aber dem Fernsehen. Er hat begriffen: Wer Ostankino kontrolliert, der kontrolliert die öffentliche Meinung und damit auch das Land.«

Ich versuche, das Gespräch wieder auf unser Anliegen zu lenken: »Was glauben Sie: Besteht die Chance, dass Beresowski die *Uliza Sesam* in sein Programm aufnimmt?«

»Ja, die besteht«, sagt er. Dann fügt er grinsend hinzu: »Aber nur, weil es die Muppets sind.« Malaschenko ist ein vielbeschäftigter Mann, und wir merken bald, dass es Zeit für uns ist zu gehen. Als er uns zur Tür begleitet, sagt er noch: »Wenn Sie in dieser Branche Geschäfte machen wollen, müssen Sie vorsichtig sein. Gerade ist alles permanent im Wandel. Selbst wenn Sie einen Vertrag unterschrieben haben, heißt das gar nichts, und es gibt einige Leute im russischen Fernsehen, die nicht gerade vertrauenswürdig sind.«

Als wir im Aufzug nach unten rattern, frage ich Leonid, ob Malaschenko damit andeuten wollte, dass Beresowski mit der russischen Mafia in Verbindung steht.

Er lacht mich aus. Dann sagt er mit einem schiefen Lächeln:

»Natasha, in Russland laufen *alle* Geschäfte über die Mafia. Was anderes gibt es gar nicht. Außerdem kann wahrscheinlich nur jemand wie Beresowski mit seinen zwielichtigen Kontakten eine so große Produktion überhaupt stemmen.«

Leonid setzt mich vor meinem Hotel ab. Ich taumele in mein Bett und schlafe sofort ein. In meinem Traum zieht Beresowski, der Puppenmeister, die Fäden an einem Bündel muppethaft aussehender russischer Marionetten.

4

Die Oligarchen und die Muppets

In Moskau ist es sonnig und warm. Ideales Wetter für die Ankunft der leitenden Mitarbeiter von Sesame Workshop, Gary Knell und Baxter Urist, den Leiter Produkte und Internationales Fernsehen. Beide kenne ich nur flüchtig, weshalb ich fürchte, sie könnten mehr von mir erwarten, als ich leisten kann – etwa dass ich Treffen mit hochrangigen Vertretern des russischen Fernsehens für sie vereinbare. Ich hatte ihnen schon gesagt, dass ich mit meinem alten Freund Leonid zusammenarbeite, den sie hoffentlich als Berater in Vollzeit einstellen werden, wenn sie mit den Fortschritten zufrieden sind, die wir bis zum Ende der Woche gemacht haben.

Leonid und ich begrüßen die beiden in der Lobby des Palace Hotel, nachdem sie eingecheckt haben. Mit seinen blonden Haaren und dem Dauergrinsen sieht Baxter eher aus wie ein Surfer-Boy als wie ein typischer zugeknöpfter Unternehmensleiter. Er betrachtet alles von der humorigen Seite. Selbst nach zehn Stunden Flug scheint er bester Laune zu sein und erzählt uns, dass er im Flugzeug zwei amerikanische Geschäftsleute kennengelernt hat, die »blöd genug« waren, den ganzen weiten Weg nach Moskau auf sich zu nehmen, um Zubehör für Schwimmbecken zu verkaufen. »Welcher Kommunist hat denn bitte ein eigenes Schwimmbecken?«, fragt er und bricht in Lachen aus.

Leonid lacht lauter als alle anderen und schon nach wenigen Minuten sind er und Baxter beste Freunde. Ich bin erleichtert, dass sie sich so gut verstehen.

Obwohl es schon spät ist und die beiden Neuankömmlinge noch zum Abendessen verabredet sind, schlägt Leonid vor, dass wir rasch die wichtigsten Akteure durchgehen, die meine Vorgesetzten in den nächsten Tagen treffen werden. Wir ziehen uns ins Hotelrestaurant zurück, wo Leonid ein Stück Papier hervorholt und die verwickelten Beziehungen zwischen den Leitern der russischen Fernsehsender, den für die Medien zuständigen Regierungsbeamten und Russlands neuen Werbemogulen skizziert.

Knell beugt sich vor, um sich Leonids Zeichnung genauer anzusehen. Mit den Pfeilen, Linien und überschneidenden Kreisen sieht sie aus wie ein Diagramm für eine Rube-Goldberg-Maschine.

»Leonid, wir wollen hier nicht Kennedys Ermordung aufdröseln, wir machen nur eine Kindersendung«, witzelt er. Dann zwinkert er mir zu. Zum ersten Mal auf dieser Reise wird mir klar, wie viel Spaß mir das alles macht.

Der Fahrplan für die Woche sieht vor, dass sich die *Sesamstraßen*-Gang in zwei Gruppen aufteilt: Baxter und Leonid werden in diversen Meetings mit Unternehmen wie Procter & Gamble, McDonald's, American Express oder PepsiCo mögliche Sponsoren ausfindig machen, während Knell und ich Ostankino TV einen Besuch abstatten und russischen Fernsehmachern das Projekt *Sesamstraße* vorstellen. Außerdem fahren Baxter, Leonid und ich noch zu Mosfilm, Moskaus größtem Filmstudio, um herauszufinden, ob wir dort vielleicht drehen können.

Bevor sich meine Vorgesetzten verabschieden, erläutert Baxter Leonid noch das Standardverfahren, nach dem die internationalen Koproduktionen der *Sesamstraße* in die Wege geleitet werden. »Das ist wie bei einem Stativ mit drei Beinen«, sagt Baxter. Das erste Bein bestehe aus Gesprächen mit den wichtigsten Interessenvertretern im Land – Regierungsbeamten, Erziehern, Fernsehmachern –, um zu klären, ob überhaupt das Interesse und die Kapazitäten vorhanden sind, um die Sendung zu produzieren. Das zweite Bein sei das Auftreiben eines zuverlässigen Produktionspartners, eines Senders und der nötigen Gelder. Und das dritte Bein bestehe aus der eigentlichen Produktion der Serie.

Leonid nickt, und ich ringe mir ein Lächeln ab in der Hoffnung, dass niemand bemerkt, was ich denke: Es wird ungeheuer schwer, auch nur ein Bein dieses Stativs stabil aufzustellen.

Am nächsten Morgen treffe ich mich mit Knell in der Hotellobby und wir nehmen ein Taxi zur Firmenzentrale von Ostankino. An guten Tagen dauert die Fahrt vom Hotel dorthin vierzig Minuten, aber der Verkehr ist derart dicht, dass wir über eine Stunde in der Limousine sitzen. Als wir auf den Gebäudekomplex zugehen, zeigt Knell auf den riesigen Fernsehturm, der wie eine Rakete mit bauchigen Geschwulsten über sechshundert Meter in die Höhe ragt.

»Er sieht zwar aus wie aus einem Science-Fiction-Film der 1960er Jahre, aber er ist eine wahre Meisterleistung sowjetischer Ingenieurskunst«, sage ich in fast stolzem Ton und füge noch hinzu: »Der Turm überträgt das Fernsehsignal immer noch über alle elf Zeitzonen der ehemaligen Sowjetunion hinweg.«

Der Fahrer setzt uns vor dem Sender ab, einem monströsen Zementbunker von der Größe von fünf Fußballfeldern, dessen Fassade mit roten, weißen, gelben und blauen Wellblechplatten verkleidet ist. Es fühlt sich seltsam an, wieder dort zu sein, wo ich vor drei Jahren die Interviews für meine Dokumentation für PBS gedreht habe.

Ein Produktionsassistent vom Kinderstudio begrüßt uns am Eingang und händigt uns Ausweise für den Sender aus: winzige Papiere mit unseren handgeschriebenen Namen und diversen offiziellen Stempeln. Nachdem wir unsere Ausweise vorgezeigt haben, öffnet uns ein Soldat das Tor und der Assistent führt uns durch einen schmalen Gang, bis wir vor einer breiten Tür stehen. Er drückt sie auf und wir betreten die Studioebene von *Spokojnoj Notschi Malischi (Gute Nacht, ihr Kleinen)*, Russlands dienstältester Kindersendung.

Die Kulisse sieht aus, als wäre seit über zwanzig Jahren nichts mehr daran gemacht worden. Knell und ich stellen uns an den

Rand und sehen der Aufzeichnung zu. Die Sendung hat zwei Stars. Der eine heißt Kruscha und ist eine traurige, abgewetzte Filzsocke, die aussehen soll wie ein Ferkel. Bei dem anderen handelt es sich um einen gruseligen alten weißen Mann, der eine farbige Mütze trägt, wie sie traditionell die Muslime in den ehemaligen Sowjetrepubliken getragen haben. Seine Kleidung sieht nach unangemessener kultureller Aneignung aus, vor allem wenn man bedenkt, dass ein Drittel der Bevölkerung muslimisch ist. Der Moderator und Kruscha lesen gerade eine Gutenachtgeschichte vor und singen ein Gutenachtlied.

Als der Regisseur »Aus!« ruft, kommen die Produzentinnen der Sendung zu uns, eine von ihnen hat orange gefärbte Haare. Ich frage sie, ob sie einen Videorekorder im Studio haben, damit wir ihnen einen Clip der amerikanischen *Sesamstraße* zeigen können. Sie führen uns in einen Nebenraum mit furchtbar veralteten Geräten zur Videobearbeitung. Knell und ich tauschen beunruhigte Blicke aus.

Nachdem wir ihnen das Video gezeigt haben, das den hohen Produktionswert des Programms herausstellen soll, sieht uns die Produzentin mit den orangen Haaren aus großen Augen an und ruft begeistert: »Sie können Kruscha-das-Schwein für die russische *Sesamstraße* benutzen!«

Ihre Kollegin schenkt uns ein verlegenes Lächeln und sagt: »Unser kleiner Kruscha ist zwar etwas ungehobelt, aber liebenswert.«

Knell hat Mühe, keine Miene zu verziehen.

Bevor wir wieder gehen, sage ich den beiden Frauen, wie sehr wir ihre Arbeit und ihr Engagement für die Kindererziehung schätzen, das sie trotz der gerade massiven Einschnitte im Staatsfernsehen leisten. Als wir wieder im Wagen sitzen, gestehe ich Knell, dass ich schweres Magengrummeln bekomme, wenn ich daran denke, mit dem Kinderstudio 52 Episoden zu produzieren. Die *Sesamstraße* ist technisch anspruchsvoll und gestalterisch extrem aufwendig, und die Leute, die wir gerade getroffen haben, wären meiner Ansicht nach der Herausforderung kaum gewachsen.

Gelassen dreht sich Knell zu mir. »Wenn es irgendwer hinkriegt, dann Sie, Natasha.« Die Vorschusslorbeeren machen mich nur noch beklommener.

Am Abend treffen wir uns alle im Hotelrestaurant, um die Ergebnisse zusammenzutragen. Leonid und Baxter haben ähnlich deprimierende Erfahrungen gemacht wie wir. Kein einziger Konzern hat sich bereiterklärt, unsere Kindersendung zu sponsern.

Baxter schüttelt den Kopf. »Sie haben durch die Bank dasselbe gesagt: Die russische Fernsehbranche ist gerade zu instabil, um zu investieren.«

Leonid zitiert einen Manager: »Du kannst mit den russischen Fernsehmachern momentan keine Geschäfte machen, weil vielleicht schon nächstes Jahr alle Verantwortlichen entlassen, im Gefängnis oder schlimmstenfalls tot sind.«

Knell kichert, weil er wahrscheinlich denkt, der Mann hätte absichtlich übertrieben, aber ich bin mir da nicht so sicher.

Leonid tut den Kommentar mit einem Lachen ab und sagt zu Baxter, die Auslands-Amis würden wirklich übertreiben. Ich bin mir da immer noch nicht so sicher.

Plötzlich springt Baxter auf und rennt in die Lobby zu ein paar Männern, die er offenbar kennt. Ein paar Minuten später kehrt er an unseren Tisch zurück und lacht. »Unfassbar! Das waren die Typen mit der Schwimmbeckenausrüstung, die ich auf dem Flug kennengelernt habe. Die haben ihr Zeug wie geschnitten Brot an die sowjetischen Sport- und Fitnessanlagen verkauft, die gerade privatisiert worden sind.«

Leonid tätschelt Baxter liebevoll den Rücken.

Noch am selben Abend reisen meine amerikanischen Kollegen wieder ab und ich gräme mich bei dem Gedanken, dass Leonid und ich ihren Erwartungen nicht gerecht geworden sind.

Eine Woche später fliege auch ich nach New York zurück,

während Leonid in Moskau bleibt und weiter nach einem russischen Partner sucht. Zumindest waren meine Kollegen von Leonid überzeugt und haben ihn als Berater eingestellt. Ich gehe die Kundenkontakte der Reise durch und skizziere eine erste Zeitleiste und das Budget für die Produktion. Mit etwas Klebeband und Glück steht damit hoffentlich bald zumindest das erste Bein des Stativs.

Wenn alles gut läuft.

Vier Monate gehen ins Land und die Arbeit an der russischen Sendung schreitet so langsam voran, dass mich mein Chef, der Leiter Internationale Produktionen, für die nächsten sechs Monate nach Mexiko versetzt, um an *Plaza Sesamo* zu arbeiten. Was mich zunächst verdrießt, da es für mich heißt, dass die *Uliza Sesam* vielleicht für immer in der Schublade verschwinden wird. Doch dann sage ich mir, dass ich durch die Arbeit an der spanischsprachigen Koproduktion der *Sesamstraße*, die seit inzwischen zwanzig Jahren gesendet wird, aus nächster Nähe Erfahrungen sammeln kann, die mir für die russische Produktion – so sie denn umgesetzt wird – noch von großem Nutzen sein können.

Und so lasse ich mich in der mexikanischen Februarsonne des Jahres 1994 in die magische Welt der *Sesamstraße* einführen, wo ich von niemand Geringerem als Jon Stone betreut werde, dem genialen Regisseur der amerikanischen Originalserie, der als kreative Kraft, Herz und Seele der *Sesamstraße* gilt. Im Televisa-Studio in Tijuana, wo *Plaza Sesamo* gedreht wird, gibt Jon einen einwöchigen Workshop für die mexikanischen Regisseure. Ich sehe zu, wie er den Regisseuren beibringt, die Schauspielerinnen und Puppenspieler zu platzieren, und ihnen erklärt, wie sie aus ihnen eine möglichst natürliche und mitreißende Darstellung herauskitzeln.

Anfangs fühle ich mich leicht gehemmt, da ich keinerlei Erfahrung mit dem Dreh auf einer Studiobühne habe. Ich habe bisher nur echte Menschen in ihrer natürlichen Umgebung gefilmt. Aber Jon, ein großer Mann mit buschigem weißem Bart und freundlichen Augen, nimmt mir gleich meine Befangenheit und beantwortet alle meine Fragen geduldig und ohne jede Herablassung. Die mexikanischen Regisseure vergöttern Jon mit seinem heißblütigen Temperament. An unserem letzten Abend in Tijuana gehen wir aus und trinken Mojitos, während Jon uns mit Anekdoten aus den Anfangstagen der *Sesamstraße* ergötzt, als er sich die Sendung zusammen mit Jim Henson ausgedacht hat.

Danach gehen wir alle noch einmal zum Fernsehstudio. Jon und ich spazieren durch die im Freien stehenden Tonbühnen und sind überrascht, wie viele Leute so spät abends noch arbeiten, was in Mexiko aber durchaus üblich ist. Da sehen wir einen elektrischen Esel. Jon steigt ungelenk auf und schuckelt sich im Sattel zurecht. »Na los, worauf warten Sie?«, ruft er mir zu und schwingt dabei einen Sombrero, den er sich aus der Requisite geholt hat. Wie ich Jon da auf dem Esel sitzen sehe, einen Mann, der sich offenbar keinerlei Gedanken darüber macht, wie er auf andere wirken mag, wird mir klar, warum dieser liebenswerte Mensch die erfolgreichste Kinderserie der Welt erfunden hat. Er streckt die Hand aus, damit ich aufsteige und mich hinter ihn setze. Bevor ich Jon kennengelernt habe, fühlte ich mich bei Sesame Workshop noch nicht wirklich wohl, aber jetzt, auf diesem Esel, die Arme um Jons Hüfte gelegt, habe ich endlich das Gefühl dazuzugehören.

Das ist also der Auftakt meines Jahres 1994, in dem ich zwischen New York und Mexiko pendle, um die Produktion von *Plaza Sesamo* zu beaufsichtigen, und mich wieder ein bisschen mit meinem alten Leben in New York versöhne.

Es ist schön, so viel Zeit in New York zu verbringen. Und es dauert auch nicht lange, bis sich meine gute alte Freundin Lisa Cleff bei mir meldet.

»Gott sei Dank, du bist noch da«, sprudelt es im typischen New

Yorker Akzent aus ihr heraus. »Ich habe den Mann fürs Leben für dich gefunden! Du musst ihn unbedingt kennenlernen.«

Ich erwidere, ich hätte kein Interesse. Eine neue Beziehung stehe ziemlich weit unten auf meiner Prioritätenliste.

Lisa übergeht die Antwort einfach und erzählt begeistert, dass Ken Rogoff – der Mann, um den es geht – ein Freund eines Kunden ist. Er sei »äußerst heiratswürdig«. Ein vierzigjähriger Professor der Wirtschaftswissenschaften an der Princeton University, geschieden und noch dazu ein internationaler Schachgroßmeister. »Und er spricht Russisch!«, bellt sie ins Telefon. »Und er ist Ju-de!«

Sie hat ihrem Kunden versprochen, dass ich mich mit Ken zu einem Blind Date verabrede.

Wieder lautet meine Antwort »Nein«.

Da bekommt Lisas Stimme einen flehentlichen Ton: »Na komm schon, ist doch nur für einen Abend. Wann bist du denn zuletzt mit jemandem ausgegangen?«

Das ist über ein Jahr her. Viel zu peinlich, um es zuzugeben.

»Keine Ahnung«, sage ich.

Lisa lässt jedenfalls nicht locker. Es hat überhaupt keinen Zweck, mit ihr zu diskutieren.

»Na gut«, willige ich schließlich ein, um der Diskussion ein Ende zu setzen, aber nicht ohne ihr zu sagen, dass ich sowieso bald wieder nach Mexiko fliege.

»Aber vorher gehst du noch mit Ken essen«, weist sie mich zurecht. Dann legt sie auf.

Ich seufze. Ja, stimmt, das viele Reisen zwischen den Kontinenten hat meinem Liebesleben nicht gerade gutgetan. Vielleicht ist es doch nicht so schlecht, mal wieder auszugehen.

Ein paar Tage darauf klopft unerwarteterweise Baxter an meine Bürotür und sagt grinsend: »Ich glaube, wir müssen nach Moskau.«

Ich bin etwas überrascht, da ich angenommen hatte, Russland sei von der Vorstandsebene von Sesame Workshop aufs Abstellgleis gestellt worden. Baxter setzt sich auf den Stuhl vor meinem Schreibtisch und erklärt, in Washington habe es einen grundlegenden Sinneswandel gegeben. Offenbar haben die Abgeordneten noch einmal ihr Interesse an einer russischen *Sesamstraße* beteuert. Im Oktober 1993 – fünf Monate nach meinem letzten Besuch – hatten kommunistische Kräfte Russlands neugewählte demokratische Regierung zu stürzen versucht und mit Panzern auf das russische Parlament geschossen. Die Betonriege der russischen Armee hatte vorübergehend Ostankino TV besetzt. Aber der Putsch war gescheitert.

»In Washington will niemand, dass Russland zum Kommunismus zurückkehrt«, sagt Baxter. So sehr ich die Produktion in Mexiko auch genieße, hat doch der Traum immer in mir weitergelebt, dass es eines Tages auch eine *Uliza Sesam* geben würde. Wie toll, denke ich und bin ganz aus dem Häuschen.

Einen Tag vor meinem Flug nach Moskau ruft mich der Schachgroßmeister an. Er ist sehr freundlich, aber ich spüre, dass er genauso unsicher ist wie ich, was er von diesem Date halten soll. »Tut mir leid, ich habe es nicht geschafft, mich früher zu melden, weil ich die erste Fassung meines neuen Buches abschließen musste, und da konnte ich keine Ablenkung gebrauchen«, erklärt er.

Daraus folgere ich, dass ich wohl die »Ablenkung« bin. »Ich habe auch viel zu tun«, sage ich. Tatsächlich bin ich gerade dabei, meinen Koffer zu packen.

Aber dann plaudern wir noch ein bisschen, und ich finde ihn sehr klug und gescheit, auch wenn er mir zumindest am Telefon irgendwie leicht unbeholfen vorkommt. Er sagt, er sei gerade auf dem Sprung nach Europa, wo er einige Konferenzen besucht, weshalb wir verabreden, dass wir uns melden, wenn wir von unseren Reisen zurück sind.

In Moskau holt mich wieder Leonid am Flughafen ab. Die Pappeln blühen frühlingshaft, und die Straßen, Windschutzscheiben und Gehwege sind von flauschigen weißen Bällen bedeckt, dem sogenannten Pappelflaum, der aussieht wie Schnee. Meine Augen jucken vom Pollen, aber ich freue mich, endlich wieder hier zu sein. Leonid erzählt mir aufgeregt, dass er ein Treffen mit Boris Beresowski vereinbart hat.

»Der große Fisch, den wir an Land ziehen wollten, hat sich offenbar in einen Wal verwandelt«, sagt Leonid mit verschmitzter Miene.

Der Oligarch hat in den letzten Monaten weiter an Macht gewonnen, indem er den russischen Präsidenten Boris Jelzin davon überzeugt hat, seine Befugnisse über Ostankino TV auszuweiten, wofür er ihm im Gegenzug eine günstige politische Berichterstattung zugesichert hat.

An dem Tag, an dem wir Beresowski treffen, ist Leonids Wagen in der Werkstatt, weshalb wir uns ein Taxi nehmen. Während wir langsam durch die Straßen rollen und den Arbeitern ausweichen, die den im Winter beschädigten Asphalt ausbessern, schaue ich aus dem Fenster und frage mich, ob es eine gute Idee ist, eine Partnerschaft mit einem Mann einzugehen, den ich für Russlands Don Corleone halte. Aber wir haben kaum eine Wahl. Es ist inzwischen über ein Jahr her, dass dieses Projekt angestoßen wurde, und wir brauchen endlich ein Erfolgserlebnis. Als uns der Taxifahrer vor dem Sakura absetzt, dem Restaurant, wo wir uns treffen wollen, atme ich tief durch.

Beresowski sitzt bereits am Tisch. Er steht auf, um uns zu begrüßen. Elegant gekleidet, mit Anzug, roter Krawatte mit Paisleymuster und passendem Einstecktuch, sieht er ganz und gar nicht aus wie ein Mafioso. Er ist kleiner, als ich dachte, und wirkt mit dem über den kahlen Kopf gelegten Resthaar und dem stieren Blick irgendwie eichhörnchenhaft. Fester Händedruck, nicht der Anflug eines Lächelns.

Dann bemerke ich die beiden muskelbepackten Bodyguards,

die nahebei sitzen. Sicherheitsleute sind für Männer von Beresowskis Format ganz normal, aber diese Herren sind wirklich äußerst stattlich. Sie sehen nicht so aus, als würden sie sich mit ein paar Happen rohem Fisch zum Abendessen begnügen. Das Sakura ist das erste japanische Restaurant in Moskau. Das Dekor wirkt ziemlich aufdringlich, ein Mischmasch aus japanischem und chinesischem Zierrat. Ich lehne mich wahrscheinlich nicht zu weit aus dem Fenster, wenn ich behaupte, der Innenausstatter habe noch nie japanischen Boden betreten.

Als wir alle Platz genommen haben, greift Beresowski nach der Karte, um sie ausgiebig zu studieren. Die Konturen seines Gesichts sind in purpurnes Licht getaucht, das die über dem Tisch hängenden Laternen aus rotem Reispapier verströmen. Ich versuche, Leonids Aufmerksamkeit auf mich zu lenken, aber auch er blickt konzentriert in die Karte. Dabei macht er große Augen, wahrscheinlich weil ihn die maßlos übertriebenen Preise irritieren. Das Sushi kostet fast 30 Dollar pro Stück. Ich bete darum, dass wir nicht die Rechnung bezahlen müssen. Aber noch mehr stresst mich die Bestellung und wie ich »maguro tuna« ins Russische übersetzen soll. Was aber gar nicht nötig ist. Denn sowohl der Kellner als auch Beresowski sprechen ein vorzügliches Englisch.

Dann beginnt Leonid teils auf Russisch, teils auf Englisch zu erzählen, von »Biee-boo«, einer »Ikone« der amerikanischen Kultur, die »so berühmt ist wie *Elvis Pray-esly*«, ehe er anhebt, eine Imitation des Schnulzensängers vom Mississippi darzubieten. Er saugt die Wangen ein, spitzt die Lippen und schrammelt illustrierend seine Luftgitarre.

Ich starre ihn an, damit er bloß so schnell wie möglich damit aufhört, aber er schenkt mir keine Beachtung.

Beresowski sieht nicht so aus, als würde ihn Leonids Wiederbelebung des King of Rock 'n' Roll irgendwie beeindrucken.

Dann wischt sich Leonid mit dem Handrücken den Schweiß von der Stirn und lässt abrupt sein nervöses Lachen verklingen.

Ein russisches Sprichwort sagt: »Lachen ohne Grund ist ein Zeichen von Dummheit.« Es beschreibt formvollendet, wie Leonid gerade wirkt. Ich würde mich am liebsten unter dem Tisch verkriechen.

Aber vielleicht kann ich das Ganze ja noch retten. Ich erzähle von den vielen neuen Inhalten, die für die russische Koproduktion vorgesehen sind, und sage strahlend: »Sechzig Prozent der Sendung werden in Moskau gedreht und die russische Ausgabe bekommt auch neue russische Puppen, die in ›Straßenszenen‹ mit Moskauer Schauspielern interagieren. Und wir werden mehrere Stunden Realfilm und Zeichentrick produzieren.« In der Hoffnung, Selbstbewusstsein und Begeisterung auszustrahlen, füge ich hinzu: »Außerdem werden wir eine riesige neue Kulisse bauen, die wie eine russische Siedlung aussieht.«

Beresowski lehnt sich nach vorn und stützt die Ellbogen auf den Tisch. »Erzählen Sie weiter.«

Ich weiß nicht, ob es ihn wirklich interessiert oder ob er nur höflich ist, fahre aber fort, indem ich davon erzähle, dass das Unternehmen von der Sendung bereits zwanzig fremdsprachige Koproduktionen auf der ganzen Welt entwickelt hat. Er schaut auf die Uhr, was mich etwas nervös macht. Ich bin mir sicher, dass er sich gerade für jede einzelne Sekunde, die er mit uns verbringt, die Verzichtskosten ausrechnet. Als er schließlich zu einer Antwort anhebt, erwarte ich, dass er sich ohne Umschweife einfach verabschieden wird, weil er noch eine andere Verabredung hat.

Stattdessen fragt er: »Das heißt, wir haben keinen Bie-boo in der Sendung?«

Allein dass der Oligarch das Wort »Bibo« ausspricht, genügt, um meinen Glauben an die Sache zurückzugewinnen. Denn es heißt, dass er mir tatsächlich zugehört hat.

»Mr. Beresowski«, erwidere ich zögernd, »es wird in der russischen Fassung auch viele Figuren aus der amerikanischen *Sesamstraße* geben, nur eben nicht alle.«

»Also kein Bibo?«, wiederholt er seine Frage und wirkt enttäuscht.

»Nein«, sage ich entschuldigend und erkläre ihm, dass Bibo bei den internationalen Adaptionen der *Sesamstraße* nicht dabei ist. Dafür werde es drei neue Muppets geben, die die Henson Company in Zusammenarbeit mit einigen fantastischen russischen Künstlern für die *Uliza Sesam* entwerfen wird. Damit hoffe ich, Beresowskis patriotische Ader zu treffen.

Beresowski kaut genießerisch auf einem Sushi und nickt, als denke er darüber nach. »Okay.«

Ich war bis jetzt zu nervös, um etwas zu essen, und hatte auch ein bisschen Sorge, dass sich die *Sesamstraße* vielleicht nicht so gut mit vom Kinn rinnender Sojasauce verkaufen lässt. Deshalb rühre ich mein Essen auch weiterhin nicht an. Es ist noch längst nichts gewonnen.

Als Nächstes erkläre ich Beresowski, dass die erste Staffel aus 52 halbstündigen Episoden bestehen wird, die im Laufe von zwei Jahren gesendet werden sollen. Jede Episode wird mehrmals ausgestrahlt, wie es für die internationalen Koproduktionen der Sesamstraße üblich ist. »Wir haben festgestellt, dass sich die Kinder die Folgen gerne öfters ansehen, weil sie es gut finden, wenn sie die Szenen und Figuren schon kennen«, erläutere ich in einem leicht gelehrigen Tonfall.

Beresowski spült das letzte Stück Seeigel mit einem Schluck Sake herunter, während ich das Vorhaben der Amerikaner umreiße, Hunderte russischer Medienmitarbeiter auszubilden und die notwendige technische Ausrüstung einzufliegen: »Mit der veralteten Ausrüstung bei Ostankino können wir leider nichts anfangen.«

Als Beresowski hört, dass wir hier Leute ausbilden wollen und er technische Beute machen kann, hebt er die Augenbrauen und fragt nahezu ohne Gefühlsregung: »Amerikanische Medienexperten kommen nach Moskau und stellen Ausbildung und Ausrüstung bereit?«

»Ja«, antworte ich und füge hinzu: »Wir wollen dazu beitragen, dass eine Infrastruktur für unabhängige Fernsehproduktionen entsteht, was entscheidend dafür sein wird, dass sich Russland zu einer verlässlichen demokratischen Gesellschaft entwickeln kann.«

Jetzt haben wir seine volle Aufmerksamkeit. »Das ist gut«, bestätigt Beresowski. »Ostankino kann damit seine Fernsehproduktionen ausweiten und unsere Produzenten brauchen amerikanisches Know-how und Technologien, um ihre Medienkompetenz zu verbessern.«

Das wiederum stachelt Leonid dazu an, die finanziellen Vorteile des Projekts vorzubringen: »Boris, wir haben hier nur eine einzige Kindersendung, *Gute Nacht, ihr Kleinen*, und wir wissen beide, wie alt und angestaubt die Sendung ist. Aber sie wird trotzdem immer noch im ganzen Land geschaut, weil es keine Alternative gibt. Die *Sesamstraße* hat viel höhere Produktionsstandards, damit wird sie ein Riesenhit.«

Dann kommt Leonid auf die potenziellen Werbeeinnahmen zu sprechen, wenn sie vor und nach der Sendung Werbespots schalten. Das könnte ihnen Millionen einbringen, »vor allem wenn westliche Firmen die Serie sponsern«. Ich kann sehen, wie unangenehm es Leonid ist, mit einem Mann über Geld zu sprechen, der Warren Buffet näher steht als ihm, aber seine Begeisterung bügelt sein Unbehagen aus.

Als er zu Ende gesprochen hat, stelle ich noch klar, dass der amerikanische Anteil am Budget für Ausrüstung und Ausbildung der russischen Mitarbeiter in Moskau in US-Dollar bezahlt wird, während der russische Anteil des Produktionsbudgets in Rubel auszurichten ist.

Beresowskis Miene verändert sich, in seinem Kopf beginnt es zu rattern. Vielleicht denkt er darüber nach, dass er durch die russische *Sesamstraße* Zugriff auf noch größere Dollarreserven bekäme. Oder er überlegt, dass ihm diese Investition womöglich eine Glaubwürdigkeit verschafft, die er sich mit seinen Milliarden nicht kaufen kann. Mit anderen Worten: Sein Interesse an unserer Sendung hat womöglich nichts mit Menschenfreundlichkeit zu tun, sondern schlicht und ergreifend mit einer guten Geschäftsgelegenheit.

Leonid und ich tauschen hoffnungsfrohe Blicke aus.

Dann schießen die Worte nur so aus Beresowski heraus: »Also die ersten zweiundfünfzig Episoden werden zwei Jahre lang wiederholt und die Hälfte des Budgets kommt von den Amerikanern, in Dollar, und die andere Hälfte in Rubel von uns. Wir haben mindestens sechs Werbespots vor und nach jeder Sendung, die wir an ausländische Unternehmen verkaufen können.« Er hält inne und stellt im Kopf ein paar Berechnungen an. Dann lächelt er uns zufrieden an. Die Zahlen scheinen zu stimmen.

Ich räuspere mich und füge hinzu: »Und die russischen Kinder werden das Krümelmonster und die anderen amerikanischen Puppen lieben, die neben den neuen russischen Puppen in der *Uliza Sesam* auftreten.«

Auf Leonids Gesicht macht sich ein Grinsen breit. »Die Leute werden Sie vergöttern, Boris«, ruft er aus, »Sie schenken Russlands Kindern in diesen schwierigen Zeiten Freude und Lachen.«

Beresowski hält die Hand hoch, als wollte er den Gedanken abwehren. »Das reicht, das reicht«, sagt er nur, dann fügt er hinzu: »Natürlich ist Ostankino der beste Sender für die *Uliza Sesam*, weil es die größte Reichweite hat, über zweihundert Millionen Menschen. Und wenn wir die Sendung im Staatsfernsehen zeigen, werden es alle als Geschenk der Regierung an das Land wahrnehmen und an alle Kinder in den ehemaligen Sowjetrepubliken, in denen Russisch noch die vorherrschende Sprache in den Grundschulen ist.«

Leonid und ich nicken. Beresowski lehnt sich in seinem Stuhl zurück und zündet sich eine Zigarette an. Die Sache läuft so gut, dass ich es kaum glauben kann.

Dann hebt Beresowski sein Sakeglas. »Auf unsere Kinder!« Er kippt den Schnaps runter, dann stellt er das Glas auf den Tisch und steht abrupt auf, um uns die Hand zu schütteln. Das Treffen ist vorbei.

Gemeinsam verlassen wir das Restaurant, die Bodyguards im Schlepptau. Beresowskis Chauffeur hat schon den schwarzglänzenden Mercedes 600 des Oligarchen vorgefahren, und das zweite Auto für seine Sicherheitsleute nähert sich ebenfalls gerade.

Wir zögern, uns in Beresowskis Gegenwart ein Taxi zu rufen, und bleiben etwas misslich auf dem Gehweg stehen. Da fragt er, ob er uns mitnehmen kann.

Leonid murmelt irgendwas Unverständliches, und Beresowski weist auf seine beiden Wagen. »Mein Fahrer bringt Sie, wohin Sie wollen.« In dem Moment klingelt sein Satellitentelefon. Er hebt ab, und bevor er seinen Namen sagt, weist er den Fahrer an, uns mitzunehmen. Dann sagt er zu Leonid, er soll nächste Woche in sein Büro kommen, die Rechtsabteilung werde sich dann um den Papierkram kümmern.

Leonid nickt und erinnert Beresowski noch einmal daran, dass Sesame Workshop eine Bestätigung über seine Investition braucht, weil die amerikanische Regierung die Gelder nur freigibt, wenn sich auch Russland finanziell beteiligt.

Beresowski nickt geistesabwesend. »Sie kriegen von mir, was Sie brauchen«, sagt er noch, dann nimmt er den Anruf an.

Leonid und ich springen in die Luxuslimousine und versinken in den Sitzen, die nach frischem Leder riechen. Beresowskis Fahrer fragt uns, wo wir hinwollen. Aus den Lautsprechern schallt Donna Summers »She Works Hard for the Money«. Wir bitten den Fahrer, die Musik aufzudrehen, und singen mit. Beim Refrain müssen wir lauthals lachen. Wir fühlen uns wie Glücksspieler, die beim ersten Versuch den Jackpot geknackt haben – auch wenn wir seit Monaten an der Sache dran sind.

Ich kann es gar nicht abwarten, meinen Leuten in New York die gute Nachricht mitzuteilen.

5

Keine Gangster in der *Sesamstraße*

Als ich nach drei Wochen heimkehre, höre ich als Erstes die Nachrichten auf meinem Anrufbeantworter ab. Zwei sind von Ken. Ich mag seine Stimme und bin überrascht, wie sehr ich mich darauf freue, ihn kennenzulernen. Ich muss ihn dringend zurückrufen. Aber jetzt muss ich erst mal zum Workshop – zu Baxter.

Als ich dort ankomme, steht die Tür zu seinem Büro zwar offen, aber er telefoniert gerade, weshalb ich draußen warte, bis er mich hereinwinkt. Sein Büro sieht aus wie Andys Zimmer in *Toy Story*, die Regale vollgestopft mit Muppet-Puppen, Bibo-Rucksäcken, Krümelmonster-Brotdosen und Bilderbüchern von *1 2 3 Sesamstraße*. Der einzige Sitzplatz ist ein Sessel, auf dem turmhoch Schachteln stehen. Als ich einen Karton herunternehme, fällt der gesamte Turm um. Da beendet Baxter sein Telefonat und eilt herbei, um mir dabei zu helfen, die Schachteln aufzuheben.

Ich habe Baxter seit über einem Monat nicht gesehen. Als ich in Moskau war, musste er nach Asien, um mit chinesischen Spielzeugherstellern zu reden. Gerade hebt er einen Karton hoch und holt frohlockend eine orange Puppe aus Plüsch heraus. Ich kenne sie nicht. »Das ist Zoe«, sagt er.

Sie ist ganz süß mit den pinken und roten Schleifen im Haar. Baxter hält Zoe hoch und dreht ihren zotteligen Körper nach links und nach rechts. Er sieht sie an, als hätte er sie höchstpersönlich zur Welt gebracht. »Der Workshop hat Zoe als weibliche Version von Elmo entworfen«, erklärt er mir. Die Elmo-Puppen gehen weg wie warme Semmeln, werden aber eher für Jungs gekauft. Das will der Workshop mit Zoe ändern.

»Wie findest du die Farbe?«, fragt er und streicht der Puppe durch ihr weiches Orangenhaar. »Wenn das keine fantastische Farbe ist!«, ruft er aus, als er mir die Puppe übergibt.

Ich denke nur, dieser durchgeknallte Typ hat hier also das Sagen. Er macht alles, was er tut, mit Leidenschaft, und seine Begeisterung ist ansteckend. Meine Nachricht wird ihm Freude bereiten.

Ich setze die Puppe auf den Sessel und berichte Baxter bis ins kleinste Detail von unserem Multimillionen-Dollar-Deal mit Beresowski. Er kennt den Namen aus der Presse.

»Das ist fantastisch! Unglaublich!«, ruft er und breitet die Arme aus. Er ist ein großer Freund von Umarmungen, und ich lasse es gerne geschehen. Für Leonid und mich ist es ein großes Glück, ihn hinter uns zu wissen. Dass er uns vertraut, gibt uns die Selbstsicherheit, die wir in Russland brauchen, um unsere Vorstellungen durchzusetzen.

In den nächsten Wochen verbreitet sich die Nachricht über unseren Geschäftsabschluss und erreicht schließlich auch meine Kollegen im *Sesamstraßen*-Studio im New Yorker Stadtteil Queens, wo die amerikanische Sendung gedreht wird. Ich frage Baxter, ob ich das Studio einmal besuchen kann – es wäre gut, die amerikanischen Puppenspieler und Produzentinnen zu treffen, die unser russisches Team ausbilden sollen. In der Woche darauf fahre ich mit der Subway die zwanzig Minuten bis zu den Kaufman Astoria Studios, den ältesten Filmstudios in New York, wo schon in den 1930er Jahren die Marx Brothers gedreht haben.

Die Kaufman Astoria Studios sind ein grauer Betonkomplex, der wie ein Industriegebäude aussieht und einen ganzen Block einnimmt. Als ich hineingehe, gleicht ein Wachmann meinen Namen mit einer Liste ab, dann führt er mich durch einen Korridor, in dem Schwarz-Weiß-Fotografien von Schauspielern hängen, die hier schon einmal gedreht haben – Frank Sinatra, Ginger Rogers, George Burns.

An der Tonbühne, auf der die *Sesamstraße* aufgenommen wird, warte ich, bis das Licht über der Tür von Rot zu Grün wechselt, was bedeutet, dass der Dreh beendet ist. Sofort bin ich mitten in der berühmten New Yorker Straße mit den Hauseingängen aus Sandstein, dem Laden von Herrn Huber und dem grün-weißen Straßenschild. Ich stapfe vorsichtig über die am Boden festgeklebten Stromkabel und schlängele mich an den Kameraführern vorbei, die durch das Studio rennen. Ich will zu Bibo, um ihn mir genauer anzusehen mit seinen rot-pink gestreiften Beinen und den riesigen orangen Füßen. Nur fehlt leider die obere Hälfte des Kostüms. Aber es ist aufregend, die Originalpuppen der *Sesamstraße* in echt zu sehen, aufregender, als ich gedacht hätte. Arlene Sherman, die leitende Produzentin der Sendung, die seit fünfzehn Jahren bei der *Sesamstraße* ist, kommt zu mir herüber und stellt sich vor. Trotz ihrer strengen Erscheinung ganz in schwarz – hautenge Jeans, T-Shirt, Kampfstiefel, sogar ihre Haare sind kohlrabenschwarz, präzise auf Kinnlänge gestutzt, mit ein paar Stirnfransen – ist sie eine sehr warmherzige, einnehmende Person. Sie lädt mich ein, mit ihr in den Regieraum zu gehen, eine kleine Kammer mit mehreren Bildschirmen an den Wänden. Ich kann es kaum glauben, dass sie einer unbedeutenden kleinen Mitarbeiterin wie mir ihre Aufmerksamkeit schenkt.

Ich bleibe den ganzen Tag im Studio und verbringe die meiste Zeit mit Arlene. Neben der Arbeit hier produziert sie auch noch die Kurz- und Trickfilme für die Sendung. Wie nebenbei erzählt sie mir, mit was für berühmten Schauspielern und Musikern sie schon zusammengearbeitet hat: Lou Reed, Morgan Freeman und David Bowie. Arlene ist ohne jeden Zweifel die coolste Person, die mir jemals begegnet ist, und zwar gerade weil sie selbst nicht weiß, wie cool sie ist.

Im Regieraum spricht die Regisseurin Lisa Simon in eine Gegensprechanlage, um die Puppenspieler anzuleiten, die gerade eine Szene mit Mike Myers aus dem Kultfilm *Wayne's World* spielen. Ich bin begeistert, wie viele wahnsinnig tolle Frauen hier die Show am Laufen halten. Dann ruft sie »Achtung, Aufnahme!« und Myers macht sich an eine Parodie seiner eigenen Figur. Wie er den langhaarigen Kiffertypen spielt, ist urkomisch. Ich hätte nie gedacht, dass Kinderfernsehen so lustig sein kann. Und ich staune, wie viel die Puppenspieler improvisieren.

Aber das Hochgefühl, das mich überkommt, wird von dem in mir aufsteigenden Hochstapler-Syndrom gedämpft. Ich frage mich, was ich unter all diesen herausragenden, mehrfach Emmygekrönten Entertainern zu suchen habe. Jede Wette, gleich kriege ich Hautausschlag.

Was habe ich mir nur dabei gedacht? Meine ich im Ernst, ich wäre hier die Richtige? Ich habe so viel Arbeit in die ganzen geschäftlichen und logistischen Aspekte der Sendung gesteckt, damit die *Uliza Sesam* an den Start gehen kann, dass ich überhaupt keinen Gedanken an die kreative Seite verschwendet und auch nicht darüber nachgedacht habe, wie ich eine so grandios komponierte Sendung neu produzieren könnte. Was, wenn die russische Fassung einfach nur mittelmäßig wird? Oder sogar richtig schlecht?

Ich kehre gerade noch rechtzeitig heim, um mich für mein erstes Date mit Ken frisch zu machen. Hätte ich nicht einen so überwältigenden Tag im Studio verbracht, wäre ich jetzt wahrscheinlich sehr viel nervöser. Aber so kann ich nur kurz duschen und mir was überwerfen. Da klingelt es auch schon an der Tür.

Ken ist auf die Minute pünktlich und schüttelt mir etwas steif die Hand. »Schön, dich endlich kennenzulernen«, sagt er. Seine Hand ist schweißig, entweder weil er nervös ist oder weil er bei knapp vierzig Grad ein Tweedjackett trägt.

Ich ertappe mich dabei, dass ich ihn sofort aussortiere, weil er mir einfach zu schrullig erscheint. Ich atme tief ein und frage: »Möchtest du etwas trinken? Ein Glas Wasser?« Ich gehe in die Pantryküche und werfe einen Blick über die Schulter. Er ist zu meinem Bücherregal gegangen und sieht sich die Buchrücken an.

»Schon ein bisschen schräg, dass wir jetzt quasi so ein ›doppeltes Blind Date‹ haben – du kennst meinen Freund nicht und ich kenne deine Freundin nicht«, sagt er zaghaft.

Ich bin erleichtert, dass er das Thema gleich von sich aus anspricht, und erwidere: »Ich gehe sonst nicht zu Blind Dates, aber für Lisa habe ich eine Ausnahme gemacht.« Eine klitzekleine Lüge. Denn wie gesagt, hatte ich schon länger überhaupt kein Date mehr. Um das unangenehme Schweigen zu brechen, das darauf folgt, presche ich vor. »Am Fluss ist es ein bisschen kühler, da weht ein kleiner Wind. Sollen wir dort eine Runde spazieren gehen?«

Wir überqueren den West Side Highway und biegen in den asphaltierten Weg ein, der den Hudson entlangführt. Wieder durchbreche ich das unangenehme Schweigen und sage fröhlich: »Deshalb wohne ich so gerne hier in Downtown.« Ich strecke den Arm aus und zeige auf den Fluss. »Was für ein Ausblick.«

Ken stiert auf den über den Boden verstreuten Müll und die Kanülen. Er tritt eine Spritze beiseite und erzählt mir, dass er in den 1970er Jahren als Jugendlicher oft in New York war, um an Schachwettbewerben teilzunehmen. »Die Stadt sah damals ziemlich trübselig aus, ungefähr wie die Gegend hier.«

Ich kneife die Lippen zusammen. Ich weiß nicht, ob das seine Art ist, mir zu sagen, dass ihm unser Ausflug an den Fluss nicht gefällt. Dann schlendern wir hinunter Richtung Battery Park City und erzählen uns Geschichten aus der Vergangenheit. Wir sind beide als Jugendliche von zu Hause weggegangen. Ich bin mit 16 Jahren nach Venezuela gezogen, um Spanisch zu lernen, und dann für einen Schulaustausch ein Jahr nach Luxemburg, wo ich Französisch und Deutsch gelernt habe. Ken sagt, er habe die Sekundarschule kaum besucht, als er in Europa war, sondern an Schachwettbewerben teilgenommen und von seinen Siegprämien gelebt. »Ich habe abwechselnd in Fünf-Sterne-Hotels und auf Parkbänken übernachtet«, sagt er trocken. Auch unsere Herkunft ist ähnlich: Sein Großvater verkaufte in der Nähe von Kyjiw Ziegenmilch, ehe er nach Amerika auswanderte, mein Großvater verkaufte koscheres Fleisch in Belarus.

Ein paar Tage vor unserem Date hatte mir Lisa erzählt, dass Ken gegen 26 andere Spieler mit verbundenen Augen Simultanschach gespielt hat, weshalb ich annehme, dass er sich auf unserem Spaziergang hinsichtlich seiner Schachkünste übertrieben bescheiden gibt.

Irgendetwas an Ken ist auf besondere Weise anziehend. Er ist anders als die kreativen Typen, mit denen ich bisher zusammen war: Musiker, Schauspieler, Regisseure, die so viel von sich geredet haben, dass ihr Narzissmus mir manchmal die Luft nahm. Ken dagegen wirkt sehr dezent, und er trägt seine Gefühle nicht zur Schau. Außerdem mag ich seine Aufrichtigkeit und seinen sarkastischen Humor.

Zum ersten Mal seit langem scheinen mein Privatleben und meine Karriere wieder auf dem aufsteigenden Ast zu sein: Ich habe Ken getroffen, einen Deal mit Beresowski eingefädelt und im *Sesamstraßen*-Studio coole neue Freunde gefunden. Das kommt selten vor – und ist leider auch nicht von langer Dauer.

Als ich nach meinem wunderbaren frühmorgendlichen Yogakurs in die Wohnung komme, klingelt gerade das Telefon. Leonid ist dran. Wir schreiben den 10. Juni 1994.

»Ich habe schlechte Neuigkeiten, Natasha«, seufzt er. »Beresowskis Wagen ist in die Luft geflogen.«

»Was? Was?!«, schreie ich. Ich lasse meine Yoga-Tasche fallen und ziehe das Telefon am Kabel zum Sofa, um mich hinzusetzen.

»Keiner weiß, ob er tot ist oder noch lebt«, sagt er und atmet tief ein.

Ich weiß nicht, was ich sagen soll. Wir hören uns durch die knisternde transkontinentale Verbindung gegenseitig beim Atmen zu, bis Leonid mir erzählt, was passiert ist. Offenbar hat er, nachdem er ein paar Wochen lang Beresowskis Anwälte bekniet hatte, einen Garantiebrief auszustellen, schließlich einen Anruf erhalten, er könne den unterzeichneten Brief abholen, in dem die Beteiligung des Oligarchen an der *Sesamstraße* in Höhe von 3 Millionen Dollar bestätigt wird.

Leonid ist so aufgewühlt, dass er kaum sprechen kann.

»Als ich nach LogoVaz kam [Beresowskis Unternehmenszentrale in Moskau], war das Gebäude von Polizisten umstellt und niemand wollte mich durchlassen. Da habe ich erfahren, dass Boris möglicherweise verletzt ist oder gar tot.«

Ich kann das alles nicht glauben. Mein ganzer Körper zieht sich zusammen, als ich daran denke, wie Beresowski nach »Bieeboo« gefragt hat, den er so toll fand.

Ich höre, wie Leonid ein Streichholz entfacht, um sich eine Zigarette anzuzünden.

»Keiner von Beresowskis Leuten ruft mich zurück«, sagt er. »In den russischen Nachrichten heißt es, Boris saß auf dem Rücksitz seines Mercedes, als der Wagen in die Luft flog, und sein Chauffeur und sein Bodyguard saßen vorne.«

»Der Wagen, in dem wir auch gesessen haben?«, frage ich erschrocken.

»Ja«, sagt er und nimmt einen Zug.

»Das heißt, Beresowski ist tot?«, frage ich.

»Wie gesagt, ich weiß es nicht. Keiner weiß es.« Leonid klingt verzweifelt.

»Sie haben mir gesagt, Boris hätte schwere Verbrennungen und seinem Chauffeur hat es den Kopf abgerissen.«

Mir wird übel, und es schüttelt mich, als ich daran denke, wie Beresowskis Chauffeur mit dem Kopf gewippt hat, als Leonid und ich bei Donna Summer mitgesungen haben. Ich stelle mir vor, wie Beresowski in Flammen stehend aus dem Wagen taumelt und der Kopf seines Fahrers über die blutüberströmte Straße rollt. Ich erschaudere.

»Das ist doch Wahnsinn«, sage ich mit brechender Stimme.

Leonid fängt an zu stottern, als würde alles Leben aus ihm entweichen: »Natasha, er ist vielleicht tot. Hier werden die Leute einfach umgebracht. Es hat keinen Zweck. Du kannst hier keine Geschäfte machen.«

Ich bin am Boden zerstört. Aber ich will trotzdem verstehen, was das für uns genau bedeutet. »Wenn er tot ist, heißt das dann, wir kriegen auch kein Geld für die Sendung?«

Schweigen.

Er atmet aus. »Selbst wenn er noch am Leben ist, ist das Letzte, wo er jetzt sein Geld reinstecken wird, eine Kindersendung mit kleinen Püppchen.« Seine Stimme zittert. »Also ja, das Geld kannst du vergessen.«

Die nächsten zwei Tage versucht Leonid herauszufinden, wo Beresowski ist. Schließlich erfahren wir, dass er den Anschlag überlebt hat – und sind erst einmal erleichtert. Anscheinend ist er nach Europa geflohen. Leonid versucht immer wieder, Beresowskis Anwälte zu erreichen, um den Deal vielleicht doch noch einzutüten, aber niemand will mit ihm reden.

Am Telefon sage ich Leonid, dass ich Angst habe, Baxter zu erzählen, was passiert ist. »Das Unternehmen wird sich auch sicher die Frage stellen, ob es sinnvoll ist, die Sendung ausgerechnet jetzt in Russland zu produzieren. Vielleicht ist es doch zu gefährlich«, sage ich.

»Keine Ahnung«, sagt Leonid.

Ich weiß nicht mehr weiter.

Dann mache ich mit Baxter ein Treffen aus. Er verspätet sich, ich kauere mich in seinem Büro in dem überdimensionalen Sessel zusammen und warte. Normalerweise heitert mich die Menagerie lächelnder *Sesamstraßen*-Puppen auf, die mich von den Bücherregalen herab ansehen, aber heute strafen mich ihre Pingpongball-Augen mit verächtlichen Blicken. Ich habe versagt.

Als Baxter schließlich hereinkommt, brauche ich ihm gar

nichts mehr von Beresowski zu erzählen. Er hat es schon gehört. Er greift sich einen Bade-Ernie, fummelt daran herum und legt ihn auf den Tisch. »Na, zum Glück sind wir nicht mit Beresowski ins Bett gestiegen«, seufzt er. »Ich sehe schon die Schlagzeilen: ›Bibos russischer Partner wird in seinem Wagen in die Luft gesprengt, dass die gelben Federn fliegen.‹« Er lässt die Finger in der Luft flattern, um den Federregen zu illustrieren. Dann wird seine Miene ernst. »Natasha, das wäre nicht gut für unser *Branding* gewesen.« Dabei malt er Anführungszeichen in die Luft.

Ich lasse betreten den Kopf sinken. Ich hätte es besser wissen müssen.

Baxter kann allerdings nie lange böse auf jemanden sein. Er legt mir die Hand auf die Schulter und sagt: »Das kriegen wir schon wieder hin.« Dann begleitet er mich zur Tür.

Ich bin erleichtert, dass ich nach dem Fiasko mit Beresowski nicht gefeuert worden bin, habe jedoch keine Ahnung, wie das Projekt jetzt weitergehen soll und ob es überhaupt weitergehen kann. Ich mache früh Feierabend und laufe wie in Trance Richtung Downtown, immer einen Fuß vor den anderen setzend. Nach der Gluthitze erfrischt jetzt ein kühlender Wind vom Hudson herauf die Stadt. Ich bleibe vor einem mexikanischen Restaurant mit orangen Schirmen stehen und sehe mir die jungen Mädels an, die einen Junggesellinnenabschied feiern. Sie tragen pinke T-Shirts mit der Aufschrift »Mandy kommt unter die Haube«. Sie lachen laut und prosten der zukünftigen Braut zu.

Es noch einmal in Russland zu versuchen war ein törichter Fehler. Die *Uliza Sesam* wird niemals Wirklichkeit werden und ich mache zu viele Kompromisse – ich sollte ein normales Leben führen, Zeit mit meinen Freundinnen verbringen, eine Beziehung haben. Ich hasse mich dafür, dass ich mich der Vorstellung hingegeben habe, ausgerechnet ich könnte Russland auf die Sprünge helfen. Ich fühle mich furchtbar einsam.

Dann denke ich an Ken. Warum hat er mich nicht wieder angerufen und zu einem zweiten Date eingeladen? Habe ich ihn vergrault?

An einer Telefonzelle bleibe ich stehen und durchforste meine Handtasche nach Kens Visitenkarte von der Princeton University. Ich erinnere mich daran, dass er auf die Rückseite mit blauer Tinte seine private Nummer geschrieben hat. Dann werfe ich ein paar Münzen ein und ermahne mich, nicht gleich wieder aufzulegen, selbst wenn er mich eine Ablenkung nennen sollte.

Beim vierten Klingeln hebt Ken ab. Nach einem Tag wie heute ist es wohltuend, seine Stimme zu hören.

»Hast du heute Abend Zeit, um in die Stadt zu kommen und mit mir essen zu gehen?« Meine Stimme klingt anders als sonst, verletzlicher vielleicht.

Zu meiner Überraschung sagt er zu.

Als ich später am Abend wieder in meiner Wohnung bin, rufe ich Leonid an und erzähle ihm von meinem unerwartet schönen zweiten Date mit Ken. Leonid beschießt mich mit Fragen über den Mann und neckt mich. »Dieser Intelligenzbolzen ist *zu* intelligent für dich. Der ist dir immer um zwanzig Züge voraus.«

Ich kichere.

Dann wird Leonid ernst. »Natasha, du willst doch gar keine richtige Beziehung. Was willst du mit einem Mann, wenn du die ganze Zeit unterwegs bist?«

Ich lasse mir nichts anmerken, aber was er sagt, ist wie ein Tritt in die Magengrube. Außerdem, welche Beziehung ist wohl erfolgversprechender? Die mit Russland oder die mit Ken?

Der Sommer wird wonniger als erwartet. Ken und ich sehen uns, da wir beide viel reisen, so oft es unsere Zeit erlaubt. Ich spüre, wie sich etwas in mir verändert, während ich mich diesem Menschen öffne, der so ganz anders ist als ich. Als einige meiner Freunde, darunter auch Leonid, ein Haus auf Martha's

Vineyard mieten, nehme ich die Gelegenheit wahr und lade Ken ein. Ich erwarte nicht, dass er Ja sagt, aber wieder überrascht er mich.

Ken mag keine Hitze, die Sonne noch weniger, und trägt eine lange Hose und ein langärmliges Hemd, während er sich am Strand unter einem Schirm versteckt. Aber er ist zu allen freundlich und hört gern zu, als meine Freundinnen am ersten Inselabend bei Wein und buttrigem Hummer peinliche Geschichten über mich erzählen. Ich betrachte vergnügt sein Gesicht und spüre, wie mich eine Welle von Zärtlichkeit umspült. Es wundert mich nicht, dass sich auch meine Freundinnen in Ken verlieben. Genau wie ich sind sie von seiner Intelligenz und seinem Humor betört. Dennoch kann ich mir gerade einfach nicht vorstellen, eine ernsthafte Beziehung zu führen.

Als unser zweiwöchiger Urlaub dem Ende entgegengeht, mache ich mit Leonid einen abendlichen Spaziergang am Strand. Der Himmel ist klar und voller Sterne. Diese Insel ist Lichtjahre von Moskau entfernt. Leonid erzählt mir von seinem Sohn, den er in Kalifornien besuchen will, bevor er nach Russland zurückkehrt. Ich sage ihm, wie sehr ich Ken vermissen werde, sobald wir beide wieder in Moskau sind. Plötzlich wird Leonid ernst. »Natasha, Ken ist perfekt für dich. Er ist der Richtige: Er weiß genau, wann er dir sagen muss, dass du gerade Mist baust.«

Ich habe dasselbe Gefühl, aber es macht mir Angst. Ich lache.

Am Ende des Sommers sieht es zu meinem Erstaunen so aus, als würde ich früher nach Russland zurückkehren als erwartet. Das Unternehmen hat noch einmal seine Herangehensweise überdacht, was unter anderem damit zu tun hat, dass die Soros Foundation eine größere Summe für das Projekt bereitstellen will. Und die USAID hat offenbar beschlossen, dass Sesame Workshop einen Teil der Mittel zur Ausbildung der Russen in seiner Firmenzentrale in New York ausgeben darf. Baxter bittet mich, umgehend nach Moskau zu fliegen, um ein russisches

Produktionsteam zusammenzutrommeln. Das sind großartige Neuigkeiten.

Zwei Tage später muss ich Ken Adieu sagen. Es geht für mich wieder nach Moskwa.

6

Wir wollen eure Püppchen nicht

In Moskau weicht der knackig-klare Herbst bereits der bitteren Kälte, die der Winter mit sich bringt. Der Wachmann vom Palace Hotel kennt mich inzwischen beim Namen und begrüßt mich mit einem Kopfnicken, während er meine Koffer entgegennimmt.

Unsere erste Anlaufstelle ist Ostankino TV. Leonid hat ein Treffen mit Midhat Schilow vereinbart, dem Leiter des Kulturprogramms. Er ist einer von Leonids ältesten und besten Freunden, und ich habe ihn selbst schon einige Male getroffen.

Am Eingang des Gebäudes wurden die Glastüren ausgetauscht, die bei dem Anschlag zu Bruch gegangen sind, aber in der Betonfassade sieht man noch Spuren. Es fröstelt mich. Zum Glück war ich nicht in Moskau, als der Anschlag passiert ist.

Nachdem wir uns am Infostand unsere Sicherheitsausweise abgeholt haben, fahren wir mit dem Aufzug in den elften Stock, zur Lebensader des Konzerns. Midhat wartet schon auf uns. Er steht im Türrahmen seines Büros, die Hände in die Hüften gestemmt, und grinst über beide Ohren, als er uns sieht.

Midhats Lebensgeschichte ist filmreif. Er wurde 1941 in Jalta geboren, sein Vater war Muslim und der erste Sekretär des Regionalkomitees der Kommunistischen Partei auf der Krim. Nach dem Krieg erklärte Stalin die Krim-Tartaren zu Verrätern und ließ über Nacht Hunderttausende deportieren. Als Midhat vier Jahre alt war, tauchte die sowjetische Geheimpolizei bei seinen Eltern auf und erschoss seinen Vater. Kurz darauf starb auch seine Mutter und Midhat wurde in ein Waisenhaus in Sibirien geschickt. Keiner von seinen Verwandten wurde darüber informiert.

Vier Jahre lang suchte seine in Moskau wohnende Großmutter mütterlicherseits nach ihm. Als sie Midhat schließlich fand, sorgte sie dafür, dass er heimlich nach Moskau gebracht wurde. Da er keine Berechtigung hatte, sich in der Stadt aufzuhalten, musste er sich jedes Mal, wenn seine Oma Besuch bekam, unter ihrem Küchentisch verstecken. Als Midhat acht Jahre alt war, adoptierte ihn eine enge Freundin seiner Großmutter, sodass er einen russischen Nachnamen erhielt und damit auch die Berechtigung, auf eine Moskauer Schule zu gehen.

Erst Anfang der 1990er Jahre, nachdem Präsident Jelzin die Krim-Tartaren rehabilitiert hatte, fühlte sich Midhat sicher genug, um mir sein Geheimnis zu offenbaren. Obwohl er eine der grauenhaftesten Zeiten in der Sowjetgeschichte miterlebt hatte, sind sein Körper, seine Freundlichkeit und sein Humor davon unberührt geblieben.

Als Leiter des Kulturprogramms bei Ostankino muss er aber weiterhin viele Kämpfe austragen. Leonid erklärt mir, er habe Midhat nur deshalb nicht früher um Hilfe gebeten, weil der zuletzt um sein politisches Überleben in der Fernsehgesellschaft kämpfen musste. Aber Midhat lässt sich nicht einfach beiseiteschieben. Alle nennen ihn nur den »General«, weil er von einem Tag auf den anderen Leute von Moskau nach Nowosibirsk befehligen kann. Seine Abteilung produziert zwar keine Kindersendungen, aber er könnte uns bei der Zusammenstellung eines Produzententeams, das wir in Amerika ausbilden lassen, durchaus von Nutzen sein.

Midhat, 53 Jahre, 1,52 Meter, lichter werdendes graues Haar und Wanst, bittet uns in sein Büro und achtet dabei den alten russischen Aberglauben, dass es Pech bringt, Gäste auf der Türschwelle zu begrüßen. Er küsst erst mich, dann Leonid dreimal auf die Wange. Sein Eckbüro ist riesig, die Ausstattung eher bescheiden, er hat nur das standardmäßige Staatsmobiliar. Die beiden raumhohen Fenster sind dermaßen dreckig, dass man den herrlichen Fluss kaum noch sehen kann. Ich necke ihn: »Wann wurden denn hier das letzte Mal die Fenster geputzt?«

Er zuckt die Schultern und erwidert mit einem sardonischen Lächeln: »Kein Geld. Weder fürs Fensterputzen noch fürs Programm.«

Leonid setzt ihn über die neusten Entwicklungen bei der russischen *Sesamstraße* in Kenntnis. Midhat erwidert, es werde schwer, die Produktion zu finanzieren, da die russische Regierung seit drei Monaten die Mitarbeiter von Ostankino nicht mehr bezahlt – ihn eingeschlossen. »Der Staat zahlt die Löhne entweder spät oder gar nicht. Es ist erbärmlich«, knurrt er und fügt hinzu: »Selbst die russische Armee kriegt nicht pünktlich ihr Geld.« Doch damit genug. Midhat will uns lieber sein neues Spielzeug zeigen.

Er steht vom Schreibtisch auf und gibt Leonid mit einer Armbewegung zu verstehen, dass er die oberste Schublade aufmachen soll. Darin liegen ein Revolver und eine Schachtel Patronen. Midhat holt die Waffe heraus und lädt lächelnd die Patronen in die Kammern. Dann fuchtelt er mit der Pistole herum und zetert, die russische Regierung und irgendwelche Verbrecher würden den Sender ausplündern. »Die sollen unsere Löhne zahlen, statt sich selber die Taschen vollzumachen!«, schreit er.

Da kommt eine junge Assistentin mit ein paar Aktenordnern unterm Arm herein. Zum Spaß richtet Midhat die Pistole auf sie. »Soll ich jetzt die Botin erschießen?«, fragt er und sieht uns an.

Mein Herz überschlägt sich und ich werfe Leonid einen eindringlichen Blick zu. Er braucht einen Moment, um die Gefahr zu begreifen. Dann lacht er kurz auf und sagt in ernstem Ton: »Komm schon, Midhat, leg die Waffe weg.«

Die Assistentin schiebt unterdessen achtlos die Pistole beiseite. Dann legt sie, ohne ein Wort zu sagen, die Aktenordner auf den Tisch, dreht sich um und geht wieder hinaus, als wäre nichts Ungewöhnliches passiert.

Midhat legt die Waffe auf den Tisch und starrt sie an, als gehörte sie ihm nicht. Dann erklärt er uns, dass er sie gekauft habe, weil das Leben in Moskau inzwischen sehr gefährlich sei. »Ganz im Ernst, ich fühle mich bedroht, selbst hier im Sender. Es werden einfach zu viele Leute umgebracht. Du machst dich auf den Heimweg und – *plopp!* – bist du tot.«

Ich erwidere: »Ich habe in der *New York Times* einen Artikel gelesen, dass die Kriminalitätsrate in Moskau zehnmal so hoch ist wie in New York.«

Midhat nimmt die Pistole, haut sie auf den Tisch und verkündet lauthals: »Ich werde mir beibringen lassen, wie man diese Waffe benutzt, und ich werde sie rund um die Uhr bei mir tragen.«

Leonid geht auf ihn zu und legt ihm die Hand auf die Schulter. »Keiner wird dir was tun.«

Midhat braucht eine Weile, um sich zu entspannen, dann setzt er sich wieder an seinen Schreibtisch. Leonid und ich nehmen ebenfalls Platz. Wir versinken in dem Sofa, dessen Federn derart durchgesessen sind, dass wir keine bequeme Sitzposition einnehmen können. Dann tragen wir ihm unser Anliegen vor.

Midhat lehnt sich in seinem Sessel zurück und schaut zur Decke, als würde dort die Antwort auf unsere Frage stehen. Schließlich macht er einen Vorschlag: »Warum erzählen wir meinen Mitarbeitern nicht, dass die Amerikaner versprechen, sie würden irgendwann zu einem späteren Zeitpunkt ihren Monatslohn oder zumindest einen Teil ihres Gehalts bezahlen, wenn sie an der *Uliza Sesam* mitarbeiten?« Damit würde er formal seine eigenen Leute anweisen, mit den Amerikanern zu arbeiten.

»Dann hätten sie weiterhin ein Anrecht auf ihren regulären Lohn von der russischen Regierung – so sie ihn denn irgendwann zahlt –, und sie hätten darüber hinaus das Versprechen, auch von den Amerikanern bezahlt zu werden, wenn die mit der *Sesamstraße* anfangen, Geld zu verdienen.«

Der Plan hat den Vorteil, dass die Amerikaner nicht von vornherein Geld locker machen müssen. Dennoch kommt es mir unwahrscheinlich vor, dass seine Leute für uns arbeiten würden, ohne sofort etwas dafür zu bekommen.

»Das würden Ihre Mitarbeiter machen?«, frage ich ihn daher überrascht.

Midhat verschränkt die Arme über dem Bauch. Er ist sichtlich angetan von seiner eigenen Idee.

»Ich bin mir ziemlich sicher, dass sie eher den Amerikanern als dem Kreml trauen, wenn es um die Bezahlung geht.« Er lacht. »Endlich.«

Der Plan ist genial, denn ich habe zwar kein Geld, um Mitarbeiter anzustellen, aber die Soros Foundation stellt Fördermittel bereit, um die Russen nach Amerika zu holen und sie dort auszubilden.

Midhat blinzelt, dann sagt er, er sei gleich wieder da, und geht aus dem Büro. Zehn Minuten später kommt er mit einem abgewetzten Holzstuhl und drei ernst dreinblickenden Personen zurück, die ebenfalls abgewetzte Holzstühle tragen. Im Stechschritt treten sie ein.

Midhat stellt uns die Fernsehautorin Lida Schurowa und zwei Direktoren vor: Pjotr Sidorenko und Sergej Nowikow. Wir geben einander die Hand, dann setzen sie sich auf die mitgebrachten Stühle.

Lida trägt Leggings mit Leopardenmuster, schwarze Stiefeletten und eine hauchdünne cremefarbene Bluse, durch die ich ihren schwarzen Spitzen-BH sehen kann. Neben ihr sitzt Pjotr mit Jeans und Button-down-Hemd. Später erfahre ich, dass die beiden verheiratet sind. Sergej, der konservativer gekleidet ist, mit grauen Wollhosen und einem gestreiften Hemd, sagt wenig und guckt mit abwesend verträumtem Blick in die Runde.

Midhat erklärt uns, dass seine Produzenten seit zehn bis zwanzig Jahren für Film und Fernsehen arbeiten und alle umfassende Erfahrung in den verschiedensten Genres haben, außer mit Kindersendungen. Aber er denkt nicht, dass das ein Problem sein wird. Dann erklärt er Lida, Pjotr und Sergej, warum ich in Moskau bin, und bittet sie, sich dem Bildschirm zuzuwenden, der in einem heruntergekommenen, zerkratzten Holzbuffet steht. Ich lege das mitgebrachte Video in den Rekorder ein und drücke auf Start.

Der Ausschnitt beginnt mit einem Chor aus Muppet-Monstern, die eine Parodie des berühmten Songs »(I Can't Get No) Satisfaction« von den Rolling Stones singen. Die Melodie ist dieselbe, nur der Text ein anderer (im Video mit russischen Untertiteln): »I can't get no ... cooperation.«

Leonid und Midhat müssen schallend lachen, während die Muppets über die Bühne wirbeln und in die Knie gehen. Besser als Mick Jagger selbst. Midhats Kollegen sitzen mit ausdrucksloser Miene da.

»Das sind die Rolling Stoooones!«, ruft Leonid begeistert.

Weiter keine Regung auf den drei Stühlen. Damit hatte ich nicht gerechnet.

Ich zeige ihnen einen anderen Videoclip, in dem Grobi als Kellner einem Gast im Restaurant einen winzigen Hamburger serviert, um den Unterschied zwischen groß und klein zu zeigen.

Als der Clip zu Ende ist, macht Lida ein griesgrämiges Gesicht. »Wir essen in Russland keine Hamburger.«

»Und Sie?«, frage ich Pjotr auf Russisch. »Was sagen Sie?«

Er schüttelt langsam den Kopf. »Die Monster von der *Sesamstraße* sind nicht russisch genug, sie sehen zu seltsam für uns Russen aus«, sagt er.

Ehe ich etwas darauf erwidern kann, fügt Lida mit verächtlichem Blick hinzu: »Russland hat eine lange, reiche und ehrwürdige Puppentradition, die bis ins 16. Jahrhundert zurückreicht. Wir brauchen Ihre amerikanischen Püppchen in unseren Kindersendungen nicht.«

Mir bleibt die Luft weg. Ich hatte gedacht, den Russen die liebenswerten Muppets zu verkaufen wäre die leichteste Aufgabe bei der Produktion unserer Fernsehserie. Jetzt weiß ich nicht, ob ich lachen oder weinen soll.

Leonid versucht, ihnen die Sache irgendwie doch noch

schmackhaft zu machen, aber sie bleiben eisern das Anti-Muppet-Team.

Da hole ich meinen zweiten und letzten Köder heraus. »Wenn Sie zu uns ins Produktionsteam kommen, bezahlen wir Ihnen die Reise nach New York und eine umfassende Ausbildung bei den erfahrenen Produzenten, Regisseuren und Autoren der *Sesamstraße*.«

Lida hüstelt. Jetzt drehen alle den Kopf zu ihr. »Wie kommen Sie darauf zu glauben, dass Ihre amerikanischen Autoren unseren Autoren irgendetwas beibringen könnten, Natasha?«

Ich bin wie vor den Kopf gestoßen. Nichts lag mir ferner, als sie oder ihre russischen Autoren zu beleidigen.

Sie klopft immer fester mit der Stiefelferse auf den Boden. Dann fährt sie fort: »Wenn ich Chefautorin werde«, die Stelle, die wir ihr angeboten haben, »dann werde ich nur Drehbücher von Mitgliedern des Schriftstellerverbands annehmen, und diese Autoren brauchen keine Ausbildung von Amurksikanern«, spottet sie und kreuzt die Hände über der Brust.

Der sowjetische Schriftstellerverband wurde in den 1930er Jahren gegründet und natürlich mussten die meisten Mitglieder mit der Doktrin der Kommunistischen Partei konform gehen. Was wiederum heißt, dass viele brillante Autoren vom Verband ausgeschlossen wurden. Ich schaue verzweifelt zu Midhat, der eine Pause einberuft.

Leonid und Midhat gehen auf den Gang, um sich eine Zigarette anzuzünden. Die anderen bleiben auf ihren Stühlen sitzen. Während die beiden rauchen, laufe ich auf und ab und frage mich, was ich jetzt tun soll. Dann geselle ich mich zu den Rauchern vor dem Büro und frage Leonid auf Englisch: »Wie sollen wir mit diesen Leuten zusammenarbeiten, wo sie doch ganz offensichtlich keine Freude an dieser Sendung haben?« Midhat spricht nur Russisch.

Leonid zieht an seiner Zigarette. »Weißt du, Natasha, ich kann sie schon verstehen: Von den Russen kommen Puschkin und

Tolstoi. Wir sind nicht wie ihr, ihr geschichtslosen amerikanischen Babys.«

Ich starre ihn fassungslos an, brauche einen Moment, um meine Emotionen wieder in den Griff zu kriegen. Mir wird klar, dass sich die Bedingungen für Fernsehautoren wie Lida seit dem Zusammenbruch des Kommunismus dramatisch verändert haben. Als Angestellte des Staatsfernsehens hat sie im Kommunismus ein sicheres Gehalt bezogen und dafür am laufenden Band Sendungen abgeliefert, die das Fernsehpublikum nicht nur unterhalten, sondern zugleich indoktrinieren sollten. Aber die Teilprivatisierung des Fernsehens hat dazu geführt, dass die Zuschüsse vom Staat abnahmen und damit auch die Beschäftigungssicherheit, der gesellschaftliche Status und das Einkommen.

Viele Fernsehmacher, die noch bei Ostankino arbeiten, sind Überbleibsel der Sowjet-Ära, die Angst davor haben, Risiken einzugehen oder die neuen Möglichkeiten in der unabhängigen Medienlandschaft Russlands zu erkunden. Ich kann mir vorstellen, dass sie sich betrogen fühlen, da sie nicht nur ihr festes Gehalt, sondern auch ihren Daseinsgrund verloren haben. Da kann es ihnen nicht gefallen, wenn eine Amerikanerin daherkommt und ihnen plötzlich eine ganz andere Herangehensweise ans Kinderfernsehen unterbreitet.

»Ich glaube, das wird nichts mit Ihren Leuten«, sage ich zu Midhat.

Leonid sagt, ich solle ruhig bleiben und ihnen mit weniger Vorurteilen begegnen.

Da ergreift Midhat meine Hand. »Meine liebe Natasha, der Kompromiss ist der Vater des kommunistischen Erfindungsgeists.« Er erklärt, wir könnten mit seinen Leuten erst mal eine vorläufige Lösung anstreben, um in die nächste Produktionsphase zu kommen. Falls ich mit ihnen unzufrieden sein sollte, könnte ich später dann noch ein neues Team engagieren.

Das ist schon eine sehr spezielle Art, Geschäfte zu machen.

Ich ärgere mich, in diese Situation gelangt zu sein. Ich muss ein Produktionsteam aufstellen, ohne in der Lage zu sein, in Moskau Gehälter zu zahlen. Baxter hat es ein »Henne-Ei-Problem« genannt, aber ich finde, nur ein Spatzenhirn kann sich so etwas ausdenken. Und ich ärgere mich, dass ich mit Leuten zusammenarbeiten muss, die die Genialität der *Sesamstraße* verkennen.

Doch als wir wieder ins Büro gehen, denke ich, ich sollte wohl besser den Mund halten. Leonid und ich müssen unter allen Umständen ein Team nach Amerika holen, wie unausgegoren die Lösung auch sein mag. Um noch rechtzeitig Visa zu bekommen, müssen wir bald entscheiden, wer auf dieser Reise dabei sein soll.

Sergej, der ernste junge Mann mit der seltsam ausdruckslosen Miene, hebt die Hand. »Wie viel Zeit hätten wir, um die Kinderserie zu produzieren?«, fragt er.

»Uns bleiben laut Vertrag mit der US-Regierung noch etwa achtzehn Monate, um 52 halbstündige Episoden abzuliefern, die im russischen Fernsehen ausgestrahlt werden können.« Meine Stimme klingt mehr nach Kommisskopp als beabsichtigt.

Sergej hebt eine Augenbraue.

Midhat der Ober-Charmeur zwinkert in die Runde und sagt: »Mit amerikanischen Dollar ist alles möglich.«

Dann fährt er in väterlichem Ton fort: »Wir produzieren in unserer Abteilung ohnehin erst einmal nichts, weil wir kein Budget haben. Was habt ihr schon zu verlieren, wenn ihr mit den Amerikanern zusammenarbeitet? Und: Ihr könnt für die Ausbildung nach Amerika fliegen!« Begeistert breitet er die Arme aus wie ein russischer Weihnachtsmann.

Die Produzenten beraten sich und stimmen schließlich einem erneuten Treffen am nächsten Tag zu. Dann wollen sie mir ihre Entscheidung mitteilen. Während Midhats Kollegen mit den Stühlen in der Hand aus dem Büro stapfen, steigt in mir Panik auf, dass diese abstruse Mischung – das freigeistige, progressive Kreativteam der *Sesamstraße* und diese konservativen, risikoaversen Angestellten eines Staatsfernsehens – kein gutes Ende nehmen wird.

Aber wir haben keine Wahl, uns rennt die Zeit davon.

Am nächsten Tag fahre ich ohne Leonid zu Ostankino, um zu erfahren, wie die russischen Produzenten weiterverfahren wollen. Als ich in Midhats Büro ankomme, sitzen schon alle da und diskutieren immer noch über ihre Einwände. Sie haben Kolja Komow hinzugeholt, einen berühmten russischen Puppengestalter und Puppenspieler.

Komow ist ein kleiner Mann mit schulterlangen, strähnig braunen Haaren und durchdringendem Blick. Bedrängt von seinen Mitverschwörern weist er darauf hin, dass die *Sesamstraße* keine Muppets, sondern seine Puppen nehmen sollte, wenn sie in Russland Erfolg haben will.

»Ihre Puppen?«, frage ich.

Er nickt, dann fasst er energisch in den vollgestopften Sack, der vor ihm steht, und zieht zwei Handpuppen und einen Holzstab heraus. Er steckt die Hand in den Ärmel von Petruschka, einer volkstümlichen russischen Puppe mit großer Nase, langem roten Anzughemd und Schlafmütze. Das Lächeln, das auf das Holzgesicht gemalt ist, wirkt auf mich gemein und verstörend.

Petruschka nimmt mit der Puppenhand den winzigen Stab und verhaut die weibliche Sockenpuppe, die Komow in der anderen Hand hält. Dann schreit sie auf Russisch: »Ich bringe dich um!« Immer wenn der Stab die Puppe trifft, macht Komow ein schrilles Geräusch. Ich sehe ihm mit großen Augen zu und stelle mir die schockierten Erziehungsexperten der *Sesamstraße* vor, wenn sie diese Gewalt unter Puppen sehen würden. Aber alle anderen im Raum lachen.

Als Komow seine Darbietung beendet hat, sagt er: »Sehen Sie? Alle lieben meine Puppen. Ihre *Moppets* geben den russischen

Kindern nichts Neues, was sie nicht ohnehin schon kennen und lieben und was für sie von Wert wäre.«

Lida nickt zustimmend: »Wir haben unsere eigenen Traditionen und unsere eigene Ästhetik. Wenn wir eine neue Sendung entwickeln, dann in dieser Tradition, nicht in Ihrer.«

Sergej versucht behutsam zu vermitteln, indem er seine Perspektive einbringt: »Ich bin auch gegen diese ›Monster‹. Denn in meiner Kindheit, vor vierzig Jahren, hatten wir keine Puppen, die wie Ihre Muppetmonster aussahen. Unsere Puppen waren nicht nackt. Sie hatten Kleider und Schuhe an, wie ganz normale Menschen.«

Ich weiß nicht, was ich sagen soll. Ich finde nicht, dass Komows krude, gewalttätige Puppe lustig ist oder sich für Kinder eignen würde. Aber auf der anderen Seite muss ich auch ihre Tradition achten. Insofern kann ich ihnen nur sagen, dass, soviel ich weiß, alle Kinder auf der ganzen Welt die Muppets lieben. Deshalb erzähle ich ihnen von anderen erfolgreichen Koproduktionen der *Sesamstraße*, zum Beispiel *Plaza Sesamo*, das seit zwanzig Jahren in Mexiko läuft. Ich erzähle ihnen, dass die Puppen die charakteristischen Eigenheiten des jeweiligen Landes widerspiegeln. Zum Beispiel gibt es in Israel, wo die Sendung *Rechov Sum Sum* heißt, den Muppet »Kippy Ben-Kipod«, einen Igel, der nach außen hin kratzbürstig, im Innern aber ganz lieb ist – so wie sich die Israelis selbst beschreiben.

Piotr sieht mich düster an. »Sie können Russland, eine Supermacht, nicht mit Mexiko oder Israel vergleichen.«

Unterdessen hebt Sergej zu einer »wissenschaftlichen« Erklärung an. Er meint, russische Kinder seien von Natur aus härter und würden die amerikanischen Puppen ablehnen, da sie nicht aus Holz, sondern aus Schaumstoff sind und seltsam aussehen.

»Unseren Kindern würden Ihre monsterartigen Muppets nicht gefallen, weil sie nicht realistisch sind. Sie sind weder als Tiere erkennbar, die es in der Natur tatsächlich gibt, noch sind sie irgendwie menschenähnlich.«

Während wir weiter über die Mangelhaftigkeit unserer Muppets und die Überlegenheit der Komow'schen Puppen diskutieren, stapeln sich auf dem Tisch neben faden Keksen und leeren Colaflaschen die Teetassen. Stunden später, als es draußen schon dunkel ist, sind wir immer noch keinen Schritt weitergekommen. Ich bin kurz davor zu resignieren und murmele irgendetwas wie: »Ohne die Muppets ist die *Sesamstraße* nicht die *Sesamstraße*.«

Schließlich steht Lida auf und stampft mit dem Stiefel auf. »In dieser Zeit der großen Veränderungen brauchen die russischen Kinder Trost und Figuren, die sie aus unserer eigenen Kultur kennen. Es gibt genug Dinge in ihrem Leben, die neu und anders sind, was sie verunsichert. Wenn die *Uliza Sesam* keine bekannten Puppen aus der russischen Folklore haben soll, wird daraus niemals eine wirklich russische Sendung.«

Und als es mir schon scheint, dass alle Hoffnung verloren ist, klatscht Lida in die Hände und verkündet: »Wir brauchen Baba Jaga für unsere *Sesamstraßen*-Serie.«

Ich schließe die Augen und atme tief ein. Baba Jaga ist eine gemeine, kinderfressende Hexe – von Petruschka, die Leute verkloppt, zur Kannibalin. Beide Figuren sind für die *Sesamstraße* vollkommen inakzeptabel.

Aber wir haben keine Zeit, um nach anderen Produzenten zu suchen, schon gar nicht ohne Bezahlung. Ich kann nur hoffen, dass sich diese hier irgendwie mit den Muppets einverstanden erklären. Wenn nicht, ist die Sendung tot. Und wenn diese Leute nicht nach Amerika kommen, ist die Sendung ebenfalls gestorben.

Zwei Tage später treffe ich mich noch einmal mit Lida, Sergej und Piotr in Midhats Büro. Inzwischen sind sie – trotz einiger Bedenken, die sie nach wie vor haben – doch bereit, sich als Chefautorin, Realfilmregisseur und Kreativdirektor engagieren zu lassen. Ich gehe sofort los, um ihre Reisepässe zu kopieren, und wir besprechen, wann sie nach Amerika kommen könnten.

Midhat fungiert als Produktionsleiter, bis wir jemand anderen für diesen Posten gefunden haben. Er bietet uns an, vorübergehend das gerade leerstehende kleine Büro neben seinem zu nutzen. Von dem Geld, das wir von der Soros Foundation für die Entwicklung der Sendung bekommen haben, kaufe ich drei Computer, zwei Faxgeräte und einen Drucker. Midhat legt noch zwei Telefonleitungen drauf, damit ich meine neuen Kollegen in Moskau erreichen kann. Ich bin sehr froh darum, weil niemand im Produktionsteam ein Mobiltelefon besitzt. So was hat überhaupt kaum jemand. Aber ich denke, dass Russen vielleicht auch keine Computer bedienen können. Wir stecken in den Anfangstagen von Unix und AOL, und es würde mich nicht wundern, wenn sie noch nie eine E-Mail geschrieben haben oder ins Internet gegangen sind. Um genau zu sein, nutzte ich E-Mails selbst erst seit dem letzten Jahr, und unsere schriftliche Kommunikation in Moskau lief hauptsächlich über Fax und Telex.

Aber zumindest bekommt die Angelegenheit durch die Computer etwas Offizielles. Jetzt sind wir da. Die Arbeit kann beginnen. Wir haben ein Produktionsteam und ein Büro. Und trotzdem malträtiert mich permanent eine Stimme in meinem Kopf und verbreitet Panik: Was wird passieren, wenn meine patriotischen Russen in Amerika eintreffen und in die Muppets »eingewiesen« werden, die ihnen so gar nicht behagen?

Ein paar Tage später kommt Leonid in unserem Büro in Ostankino vorbei und sagt, er habe einen weiteren möglichen Investor am Haken. Wladimir Sluzker ist ein Öltycoon, dem zufälligerweise auch Moskaus erster Elite-Sportverein gehört – und er zählt zu Leonids ältesten Freunden. Sluzker habe möglicherweise Interesse daran, die *Uliza Sesam* zu finanzieren. Ich wäre gerne genauso enthusiastisch wie Leonid, habe aber nicht vergessen, was mit Beresowski passiert ist. »Komm, sei mal nicht so pessimistisch«, sagt Leonid und erzählt mir, dass er schon für nächste Woche ein Treffen mit Sluzker und mehreren seiner Geschäftspartner vereinbart hat.

Ich frage ihn, wo wir sie treffen sollen, und Leonid erklärt, das müsse geheim bleiben, weil es zu viele Leute gibt, die Sluzker und seine gesamte Entourage tot sehen wollen. Sluzker treffe sich nie zweimal am selben Ort. Ich finde das sehr beunruhigend. Umgekehrt ist es aber wohl ein gutes Zeichen, wenn sie derartige Vorkehrungen treffen. Vielleicht lebt ja zumindest einer von ihnen lang genug, um unser Partner zu werden.

Eine Woche später stehe ich eine geschlagene Viertelstunde vor dem Kleiderschrank in meinem Hotelzimmer und überlege, was ich anziehen muss, um den Deal einzutüten. Habe ich es mit seriösen Managern oder einer Verbrecherbande zu tun? Und was trägt man, wenn man mit Verbrechern verhandeln will? Eher eine Bluse, die tief blicken lässt, oder einen Geschäftsanzug? Die russische Unternehmenskultur ist immer noch ziemlich sexistisch. Von Frauen wird erwartet, dass sie sich so kleiden, dass sie auf Männer attraktiv wirken, selbst in geschäftlichen Zusammenhängen. Ich denke, ein Hosenanzug könnte mir den Deal verhageln, weshalb ich mich für einen Rock und eine Bluse entscheide, die mein Dekolleté bedeckt.

Zusammen mit Leonid warte ich vor dem Hotel. Um Punkt 11 Uhr erscheint Sluzker in einem schwarzen Ford Explorer im neusten Design, gefolgt von zwei Wagen mit Security, und schreit uns »Einsteigen!« entgegen.

Während wir durch die Stadt fahren und dabei die Gebäude in verschiedenen Stadien der Renovierungsbedürftigkeit betrachten, denke ich darüber nach, dass Moskau eine Stadt der Fassaden ist, in der Schein und Wirklichkeit an den unwahrscheinlichsten Stellen kollidieren.

Bei der atemberaubenden Geschwindigkeit, mit der hier Veränderungen vor sich gehen, lässt sich unmöglich sagen, welche Personen und Organisationen welche Rechte und Berechtigungen haben. Hier werden Leute vom Tellerwäscher zum Millionär, ohne dass irgendwer wüsste, woher ihr Geld stammt. Es ist wie in einem riesigen Süßwarenladen, dessen Türen offen stehen, sodass der Erste, der hereinkommt, einfach das komplette Sortiment abräumen kann.

Ich sehe Sluzker an. Er raucht, ohne darauf zu achten, dass sich die Asche auf seiner beachtlichen Plauze sammelt, und ich frage mich, ob er der richtige Mann für uns ist. Wenn ich eines in Russland gelernt habe, dann dass persönliche Beziehungen unabdingbar sind, wenn man Geschäfte machen will. Dass Leonid Sluzker schon so lange kennt, lässt mich hoffen.

Eine halbe Stunde später erreichen wir unser Ziel, ein nichtssagendes Lagerhaus aus Beton, das von Stacheldraht umzäunt ist. Ein vier Meter hohes Stahltor rattert auf, und wir fahren auf das Gelände. Vier Wachleute mit Sturmgewehren winken uns zu sich und führen uns durch einen Metalldetektor in das Gebäude. Ich ergreife Leonids Arm und sehe ihn mit großen Augen an. Welches gesetzestreue Unternehmen braucht ein derartiges Sicherheitskommando?

Wir gehen hinein. Drinnen fläzen sich zehn Manager auf Sofas und Sesseln und reden aufeinander ein, während sie sich an Essiggurken und Brot mit schwarzem Kaviar gütlich tun, die auf einem schwarzglänzenden Couchtisch stehen. Aus meiner früheren Arbeit in Moskau weiß ich, dass Appetizer hier eine wichtige Funktion in der Kultur- und Geschäftswelt innehaben. Es ist eine wohlbekannte Strategie, seinen Gästen den Magen zu füllen und sie möglichst betrunken zu machen, noch bevor das erste ernsthafte Gespräch stattfindet. Kurz ebbt der Lärmpegel ab und ich spüre ihre Blicke auf mir – sprich: auf meinen Brüsten und Beinen. Ich kenne das schon von anderen Geschäftstreffen in Russland. Der Wodka fließt bereits in Strömen, obwohl es erst halb zwölf ist.

Dann betreten zwei weitere Typen den Raum und entlocken den anderen ein lautstarkes »Hupa!«. Die Männer stehen auf und begrüßen sie mit drei Küssen auf die Wange. Bei ihnen sieht das aus wie eine Umarmung beim Wrestling. Während sich die Männer unterhalten, stehen Leonid und ich etwas unbeholfen am Rand. An Sluzkers Rockzipfel hängend warten wir darauf, den Leuten vorgestellt zu werden. Aber die Männer interessieren sich mehr für ihresgleichen. Begeistert erzählen sie sich gegenseitig, auf welche Arten und Weisen sie ein Vermögen erlangt haben, als der größte Transfer von Reichtum von der öffentlichen in private Hand der russischen Geschichte stattfand. Ich bekomme ein paar Satzfetzen mit, in denen es hauptsächlich um teure importierte Möbel für ihre Büros und um Probleme mit den Steuerbeamten geht, die es mit ihren Forderungen übertreiben. Diese plumpvertraulichen tiefen Stimmen sind nur schwer zu ertragen. Die Luft ist so dick vor Männlichkeitsgebaren, dass man sie mit dem Messer schneiden könnte.

Dann erhebt Sluzker die Stimme und bittet um Aufmerksamkeit. Nachdem alle Platz genommen haben, stellt er uns vor. Wir lernen den Vorsitzenden des russischen Sportverbands kennen, der, wie Sluzker uns erklärt, das exklusive Recht hat, nach Russland importierte Zigaretten ohne Mehrwertsteuer zu verkaufen.

Leonid beugt sich zu mir und flüstert: »Die einzige andere Organisation, die keine Mehrwertsteuer zahlen muss, ist die russisch-orthodoxe Kirche.« Wie es aussieht, gehört dem Sportvorstand jeder einzelne Zigaretten- und Zeitungskiosk in Moskau, er ist also womöglich noch allmächtiger als die Kirche selbst. Nicht alle Russen sind gläubig, aber fast alle Russen rauchen.

Neben ihm sitzt Russlands »Wurstkönig«. Er scherzt: »Ich produziere jeden Monat so viele Hotdogs, dass man damit eine Schlange von Moskau nach St. Petersburg legen könnte.« Einen Sitz weiter hat der CEO einer der größten Handelsbanken Russlands Platz genommen. Während Sluzker die Reihe durchgeht, stelle ich fest, dass mir einige Gesichter aus der Zeitung bekannt sind. Die Bekleidungsspanne reicht vom Trainingsanzug aus Polyester über teure Jeans mit Poloshirt bis hin zum Maßanzug.

Dann erzählt Sluzker etwas über uns, und ich sehe dabei in

die Runde. Meine Anspannung wird immer größer. Ich frage mich, ob es wirklich eine gute Idee war, hierherzukommen und diese Männer um Geld zu bitten. Aber wo wir nun schon einmal da sind, überlege ich, wie ich sie am besten davon überzeugen kann, dass eine Investition in die *Sesamstraße* ein lohnendes Geschäft wäre.

Leonid erklärt ihnen zunächst, wie viel ihnen der Verkauf von Werbung in unserer Sendung einbringen könnte. »Ich bin mir sicher, Sie alle wissen, dass sich der Preis für eine Minute kommerzieller Werbung im russischen Fernsehen in den letzten drei Monaten verzehnfacht hat. Wir haben mit vielen ausländischen Unternehmen gesprochen, die auch in Moskau tätig sind, und sie alle wollen Werbezeit in der russischen *Sesamstraße* kaufen.«

Das ist frei erfunden. Baxters bisherige Treffen mit Vertretern der 500 umsatzstärksten amerikanischen Unternehmen in Moskau haben uns keine einzige Zusage eingebracht. Aber Leonid redet ungerührt weiter. Er versüßt den Männern das Projekt, indem er über die möglichen Umsätze durch den Verkauf von Merchandise spricht, von Spielzeugen und Muppetpuppen und der neuen russischen Figur, die ebenfalls zum Vertrieb auf dem russischen Markt lizenziert werden kann.

Die Männer hören aufmerksam zu, ich habe allerdings Zweifel, dass irgendwer von ihnen auch nur von der *Sesamstraße* gehört hat.

Anschließend spiele ich die Philanthropin und eröffne meinen Beitrag mit einem erprobten Teaser: »Die *Uliza Sesam* wird der nächsten Generation russischer Kinder die Fähigkeiten vermitteln, um genauso erfolgreich zu sein wie Sie alle hier in diesem Raum.«

Als ich fertig bin, steht einer der Männer auf. Er trägt einen Trainingsanzug mit rot-blau-weißen Streifen – den Farben der russischen Fahne – und erhebt sein Glas, um einen Toast auszusprechen. »Auf unsere Kinder!«

Der hochprozentige Alkohol brennt sich in meine Kehle. Wer in Russland ernst genommen werden will, muss sein Glas bis auf den letzten Tropfen leeren.

Mit meinem Vortrag, mit dem ich die humanitären und patriotischen Instinkte angesprochen habe, konnte ich zwar stürmische Reaktionen hervorrufen, aber die Fragen, die die Männer uns stellen, zeigen doch rasch, dass sie sich mehr fürs Geld interessieren.

Der Wurstkönig fragt: »Wenn wir Ihnen das Geld für die *Uliza Sesam* geben, können Sie uns dann garantieren, dass die Sendung produziert und gesendet wird?«

Das Wort »garantieren« würde mir selbst unter normalen Umständen einen Schauer über den Rücken laufen lassen. Und diese Russen spielen nicht nach westlichen Regeln. Was werden sie tun, wenn wir scheitern? Ich sehe den Wurstkönig an und stelle mir vor, wie er uns durch seinen Fleischwolf dreht.

Leonid springt mir zur Seite und beantwortet die Frage: »Natasha und ich sind uns sicher, dass wir die Serie produzieren können, und wir versprechen Ihnen zu 100 Prozent, dass sich Ihre Investition auszahlen wird.«

Ich starre Leonid an. Hat er das wirklich gerade gesagt?

Dann beenden wir die Präsentation und Sluzker beraumt eine Pause ein, damit die Männer unser Angebot untereinander diskutieren können. Ich trete beiseite und tue so, als würde ich meine Papiere sortieren, während sich Leonid neben den Wurstkönig aufs Sofa pflanzt. Ihm scheint es sehr zu behagen, mit den Geschäftsleuten hier auf Tuchfühlung zu gehen. Seine Witze werden vulgärer und seine Stimme nimmt einen Ton an, den ich nicht von ihm kenne. Mir gefällt das nicht, aber vielleicht zieht er auch nur eine Show ab. Wenn dem so ist, dann funktioniert's. Soweit ich das aus der Ferne beurteilen kann, scheinen die Männer Gefallen an der Idee zu finden, in die *Sesamstraße* zu investieren.

Sluzker klatscht in die Hände und ruft wieder alle zusammen.

Dann fasst er noch einmal die Einzelheiten des Deals für seine Geschäftspartner zusammen. Er erklärt – vor allem an mich gerichtet –, dass seine »Zwölferbande«, wie er sie nennt, unbegrenzten Zugriff auf Kapital von der russischen Regierung hat. »Sie müssen sich also keine Gedanken darüber machen, wie wir an das Geld kommen. Unsere Regierung ist so klamm, dass sie ohne uns untergehen würde.«

Verwirrt sehe ich Leonid an. Ich verstehe nicht, wieso diese Männer genug Geld haben, um in eine Kindersendung zu investieren, und weshalb die Regierung in ihrer Schuld steht. Leonid hebt nur kurz eine Augenbraue, womit er mir bedeutet, dass es besser ist, nicht weiter nachzuhaken.

Also lasse ich ihm den Vortritt und versuche, mir zu sagen, dass wir hier einfach nur tun, was von uns verlangt wird: Gelder und Partner in Russland zu finden. Diese Männer scheinen uns beides bieten zu können. Oder stecken wir gerade schon wieder im nächsten zwielichtigen Geschäft?

Sluzker bemerkt offenbar mein Unwohlsein und schlägt einen versöhnlichen Ton an, der zugleich auch ein wenig herablassend klingt. »Ich möchte es Ihnen gern erklären, Natasha, denn das ist wirklich wichtig. Die Regierung leiht uns zu niedrigen Zinsen Geld. Dieses Geld investieren wir in alle möglichen Sowjetaktivitäten, in die Herstellung von Nahrungsmitteln« – er weist auf den Wurstmacher – »aber auch in Rohstoffe wie Kupfer, Aluminium oder Öl.« Er tippt sich mit dem Zeigefinger auf die Brust. »Wenn unsere Unternehmen Geld machen – und sie machen gerade sehr viel Geld –, bezahlen wir den Kredit zurück und die Regierung kriegt durch uns zusätzliche Einnahmen, wodurch sie das Land am Laufen halten kann.«

Der Wurstkönig fährt dazwischen: »Ohne uns wäre Jelzin nicht Präsident.« Alle lachen.

Ich frage: »Wie können Sie sicher sein, dass Jelzin die Zinsen auf Kredite weiterhin so niedrig hält?«

Der Typ vom Sportverband lehnt sich weit in seinem Sessel

zurück. »Jelzin tanzt wie ein Bär zu jedem Lied, das wir singen.« Erneutes raues Gelächter.

Leonid nickt eifrig. Er klingt wie ein Teenager, der unbedingt in den Klub der großen Jungs aufgenommen werden will, als er bellt: »Suuuper Idee.«

Die Männer besprechen noch weitere Einzelheiten, dann fasst Sluzker die Ergebnisse zusammen: »Unsere Investorengruppe wird Ihnen das Geld geben, das Sie zur Produktion der *Sesamstraße* benötigen. Dafür erhalten wir einen beträchtlichen Anteil an allen künftigen Einnahmen, die durch Werbung in der Sendung hereinkommen. Und wir erhalten die Rechte, um Produkte zur *Sesamstraße* auf dem russischen Markt zu lizenzieren.«

Die Geschäftsleute schlagen vor, die Investition in Rubel auszuzahlen, in Höhe von umgerechnet 12 Millionen Dollar. Sie können uns das Geld jetzt sofort zur Verfügung stellen, um das Projekt *Sesamstraße* umzusetzen. Leonid ist mit dem Angebot grundsätzlich einverstanden, merkt aber an, dass er noch die Bestätigung aus New York braucht.

Damit ist das Meeting beendet.

Sluzkers Personenschutzgruppe fährt uns zum Hotel zurück. Ich fühle mich so ausgelaugt, als wäre ich den 100 Kilometer langen Stadtring einmal komplett abgerannt, und bin dem Fahrer dankbar, dass er keine dröhnend laute Musik hört. In diesem Meeting ist alles wahnsinnig schnell gegangen. Wir wissen noch nicht einmal, wer diese Männer sind und ob sie glaubwürdige Investoren für eine Kindersendung wären. Ich befürchte, dass auch dieser Deal genau wie der mit Beresowski platzen wird. Dass Baxter sagen wird, die Sache gefällt ihm nicht. Leonid dagegen sieht absolut begeistert aus.

Eine Woche darauf fliegen Leonid und ich nach New York, um uns mit Baxter zu treffen. Er umarmt uns zur Begrüßung, dann stellt er uns Dan Victor vor, einen schlanken Mann mit Drahtgestellbrille, den ich noch nie gesehen habe. Er ist der neue

Justitiar von Sesame Workshop. Baxter und Dan lassen sich von Leonid erzählen, wie das Treffen mit Sluzker und seinen Geschäftspartnern gelaufen ist.

Ich hatte gehofft, der lukrative Deal würde bei ihnen Jubelstürme auslösen, aber der Justitiar sieht uns an, als hätten wir gerade vorgeschlagen, wir könnten zur Finanzierung des Projekts doch einfach eine Bank überfallen. Er richtet seine Brille, dann legt er uns seine Bedenken über die Vertrauenswürdigkeit dieser Herren dar und stellt die Frage in den Raum, ob sie saubere Geschäftsleute oder Verbrecher sind.

Baxter sagt kein Wort. Ich frage mich, ob die Anwesenheit eines Anwalts der Grund dafür ist, dass er noch schweigsamer ist als sonst.

Den Blick auf Dan geheftet, sagt Leonid: »Das sind zwölf der reichsten und erfolgreichsten Geschäftsleute in ganz Russland. Sie haben keinen Grund, uns anzulügen.« Schließlich wird er richtig laut: »Und außerdem, wer soll denn bitte schön sonst Ihre Puppensendung finanzieren?«

Ich versinke in meinem Sitz und denke schon, das war's dann wohl. Dann sehe ich Leonid an. Ich weiß, er ist müde, er ist frustriert. Seit fast zwei Jahren versuchen wir, Geld für die *Sesamstraße* aufzutreiben. Aber sein konfrontativer Ton ist einfach unangebracht. Wir sitzen alle im selben Boot.

Baxter sagt, er und Dan würden das Angebot mit dem CEO und der CFO besprechen und uns in ein paar Tagen Bescheid geben.

Während wir in mein Büro gehen, bin ich mir sicher, dass Baxter und der Anwalt zu dem Schluss kommen werden, dass Leonid und ich nicht genügend Erfahrung haben, um einen so großen internationalen Deal abzuschließen, und dass uns jegliches Verständnis für Geschäftsethik fehlt. Vielleicht stimmt das sogar. Die Regeln und die Geschäftsethik, nach denen in Amerika verfahren wird, sind uns ebenso fremd wie Baxter und seinen Kollegen die russischen Geschäftspraktiken. Trotzdem bringe ich es nicht zusammen, dass Sesame Workshop nach Russland gehen will, ohne bereit zu sein, die Kluft zwischen amerikanischer Ethik und russischer Gesetzlosigkeit zu überwinden. Für Leonid und mich fühlt es sich an, als würden wir nicht ernst genommen. Wir haben wirklich hart gearbeitet – und ich habe Angst davor, was jetzt passieren könnte.

Ich mache die Tür meines Büros hinter mir zu. Leonid entschuldigt sich. »Ich wollte einfach nur, dass der Deal zustande kommt«, brummt er. Dann verabschiedet er sich und fährt zurück in sein Hotel. Wir brauchen beide ein bisschen Abstand.

Zum Abendessen ziehe ich mir zu Hause eine XL-Packung Vanilleeis mit Schokosplittern rein. Nach dem Gespräch mit Baxter und dem Justitiar frage ich mich, ob es überhaupt sinnvoll ist, die *Sesamstraße* nach Russland zu bringen. Wozu Werte wie Gerechtigkeit, Ethik und Rechtsstaatlichkeit vermitteln, wenn unsere erste Amtshandlung darin besteht, mit Russen zusammenzuarbeiten, die gegen alle diese Prinzipien verstoßen? Ich schwöre mir, dass ich nach Investoren suchen will, die sich nicht nur fürs Geld interessieren, sondern die auch dieselben Vorstellungen von sozialer Gerechtigkeit haben wie die *Sesamstraße*.

Drei Tage später zitiert Baxter Leonid und mich in sein Büro. Er sitzt mit verschränkten Armen auf der Vorderkante seines Schreibtischs, um uns die schlechte Nachricht mitzuteilen. »Der Workshop hat euren Deal abgelehnt.« Er sieht nicht gerade glücklich aus. »Eure russischen Geschäftsleute machen offenbar Geschäfte, indem sie mit Geld von der Regierung spekulieren, und das klingt leider nicht nach einer seriösen Geschäftspraxis.«

Ich werde vor Scham rot im Gesicht. Leonid senkt den Kopf.

Baxter seufzt. Dann hebt er zu einer Belehrung an. »Die *Sesamstraße* ist eine rechtschaffene Institution, die mit ehrbaren Regierungen zusammenarbeitet und sich an die internationalen Gesetze hält. Worauf ihr euch einlassen wolltet, ist ein Schneeballsystem, das sich eine Gruppe korrupter Geschäftsleute zusammengeschustert hat.«

Deprimiert stelle ich mir vor, wie Baxter zusammengestaucht wurde, weil er uns in Moskau an der langen Leine laufen ließ.

Er hebt die Augenbrauen und sagt mit etwas sanfterer Stimme, die *Sesamstraße* hätte durch diesen Deal auch in einen internationalen Skandal verwickelt werden können.

Natürlich hat er recht damit, aber ich finde trotzdem, der Workshop hätte sich dessen bewusst sein müssen, dass es gewisse Risiken birgt, in Russland Gelder aufzutreiben. Deshalb frage ich ein wenig zögerlich: »Welche russischen Geschäftsleute kennen Sie denn, die sich an die internationalen Gesetze halten, Baxter?«

Leonid wirft mir einen warnenden Blick zu, aber ich rede weiter. »Es gibt in Russland noch keine Rechtsstaatlichkeit. Insofern ist doch die Frage: Was ist dann eine rechtschaffene Institution? Ich möchte das einfach gern verstehen, bevor wir weitersuchen.«

Ich spüre, wie sich Leonids Finger in meine Schulter bohren.

Baxter sieht aus wie ein in die Enge getriebenes Tier. Er presst die Lippen aufeinander und denkt nach. Dann, ganz langsam, zeichnet sich ein Lächeln auf seinem Gesicht ab. »Also ich würde sagen, diese russischen Geschäftsleute haben Sie hereingelegt und Ihnen weisgemacht, dass sie sauber sind.« Sein Lächeln wird breiter, als er hinzufügt: »Sie sind gewissermaßen gekidnappt worden und leiden jetzt am Stockholm-Syndrom.« Er lacht.

Ich bin erleichtert. Ich kenne Baxter inzwischen gut genug, um zu wissen, dass er uns mit diesem Spruch nicht feuern, sondern aufmuntern will. Wahrscheinlich überlegt er sich schon, wie er seine Vorgesetzten davon überzeugen kann, dass sie uns den Fehltritt verzeihen. Während er uns zur Tür begleitet, klopft er mir auf die Schulter. »Ich sehe, was ich tun kann«, sagt er.

Leonid und ich gehen hinaus und haben beide das Gefühl, gerade noch einmal davongekommen zu sein. Leonid lacht nervös auf und sagt: »Ich habe schon gedacht, sie schmeißen uns raus.«

Gut, wir sind zwar nicht gefeuert – zumindest noch nicht –, aber wir haben nach wie vor kein Geld und wissen jetzt nicht einmal mehr, wen wir überhaupt ansprechen dürfen. Wie dem auch sei, um unseren Nichtrausschmiss zu feiern, schlägt Leonid vor, dass wir bei unserem Lieblingsitaliener essen gehen. Bei ihm gibt es die besten Penne all'arrabbiata der Stadt.

Im Restaurant, zwei Flaschen Montepulciano später, haben wir unsere ramponierten Egos genügend betäubt, um über die Zukunft nachdenken zu können. Leonid hat Angst vor der Rache des Wurstkönigs, wenn ihm Sluzker von dem geplatzten Deal erzählt.

»Ich weiß nicht, was wir machen sollen«, stöhne ich. »Wir haben zwar ein Produktionsteam, aber ein Investor oder Sender ist immer noch in genauso weiter Ferne wie vor zwei Jahren.« Ich finde es schlimm, dass ich meinen Freund – meinen besten Freund – in diese Lage gebracht habe.

Leonid streckt den Arm über den Tisch und nimmt meine Hand. »Wenn du aufhören willst, Natasha, dann höre ich auch auf.«

Ich weiß nicht, was ich darauf antworten soll.

Meine Hand haltend fährt er fort: »Sieh mich an, ich bin geschieden und sehe meinen Sohn nicht, weil ich ständig in Russland bin. Umgekehrt haben wir schon wahnsinnig viel Energie in dieses Projekt gesteckt und alle unsere Verbindungen spielen lassen. Wenn wir jetzt die Kurve kriegen: Wie toll wäre das für Millionen von Kindern in Russland!« Er hält kurz inne. »Aber ich mache das, was du für richtig hältst«, sagt er. »Unsere Freundschaft ist mir wichtiger als jeder Job.«

Das ist wirklich süß von ihm.

Ich sage ihm, dass ich mich gerade ernsthaft in Ken verliebe und überlege, der Beziehung mehr Zeit zu widmen.

Leonid überlegt mit ernster Miene. »Ich mag Ken sehr gern.

Er tut dir gut. Aber Tasha, zum Heiraten ist es noch ein bisschen früh für dich.«

Ich verkünde, dass ich ihn vielleicht ausnahmsweise einmal überraschen werde.

Er schenkt Wein nach, schaut in sein Glas und sagt: »Ich glaube, mir dämmert allmählich, dass ich vielleicht nicht mehr mit Zwanzigjährigen anbandeln sollte, die JFK für eine Modemarke halten.« Wir lachen. Wir brauchen beide einen Seelenverwandten, aber wir sind auch beide noch nicht bereit, die *Sesamstraße* aufzugeben. Leonid beschließt, zurück nach Moskau zu fliegen. Wir werden uns im neuen Jahr wiedersehen. Aber davor werde ich erst einmal mit Ken auf ebendieses neue Jahr anstoßen.

7

Irina, die goldene Gans

Am 14. Januar, dem orthodoxen Neujahrsfest in Russland, klingelt in meiner Wohnung in New York das Telefon. Leonid ist dran. Er schreit in den Hörer: »Natasha, wir haben den Jäääckpott geknackt!« Leonid hat eine Investorin ausfindig gemacht, die zu hundert Prozent die Richtige sei. »Stinkreich, die Frau«, sagt er. »Stinkreich. Und du wirst sie lieee-ben.« Seine Begeisterung wird immer größer, während er mir von Irina Borissowa erzählt, der Besitzerin von Video Art, einem der zehn größten Medienunternehmen in Russland. Leonid bewundert sie, weil ihre Werbeagentur extrem erfolgreiche und innovative Kampagnen fährt und, wie er hinzufügt – wahrscheinlich um mir zu imponieren –, es außerdem unglaublich sei, dass eine *Frau* ein so großes Unternehmen in Russland leite. Er scheint von dieser Irina überzeugter zu sein als von allen anderen Investoren, die wir bislang getroffen haben, zusammen. »Sie ist eine seltene Gans!«, bellt er ins Telefon und sagt, ich solle so schnell wie möglich nach Moskau kommen.

Im Februar ist Moskau eine trostlose Stadt, endloser grauer Himmel, die Bürgersteige in schwarzes Eis gehüllt, das so rutschig ist, dass du jedes Mal dein Leben aufs Spiel setzt, wenn du vor die Tür trittst. Aber natürlich kehre ich trotzdem in die russische Hauptstadt zurück, um mein Glück mit Irina Borissowa zu versuchen. Leonid hat ein Treffen mit ihr in Midhats Büro bei Ostankino vereinbart. Midhat selbst hat ihm Video Art empfohlen und er kann es gar nicht abwarten, dass wir Irina kennenlernen.

»Kommt herein und setzt euch«, sagt Midhat und erhebt sich

hinter seinem Schreibtisch. Es scheint ihm zu gefallen, dass er diese Verbindung hergestellt hat. Irina ist jetzt schon eine halbe Stunde zu spät, weshalb Midhat erst mal eine Flasche Wodka und drei Gläser holt. Wir trinken, und Midhat erzählt uns, dass Irina eine Führungsrolle in der kommunistischen Jugendorganisation Komsomol innehatte. Nach dem Ende des Kommunismus ergatterte sie einen Traumjob und organisierte internationale Kulturprogramme für das russische Außenministerium.

Vierzig Minuten später stolziert Irina auf ihren fünfzehn Zentimeter hohen Absätzen von Christian Louboutin herein. Sie trägt einen schicken roten Kaschmirmantel mit einem übergroßen Fuchskragen in Burgunderrot, der ihr von den Schultern hängt. Ihr Outfit verbreitet einen Celebrity-Glamour, den ihre Attitüde nur bestätigt. Sie ist etwa so alt wie ich und perfekt frisiert, mit schulterlangen schwarzen Haaren. Dagegen sehe ich wie eine altbackene Bauersfrau aus. Als sie ihre dunkle Sonnenbrille von Jackie-O abnimmt, sehe ich ihren eindringlichen Blick, mit dem sie mich in Blitzgeschwindigkeit einmal von oben bis unten mustert. Midhat steht auf, nimmt ihr den Mantel ab und schiebt einen Stuhl für sie heran. Leonid und ich sitzen ihr gegenüber auf dem Sofa.

»*Duscha Moja*, mein Lieber, entschuldige vielmals, dass ich dich habe warten lassen«, sagt sie auf Russisch. Ihr koketter Tonfall hat etwas Entwaffnendes. »Ich habe sooo viel Wunderbares über Sie gehört, Natasha«, flötet sie und gibt mir die Hand. Eine denkwürdige Kombination: die knallharte gefallsüchtige Businessfrau. Ihre unmittelbare Zugewandtheit erwischt mich auf dem falschen Fuß. Viele ihrer Landsleute sind sehr reserviert, wenn sie einem Fremden begegnen. Irina dagegen verströmt eine große Warmherzigkeit und lacht gern.

Leonid indes ist verärgert. Er kann es nicht leiden, wenn jemand zu spät kommt, und kriegt jedes Mal einen Wutanfall.

»Sprechen Sie Englisch?«, fragt er barsch. Er will amerikanischer wirken, als er ist.

»Ja, natürlich«, antwortet sie auf Englisch.

»Und sind Sie an dem Projekt noch interessiert?«, fährt er auf Englisch fort.

Ich verstehe nicht so ganz, was hier vor sich geht. Mir kommt es vor wie ein Wettstreit zweier Katzen, die sich gegenseitig anfauchen und umeinanderkreisen.

»Ja, natürlich«, sagt sie wieder mit einem spielerischen Lächeln auf den Lippen. »Es tut mir leid, dass ich ...«

»Ist Ihr Angebot ernst gemeint, dass Sie zwei Millionen Dollar in die *Uliza Sesam* stecken wollen?«, unterbricht Leonid sie.

»Im Prinzip«, antwortet sie mit einer geläufigen russischen Wendung.

Da fährt Leonid aus der Haut. »Also passen Sie auf, wenn ich mit Ihnen zusammenarbeiten soll, dann will ich niemals wieder von Ihnen die Worte ›im Prinzip‹ hören. Entweder Ja oder Nein!«

Vielleicht versucht sich Leonid in eine vorteilhafte Verhandlungsposition zu bringen, aber ist ihm etwa nicht klar, dass wir keine Alternative zu Irina haben? Ich starre ihn an und runzle die Stirn.

Irina wirkt ebenfalls überrascht. Dann versichert sie ihm devot, dass sie verstanden hat. Worauf er von ihr ablässt. Ich atme aus und hoffe, dass seine Tirade damit ein Ende hat.

Nun wendet sich Irina mir zu, als hätte Leonids Ausbruch gar nicht stattgefunden, und sagt: »Sie haben wunderschöne Augen.«

Wenn Irina ihre Aufmerksamkeit auf dich lenkt, versinkt alles andere um dich herum in der Bedeutungslosigkeit. Ich zeige auf ihre Schuhe und gluckse: »Stylish.«

Leonid versucht, mit einigen pointierten Aussagen über das unglaublich große Gewinnpotenzial der russischen *Sesamstraße* dazwischenzufunken. Aber Irina winkt ab. Sie hat kein Interesse daran, mit ihm zu sprechen. Sie erwartet, dass die beiden Männer schweigend danebensitzen, während wir Frauen uns über wichtigere Dinge unterhalten: über Hautbehandlungen, Diäten und ihre Kinder – und zuallerletzt über das Geschäft.

Sie erzählt mir vom kometenhaften Aufstieg ihres Unternehmens, als wäre dieser gänzlich unerwartet gekommen. »Als die Sowjetunion zusammenbrach, hatte ich keinerlei Erfahrung mit Fernsehen oder mit Werbung. Ich hatte am Moskauer Staatlichen Luftfahrtinstitut einen Abschluss in Systemprogrammierung gemacht und dann noch einen an der Russischen Akademie für Theaterkunst.« Irina lacht. Dann erklärt sie, dass es in der Sowjetunion keine Werbeindustrie wie im Westen gab: »Im russischen Fernsehen gab es nur Propaganda. Und verkauft wurden keine Küchengeräte, sondern der Sozialismus.« Sie kichert. »Ich habe schnell begriffen, dass niemand mehr Erfahrung mit Werbung hatte als ich – und ich hatte keine.«

Dann zeigt uns Irina einen Zusammenschnitt aus den Werbespots ihrer Firma, und ich erkenne sofort, was das Einzigartige an ihrer Arbeit ist: die frische, verspielte, feminine Ästhetik und der Einsatz von Pastelltönen wie Taubenblau, Zuckerwattenrosa und Hellgrün. Ihre Fernsehwerbung hebt sich deutlich vom typischen Sowjetdesign in Fettdruck mit den gezackten geometrischen Formen und den schwarz-roten Druckbuchstaben ab, den Farben der Revolution.

Irina erklärt mir, dass ihr Unternehmen mit Video International zusammenarbeitet, der zweitgrößten Werbeagentur in Russland, worauf ich erwidere, dass sich die ehemaligen Vorstandsvorsitzenden der *Sesamstraße* schon einmal mit Juri Sapol getroffen haben, dem President von Video International. Ein verwegener Typ, der ihnen angeboten hatte, die *Uliza Sesam* an das russische Fernsehen zu vermitteln, dafür aber eine derart hohe Vergütung verlangte, dass sie ihm absagen mussten. Er meinte: »In Moskau Geschäfte zu machen ist genauso, als würden Sie in Chicago mit der amerikanischen Mafia Geschäfte machen, nur mit Zwiebelturm.« Ich muss lachen. Aber in Irinas Gesicht zuckt kein Muskel. Sie nickt. Dann gibt sie mir ein paar Einblicke in den Maschinenraum der russischen Fernsehwerbung. Neben ihrem Unternehmen gibt es noch eine erlesene Zahl anderer, die für Video International zu extrem günstigen Konditionen Spots vermitteln dürfen und im Gegenzug neue Kunden für Sapol anwerben. »Wenn Video International Gewinn macht, mache ich auch Gewinn«, sagt sie.

Plötzlich wird sie ernst und beugt sich zu mir vor, als wolle sie mir ein Geheimnis verraten. »Ich mache das hier nicht des Geldes wegen, Natasha. Ich kann meine Werbung auf hundert andere Arten verkaufen. Aber ich habe eine achtjährige Tochter, Anastasia. Ich mache das hier für sie. Jeder anständige Mensch sollte inzwischen begriffen haben, dass es an der Zeit ist, etwas für die russischen Kinder zu tun. Nur passiert leider viel zu wenig. Es wird immer nur geredet.«

Ich nicke.

»Russland verändert sich gerade rasend schnell«, fährt sie fort. »Es gibt immer noch viel Gewalt, und eine Sendung wie die *Sesamstraße* könnte unserem Volk vor Augen führen, wie man in einer friedlichen Gesellschaft leben kann.«

Ihre Worte sind Musik in meinen Ohren. Ich mag sie auf Anhieb. Nur frage ich mich insgeheim, ob sie wirklich das Geld dafür hat. Denn in Russland ist nichts, wie es scheint. Aber zum ersten Mal seit langer Zeit keimt in mir wieder die Hoffnung auf, dass wir unser Projekt ans Laufen bringen können.

Irina ergreift meine Hand. »Wie großartig! Mit einer anderen Frau über Geschäftliches zu reden, während die Männer danebensitzen und zusehen.« Sie kichert und sieht dabei Leonid an. Es scheint ihn ziemlich zu nerven, von unserem Gespräch ausgeschlossen zu sein.

Dann beugt sich Midhat vor und legt wie ein Pfarrer eine flache Hand auf unsere Hände. »Das könnte der Bund fürs Leben sein«, sagt er und schaut mit warmherzigem Blick von mir zu Irina und wieder zu mir.

Als Irina aufsteht, um sich zu verabschieden, sehe ich die

Diamantbrosche an ihrem Revers. »Ein fantastisches Schmuckstück«, sage ich.

»Ach, das«, erwidert sie. »Das habe ich in London gekauft, als mein Unternehmen seine erste Million gemacht hat.«

Irina verspricht uns, sich in Kürze wieder zu melden. »Wir sehen uns bald.« Sie küsst mich dreimal auf die Wange, dann stolziert sie mit klappernden Absätzen und rot wehendem Mantel den Gang hinunter.

Sowie Irina um die Ecke gebogen ist, dreht sich Leonid zu mir. Er hyperventiliert vor Wut. »Du hast mich vollkommen links liegen lassen«, mault er. »Und du hast es komplett vergeigt. Also wirklich, über Frisuren und Hautbehandlungen zu sprechen ...«

»Ich habe es vergeigt? Du hast es fast vermasselt, noch bevor ich überhaupt ein Wort gesagt habe.«

Er bezichtigt mich, ihn und Irina nicht ernst genommen zu haben, was zumindest teilweise stimmt, da ich tatsächlich keine Ahnung habe, ob Irina Borissowa sauber ist, und wir keine Möglichkeit haben, das herauszufinden. Internetrecherchen sollten erst Jahre später möglich werden. Soweit ich es beurteilen kann, ist zumindest die Diamantbrosche unecht.

Aber am nächsten Tag ruft der Leiter der Finanzabteilung von Video Art Leonid an und sagt: »Irina hat sich sehr gefreut, Natasha kennenzulernen. Ihr kriegt das Geld.« Video Art will mehrere Milliarden Rubel investieren – entsprechend den mehreren Millionen Dollar, die die US-Regierung beisteuern wird, sobald Video Art und die *Sesamstraße* die Verträge unterschrieben haben.

Als mich Leonid im Hotel anruft, um mir die Nachricht mitzuteilen, würde ich vor Freude am liebsten auf dem Bett herumspringen. Er hat sich schon mit Baxter in Verbindung gesetzt, damit die Anwälte den Lizenzvertrag mit Video Art aufsetzen. Ich will unbedingt glauben, dass wir damit einen großen Schritt in die richtige Richtung gemacht haben, aber wir werden wohl noch abwarten müssen, ob Leonids goldene Gans auch wirklich ein goldenes Ei legen wird.

Die nächste Herausforderung besteht darin, einen Sender zu finden. Womöglich haben wir Glück, da Leonid von befreundeten Journalisten erfährt, dass Beresowski wieder in Moskau ist, sieben Monate nach dem Bombenattentat. Wir hatten nicht damit gerechnet, dass wir ihm noch einmal über den Weg laufen würden, aber offenbar ist er inzwischen Berater von Präsident Jelzin, der Gerüchten zufolge die Privatisierung von Ostankino TV – das jetzt ORT heißt – vorantreiben will. Damit würden Beresowski und seine Geschäftspartner eine monopolähnliche Kontrolle über die russische Fernsehgesellschaft erlangen.

Außerdem hat Beresowski ein neues Werbekonglomerat ins Leben gerufen, die Reclama Holding Company, eine Fusion der zwei größten russischen Werbeagenturen, Zapols Video International und Sergej Lisowskis Premier SV. Dadurch hat Beresowski das Monopol über die Fernsehwerbung auf ORT und RTR, den beiden größten russischen Fernsehsendern.

Wir vermuten zwar, dass Beresowski unserer kleinen Puppensendung inzwischen entwachsen ist, freuen uns aber, als wir erfahren, dass der von ihm eingesetzte neue CEO von ORT der Journalist Wlad Listjew ist, Leonids ehemaliger Kollege, den wir vor nunmehr zwei Jahren an der Bar des Palace Hotel getroffen haben. Die Ernennung ist ungewöhnlich für diesen rechtschaffenen 38-jährigen Mann, den wohl kaum jemand mit den korrupten Kulissenschiebereien des russischen Fernsehens in Verbindung bringen würde. Für Leonid und mich ist sie jedenfalls ein Glücksfall und wir hoffen, dass sich Wlad bereiterklären wird, die *Uliza Sesam* auf ORT zu senden.

Einem ersten Treffen stimmt er schon mal zu. Leonid und ich sollen zu ORT kommen. Es wurde gerade umstrukturiert und er hat ein schickes Büro mit eigenem Vorzimmer für seine Sekretärin im zehnten Stock bezogen. Als wir eintreten, sitzt Wlad hinter einem massiven Mahagoni-Schreibtisch aus der Sowjetzeit und spricht in eins seiner fünf Telefone mit Wählscheibe. Er blickt auf und winkt uns herein. Als er aufgelegt hat, kommt er um den Schreibtisch herum und begrüßt uns warmherzig. Er weist mit dem Kopf zu den klingelnden Telefonen und entschuldigt sich, dass er nicht viel Zeit habe.

Ein paar Tage zuvor hat er vor der Presse eine unerwartete Erklärung abgegeben. In zwei Monaten, ab dem 1. April, wird es keinerlei Werbung mehr auf ORT geben. Eine Entscheidung, durch die viele einflussreiche Leute im Sender Milliarden verlieren könnten, vermutlich auch Beresowski. Warum Listjew keine Werbung mehr ausstrahlen will, bleibt im Dunkeln, und warum Beresowski damit einverstanden ist, ebenso.

Als Leonid ihm zu seinem neuen Posten gratuliert, bedankt sich Wlad, versprüht dabei aber keinerlei Enthusiasmus. Der charismatische Mann, den ich zwei Jahre zuvor kennengelernt habe, wirkt müde. Um unsere wenige Zeit zu nutzen, kommt Leonid gleich auf das Geschäftliche zu sprechen und fragt Wlad, ob er unsere Kindersendung ausstrahlen will.

Wlad redet schnell. »Zuerst müsst ihr wissen, dass bei ORT gerade alles im Wandel ist.« Er erklärt noch einmal, dass er die *Sesamstraße* gern ins Programm nehmen würde, muss uns aber gestehen, dass er momentan keine Gelder für neue Sendungen abrufen kann, und zwar so lange, bis die Umstrukturierung des Fernsehsenders abgeschlossen ist.

Ich presse die Lippen aufeinander. Schon wieder eine Sackgasse. Leonid fragt ihn nach der Entscheidung, keine Werbung mehr zu zeigen.

Wlad überlegt kurz, dann erklärt er uns, dass er die Korruption bei ORT eindämmen muss, wodurch dem Sender weniger Geld für Produktionen zur Verfügung stehen wird.

Leonid schüttelt den Kopf. Ich denke auch, dass Wlad hier ein gefährliches Spiel mit den Werbemogulen des Landes treibt.

Wlad erhebt sich und stemmt die Hände in die Hüften, als

wolle er uns damit zu verstehen geben, dass unsere Zeit um ist. Als wir unsere Taschen nehmen, sieht er uns mit seltsamer Miene an und sagt im Scherz: »Ich weiß nicht, wem mehr daran gelegen ist, dass ich tot bin: den Oligarchen oder den Apparatschiks.«

Wlads Sekretärin steckt den Kopf herein und kündigt einen dringenden Anruf an. Er zuckt mit den Schultern. »Also, passt auf, ich werde sehen, was ich tun kann, um die Serie auf ORT auszustrahlen, aber ich bitte euch um etwas Geduld«, sagt er, ehe er sich wieder seinen Telefonen zuwendet. Ich lege Leonid die Hand auf die Schulter und schiebe ihn aus dem Büro. Es ist mir unangenehm, Wlad in diesen Zeiten mit unserer Sendung zu belästigen.

Während wir hinausgehen, flüstere ich Leonid zu: »Er ist doch mutiger, als ich dachte.«

Zurück im Hotel, ruft mich mitten in der Nacht Ken an und fragt leicht verlegen: »Hast du die Überraschung gefunden, die ich dir in den Koffer gelegt habe?«

Ich steige aus dem Bett und wühle mich durch meine Kleider, die nach einer Woche immer noch unausgepackt im Koffer liegen. Da fällt aus einer gefalteten Bluse ein cremefarbener Umschlag, und dann noch zwei weitere. Ich sage Ken, dass ich die Briefe nach unserem Telefonat lesen werde. Dann reden wir noch eine halbe Stunde. Als ich den Hörer auf die Gabel gelegt habe, nehme ich den ersten Brief und lese die ersten Zeilen. Er schreibt, dass er mich liebt und dass wir zusammengehören. Er fehlt mir. Plötzlich dämmert mir, dass ich der Liebe noch ein letztes Mal eine Chance gegeben und jemanden gefunden habe, dem es genauso geht, auch wenn die weite Entfernung zwischen uns die Beziehung schwierig macht. Irgendwann schlafe ich ein, die fein säuberlich auf dem Nachttisch gestapelten Briefkarten als wonniger Begleiter.

Am nächsten Morgen muss ich natürlich weiterarbeiten. In den letzten zwei Jahren ist wahnsinnig viel passiert und ich kann es kaum glauben, dass wir tatsächlich bald mit der Produktion anfangen und die Russen nach Amerika holen können. Ich habe mich fast schon mit der Vorstellung abgefunden, dass es in Russland einfach nicht möglich ist, irgendeine Sendung auf die Beine zu stellen. Aber es geht. Wir haben einen Koproduktionspartner gefunden. Bald haben wir auch das Geld, und ich kann mich jetzt in der kreativen Szene von Moskau auf die Suche nach freiberuflichen Trickfilmzeichnern und Produktionsfirmen machen, um das Team zu ergänzen. Wir werden vermutlich Hunderte russische Kreativschaffende benötigen, die freiberuflich tätig sind, was sicher besser ist, als auf die Angestellten des Staatsfernsehens zurückzugreifen, die noch in ihren antiquierten Methoden und jahrelanger Staatspropaganda feststecken. Ich werde also diese Woche durch die Stadt ziehen und nach Künstlerinnen und Künstlern fahnden, Trickfilmstudios und unabhängige Produktionshäuser besuchen, Sechzehn-Stunden-Tage abreißen, um herauszufinden, welche dieser Unternehmen und Personen über die Kapazitäten, die Kreativität und die Ausrüstung verfügen, um aus der *Uliza Sesam* eine Sendung mit hohem Produktionswert zu machen. Nur dass ich gar nicht weiß, ob all diese tollkühnen Leute überhaupt Lust dazu haben, mit unserem doch ziemlich konventionellen Team von ORT zusammenzuarbeiten. Ich werde wohl einige Überzeugungsarbeit leisten müssen.

Das erste Studio, das ich besuche, ist Sojusmultfilm. Es hat seinen Sitz in einer verfallenen, senfgelben russisch-orthodoxen Kirche aus dem 14. Jahrhundert, die in der Nähe von ORT liegt. Drinnen hocken Dutzende von Künstlern an wackligen Holztischen, trübe angestrahlt von gelben Glühbirnen, die an Kabeln von der Decke hängen. Es sieht aus wie Ausbeutung auf Trickfilmart. Nachdem der Leiter mich begrüßt hat, gehen wir gemeinsam die Tische entlang, an denen die Künstlerinnen Waldtiere, Feen und Kobolde auf Celluloidstreifen zeichnen. Die Leute sind so sehr in ihre Arbeit vertieft, dass sie uns gar nicht wahrnehmen.

Während ich von Tisch zu Tisch gehe, fällt mir auf, dass die Zeichnungen ganz anders aussehen als die grobschlächtigen Puppen von Komow mit ihren übertrieben kantigen Gesichtszügen. Die Gesichter auf diesen Zeichnungen sind ausdrucksstark, sie haben runde, weiche Gesichtszüge und vermitteln Wärme und Leidenschaft. Die Qualität der Arbeit beeindruckt mich. Ich wusste zwar, dass Russland für seine ausgezeichneten Trickfilme bekannt ist, aber ich hatte vermutet, dass das Handwerk ohne die Unterstützung der russischen Regierung einfach lautlos verschwinden würde. Falsch gedacht, zum Glück.

Ich genieße es sehr, mit den Zeichnerinnen und Zeichnern über ihre Arbeit und ihr Leben zu sprechen. Es hat eine vertraute Leichtigkeit, wenn ich mit diesen geistesverwandten Künstlern spreche, und mir wird klar, wie sehr ich die kreative Seite der Arbeit vermisst habe und mir der Kontakt zu meinesgleichen gefehlt hat. Seitdem ich bei der *Sesamstraße* bin, fühle ich mich von meiner eigenen Kreativität entfremdet, da ich die meiste Zeit damit verbracht habe, mit Medienvertretern, Oligarchen und einer Spur zu vielen Gangstern über Geschäftsangelegenheiten zu sprechen. Während ich hier stehe und überlege, ob ich mit diesen unglaublich begabten Künstlern aus allen Gegenden der ehemaligen Sowjetunion zusammenarbeiten könnte, bekomme ich Gänsehaut.

Nach jahrzehntelanger kommunistischer Herrschaft und kultureller Unterdrückung haben diese Leute einen unstillbaren Durst nach Selbstentfaltung. Und die Qualität ihrer Zeichnungen ist herausragend. Wenn ich diese unabhängigen Kreativen mit unseren Leuten von ORT zusammenbringe, kann ich ein erstklassiges Team aufbauen.

Am Nachmittag holt mich Leonid mit seinem verbeulten Lada am Hotel ab und wir fahren noch zu Pilot, einem anderen Studio, das der weltberühmte Trickfilmzeichner Alexander Tatarski leitet. Mit seinen strubbeligen schwarzen Locken sieht er etwas zerzaust aus und er verströmt eine einschüchternde Intensität. Er macht mit uns einen Rundgang durch seine »Schule«. Es ist ein beeindruckender Betrieb, der russische Werbefilme für viele große westliche Firmen dreht. Tatarski sieht sich selbst als Wohltäter, und seine Zeichnerinnen und Zeichner gehören zu den besten des Landes.

»Ohne mich«, prahlt er, »wäre diese Tradition untergegangen. Ich schaffe Arbeitsplätze für unsere Trickfilmzeichner, die Weltklasse sind.«

Ich flüstere Leonid zu: »Ich hoffe, seine Zeichner kriegen auch was von der Kohle ab, die er hiermit verdient.«

Vielleicht hat Tatarski mitbekommen, was ich gesagt habe, oder kann es sich zumindest vorstellen, jedenfalls sagt er: »Nachdem der Kapitalismus den Kommunismus abgelöst hat, stehen unsere Künstler vor demselben Dilemma wie die Künstler im Westen: Entweder machen sie weiter Kunst oder sie verdienen Geld – die ewige Frage aller Fragen.«

Wir erzählen ihm von unserem Projekt und er sagt zu, zehn Stunden Trickfilmmaterial zu produzieren. Damit übersteigt Tatarski bei weitem das, was Sojusmultfilm angeboten hat, nämlich zwei Stunden.

Am Abend ruft Irina im Hotel an und bittet mich, gleich am nächsten Morgen in ihr Büro bei Video Art zu kommen, um Michail Dawidow zu treffen, den sie als zweiten Produktionsleiter angeheuert hat. Irina zufolge hat Midhat keine Zeit mehr, um diese Arbeit zu übernehmen, und sie braucht jemanden, der sich voll und ganz der Aufgabe widmen kann, die Interessen von Video Art bei der Produktion und den Finanzen der *Uliza Sesam* zu vertreten. Das finde ich nachvollziehbar. Wir reden noch ein bisschen und ich erzähle ihr, dass ich und Leonid bei ORT mit Wlad Listjew gesprochen haben. Es stellt sich heraus, dass sie und Wlad bei dem Medienunternehmen VID Kollegen waren und ihr Büro auf derselben Etage wie ORT hatten.

Am nächsten Tag stellt mir Irina Michail vor, Kosename Mischa. Ein 1,90 Meter großer Hüne mit zerknitterter khakifarbener Hose und Flanellhemd, der nicht so recht auf Irinas anmutiges Sofa aus weißem Leder passen will.

»Mischa ist aus Perm«, eine Stadt in Sibirien, »und hat dort als Staatsanwalt gearbeitet«, sagt Irina fröhlich.

Ich bin verwirrt. Wieso sollte jemand, der Verbrecher ins sowjetische Arbeitslager geschickt hat, einen guten Fernsehproduzenten abgeben?

»Er war aber auch Rennfahrer«, zwitschert sie.

»Wobei Autorennen in Perm kein ganz so großes Ding sind wie bei euch in Amerika mit eurem NASCAR«, sagt Mischa und grinst. Dann fügt er hinzu: »Wenn du hier dein Auto an den Start kriegst, ist dir der Sieg schon sicher.«

Ein Staatsanwalt und Rennfahrer? Ich grübele, welche Befähigung fürs Fernsehen das mit sich bringt.

Als ich ihn danach frage, erwidert er lapidar: »Ich bin wie eine Katze. Ich bin erst vierzig, aber ich hatte schon acht Leben.«

Heißt das, er ist so vielseitig begabt, dass es zu lange dauern würde, alle seine Fähigkeiten aufzuzählen?

Irina nennt Michail »Mischa der Bär«, weil er ein Mann ist, der sich nicht herumschubsen lässt. »Er ist ideal für diesen Job«, sagt sie strahlend und legt ihre Hände auf seine breiten Schultern. Trotz seiner Größe wirkt Mischa wie ein Miezekätzchen.

»Mischa kümmert sich um die Gehaltsliste, die Handkasse und alle *unerwarteten Ausgaben*.«

Bei den letzten beiden Worten verfällt sie in einen seltsamen Singsang, weshalb ich vermute, dass sie damit Bestechungsgelder meint, was in Russland nicht selten zum Geschäft dazugehört. Wenn Irina ihn ausgesucht hat und denkt, dass wir ihn gebrauchen können, bin ich einverstanden. In jedem Fall ist es gut, einen Produktionsleiter zu haben, der ein Auge auf das ORT-Team in unserem Büro hat. Mischa fängt gleich heute an.

Bevor ich Moskau verlasse und für drei Wochen nach New York zurückfliege, besuche ich noch Midhat in seinem Büro. Sein Gesicht hellt sich auf, als ich durch die Tür komme. Ich frage ihn, wie ich seiner Meinung nach eine so große Produktion händeln kann, wenn ich nicht die ganze Zeit in Moskau bin. Vielleicht kann er mir ja einen vertrauenswürdigen russischen Fernsehproduzenten empfehlen, den ich an meiner Seite haben könnte. Das würde mich sehr beruhigen.

Midhat sagt mehrere Sekunden lang gar nichts, dann sieht er mich ernst an. »Natasha, du musst dir einen Amerikaner suchen, der dich vertritt, wenn du nicht in Moskau bist.« Blinzelnd scherzt er: »Jedes russische Unternehmen, das erfolgreich sein will, braucht einen guten Spitzel. Wir Russen arbeiten nicht, wenn uns keiner dabei auf die Finger schaut. Wir haben siebzig Jahre lang in einem Polizeistaat gelebt und wir sind Gewohnheitstiere.«

Das scheint mir ein etwas zu harsches Urteil über ein ganzes Volk, aber ich widerspreche nicht. Ich nehme Midhats Rat mit nach New York und mache mich dort auf die Suche nach einem Produktionsassistenten.

Es ist schön, wieder daheim zu sein und durch die Stadt zu spazieren, anstatt den ganzen Tag bei ORT herumzusitzen. Bevor ich abgereist bin, habe ich noch eine Anzeige in der *Moscow Times* aufgegeben, einer beliebten englischsprachigen Zeitung, die hauptsächlich von Expats gelesen wird, und mein Anrufbeantworter ist voll mit Nachrichten von Leuten, die sich für die Stelle interessieren. Eine Frau mit einer angenehmen Stimme, Mrs. Hessman, hat drei Nachrichten hinterlassen. Sie will unbedingt, dass ich mich mit ihrer Tochter Robin in Verbindung setze. Sie wohnt in Moskau und hat die Anzeige in der *Moscow Times* gelesen, kann mich aber nicht anrufen, weil sie in ihrem Studentenwohnheim kein Telefon hat. Es ist natürlich praktisch, dass Robin schon in Moskau ist, aber mit ihren 22 Jahren scheint sie mir doch ein bisschen jung für den Job.

Ich blättere durch einen Stapel Lebensläufe, die inzwischen eingegangen sind, und sehe mir die Portfolios auf VHS-Kassette an, die die Kandidatinnen und Kandidaten mitgeschickt haben. Es kommen immer weitere Bewerbungen herein. Mrs. Hessman hinterlässt mir noch mehrere Nachrichten und allmählich dämmert es mir, dass mich diese resolute Frau, die sich für ihre Tochter einsetzt, an meine eigene Mutter erinnert.

Also sehe ich mir Robins Dokumentation *Portrait of a Boy with Dog (Porträt eines Jungen mit Hund)* über ein russisches Waisenkind an. Der Film ist erstaunlich reif für eine so junge Person, und sie hat damit sogar den Studentenoscar für den besten Film gewonnen. Robins Lebenslauf ist ebenfalls beeindruckend. Sie hat an der Brown University studiert und dort zwei Abschlüsse gemacht, in Russisch und in Film. Dann ist sie nach Moskau an das prestigeträchtige Gerassimow-Institut für Kinematographie gegangen, kurz WGIK. Inzwischen ist sie dort im vorletzten Studienjahr.

Ich rufe Mrs. Hessman an und frage sie, wie ich Robin erreichen kann. Es stellt sich heraus, dass sie gerade zufällig zu Besuch in New York ist. Also lade ich sie zum Vorstellungsgespräch in die Firmenzentrale der *Sesamstraße* ein.

Als Robin ein paar Tage später das Besprechungszimmer betritt, sieht sie noch jünger aus, als ich sie mir vorgestellt habe. Mit ihrem luftigen schwarzen Rock, der ihr bis zu den Knöcheln reicht, dem übergroßen Rollkragenpullover und den halblangen schwarzen Kampfstiefeln sieht sie aus wie eine Bohemienne. Sie wurde 1972 geboren und ist damit jung genug, um ein echtes *Sesamstraßen*-Kind zu sein.

»Ich habe die Sendung immer gesehen, als ich klein war, und ich liebe die *Sesamstraße* und die Muppets«, platzt es aus ihr heraus. Ohne innezuhalten, erzählt sie mir, dass sie mit ihrem Bruder aus Papiertüten Muppetfiguren gebastelt hat und dann in die jeweilige Rolle geschlüpft ist.

Sie ist bemerkenswert selbstsicher. So selbstsicher, dass sie sich nach fünf Minuten auf den Konferenztisch setzt und anfängt, mit den Beinen zu baumeln. Sie lacht viel, wobei ihr die glatten braunen Haare ins Gesicht fallen, und sie hat die warmherzigsten Augen, die man sich vorstellen kann. Ich bin von ihrer Energie und Neugierde und ihrem Scharfsinn beeindruckt und mag sie auf Anhieb, und ich merke, wie schnell ich mich dieser Person öffne, die ich gerade erst kennengelernt habe. Ihre Klugheit übersteigt ihr Alter auf eine Weise, die ihr vielleicht selbst nicht bewusst ist. Als Sahnehäubchen spricht sie zudem noch fließend Russisch.

Am nächsten Morgen gehe ich zu meinem Vorgesetzten, dem Leiter Internationale Produktion, und frage ihn, ob ich Robin einstellen darf, von mir aus auch zunächst in Teilzeit.

Er sieht sich ihren Lebenslauf an. Dann sagt er: »Auf keinen Fall. Sie ist viel zu jung und hat keine Erfahrung in der Fernsehbranche.«

Ich erwidere, dass für unser Projekt eine sehr spezielle Kombination von Fähigkeiten nötig sei, und die bringe sie im allerhöchsten Maße mit. Dann füge ich noch hinzu: »Robin spricht fließend Russisch, sie hat einen Studentenoscar gewonnen und kann alle Lieder der *Sesamstraße* auswendig.«

Mein Chef meint, ich bräuchte einen mit Kindersendungen erfahrenen Produzenten – um *meine Unerfahrenheit* zu kompensieren. Außerdem findet er, »die Russen würden sie zum Frühstück verzehren«.

In den nächsten Tagen rangele ich weiter mit meinem Chef wegen der Besetzung: Ich beharre darauf, dass ich Robin für die beste Kandidatin halte; er wirft er mir vor, ich sei »zu eigensinnig«, mir fehle der Respekt vor ihm und vor der Befehlskette im Unternehmen. Vom Geschlechteraspekt einmal abgesehen, fühle ich mich von ihm missverstanden. Wie soll ich eine Produktion leiten, wenn ich nicht einmal die Leute einstellen kann, die ich für geeignet halte?

Am Wochenende treffe ich mich mit Ken und frage ihn um Rat. Ich hoffe, dass er eine Idee hat, wie ich mit dieser schwierigen Situation umgehen kann. Er meint, ich solle mit Baxter sprechen, dem Vorgesetzten meines Vorgesetzten. Was ich auch tue.

Nachdem einige Egos geschrammt worden sind (meines nicht), erlaubt mir Sesame Workshop, Robin als Assistentin auf Zeit einzustellen.

Ich würde am liebsten ein kleines Tänzchen aufführen. Auf der anderen Seite habe ich Angst davor, wie es sich auf die Arbeit auswirken wird, dass ich die Autorität meines Vorgesetzten untergraben habe.

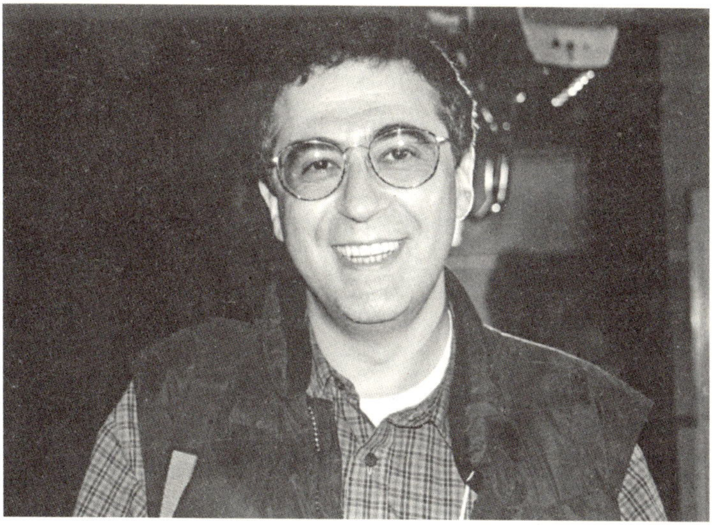

Leonid Sagalski, der Vertreter der *Sesamstraße* für die *Uliza Sesam* in Moskau.
Foto der Autorin

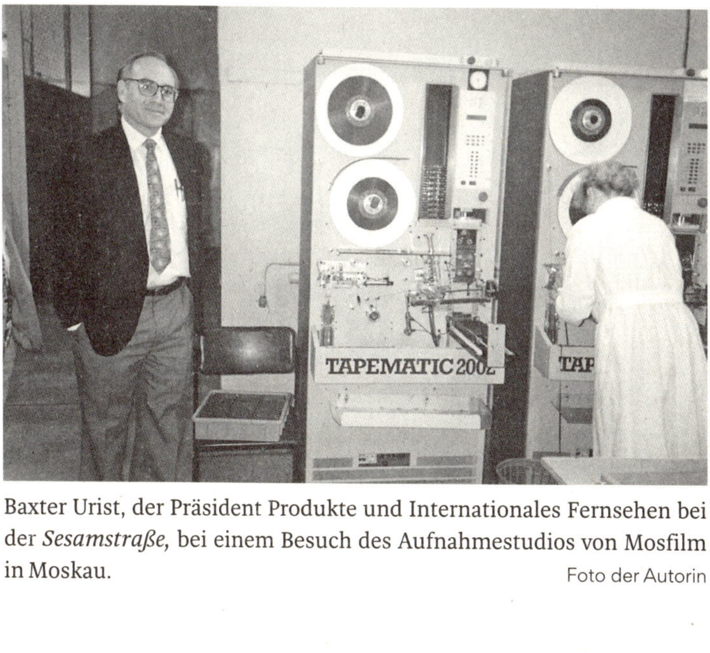

Baxter Urist, der Präsident Produkte und Internationales Fernsehen bei der *Sesamstraße*, bei einem Besuch des Aufnahmestudios von Mosfilm in Moskau.
Foto der Autorin

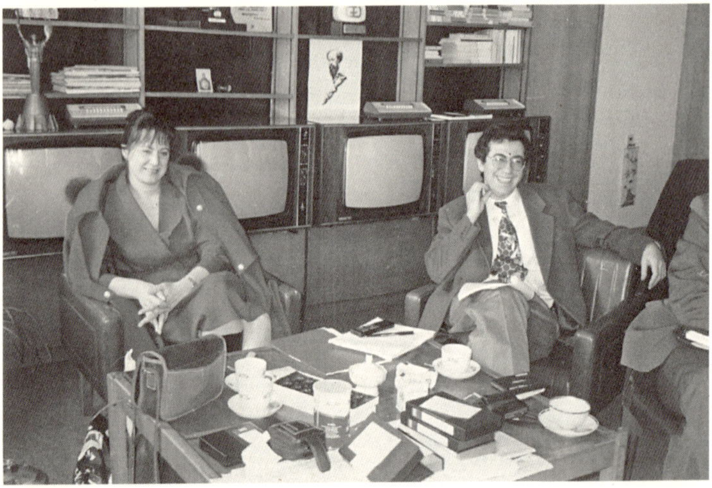

Irina Borissowa, die Präsidentin von Video Art, und Leonid Sagalski, der Vertreter der *Sesamstraße* in Moskau, im Vorstandsbüro von Midhat Schilow, dem Leiter des Kulturprogramms bei Ostankino TV.

Foto der Autorin

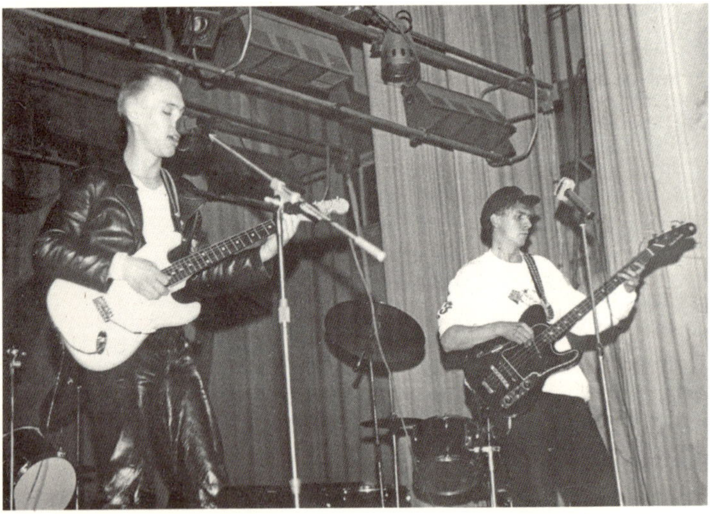

Alexander F. Skljar (Sascha), der Sänger der russischen Band Va Banque, bei einem Konzert in Moskau. Foto der Autorin

ZWEITER TEIL

Die Sendung entsteht

»Seit über hundert Jahren hören Menschen Bach, Beethoven und Tschaikowski. Wer wird Ihrer Meinung nach in hundert Jahren noch die Lieder der Sesamstraße *singen?«*

– Katja Komalkowa, musikalische Leiterin der *Uliza Sesam*

8

R wie Rachmaninow oder R wie Rock 'n' Roll?

Drei Wochen nachdem ich die Erlaubnis bekommen habe, Robin an Bord zu nehmen, fliege ich wieder nach Moskau, um weitere Mitarbeiter für das Team anzuwerben. Es ist Ende Februar 1995. Piotr Sidorenko, unser Kreativdirektor bei ORT, möchte mir gern Katja Komalkowa vorstellen, eine klassisch ausgebildete Komponistin, die er für die ideale Besetzung als musikalische Leiterin unserer Sendung hält.

Als wir in Midhats Büro kommen, sitzt dort auf dem Sofa eine spröde Person mit im Schoß gefalteten Händen. Sie hat ein breites Gesicht und blasse Haut und trägt einen langen hellbraunen Kasack aus Samt mit Spitzenkragen. Sie erinnert mich an eine schüchterne Figur von Tschechow.

Midhat gibt mir einen Kuss, und Piotr und ich begrüßen Katja. Dann lassen wir uns auf das Sofa fallen, dessen kaputte Federung wir glatt vergessen haben.

Piotr setzt an zu einer Lobhudelei auf Katja. Er erzählt mir, dass sie am prestigeträchtigen Moskauer Musikkonservatorium studiert hat und sich einen Namen als Komponistin und Musikerin gemacht hat.

Ich bin beeindruckt, befürchte aber zugleich, dass Katja keine Erfahrung darin besitzt, die Musik für eine Fernsehserie wie die *Sesamstraße* zu koordinieren. Trotzdem fange ich mit meiner Präsentation an.

Inzwischen habe ich herausgefunden, dass ich die *Sesamstraße* potenziellen Mitarbeitern am besten vorstelle, indem ich ihnen zunächst ein kurzes untertiteltes Video der amerikanischen Sendung zeige. Ich stehe auf und starte Midhats Videorekorder. Johnny Cash singt mit Oskar aus der Mülltonne das

Lied »Nasty Dan«. Katja verzieht das Gesicht zu einem kurzen Lächeln. Ich spule zu ein paar anderen Songs mit Elton John vor und erkläre ihr, dass die *Sesamstraße* seit 27 Jahren produziert wird und sich die Sendungen dieser Staffel damit beschäftigen, welche Rolle die Musik zum Lernen von Sprache und Mathematik spielen kann.

Als die Aufnahme zu Ende ist, wende ich mich Katja zu und sage, dass der musikalische Leiter der *Uliza Sesam* die Lieder und die Instrumentalmusik für alle neuen russischen Szenen komponieren soll. Dann lehne ich mich – diesmal etwas behutsamer – im Sofa zurück und warte auf ihre Antwort.

Peinliche Stille setzt ein, bis sich Katja schließlich räuspert und sagt: »Sie wissen sicher, dass die klassische Musik in unserem Land eine lange Tradition hat und weltberühmt ist.«

»Natürlich«, sage ich. »Sie würden aber schon auch andere musikalische Einflüsse in die *Uliza Sesam* einbringen, oder?«

Katja wendet den Blick ab und sieht mich dann wieder an. »Das ist eine schwierige Frage, die sich immer stellt, wenn sich eine Gesellschaft verändert. Selbst unsere größten Dichter waren sich darin jedes Mal uneins, wenn es wieder irgendwo hieß: ›Puschkin, Dostojewski, Tolstoi usw. usw. sind vom Dampfer der Gegenwart zu werfen.‹« Sie deutet ein Lächeln an, dann fügt sie hinzu: »Ich bevorzuge Kunst, die die Zeiten überdauert hat.«

Ich sehe Midhat an und hoffe, dass er mir beispringen wird. Er hat unseren Disput mit einem spitzbübischen Lächeln verfolgt und scheint ihn zu genießen, macht aber keinerlei Anstalten, sich einzumischen.

Also fahre ich fort und rede davon, dass die Musik eine der großen Stärken der *Sesamstraße* sei. Dadurch würden die Kinder verschiedene innovative Künstler wie Tom Waits, Marvin Gaye oder John Cage kennenlernen, und zwar zusätzlich zu den klassischen Komponisten.

Katja sieht mich mit leerem Blick an, als wären ihr diese westlichen Künstler allesamt unbekannt.

Ich versuche, meinen Frust zu verbergen, und frage sie: »Sie meinen also, in der russischen *Sesamstraße* sollte gar keine zeitgenössische Musik vorkommen?«

Katja fragt zurück, welche Musik aus der *Sesamstraße* in hundert Jahren wohl noch gehört werden wird.

Es stellt sich heraus, dass sie nicht nur Rockmusik ablehnt, sondern jegliche Art von moderner Musik: Jazz, Hip-Hop, Punk, Heavy Metal, sie alle sind ihrer Ansicht nach geeignet, die russischen Kinder zu verderben und ihnen die Freude an klassischen Melodien zu vergällen.

Piotr nickt, als würde er Katja zustimmen. Dann sagt er: »Also abgemacht? Kann Katja mit uns arbeiten?«

Wir brauchen dringend einen musikalischen Leiter, der in sechs Wochen nach Amerika fliegt, um sich dort fortbilden zu lassen. Sollte sich Katja wie alle anderen dazu bereiterklären, zunächst ohne Bezahlung für die *Uliza Sesam* zu arbeiten und sozusagen als Gegenleistung eine Reise in die USA machen zu können, dann sollten wir froh sein, dass wir sie gewinnen konnten.

»Ja-a«, sage ich und schüttle Katja die Hand. Piotr sagt, er werde alles in die Wege leiten, damit sie auch offiziell in unser Team aufgenommen werden kann, was immer das bedeuten mag.

Ein paar Tage später stellt uns Piotr Wika Lukina vor, eine großartige Trickfilmzeichnerin, die ihre eigene Firma hat. Sie wird zu denselben Konditionen wie alle anderen neuen Mitarbeiter unsere Leiterin Trickfilmzeichnung.

Im Laufe der nächsten Woche quäle ich Katja in unserem Büro bei ORT mit meiner Lieblings-Rockmusik aus Russland. Ich schiebe ihr die Kopfhörer meines Walkmans auf die Ohren und hoffe, dass ich sie davon überzeugen kann, auch zeitgenössische Musik ins Repertoire der *Uliza Sesam* aufzunehmen.

Sie bleibt zunächst höflich, aber nach dem dritten Song nimmt sie mit spitzen Fingern die Kopfhörer wieder ab.

»Diese Musik ist nicht angenehm«, sagt sie und hält das Plastikgerät mit ausgestrecktem Arm von sich, als könnte es ihr musikalisches Feingefühl mindern. »Außerdem sollte man nicht mit einem solchen Ding Musik hören«, fügt sie abschätzig hinzu.

Ich versuche ihr zu erklären, dass ich nicht denke, die zeitgenössische Musik sei der klassischen Musik überlegen. Ich möchte einfach nur, dass die Musik in der *Uliza Sesam* genauso originell und unterhaltsam ist wie in der amerikanischen Sendung.

Sie denkt über meine Bemerkung nach, dann sagt sie: »Natürlich.« Aber hört sie sich deshalb auch nur einen weiteren Song von mir an? Nein, auf gar keinen Fall.

Am Abend nehme ich an der Hotelbar einen Drink. Die Sache mit Katja geht mir an die Nieren. Ich frage mich, ob ich sie dazu dränge, zeitgenössische russische Musiker zu engagieren, weil ich mich ihnen in irgendeiner Weise verpflichtet fühle. Als ich Anfang der 1980er Jahre zum ersten Mal nach Russland kam, um an der Staatlichen Universität Leningrad zu studieren, war ich viel mit einigen Underground-Rockmusikern unterwegs. Was 22-Jährige eben so machen: trinken, kiffen, Konzerte besuchen.

Aber in Sowjetrussland waren Rockkonzerte illegal. Von den Beatles, den Rolling Stones und Jim Morrison an hatte das sowjetische Kulturministerium Rockmusik geächtet, da sie »dekadent, bourgeois und mit den Zielen des Sozialismus unvereinbar« sei. Der Staat wollte alle russischen Künstler vernichten, deren musikalische Ästhetik nicht den kommunistischen Idealen von Kultur entsprachen. Meine Leningrader Freunde durften weder öffentlich auftreten noch ihre Musik in den staatlich geführten Studios aufnehmen. Da sie ihre Musik nicht auf Platte oder CD verkaufen konnten, nahmen sie heimlich Kassetten auf und verkauften sie auf dem Schwarzmarkt.

Manchmal organisierten sie auch illegale Konzerte, auf denen unweigerlich irgendwann der KGB auftauchte, um die Veranstaltung abzubrechen und die Zuschauer mit Gewalt aus dem Saal zu treiben. Katja hält Rockmusik genau wie der sowjetische Staat für »verunreinigend«. Und ihr scheint nicht bewusst zu sein, mit welchen Widrigkeiten viele zeitgenössische Musikerinnen und Musiker in der Sowjetzeit konfrontiert waren. Mir liegen diese Künstler am Herzen. In gewisser Weise verdanke ich meine gesamte Karriere diesen Menschen. Sie haben mich dazu gebracht, ihre Geschichten in einem Kurzfilm über die Subkultur des russischen Rock 'n' Roll zu erzählen. *Rock Around the Kremlin* wurde 1985 in der beliebten Sendung *20/20* auf ABC gezeigt. Vielleicht gehe ich deswegen so hartnäckig gegen Katjas Rundumablehnung an.

Am nächsten Tag rufe ich meinen Freund Sascha Skljar an, den Sänger der Band Va banque, der in Moskau inzwischen ein berühmter Künstler ist. Ich frage ihn, ob er mit mir zu Mittag essen mag. Sascha hat eine lauschige Karriere als Sowjetdiplomat in Nordkorea aufgegeben, um sich seinen Lebenstraum zu erfüllen: Rock 'n' Roll zu machen. Ich habe ihn mit Mitte zwanzig kennengelernt. Während meiner Zeit als Praktikantin bei CBS News in Moskau war ich oft auf seinen Konzerten. Sie waren elektrisierend. Er rauchte wie ein Berserker drei Schachteln Papirosi am Tag – Sowjetzigaretten mit besonders hohem Teergehalt und beißendem Geruch –, damit seine Stimme möglichst genauso rau klang wie die von Tom Waits, seinem großen Idol. Er sang über Liebe, politische Freiheit und Russlands Vergangenheit, was auf die jungen Leute wie eine kulturelle Entschlackungskur wirkte. Die Musik war originell und neu, er kombinierte russische Volksballaden mit Einflüssen und Themen westlicher Rockmusik und hatte eine große Fangemeinde, zu der auch ich mich zählte.

Um ehrlich zu sein: Ich war mal schwer in ihn verliebt.

Damals begleitete mich Sascha nach seinen Konzerten oft nach Hause, obwohl jegliche Verbrüderung mit Fremden verboten war. Wenn wir an der Wohnanlage für ausländische Mitbürger ankamen, gab er seinen Pass bei dem KGB-Beamten ab, der vor dem Gebäude stand und die Daten in ein Notizbuch eintrug. Ich hatte immer Angst, dass Saschas Besuche Konsequenzen haben könnten, aber er war da ganz entspannt. »Der KGB will die Leute nur einschüchtern«, pflegte er zu sagen. »Das ist alles Buhl-shiet.« Wir blieben die ganze Nacht wach und redeten über Musik, Bücher und Gott. Wir hatten keine Ahnung, dass Saschas Band dank Glasnost und der größeren künstlerischen Freiheit, die in den 1980er Jahren aufkam, zu einer richtigen Heavy-Metal-Größe aufsteigen und ausverkaufte Konzerte vor 50 000 Menschen spielen würde. Auch deshalb bin ich wild entschlossen, neue russische Talente in unsere Sendung zu holen. Da mag sich Katja sträuben, wie sie will, Sascha ist dafür genau die richtige Ansprechperson.

Ich treffe mich mit ihm im Penta Hotel, einem schrillen Monstrum aus Glas, das für sein üppiges Mittagsbuffet bekannt ist. Wir haben uns seit drei Jahren nicht mehr gesehen, aber er hat sich absolut nicht verändert. Sein Gesicht ist vom Rockerleben ein bisschen verwittert, aber sein Körper immer noch jung und straff. Ich merke, wie ich schon wieder weiche Knie bekomme.

Wir umarmen uns, dann fangen wir gleich an, uns wie in den guten alten Zeiten gegenseitig aufzuziehen. Ich frage ihn, ob er, als er dreißig geworden ist, seine Garderobe überdacht hat. Er lacht, weil er eine schwarze Motorrad-Lederjacke und eine schwarze Lederhose trägt, die seine muskulösen Oberschenkel zur Geltung bringt – derselbe Look wie an dem Tag, als wir uns kennengelernt haben. Er raucht drei Zigaretten und trinkt zwei Tassen Kaffee, verschmäht aber die Köstlichkeiten vom Buffet, obwohl ich sie ihm heiß und innig ans Herz lege.

Nachdem wir uns gegenseitig alle Neuigkeiten erzählt haben, erkläre ich ihm mein Projekt und meine Probleme mit Katja.

»Es ist nicht in Ordnung, dass sie keine moderne Musik in die Sendung nehmen will«, beschwere ich mich. Ohne ihm Zeit zu lassen, darauf zu antworten, lege ich nach: »Die Musiker sollten die Gelegenheit bekommen, Songs für die *Uliza Sesam* zu schreiben.« Mysteriöserweise schweigt Sascha. Dann sagt er kühl: »Weißt du, Tasha, das ist etwas unfair gegenüber Katja.«

Ich presse den Mund zusammen. Sascha erzählt eigentlich nie Buhl-shiet.

»Du musst bedenken, wo die Leute herkommen.« Er überlegt, dann fährt er fort: »Jemand wie Katja mit ihrem privilegierten Hintergrund und ihrer Ausbildung in klassischer Musik lehnt viele der Veränderungen ab, die gerade in Russland vor sich gehen – und ganz besonders hasst sie so furchteinflößende Typen wie mich mit Gitarre und Ohrring.« Er schnippt gegen sein juwelenbesetztes Ohrläppchen und knurrt.

Ich lache schwach auf, bin ihm aber auch dankbar für seine Ehrlichkeit.

»Erwartest du von ihr, dass sie alles wegwirft, was ihr lieb und wichtig ist?«, fährt er mit sanfter Stimme fort. »Sie will keine Veränderungen. Und für mich klingt es so, als wolltest du sie dazu zwingen.«

Ich finde »zwingen« etwas übertrieben, aber ich widerspreche ihm nicht und höre weiter zu.

»Russland ist weltberühmt für seine klassische Musik«, fährt er fort. »Katja will bestimmt in der *Uliza Sesam* zeigen, welche musikalischen Kostbarkeiten unser Land zu bieten hat.«

Da hat er natürlich recht. Und es ist ein wirklich kluger Gedanke.

»Wir haben in Russland eine neue Ära eingeläutet«, sagt er. »Alles wird gerade noch einmal neu erfunden, auch die Musik. In der Sowjetzeit gab es ausschließlich politische Musik – hauptsächlich Propaganda – und Estrada, Popmusik. Jetzt haben wir endlich die Möglichkeit, aufregende neue Musik zu kreieren. Und das macht vielen Leuten einfach Angst.«

Ich will ihn nicht um den Gefallen bitten, werde es aber wohl müssen. Da liest Sascha meine Gedanken und bietet mir an, einmal unter vier Augen mit Katja zu sprechen.

Am nächsten Tag sitze ich im ORT-Büro neben Robin, die in Teilzeit in der Produktion arbeitet und ansonsten weiter am WGIK studiert. Das Produktionsteam von ORT hat sie gleich als eine Seelenverwandte erkannt und liebgewonnen. Nicht nur, weil sie die prestigeträchtigste Filmakademie Moskaus besucht, sondern auch wegen ihres Studentenoscars. Robin versucht ebenfalls, mit Katja weiterzukommen. Einmal kriege ich zufällig mit, wie sie zu ihr sagt: »Die *Uliza Sesam* muss sowohl russischen Eltern zwischen 20 und 30 als auch Vorschulkindern gefallen.« Dann fügt sie eindringlich hinzu: »Die Eltern sind im selben Alter wie meine Freunde und ich, und wir sind mit den Beatles und der russischen Underground-Rockmusik groß geworden. Wir haben einen anderen Geschmack als Sie und wir wollen, dass die Sendung diesen Menschen und ihren Kindern gefällt.« Katja respektiert Robin, hält aber an ihren Überzeugungen fest und weigert sich hartnäckig, zeitgenössische russische Komponisten in unser Team zu holen. Robin zwinkert mir zu und wir verschwinden in Richtung Damentoilette – von unserem Büro einen fünfzehnminütigen Spaziergang entfernt –, um uns in Ruhe zu unterhalten. »Ich mag Katja gern«, sagt Robin. »Aber sie ist die älteste Mittdreißigerin, die ich jemals getroffen habe.«

Im Hotel erhalte ich ein Fax von der Jim Henson Company, das mich daran erinnert, dass uns nicht mehr viel Zeit bleibt, um die russischen Muppets zu entwerfen. »Die Entwicklung dauert mindestens vier bis sechs Monate«, heißt es. »Bitte schicken Sie so schnell wie möglich die Skizzen des russischen Teams nach New York.«

Am Nachmittag rufe ich die vier Produzenten in Midhats Büro – diesmal ohne Kolja Komow und seine wütende Petruschka – und versuche es mit einer neuen Taktik. Ich erzähle ihnen von den Herausforderungen, vor denen die *Sesamstraße* stand, als die Sendung 1969 herauskam.

»Die amerikanischen Zuschauer haben lange gebraucht, bis sie sich mit den wuscheligen Pelzfiguren von Jim Henson angefreundet haben, weil sie anders aussahen als die gewohnten amerikanischen Puppen und sich auch anders bewegten«, erkläre ich ihnen. »Aber im Laufe der Zeit haben sie die Figuren immer mehr liebgewonnen und die *Sesamstraße* wurde die erfolgreichste Kindersendung im amerikanischen Fernsehen – gerade wegen der Muppets.«

Mein Plädoyer bewegt leider wenig bei diesen Puppenpuristen, am wenigsten bei Lida. Sie steht auf und dreht mir den Rücken zu. Dann wendet sie sich an ihre Kollegen: »Wir brauchen die Amerikaner nicht, um diese Sendung zu produzieren. Machen wir sie doch einfach selbst und mit unseren eigenen Puppen.«

Den anderen ist das sichtlich unangenehm. Ich schlage vor, dass wir diesen Punkt auf später vertagen, womit offenbar alle einverstanden sind – selbst Lida.

Ein paar Wochen zuvor, ich war gerade in New York, hatte ich Anna Connolly als Produktionsassistentin sowie einen russischen Übersetzer eingestellt. Die beiden sollten die Moskauer Produktion von New York aus unterstützen. Sie hatten Mustertabellen für die Budgets erstellt und nach Moskau gefaxt, damit die Russen sie als Vorlage für die Erstellung ihrer Budgets und Zeitpläne benutzen konnten – was immer der erste Schritt bei einer Fernsehproduktion ist. Ich hatte erwartet, dass sie während meiner Abwesenheit mit den inzwischen in unserem ORT-Büro eingerichteten Computern und der bereitgestellten Software Tabellen angefertigt hatten.

Aber an diesem Nachmittag stelle ich fest, dass die Russen wegen der Papierknappheit in Moskau die Rückseiten von Annas Faxen als Schmierpapier benutzt haben, und schlimmer noch: dass sie kein einziges Budget und keinen einzigen Zeitplan erstellt haben.

Sergej, der Realfilmregisseur, sieht mich mit gelangweilter Miene an. »Natasha, es ist vollkommen sinnlos, für eine Produktion in Russland einen Plan aufzustellen. Das bringt überhaupt nichts, weil jederzeit irgendwas dazwischenkommen kann.« Damit hat er leider recht. Eine Kamera kann kaputtgehen oder die Schauspieler kommen betrunken ans Set oder es gibt einen Staatsstreich. Lida, die zunehmend an mir verzweifelt, fügt hinzu: »Natasha, es ist lächerlich, sich zu überlegen, wie lang eine Produktion in Russland dauern wird.« Und Piotr sagt: »Wenn du verhindern willst, dass es Verzögerungen gibt, ist es das Beste, nichts schriftlich festzulegen. Denn dann weißt du auch nicht, ob es gerade Verzögerungen gibt oder nicht.«

Da ist vielleicht was dran. Aber diese Mitarbeiter sollen nach New York fliegen, um in der Firmenzentrale der *Sesamstraße* eine Fortbildung zu machen, und meine amerikanischen Kollegen erwarten ihre Drehpläne, damit sie ihnen noch Tipps und Hinweise geben können. All das erläutere ich ihnen mit verkniffener Miene. Mischa erklärt mir, was ich schon befürchtet habe: Niemand hier kann mit Excel umgehen und fast alle diese erfahrenen Fernsehproduzenten benutzen zum ersten Mal in ihrem Leben einen Computer.

Ich finde es ärgerlich, dass ich das erst jetzt erfahre. Ich habe die Computer schon vor Wochen im Büro aufstellen lassen. Doch ich versichere ihnen, dass wir das Problem mit einer Schulung rasch lösen können. Ich benutze dafür das russische Wort *trenerowanie*, sehe aber an ihren Reaktionen, dass es nicht der richtige Ausdruck ist für das, was mir vorschwebt. *Isledowanie* ist der Begriff für eine medizinische Ausbildung, *trenerowanie* für ein Training im Sport – für so etwas wie eine Mitarbeiterfortbildung hat der russische Wortschatz seltsamerweise keinen Begriff. Das Konzept ist den meisten Russen fremd.

Lida beschwert sich, ich würde sie wie Seehunde behandeln. »Wir sind keine Tiere im Zoo«, sagt sie trotzig.

»Natürlich nicht«, seufze ich.

Ich versuche, ihnen begreiflich zu machen, dass die Adaption der *Sesamstraße* sehr viel komplizierter ist als alles, was sie bislang in Moskau produziert haben. Selbst zu Sowjetzeiten bestand die längste Fernsehserie, *Siebzehn Augenblicke des Frühlings*, aus höchstens zwölf Folgen. Es hatte vier Jahre gedauert, bis die Produktion abgeschlossen war! Ich erkläre ihnen, dass wir uns alle, das gesamte Team, fortbilden müssen. Wir produzieren die erste Kindersendung mit verschiedenen Formaten und mehr als zwölf Folgen, die *jemals* im russischen Fernsehen gezeigt wurde. »Das ist wie ein Flug zum Mond«, rufe ich aus.

Mit ausdrucksloser Miene sagt Mischa: »Tjaja, die Russen waren aber die Ersten, die zum Mond geflogen sind.«

Alle lachen, ich auch.

Als es draußen langsam dunkel wird, lädt mich Mischa auf einen Tee in seine Wohnung ein. Wir beide werden in den nächsten sechzehn Monaten eng zusammenarbeiten und es wäre sicher gut, wenn wir uns ein bisschen mehr miteinander vertraut machen würden. Als er in der winzigen Einzimmerwohnung über das halb zusammengeklappte Futonbett steigt, lacht er, seine Frau und er müssten über diverse Möbel klettern, um ins Bad zu gelangen. »Wenn das Bett nachts ausgeklappt und es dunkel ist, dann ist das ganz schön schwierig. Manchmal schaffen wir es nicht mehr rechtzeitig zur Toilette.«

Ich lache und versuche, meine Erschütterung über derartige Lebensumstände zu verbergen.

Noch überraschter bin ich, als irgendetwas auf dem Boden anfängt zu brummen.

»Warum steht denn das Faxgerät hier?«, frage ich verwirrt.

Mischa erklärt mir, dass er es aus dem Büro in seine Wohnung mitgenommen hat, um nachts hereinkommende Nachrichten sofort beantworten zu können. »Außerdem ist es hier sicherer.«

Er zuckt mit den Schultern. »Im Fernsehsender ist nichts sicher – da gibt es immer irgendwen, der ihn gerade kapern will.«

Es ist mir höchst unangenehm, wenn ich mir vorstelle, dass die beiden jedes Mal aufwachen, wenn mitten in der Nacht ein Fax aus Amerika hereinkommt. Und ich bin gerührt, wie sehr sich Mischa für die Produktion einsetzt.

Während wir Tee trinken, unterhält er mich mit Geschichten aus seiner Zeit in Japan. Er zeigt auf ein Foto an der Wand, auf dem er einen Kimono in XXXL trägt und drei japanische Geschäftsleute in dunklen Anzügen überragt.

»Diesen Kimono habe ich drei Monate lang kein einziges Mal ausgezogen«, erzählt er. »Ich habe darin gegessen, getrunken, geschlafen und mit Metall gehandelt.«

Ich wusste nicht, dass er neben seiner Berufserfahrung als Staatsanwalt, Rennfahrer und Fernsehproduzent auch auf dem asiatischen Metallmarkt tätig war.

Als ich am späteren Abend im Taxi zum Hotel fahre, fängt es an zu schneien. Draußen ist es stockfinster, die Regierung hat das Budget für die Moskauer Straßenlaternen halbiert. Wir fahren vorbei an den gefällten Monumenten, von denen nur noch die Granitsockel stehen. In düsterer Nacht sieht die Stadt deprimierend aus, wie kriegsgeschunden. Ich denke daran, wie viel von Russlands Identität sich gerade mit rasender Geschwindigkeit in Luft auflöst. Die endlosen philosophischen Diskussionen mit unserem Team über Musik, die Muppets und den Produktionsablauf sind vielleicht auch eine Reaktion auf diese rapiden Veränderungen. Kann sein, dass ich es mir nur einbilde, aber jedes Gespräch mit meinen russischen Kollegen scheint mir von verletztem Stolz grundiert. Die Menschen hier versuchen verzweifelt, die Geschichte und Identität ihres Landes zu bewahren, weshalb sie sich nur schwer dafür öffnen können, etwas Neues zu schaffen.

Als ich am nächsten Tag ins Büro komme, sagt mir Katja, dass sie einem Treffen mit Sascha Skljar zugestimmt hat. Sie wird am

Nachmittag mit ihm in einem Café in der Nähe sprechen. Vielleicht macht sie das nur, um mich endlich zum Schweigen zu bringen, denn gegenüber seiner lärmigen Musik legt sie eine gehörige Portion Skepsis an den Tag. Eine solche Musik könne nicht gut für die russischen Kinder sein. Aber es geht auch noch etwas anderes in ihr vor. Ein paar Stunden vor dem Treffen mit Sascha bemerke ich, dass Katja nervös wirkt. Sie sieht blasser aus als sonst, flatterhaft. Sie war mit Sicherheit noch nie in ihrem Leben mit jemandem wie Sascha in einem Raum.

»Soll ich Sie begleiten?«, frage ich.

»Oh, nein, nein, es geht schon«, sagt sie, als müsste sie sich selbst davon überzeugen.

Zwei Stunden später, als eine strahlende Katja ins Büro zurückkehrt, weiß ich, dass ich mir keine Sorgen hätte machen müssen.

»Wissen Sie, Natasha, er ist ganz anders, als ich ihn mir vorgestellt habe«, verkündet sie. »Er weiß wirklich sehr viel über Musik.«

Ich bin erleichtert. Sascha hat geschafft, was ich mir erhofft hatte.

»Wir haben über unsere Kinder gesprochen, wir sind ungefähr gleich alt«, erklärt mir Katja überschwänglich wie nie. »Wussten Sie, dass er eine klassische Klavierausbildung gemacht hat, bevor er anfing, Gitarre zu spielen?«

Die ganze Woche über erzählt Katja, was Sascha gesagt hat, so als wäre er ihr neues musikalisches Orakel. »Er sagt, Rockmusik muss nicht hart sein und er kann eine musikalische Sprache entwickeln, mit der Kinder genauso viel anfangen können wie mit klassischer Musik.« Und damit beginnt eine Metamorphose in ihr, die sie veranlasst, ihre Herangehensweise an die Musik für die Sendung vollständig zu überdenken.

Sie lädt zeitgenössische Musikerinnen und Musiker aus der ganzen Stadt dazu ein, Kompositionen einzureichen, und bietet etablierten Künstlern wie Sascha ebenso eine Plattform wie jüngeren, unbekannten Musikerinnen, die noch nie einen kreativen Freiraum wie in der *Uliza Sesam* erlebt haben. Ich sehe, wie alle diese ausgeflippten langhaarigen Künstler in unser behelfsmäßiges Büro kommen, manchmal auch, wie sie sich, ihre Songs auf der Gitarre spielend, überall im Flur ausbreiten. Die Atmosphäre begeistert alle und unsere Produktion erregt die Aufmerksamkeit der Mitarbeiter aus den benachbarten Büros. Katja wird Expertin in allen musikalischen Genres von Klassik über russischen Rock, Punk und Jazz bis hin zu Heavy Metal. Und die Melodien und Texte all dieser Einreichungen sind wunderbar spielerisch. Es gibt sogar originelle Parodien russischer Gedichte, Volksballaden und Sowjethymnen. Robin und ich sind ebenso perplex wie begeistert.

Ein Musiker hat sich die Melodie eines berühmten russischen Liebeslieds genommen, »Otschi tschornije« (»Schwarze Augen«), und aus dem Text eine irrsinnig komische Ode an *Kascha* (russischen Buchweizenbrei) gemacht. In einem anderen Lied hat ein Komponist eine bekannte patriotische Sowjethymne über den »Weltfrieden« umgeschrieben, sodass sich »Frieden« jetzt auf den Namen eines Joghurtgetränks reimt.

Die Musiker lernen schnell, wie sie Songtexte schreiben können, die sowohl Kindern als auch Erwachsenen gefallen. Während also die Kids zu einem eingängigen Lied klatschen, in dem Grütze verherrlicht wird, ergötzen sich ihre Eltern an der musikalischen Parodie – beste Komödie ganz im Stile der *Sesamstraße*.

Manche Musiker tun sich aber auch noch etwas schwer damit, kurze, spritzige Texte zu schreiben. Wir versuchen, ihnen auf die Sprünge zu helfen, indem wir ihnen amerikanische Fernsehspots mit berühmt gewordenen Werbesongs vorführen. Eine Hotdog-Werbung, »I Wish I Were an Oscar Meyer Weiner«, gefällt ihnen besonders gut.

Die russischen Musiker haben den Song nur einmal gehört, aber seitdem zitieren sie ihn im Büro rauf und runter.

Wir verbringen unsere Tage mit Lachen und Singen, während

die Künstler uns ihre Songs zur Begutachtung vorspielen. Als die ersten fünf Lieder abgemischt sind, geht das Team vor Begeisterung über. So beengt und provisorisch unser Arbeitsraum auch sein mag, alle Teammitglieder freunden sich fröhlich summend miteinander an. Am nächsten Tag kommt Katja mit einer Kassette in unser Büro, auf der Sascha Skljar seinen ersten Song für die *Uliza Sesam* aufgenommen hat. Sie legt die Kassette ein und eine federnde Akkordfolge schallt durch den Raum. Ich habe gerade an meinem Schreibtisch gesessen, versammle mich aber mit den anderen Mitarbeitern vor dem Abspielgerät, um »Ruki Pomoi« (»Hände waschen«) anzuhören.

Das Lied hat eine einprägsame Melodie und einen peppigen Refrain: *»Rump-Bum-Bum-Bum ... Ruki Pomoi«*. Ich staune, dass Sascha mit seinem unverwechselbaren tiefen Bass solche luftig leichten Zeilen singen kann: »Hast du dir die eine Hand gewaschen, denke an die andere«, säuselt er.

Robin fängt an mitzusingen und schwingt die Arme wie eine Dirigentin, um uns, ihren Chor, anzuleiten. Katja lacht und wird rot wie eine Teenagerin auf ihrem ersten Rockkonzert, kämpft anfangs noch mit ihren inneren Widerständen, aber dann fällt auch sie in den Gesang ein. Während wir unisono Saschas Zeilen schmettern und uns beim Refrain in der Luft die Hände waschen, spüre ich in mir die Gewissheit aufsteigen, dass die *Uliza Sesam* ein Hit wird – falls sie jemals ausgestrahlt wird. Denn wir haben immer noch keinen Sender gefunden. Katja ist berechtigterweise mit sich selbst zufrieden. Und als Robin zu ihr sagt: »Saschas Song ist so gut wie die besten Songs der *Sesamstraße*«, erwidert sie selbstbewusst: »Das wundert mich nicht, weil Sascha mir erzählt hat, dass er einen kleinen Sohn hat und sich einfach vorgestellt hat, er würde das Lied für ihn singen.«

Am nächsten Tag erzählt mir Robin aufgeregt, dass sie vielleicht eine Produzentin gefunden hat, die bei der Synchronisation der 15 bis 20 Stunden Realfilm und der Trickfilme aus der Bibliothek der amerikanischen *Sesamstraße* mithelfen kann.

Eine gute Nachricht, denn ich brauche dringend eine größere Bandbreite an Clips aus der *Sesamstraße*, um die Sendung potenziellen Mitstreitern vorzustellen. Leonid und ich haben dafür bislang untertitelte Videos verwendet, aber synchronisierte Clips wären uns wesentlich lieber. Ich hoffe, dass unser Produktionsteam bei ORT die Henson-Puppen endlich liebgewinnen wird, wenn es die lustigen Filme aus der *Sesamstraße* in seiner eigenen Sprache sieht.

Ich habe schon länger nach einem Produzenten gesucht, der Erfahrung mit Voiceover-Aufnahmen hat. Larissa Tschernowa, die Produzentin, die Robin gefunden hat, war lange Zeit Leiterin des prestigeträchtigen Gorki Film Studio, das fast alle zwischen 1930 und den 1960er Jahren nach Russland importierten Filme synchronisiert hat.

Ich verabrede mich mit Larissa und besuche sie spätabends in ihrer winzigen Einzimmerwohnung im Zentrum von Moskau. Sie ist eine 70 Jahre alte Schönheit und hat die weißen Haare zu einem akkuraten Dutt gebunden. Sie geht zu einem verschrammten Klavier, von dem sie einen Bilderrahmen mit einem verblassten Schwarz-Weiß-Foto nimmt. Auf dem Bild steht sie in jüngeren Jahren vor einem funkelnagelneuen Gerät zur Videobearbeitung aus Deutschland und trägt einen Halat, einen viertellangen weißen Arbeitskittel mit passender Haube, wie sie sowjetische Filmschaffende typischerweise getragen haben. Unten in die Ecke wurde das Jahr auf das Bild gekritzelt, 1950. Ein wunderbares Foto. Sie war schon damals eine Schönheit, nur finde ich es ein kleines bisschen gruselig, dass sie seitdem immer noch dieselbe Frisur hat.

»Das Synchronisieren war meine große Leidenschaft«, sagt sie zu mir und schaut mit nostalgischem Blick auf das Bild.

Larissa spricht ein wenig förmlich, in kurzen, präzisen Sätzen, und verwendet ein Vokabular, das mir nicht unbedingt geläufig ist. »Vielleicht wissen Sie nicht«, erklärt sie mir mit ihrer weichen Stimme, wobei sie jedes Wort betont und die Vokale zu einem Singsang dehnt, »dass es in Russland seit den 1960er Jahren keine Synchronisation mehr gibt, bei der verschiedene Schauspieler die Texte der verschiedenen Figuren sprechen.«

Sie erläutert, dass fremdsprachige Filme inzwischen von nur einem Sprecher synchronisiert werden, der die Dialoge aller Figuren mit ein und derselben monotonen Stimme spricht, ohne auch nur irgendwie zu versuchen, den verschiedenen Charakteren gerecht zu werden.

Wieder schaut sie auf das Foto, als wollte sie am liebsten in den Rahmen springen und in die Vergangenheit zurückkehren. »Es ist ein Hohn, dass die Studios die Qualität der Darbietung auf eine solche Weise geschmälert haben.«

Dann stellt sie das Bild wieder auf das Klavier und setzt sich auf ihr grünes Samtsofa. »Dass die Filme von nur einer Person gesprochen werden, verhindert, dass sich die Zuschauer in die Gefühle der Schauspieler einfühlen können.« Das Wort »Gefühle« unterstreicht sie mit dem ganzen Körper. »Im Gegenteil unterbindet diese nervtötende Erzählerstimme jegliches Gefühl auf der Leinwand, wodurch sich in den Zuschauern eine große emotionale Leere ausbreitet.« Sie mimt ein trauriges Gesicht.

Es braucht nicht viel, um Larissa davon zu überzeugen, uns bei der Synchronisation der amerikanischen Beiträge für die Sendung zu helfen. Sie bietet mir an, ihr altes Team aus dem Gorki Film Studio zusammenzutrommeln und Schauspieler zu casten, die Bert, Ernie, Elmo und das Krümelmonster sprechen. Ihre Energie ist bemerkenswert. Diese wunderbare Frau ist das letzte Exemplar einer untergegangenen Künstlergeneration.

Zwei Tage später treffen Leonid, Robin und ich Larissa und ihre beiden Synchronsprecher am Vordereingang von ORT. Wir müssen uns spätabends ins Tonstudio schleichen, weil das die einzige Zeit ist, zu der der Schneideraum frei ist. Als Ausländer müssen Robin und ich uns jedes Mal einen neuen Passierschein stempeln lassen, wenn wir den Sender betreten. Leonid drückt den beiden schläfrigen uniformierten Wächtern, die am Eingang stehen, Marlboro-Schachteln in die Hand, um uns den Eintritt zu erleichtern, und schon sind wir drin.

Im Tonstudio bittet Larissa den Cutter, den ersten Clip abzuspielen. Ernie und Bert liegen im Partnerlook in ihrem Doppelbett und können nicht einschlafen. Bevor wir den Film synchronisieren, müssen wir uns für Ernie und Bert russische Namen überlegen, passend zu den Buchstaben »E« und »B«, die am Fußende der Betten stehen. Nachdem wir eine Zeitlang mit Namen jongliert haben, die so gar nicht russisch klingen, schlägt Robin vor, dass Ernie *Enik* heißen könnte und Bert *Wlad*, da der kyrillische Buchstabe B auf Russisch wie ein W klingt. Alle sind einverstanden. Später wird *Wlad* dann noch zu *Wlas*.

Larissa erzählt zwischendurch, dass sich der Mann, der mit seiner monotonen Stimme die meisten raubkopierten Filme eingesprochen hat, bei der Aufnahme der Dialoge die Nase zugehalten hat, »um seine wahre Identität zu schützen«. Sie lächelt verschmitzt. »Seine nasale Stimme hat ihn vor dem Gefängnis bewahrt.« Ich frage mich, ob das wirklich der Wahrheit entspricht.

Larissa, die Perfektionistin, leitet die beiden Schauspieler an, die in der Aufnahmekabine vor den Mikrofonen stehen. »Schauen Sie sich den nächsten Clip bitte noch einmal an und achten Sie darauf, wie perfekt der Dialog der Sprecher auf die Bewegungen der Münder der Puppen abgestimmt ist.«

Larissa spielt den Clip noch einmal ab. Wir sehen uns die Szene an, in der der orange Ernie nackt mit seiner gelben Quietscheente in der Badewanne sitzt und das berühmte Quietscheentchen-Lied singt.

Plötzlich springt Leonid auf, zieht mich hoch und wir tanzen einen wilden Walzer durch das ganze Studio, während sich Larissa, Robin und die Schauspieler über den Clip und unseren Tanz freuen.

Dann synchronisieren die Schauspieler den Text auf Russisch.

Als der Cutter die Aufnahme abspielt, auf der Wlas und Enik Russisch sprechen, sind wir alle wie verzaubert. Zwei amerikanische Idole erleben ihre Wiedergeburt als russische Puppen.

9

Wenn du denkst, schlimmer kann es nicht mehr kommen ...

Die Aufnahmen haben bis in die Nacht gedauert, weshalb Leonid und ich am nächsten Morgen erst spät anfangen, ohne gefrühstückt oder Zeitung gelesen zu haben. Der Verkehr auf der Straße zum Sender ist zäher als sonst. Es ist der 2. März 1995, also kein besonderer Feiertag. Als wir uns dem Gebäude von ORT nähern, sehen wir eine große Menschenmenge, die von der Polizei abgeschirmt wird.

»Sieht aus wie eine Demo«, sage ich verwirrt.

Als wir noch näher kommen, hören wir Geschrei, ein Demonstrant bellt die Polizisten an: »Das ist eure Schuld!« Nahebei sitzen Personen zusammengekauert auf dem Boden. Einige sehen aus, als würden sie weinen.

Leonid hält an und springt aus dem Wagen. Er greift sich einen wildfremden Mann und fragt ihn, was los ist. Durch die Fensterscheibe sehe ich, wie er dem Mann zuhört – und sich dann mit beiden Händen an den Kopf fasst.

Ich steige aus und renne zu ihm. Er ist so aufgebracht, dass er mir kaum erklären kann, was passiert ist. Aber irgendwann begreife ich, dass Wlad Listjew, der Reporterhüne, der letzten Monat zum CEO von ORT ernannt wurde, ermordet worden ist. Ich kann es nicht glauben, dass dieser charismatische, couragierte Mann nicht mehr am Leben sein soll.

»Er wurde kaltblütig hingerichtet – diese Schweine«, stöhnt Leonid und atmet nach jedem Satz heftig ein und aus. »Sie haben ihn im Eingang seines Wohnhauses erschossen, als er nach der Aufzeichnung seiner Sendung heimgekommen ist«, fügt er wütend hinzu.

Mir wird schlecht. Ich erinnere mich an unser Gespräch, das gerade einmal drei Wochen her ist und in dem Wlad uns versprochen hat, nach einem Sender für die *Sesamstraße* zu suchen.

Leonid und ich kehren zum Auto zurück und parken. Dann schieben wir uns an der Menge vorbei, um in das Gebäude zu gelangen. Drinnen sind die Gänge voller heulender Mitarbeiter, die außer sich sind vor Wut. Für viele Russen zerstört der Mord an Listjew – den sie mehrere Abende die Woche auf dem Bildschirm in ihrem Wohnzimmer gesehen haben, wo er für ein freies Russland ohne Korruption gekämpft hat – alle Hoffnung darauf, dass sich irgendetwas ändern könnte.

Noch Tage nach dem grausamen Mord kursieren Gerüchte, wer dafür verantwortlich sein könnte. Viele beschuldigen mächtige Medienmogule wie Beresowski, denen Millionen durch die Lappen gegangen wären, hätte Listjew tatsächlich am 1. April seinen Plan umgesetzt, keine Werbung mehr zu senden. Niemand weiß genau, weshalb er umgebracht wurde, aber sicher ist, dass es eine Exekution war und kein Raub- oder Zufallsmord. Alle seine Wertsachen, darunter auch eine erhebliche Menge Bargeld, lagen unberührt neben der Leiche.

Ich versuche schon den ganzen Tag, Ken zu erreichen. Um ein Uhr nachts klingelt schließlich mein Telefon im Hotelzimmer. Ich muss nur seine Stimme hören, schon fange ich an zu weinen. Dann erzähle ich ihm, was passiert ist. »Wlad war noch so jung, und er hatte Kinder«, flüstere ich. »Und er hatte keine Bedenken, für uns den Kopf zu riskieren. Bei ORT haben jetzt alle Angst.«

»Was ist mit dir?«, fragt er besorgt. »Bist du noch jeden Tag da? Bist du dort sicher?« Bislang hat sich Ken nie Sorgen um mich gemacht, und durch seine Fragen rückt die Gewalt gefühlt noch ein bisschen näher.

Ich erzähle ihm, wie gerade der letzte Anschein von Ordnung in sich zusammenbricht – auf der Straße, in der Stadt, im Sender. »Und es werden nicht nur Medienmogule wie Listjew erschossen. Alle haben das Gefühl, verwundbar zu sein.« Ich muss schluchzen.

Ken schweigt. Dann fragt er: »Glaubst du, die Kommunisten könnten wieder an die Macht kommen? Durch Wahlen?«

»Schon möglich«, sage ich ernüchtert. Ich erzähle Ken von Gennadi Sjuganow, dem Kandidaten der Kommunistischen Partei für das Präsidentenamt, der in Russland gerade immer mehr Zuspruch erhält. »Es fällt mir schwer, vor meinem Team noch optimistisch aufzutreten«, sage ich. »Ich bezweifle, dass bei ORT noch irgendwer das Risiko eingehen will, etwas Neues auszuprobieren, schon gar nicht eine amerikanische Kindersendung.«

Ken versucht, mich zu trösten. »Das tut mir leid, mein Liebling. Du hast so viel Arbeit in diese Produktion gesteckt. Ich weiß, Russland ist der reine Irrsinn, aber du solltest daran glauben, dass am Ende alles gut wird mit deiner Sendung.«

Bei diesen Worten wird mir klar, wie sehr ich seinen Zuspruch inzwischen brauche. Obwohl ich keine Lust habe aufzulegen, murmele ich: »Ich muss aufhören.«

Ich muss dringend schlafen. Morgen wird wieder ein harter Tag.

Als ich am nächsten Tag frühmorgens am Sender ankomme, steht schon eine Menschenmenge vor dem Gebäude. Am Tag zuvor wurde kein Programm gesendet, stattdessen waren auf dem Bildschirm nur die Worte »WLAD LISTJEW IST TOT« zu lesen. Ich weiß nicht, ob das Staatsfernsehen heute wieder auf Sendung ist. Ich schiebe mich durch die Menge, um in das Gebäude zu gelangen, wo die Mitarbeiterinnen und Mitarbeiter immer noch wie betäubt durch die Vorhalle laufen. Manche halten sich an den Händen, manche weinen.

Mischa ist schon im Büro, als ich eintreffe. Er schlägt vor, dass wir für eine kurze Trauerzeit die Arbeit ruhen lassen. Ich stimme zu. Wir ordnen an, dass wir erst in zwei Tagen weitermachen.

Unterdessen fliege ich nach New York und bin deprimierter denn je.

Meistens verpasse ich die monatlichen Meetings der Abteilung IPG (Internationale Produktionsgruppe), weil ich mich in Moskau aufhalte. Aber diesmal bin ich vor Ort. Ich höre den anderen Produzenten bei der Präsentation ihrer meist reibungslos ablaufenden Produktionen in Europa zu. Mit jedem Bericht, in dem es wieder heißt, wie gut alles läuft, werde ich nervöser. Als ich an der Reihe bin, gebe ich schließlich die schreckliche Nachricht von Listjews Tod bekannt. Urplötzlich wird es still im Raum. Der Leiter Internationale Produktion seufzt resigniert, als hätte er etwas Derartiges schon erwartet. »Diese Produktion ist so schlecht durchdacht, dass der Workshop und die Marke *Sesamstraße* einen immensen Imageschaden erleiden werden, sollte sie den Bach runtergehen«, sagt er.

Ich starre ihn an und spüre, wie meine Wangen zu glühen beginnen. Seitdem er mich eingestellt hat, schwadroniert er über die unsäglichen Risiken, denen wir begegnen, wenn wir in Russland tätig werden, und im Workshop gibt es einige, die seiner Meinung sind.

Ihm muss doch klar sein, dass es absurd ist, erst den Beschluss zu fassen, nach Russland zu gehen, dann aber nicht mitzubedenken, dass das große Risiken birgt. Aber er hat halt die Macht. Er könnte uns jederzeit den Hahn zudrehen.

»Wir sollten Russland jetzt nicht aufgeben, wo es ganz besonders unserer Hilfe bedarf«, argumentiere ich.

Meine Kollegen beäugen sich gegenseitig über den Konferenztisch hinweg und blicken vom Chef zu mir.

»Meine Leute in Moskau bringen enorme persönliche Opfer«, sage ich. »Sie zeigen genauso viel Engagement für die *Sesamstraße* wie Sie alle hier.«

Meine Kollegen rutschen unruhig auf den Sitzen hin und her. Ihnen ist klar, vor welchen Herausforderungen wir mit dieser

Produktion stehen, finden aber wenig Gefallen daran, dieses Kräftemessen mitzuerleben.

Mein Chef ist kein leichter Gegner. »Wie schon gesagt, ich halte es für realistischer, dass wir für Russland auf das Format *Open Sesame* zurückgreifen, dann müssen wir auch sehr viel weniger Originalmaterial produzieren.«

Ich verschränke die Arme vor der Brust und beharre auf meiner Position. Der Kongress hat das Geld für eine vollständige Koproduktion der *Sesamstraße* bewilligt, einschließlich einer Fortbildung und der Produktion eines Großteils der Inhalte in Moskau – und nicht für eine Synchronisation der amerikanischen Sendung.

Da schiebt mein Chef abrupt den Stuhl zurück, steht auf und verkündet, dass er noch in ein anderes Meeting muss. Er werde das Problem später mit Baxter besprechen. Dann verschwindet er, und ich darf meinen Bericht vor den verbliebenen Kollegen zu Ende führen.

Nach dem Meeting bleibt Cooper Wright, die Produktionsleiterin der *Sesamstraße* in Südafrika, noch im Konferenzraum, um mit mir zu sprechen. Sie ist eine Freundin von mir und die einzige andere Frau, die in unserer Abteilung in der Produktion arbeitet.

»Ich verstehe gut, was du in Russland durchmachst, Tasha. Ich bin mit *Takalani Sesame* [der südafrikanischen *Sesamstraße*] in derselben Situation, weil der Fernsehsender dort in den Nachwehen der Apartheid steckt. Es ist wie in Russland, ich habe keine Ahnung, mit wem ich sprechen und wem ich vertrauen kann.«

Sie begleitet mich aus dem Raum, legt mir den Arm um die Schulter und versucht mir gut zuzureden. »Es wird alles seinen Weg gehen«, sagt sie. Cooper ist schon sehr viel länger als ich Produzentin im Workshop, und dass es ihr schon oft gelungen ist, Meinungsverschiedenheiten mit meinem Chef zu lösen, gibt mir die Zuversicht, dass ich diese schwierige Zeit durchstehen kann. Dann neigt sie den Kopf und fügt lächelnd hinzu: »Immerhin stehen wir am Ende alle auf der richtigen Seite der Geschichte, Natasha.«

Am Nachmittag ruft Ken mich an. Er ist eben erst aus Frankfurt zurückgekehrt, wo er bei der Bundesbank eine wissenschaftliche Arbeit vorgestellt hat. Ich erzähle, was hier gerade passiert, die Worte sprudeln nur so aus mir heraus. Ken drängt mich förmlich dazu, eine Pause einzulegen und übers Wochenende zu ihm nach Princeton Junction zu kommen – eine Stunde Fahrt aus der Stadt hinaus.

Bis jetzt habe ich mich immer geweigert, Ken in seinem Haus zu besuchen. Aber als der Zug Manhattan verlässt und an den platzenden Kirschblüten und den hübschen Häusern mit den großen Vorgärten und den weißen Lattenzäunen vorbeirauscht, gefällt mir plötzlich die Vorstellung, mein anarchisches Moskauer Leben für eine Weile aufzugeben. Ich ertappe mich sogar bei dem Gedanken, wie es wäre, ihn zu heiraten, in diese beseelende Gegend zu ziehen und – raaah! – eine Familie zu gründen.

Als der Zug in den Bahnhof einfährt, sehe ich Ken schon auf dem Bahnsteig stehen. Er versucht, seine Haare vor dem pfeifenden Wind im Zaum zu halten. Als er mich sieht, leuchtet sein Gesicht auf und er winkt mir zu.

Erst am Abend merke ich, wie erschöpft ich bin. Ken hat ein köstliches Mahl zubereitet, aber ich bin sogar zu müde zum Essen.

Auf einem langen Spaziergang am nächsten Tag jammere ich darüber, wie unfassbar naiv ich im Workshop geklungen haben muss. Wie schon des Öfteren hadere ich mit der risikoscheuen Kultur bei Sesame Workshop. Ken merkt behutsam an, dass ich die Sache auch aus einer anderen Perspektive betrachten könnte. Mein Chef macht halt einfach seinen Job, er wägt rational die Risiken ab und entscheidet dann, wie die weitere Vorgehensweise aussehen könnte. Schließlich rät er mir, ich solle versuchen durchzusetzen, dass ich direkt Baxter unterstellt bin und nicht dem Vice President Internationale Produktion.

Am Montagmorgen gehe ich gut ausgeruht und mit einem Plan zur Arbeit und steuere sogleich Baxters Büro an. Ich finde es gut, dass seine Tür buchstäblich immer offen steht. Er winkt mich herein und fragt: »Was ist los?«

Baxter hasst Auseinandersetzungen, und ich würde gern vermeiden, etwas derart Unangenehmes mit ihm zu besprechen.

Er hört mir zwar zu, aber ich spüre auch, dass er innerlich auf der Hut ist. Er ist schon einigen Bestrebungen entgegengetreten, den Umfang der Produktion in Russland herunterzufahren. Als er hört, dass ich ihm direkt unterstellt sein will, verteidigt er meinen Chef und lobt ihn dafür, dass er immer und ausschließlich im Interesse des Unternehmens handle.

»Aber er legt mir permanent Steine in den Weg«, argumentiere ich.

Baxter und ich wissen beide, dass er mich bei dieser Produktion nicht entbehren kann, gerade jetzt, wo bald das russische Team zur Fortbildung kommen wird. Er verspricht zu schauen, was er tun kann.

Zwei Tage später ruft er mich wieder in sein Büro. Ab sofort bin ich ihm direkt unterstellt. Ich bin so erleichtert, dass ich meine Arme um ihn schlinge. Er tritt einen Schritt zurück und sagt lachend: »Ich hoffe, ich werde das nicht bereuen.«

Die neugewonnene Freiheit gibt mir wieder Kraft und ich freue mich darauf, dass das russische Team bald nach Amerika kommt. Und Leonid. Er soll sich mit Baxter und den Anwälten der *Sesamstraße* treffen, um über eine mögliche Alternative zu ORT nachzudenken.

Als Leonid eine Woche später im Workshop ankommt, besucht er zuerst mich in meinem Büro, damit ich ihm in allen Einzelheiten von der bevorstehenden Fortbildung erzählen kann. Ihn scheint allerdings am meisten zu interessieren, dass er ein bisschen Urlaub von zu Hause machen kann, weshalb er mich fragt: »Und was machen wir am Wochenende?«

Er lädt Ken und mich ein, mit ihm ins Rasputin zu gehen, einen Club, der bei russischen Immigranten, Prostituierten und halbseidenen Gangstern beliebt ist. Eine amerikanische Journalistin, mit der Leonid befreundet ist, hat das Lokal ausgesucht, weil sie für die *Washington Post* eine Geschichte über die russische Infiltration der amerikanischen Mafia schreibt. Sie glaubt, das Rasputin ziehe genau die Leute an, über die sie gerade schreibt, und aus irgendeinem Grund denkt sie, Leonid habe wertvolle Informationen für sie.

Am Samstagabend fahren wir zu dem Club in Brighton Beach. Eine gutaussehende junge Hostess mit einem goldglänzenden Neckholder-Top aus Lamé und schwarzem Minirock aus Leder schaut in das Reservierungsbuch und wirft uns einen ärgerlichen Blick zu – wahrscheinlich, weil wir eine Stunde zu spät sind.

Sie schwingt die Hüften wie ein Metronom, als wir ihren netzbestrumpften, stöckelbewehrten schlanken Beinen zu unserem Tisch folgen. Mit erhobenem Kinn und abschätzigem Blick sieht sie uns an und sagt mit schwerem russischem Akzent: »Sie – setzen!«, als kommandiere sie einen Hund.

Die Journalistin sitzt schon am Tisch und wartet auf uns. Die ersten drei Gänge – gebratene Teigtaschen mit Schweinefleisch, eine fettige Kohlsuppe und kalte Blini mit Bergen von Kaviar, die auf großen weißen Platten aufeinandergestapelt sind – haben bereits Krusten gebildet.

Ken schaut verwirrt auf die Platten. »Warum bringen die Kellner alle Gänge auf einmal?«

»Das ist wie in Russland: Wenn du für etwas bezahlt hast, gehört es dir, ob du es haben willst oder nicht«, kichert Leonid. »Das ist russischer Kapitalismus«, sagt er augenzwinkernd.

Ken ringt sich ein Lächeln ab. Dann sieht er sich um und betrachtet verblüfft die kitschigen roten Samtvorhänge und die überdimensionierten Goldstühle. Schließlich sieht er die vier Flaschen Stolichnaya Wodka, die die Kellner auf unserem Tisch abgestellt haben – eine Flasche pro Person –, und flüstert mir zu: »Du weißt doch, dass ich kaum was trinke.« Ich mache ein trauriges Gesicht und sage bestimmt, dass das heute anders sein wird. Dagegen kann er nichts einwenden.

Ich luge unter die Platten, wo vier Wodkagläser stehen, und schenke ein. »*Na sdorowje*«, sage ich und lache.

Plötzlich wird das Licht heruntergefahren. Muskulöse blonde Männer mit Nadelstreifenanzügen und weißen Fedoras betreten die Bühne und fangen an zu singen. Sie tanzen wild zum »Jet Song«, der schrillen Nummer aus der *West Side Story*. Als Nächstes kommt eine Dragqueen mit dicken Haaren und noch dickeren Brüsten, die die Beine in die Luft schmeißt und ihre Lippen synchron zu Marlene Dietrichs »The Boys in the Backroom« bewegt. Keiner der Tänzer singt besonders gut, aber die Gäste sind total aus dem Häuschen.

Leonids Reporterin fragt mich nach meinen Erfahrungen mit der russischen Mafia.

Ich sage zu ihr: »Wir haben keine Ahnung, wer in Moskau zur Mafia gehört und wer nicht. Man sieht eigentlich keinen Unterschied.« Dann schaue ich zu Ken, dem das Thema offenbar unangenehm ist und der schweigend mehrere Kurze kippt.

Im Scherz sage ich zu Leonid, dass mein Freund diesen Abend womöglich nicht überleben wird.

Erst gegen drei Uhr morgens verlassen wir den Club. Als wir wieder in der Wohnung sind, ist Ken so betrunken, dass er kaum die Schuhe auskriegt. Zu meiner Überraschung macht er alberne Witze, die ich urkomisch finde, was er im nüchternen Zustand niemals tun würde. Ich versuche, ihn ins Bett zu hieven, aber er weigert sich und sagt, er muss mir noch eine wichtige Frage stellen.

Er sieht mich aus blutunterlaufenen Augen mit seinem Hundeblick an und sagt lallend: »Natasha, willst du mich heiraten?«

Ich breche in Gelächter aus, weil ich glaube, dass er nur Spaß macht. Dann ziehe ich ihn neckisch zu mir aufs Bett. »Glaub mir, du würdest mich nicht heiraten wollen!«, sage ich nachdrücklicher, als ich es meine.

Da ergreift er meine beiden Hände und sagt, dass er mich liebt. Als mir klar wird, dass er es ernst meint, umarme ich ihn und bin überrascht, dass es möglich ist, gleichzeitig erschrocken und euphorisch zu sein.

Er zieht mich näher zu sich und verspricht, dass er mich glücklich machen wird.

Ich merke, wie mir Tränen in die Augen schießen. »Ich will dich auch glücklich machen«, flüstere ich sanft und halte ihn fest. Ich bin müde und leicht betäubt vom Alkohol. »Ich glaube, wir sollten jetzt erst mal schlafen«, sage ich und verspreche ihm, dass er am nächsten Morgen eine Antwort bekommt.

Damit scheint er zufrieden zu sein und schläft ein.

Den Großteil der Nacht liege ich wach und stelle mir vor, wie sich mein Leben ändern würde, wenn ich Ken heirate. Ich liebe ihn. Aber wie soll das gehen? Ken reist beruflich genauso viel wie ich. Kann ich dann weiterhin im Ausland drehen? Wer soll sich um die Kinder kümmern, wenn wir beschließen sollten, welche zu bekommen? Über all das haben wir noch nie gesprochen. Ich hatte wirklich nicht damit gerechnet, dass er mir einen Heiratsantrag machen würde, schon gar nicht nach einem Abend im Rasputin! Wir kennen uns seit nicht einmal einem Jahr, und in dieser Zeit war ich sehr viel unterwegs. Dann sage ich mir, dass er das Thema am nächsten Morgen vergessen haben wird. Als es dämmert, schlafe ich endlich ein.

Ich wache auf, als die Sonne durchs Fenster scheint, und sehe Ken, der mit Anzug und Krawatte vor dem Bett steht und ganz leicht meine Haare berührt. Er muss schon sehr früh nach Washington, wo er auf einer Konferenz der US-Notenbank seine neusten Forschungsergebnisse präsentiert.

»Ich muss los.« Der Alkohol von letzter Nacht scheint spurlos an ihm vorübergegangen zu sein. »Aber vorher möchte ich noch gern deine Antwort hören, mein Liebling«, sagt er und schaut mich mit dem zärtlichsten Blick an.

Jetzt bin ich endgültig wach und stelle fest, dass ich seinen Antrag nicht im Vollrausch geträumt habe. Da sagt er: »Sweetie, ich weiß, du denkst, ich würde dir deine Freiheit nehmen, aber bitte mach dir darüber keine Gedanken. Ich lasse dir alle Freiheiten, die du willst, und ich schenke dir meine ewige Liebe.«

Ich verkrieche mich unter der Bettdecke und sage neckisch: »Kannst du vielleicht auf die Knie gehen und mich dann noch mal fragen? Ich hätte bitte gern einen richtigen, nüchternen Antrag.«

Genauso selbstsicher wie in der Nacht zuvor, setzt Ken ein Lächeln auf und kniet nieder. Über die Steppdecke hinweg sehe ich jetzt nur noch sein schütter werdendes Haar, als er mich ein zweites Mal fragt, ob ich ihn heiraten will.

Diesmal sage ich Ja.

Ken lässt sich in gespielter Ohnmacht aufs Bett fallen. »Ich schätze, ich werde mich daran gewöhnen müssen, dass mit uns alles immer irgendwie konfus ist.«

Ich muss lächeln. Bald wird nämlich alles noch viel konfuser. Denn in zwei Tagen, wenn Ken nach New York zurückkommt, sind meine russischen Kollegen aus Moskau da.

10

Im Trainingslager mit Sergeant Elmo

Nach einem langen Flug mit Aeroflot, der nationalen Fluggesellschaft Russlands, kommen acht Mitglieder meines russischen Teams aus der Zollabfertigung am Flughafen JFK. Sie werden von Robin begleitet und sehen etwas mitgenommen aus, sind aber begeistert, den Big Apple zu sehen.

Außer der glamourösen Irina Borissowa sind alle zum ersten Mal in Amerika. Die Sowjetregierung hatte internationale Reisen streng reglementiert, sodass der normalsterbliche Russe keine Möglichkeit hatte, in ein kapitalistisches Land zu reisen. Seit dem Zusammenbruch des Kommunismus wird das allmählich einfacher.

Als wir draußen sind, ist die Reisegruppe überrascht, wie warm es hier im April im Vergleich zu Moskau schon ist. Der Transporter ist zu klein für uns alle, weshalb Irina in einem zweiten Wagen fährt, den wir für sie besorgt haben. Während die anderen in den Transporter steigen, grummeln sie, Irina sei schon erster Klasse geflogen, während sie nur Economy bekamen.

»Wie kann das sein, dass diese reiche Dame es sich leisten kann, erster Klasse zu fliegen, aber nicht, unsere Löhne zu bezahlen?«, brummt Lida. »Außerdem finde ich es nicht in Ordnung, dass sich Irina einen eigenen Wagen mietet, nur um nicht mit uns im Transporter fahren zu müssen.«

Ich erkläre ihnen, dass ich den Wagen bestellt habe, weil es anders nicht gegangen wäre, und erinnere sie daran, dass Irina Borissowa ihre Flugtickets bezahlt hat – die bisher einzige Ausgabe, die wir für die Produktion hatten.

Während der Transporter über den Van Wyck Expressway

rast, ruft einer der Produzenten: »Hey, was für Straßen! Ein Träumchen.« Ich muss lachen. Die meisten New Yorker würden den Van Wyck wahrscheinlich nicht als Träumchen bezeichnen.

Als wir die Queensborough Bridge überqueren, sehen wir endlich die traumanmutende Skyline von Manhattan. Sofort hört alles Gemaule über Irina auf und meine Mitfahrer starren auf die Schiffe auf dem East River und zur Spitze des Empire State Building in der Ferne.

»Hu-pa!«, ruft Midhat und öffnet feierlich eine Flasche Wodka, die er aus Moskau mitgebracht hat. Dann füllt er die Plastikbecher, die er der Flugbegleiterin aus ihrem Getränkewagen geklaut hat, und reicht sie im Wagen herum, dass der Wodka nur so spritzt. Dr. Anna Genina, die Leiterin Forschung der *Uliza Sesam*, und Katja lehnen dankend ab, während Robin mit Midhat um die Flasche balgt, um sie beiseitezustellen.

Midhat erhebt seinen Becher und sagt: »Auf Amerika – *di land of di free and the braayve.*«

Während wir durch Midtown fahren, tippt unsere Prinzipienreiterin Dr. Genina dem Fahrer auf die Schulter und zeigt nach hinten.

Der Fahrer murmelt gleichgültig: »Kein Alkohol während der Fahrt.«

Mit triumphierender Miene übersetzt Dr. Genina, was er gesagt hat.

Midhat kippt sich noch einen hinter die Binde und verzieht entschuldigend das Gesicht. Zum Fahrer gewandt hebt er die Flasche und zeigt ihm, dass man auf russischen Flaschen den Deckel nicht wieder aufschrauben kann. Sie werden absichtlich so produziert.

Es fühlt sich surreal an, mit meinem Team im Transporter durch Manhattan zu fahren und Russisch zu sprechen. Für mich sind wir die russische Version der Sitcom *The Beverly Hillbillies* aus den 1960er Jahren, mit Midhat als Jed. Ungläubig sehe ich in ihre Gesichter, im Hintergrund meine Stadt, meine Heimat.

Plötzlich wird unsere Sightseeingtour von einem stillen Schluchzer im Fonds unterbrochen. Alle wenden sich zu Katja um, die ihr Gesicht zum Fenster gedreht hat, um ihre Tränen zu verbergen. Dr. Genina, die auch die Glucke der Gruppe ist, versucht, sie zu trösten, aber auf ihre freundlichen Worte hin fängt Katja nur noch lauter zu heulen an. Schluchzend erklärt sie uns, dass sie noch nie von ihrer vierjährigen Tochter Mascha getrennt war, nicht eine einzige Nacht, und dass sie ihr kleines Mädchen jetzt schon vermisst.

Doch der Blick auf die Madison Avenue scheint Katja ein wenig zu beruhigen. Sie schaut ehrfürchtig auf die schicken Auslagen in den Modeläden und die eleganten Apartmenthäuser mit den uniformierten Portiers. Alle raunen und jauchzen, während wir uns im dichten Verkehr voranschieben. Nachdem ihnen ihr Leben lang erzählt worden ist, das Leben in der Sowjetunion sei besser als im dekadenten Westen, herrscht jetzt eine Art kollektiver Schockzustand.

Dann erreichen wir die Upper West Side und der Transporter setzt sie an dem Hotel ab, in dem sie diese Woche übernachten. Als sie erfahren, dass alle eigene Zimmer haben, fällt ihnen die Kinnlade herunter. Ein Luxus, mit dem sie nicht gerechnet haben.

Am nächsten Morgen kommen die Russen in aller Frühe in die Firmenzentrale der *Sesamstraße* auf der 64th Street. Außer Irina. Sie trifft sich mit den für Rechte und Finanzen zuständigen Mitarbeitern und mit Leonid, um über die Koproduktionsvereinbarung zu sprechen. Der Vertrag ist nämlich immer noch nicht unterschrieben.

Für die einwöchige Fortbildung haben wir uns eine Crew erfahrener Leute aus der *Sesamstraße* geholt, dazu noch Ed Christie, der bei der Henson Company die Entwicklung neuer Muppetfiguren und die Zusammenarbeit mit den internationalen Koproduktionen leitet. Ich weiß nicht, bei wem die Begeisterung größer ist: bei den Russen oder bei meinen amerikanischen Kollegen.

Noch müde vom Jetlag, aber schwer euphorisiert setzen sich die russischen Produzenten um den langen Konferenztisch im vierten Stock. Ich möchte, dass meine inzwischen enge Freundin Arlene Sherman, die Produktionsleiterin der *Sesamstraße*, zuerst das Wort ergreift, weil ihre Erfahrung in der Leitung der Studioproduktionen und der Entwicklung der Real- und Trickfilme eine zentrale Rolle spielt.

»Trickfilm sollte nur eingesetzt werden, wenn ein Künstler etwas zeigen will, das sich in einer Realszene nicht darstellen lässt«, setzt sie an, während ein Dolmetscher für unsere russischen Gäste übersetzt.

Auf einem großen Fernsehbildschirm zeigt sie der Gruppe ein Beispiel. In dem Videoclip steht ein gezeichneter Junge an einem Waschbecken und putzt sich die Zähne. Während das Wasser aus dem Hahn fließt und sich das Waschbecken füllt, teilt sich das Bild. Im zweiten Fenster sieht man einen Fisch in einem Teich neben dem Haus. Das Waschbecken füllt sich immer weiter und zugleich sinkt im Teich der Wasserstand. Da begreift der Fisch, dass sein Leben in Gefahr ist. Er greift zum Telefon, das neben dem Teich steht, und ruft den Jungen an. »Bitte stell den Wasserhahn ab«, bettelt er. Der Junge begreift und dreht pflichtbewusst den Hahn ab. Worauf wieder Wasser in den Teich fließt und der Fisch fröhlich davonschwimmt.

Es ist eine Lektion in Naturschutz und den meisten Russen gefällt der Film. Nur Lida nicht.

»In Russland würde das niemals funktionieren«, sagt sie blasiert. »Wir sind nicht reich wie ihr Amerikaner, und unsere Kinder haben kein Telefon im Badezimmer stehen.«

Prompt erwidert Arlene: »Also bei uns in Amerika haben die Fische auch kein Telefon neben ihrem Teich stehen.« Gelächter erfüllt den Raum und sogar Katja muss kichern. Lida wird puterrot.

Unsere russischen Besucher mögen Arlenes Leidenschaft und Großmut. Als ihre Präsentation zu Ende ist, bekommt sie donnernden Applaus, was für Russen sehr ungewöhnlich ist. Doch nicht alles läuft so glatt. Die Produzenten sind zwar dankbar für die Gelegenheit, nach New York zu kommen, fühlen sich aber trotzdem ein bisschen unwohl. Die *Sesamstraße* mag neu für sie sein und meine amerikanischen Kollegen sagen sicher nützliche Dinge über das Kinderfernsehen und sprechen ohne Überheblichkeit, aber die Russen haben doch selbst jahrzehntelange Erfahrung mit Film und Fernsehen. Lida sagt, was womöglich viele in der Gruppe denken: »Wir wissen, dass wir noch viel dazulernen können, aber wir wissen selbst am besten, was unsere Kinder und unser Land brauchen.«

Ich bewundere sie dafür, dass sie sich traut, ihre Meinung zu sagen.

Trotz einiger Momente kultureller Insensibilität sehe ich auch, dass sich ein gewisser Kameradschaftsgeist in der Gruppe entwickelt. In den Kaffeepausen fragen die Russen ihre neuen Kollegen nach dem amerikanischen Schulsystem, der Gesundheitsvorsorge und den Mietpreisen in New York. Umgekehrt erzählen sie von ihrem Leben in Russland.

Die meiste Zeit indessen arbeiten wir. Lange Stunden in einem fensterlosen Konferenzraum, in den uns sogar unser Mittagessen gebracht wird. Im Schneckentempo gehen wir die Bibel der *Sesamstraße* durch, ein fünfzigseitiges Handbuch in russischer Übersetzung, in dem jeder einzelne Schritt einer internationalen Koproduktion erläutert wird.

Sergej, der Realfilmregisseur, fragt leicht gereizt: »Müssen wir diesen zwei Kilo schweren Schinken auch mit nach Moskau nehmen?« – »Ja«, antworte ich. Und weiter ackern wir uns durch den Text. Ich habe Sorge, dass es in Moskau schwierig werden wird, wenn sie diese ganzen Informationen jetzt nicht aufnehmen. Das Einzige, was ihnen an der Fortbildung halbwegs gefällt, sind die Kaffeepausen.

Am späten Nachmittag ist Schicht im Schacht. Die Russen haben genug gehört. Sie wollen raus und die gelobten Wunder der Stadt erkunden. Ich beende die Sitzung eine Stunde früher als geplant, und als unsere Gäste von dannen gezogen sind, gehe ich in mein Büro, um noch ein paar Dinge zu erledigen. Da drückt Leonid, der in einem Meeting bei Baxter war, meine Tür auf und sagt: »Natasha, du musst das Restaurant für heute Abend ändern.« Ich hatte für die Gruppe bei einem netten Italiener reserviert, bei dem nur schwer ein Tisch zu kriegen ist. »Warum?«, frage ich.

Leonid verdreht die Augen. »Weil sie es als Beleidigung empfinden werden, wenn wir in ein Restaurant gehen, wo es nur Nudeln gibt.«

Pasta ist offenbar keine richtige Mahlzeit.

»Nur arme Leute essen Nudeln«, fügt Leonid hinzu. »Such uns ein schönes Steakhaus, Natasha.«

Dank Leonid ist das Abendessen ein voller Erfolg. Das Team entspannt sich und ist begeistert von der Qualität und Größe der Fleischstücke. Leonid führt den Vorsitz und ergötzt die Gruppe mit lustigen Geschichten über sein Leben in Kalifornien während seines ersten Amerikaaufenthalts. Beim Nachtisch fällt uns auf, dass Midhat nicht mehr da ist. Während der ersten beiden Gänge hat er zappelig auf seinem Stuhl gesessen und sich beschwert, dass er am Tisch nicht rauchen darf. »Wie könnt ihr Amerikaner nur so unzivilisiert sein und euren eigenen Bürgern das Vergnügen versagen, an öffentlichen Orten zu rauchen?«

Er ist jetzt schon eine halbe Stunde weg. Langsam mache ich mir Sorgen. Schließlich gehe ich nach draußen, laufe im Zickzack über die Columbus Avenue und rufe seinen Namen. Leonid kommt mir zu Hilfe, aber wir finden ihn nicht. Nach vierzig Minuten kriege ich Panik. Mir ist mitten in Manhattan ein russischer Staatsbürger abhandengekommen.

Leonid geht zum Restaurant zurück, um die Gruppe abzuholen und zum Hotel zu begleiten. Ich kreise weiter um das

Steakhaus und sage mir, dass Midhat nicht weit gekommen sein kann – es sei denn, er hat sich ein Taxi genommen, was durchaus möglich ist, da er eine Tagespauschale in Dollar von uns erhält.

Von einer Telefonzelle aus rufe ich noch einmal im Restaurant an. Dort heißt es, ein Mann, der auf meine Beschreibung passen könnte, sitzt auf einer Bank vor dem Haus. Ich renne die zwölf Blocks zum Restaurant zurück und komme schwitzend an.

Midhat sitzt neben dem Oberkellner und nippt an einem Scotch. Er hebt sein Glas und nickt anerkennend. *»Choroschij Scot-ch«* (guter Scotch). Er fühlt sich sichtlich wohl, so als würde er schon seit Jahren hier auf dieser Bank sitzen und Malt Whisky trinken. Ich kann ihm nicht böse sein. Er ist einfach zu knuffig.

Als wir zum Hotel gehen, frage ich ihn, wo er gewesen ist.

»Ich habe einen kleinen Spaziergang gemacht.«

Es ist spät geworden, die Stadt sehr viel ruhiger als tagsüber. Eine Weile gehen wir schweigend, während Midhat an seiner Zigarette zieht. »Die Menschen hier wirken so frei«, sagt er traurig. »Alle sehen glücklich aus. Sogar die Bettler laufen mit einem dämlichen Lächeln durch die Gegend. Sie reißen Witze, wenn sie dich nach Geld fragen.«

Er nimmt noch einen Zug, dann schnipst er den Stummel weg. Als er ein paar Minuten später in ein Schaufenster sieht, bleibt er stehen. »Ich frage mich, was ich als junger Mann alles hätte erreichen können, wenn wir in unserem Land mehr Möglichkeiten gehabt hätten.«

Ich weiß nicht, was ich sagen soll.

»Vielleicht wäre ich Modedesigner geworden«, fügt er hinzu, drückt die Brust raus und zupft am Aufschlag seines weißen Anzugs.

Ich lächle, lege meinen Arm um ihn und knuffe ihn.

Mit dünner Stimme murmelt er: »Natulja, ich hoffe, du weißt, was für ein Glück du gehabt hast, dass du hier aufwachsen durftest.«

Ich muss an meinen Großvater Nathan denken. Hätte ihn das

Zarenregime nicht Anfang des 20. Jahrhunderts aus Weißrussland vertrieben, weil er Jude war, dann wäre ich jetzt keine Amerikanerin.

Wir kommen am Lincoln Center vorbei, als gerade die Vorstellung des New York City Ballet zu Ende ist. Elegant gekleidete New Yorker gehen auf den großen Platz und versammeln sich am Brunnen. Ihre Gesichter werden von den beleuchteten, in den dunklen Himmel schießenden Säulen schäumenden Wassers erhellt. Midhat und ich bleiben stehen, um die Leute zu beobachten. Ja, sie sehen glücklich aus.

Ich sage mir, dass Midhat recht hat. Ich darf mich glücklich schätzen, in Amerika geboren worden zu sein.

Am zweiten Tag der Fortbildung erläutert Michael Lohman, der Produktionsleiter der *Sesamstraße*, wie neue Puppen entworfen werden. Ich hoffe, dass es Lohman gelingt, den Russen ihr nervtötendes Nein zu den Muppets abzugewöhnen und sie dazu zu bringen, eine ähnliche Vorgehensweise zu etablieren.

Lohman erklärt die einzelnen Schritte, die die amerikanischen Autorinnen und Produzenten gegangen sind, als sie die Charakterzüge und körperlichen Merkmale für die neuste Puppe entworfen haben, Zoe. Die *Sesamstraße* sei momentan noch ein »Jungsklub«, die meisten Puppenspieler und Figuren seien männlich. Aber das ändere sich allmählich. Die ersten Entwürfe für Zoe hatten keine typisch »mädchenhaften« Züge, wie wir erfahren – keine großen Wimpern, kein Schmuck, keine süßen pinken Haarspangen –, weil die amerikanischen Autoren und vor allem die Drehbuchautorinnen keine Geschlechterstereotype reproduzieren wollten.

Die Russen hören gebannt zu, als Lohman beschreibt, wie die Erziehungsforscher der Sendung die ersten Entwürfe für Zoe bei Kindern getestet haben. Das Ergebnis war, dass die Mädchen in der Fokusgruppe diejenigen Zeichnungen am besten fanden, auf denen Zoe eine süße Haarschleife und Schmuck trug und mit Puppen spielte – so viel zu dem Versuch, weibliche Stereotype zu vermeiden. Die fertige Zoe, enthüllt Lohman, trägt eine Haarspange in Lila und Rot und eine Halskette.

In der ersten Pause des Vormittags kommt Lohman zu mir und sagt, er möchte gern mit dem zuständigen Leiter des russischen Fernsehens sprechen. Ich stottere eine Entschuldigung für Midhat, der aus irgendeinem Grund noch nicht da ist. Ich habe keine Ahnung, wo er sich herumtreibt, und bin sauer, dass er die Fortbildung schwänzt, gerade nach gestern Abend.

Um elf Uhr fährt Lohman mit seiner Präsentation fort, und plötzlich steht Midhat mit frisch gebügeltem, cremefarbenem Leinenanzug und Panamahut vor der Glaswand des Konferenzraums und winkt zu uns herein.

Ich zeige auf den leeren Stuhl neben mir und sehe ihn durchdringend an.

Midhat schlendert wie ein Herumtreiber in den Konferenzraum, was nicht einer gewissen Komik entbehrt. Dann setzt er sich neben mich und flüstert hörbar auf Russisch: »Ich muss jetzt gleich nach Atlantic City.«

Ich blicke zu Lohman, der seine Präsentation unterbrochen hat.

Dann packe ich Midhat am Arm und ziehe ihn hinaus auf den Gang. »Leonid und ich fahren mit dem Taxi zu den Casinos«, stammelt er.

»Nein, das tut ihr nicht«, sage ich. Leonid hat nichts dergleichen zu mir gesagt, und außerdem ist es den Russen nicht erlaubt, den Staat New York zu verlassen.

Ich marschiere mit Midhat in mein Büro und sage ihm, er soll warten, während ich in Leonids Hotelzimmer anrufe.

Es klingelt mehrmals, bis Leonid abhebt. »Allo«, sagt er, noch nicht wieder nüchtern.

»Liegst du noch im Bett?«, frage ich.

Leonid jammert, wie schlecht er sich fühlt. Offenbar haben die beiden, nachdem ich Midhat im Hotel abgesetzt habe, noch bis in die frühen Morgenstunden weitergetrunken. Leonid versucht sich an einer Entschuldigung. »Midhat hatte noch Jetlag. Was hätte ich denn tun sollen?«

Ich schreie ins Telefon und lasse einen Reigen an Schimpfwörtern, halb Englisch, halb Russisch, auf ihn los.

»Midhat *kann nicht* nach New Jersey fahren. Auf seinem Visum steht, dass er den Staat New York nicht verlassen darf!«

Meine amerikanischen Kollegen, die vor meinem Büro in ihren Arbeitsnischen sitzen, starren mich an.

Unterdessen ist Leonid verstummt.

»Hallo? Leonid? Bist du noch dran?«, frage ich.

»Bist du jetzt völlig durchgedreht, Natasha?«, sagt er schließlich. »Glaubst du wirklich, du kannst Russen nach New York holen und ihnen dann verbieten, nach Atlantic City zu fahren?«

»Es ist Midhat untersagt, den Staat zu verlassen!«

»Aber Natasha ...«

Ich lege auf.

Midhat ist der nominelle Leiter des russischen Teams. Bislang konnte ich mich immer auf seine Ratschläge zur Produktion verlassen und er hat mir schon oft geholfen, sie über schwierige Hürden zu hieven. Aber er ist nicht unentbehrlich. Wenn er sich betrinken und zocken will, werde ich ihn wohl kaum daran hindern können. Aber dass Leonid unsere Fortbildung sabotiert, indem er ihn noch unterstützt, geht mir doch sehr gegen den Strich.

Stunden später, die Sitzung mit Lohman ist längst zu Ende, kommen Leonid und Midhat aus New Jersey ins Hotel zurück und sind offenbar um ein paar hundert Dollar reicher.

Am Abend ruft mich Leonid in meiner Wohnung an. »Es tut mir leid«, sagt er. »Aber Midhat ist zum ersten Mal in Amerika und er ist wie ein Vater für mich. Ich konnte nicht Nein sagen, als er mich gefragt hat, ob wir dorthin fahren, Natasha.« Ich höre, wie er an seiner Zigarette zieht. »Eine Freundschaft kannst du nicht an- und abschalten.«

Obwohl ich innerlich koche, kann ich ihn auch verstehen, denn für Russen bedeutet Freundschaft, dass man niemals Nein zum anderen sagt.

Am dritten Tag der Fortbildung fangen wir auf mein Betreiben erst um 13 Uhr an, damit die Russen am Vormittag Touristen spielen und shoppen gehen können. Unterdessen lade ich Irina, Midhat, Robin und Leonid zu einem Brunch in meine neue Wohnung ein. Nach zwei Jahren bei der *Sesamstraße* habe ich endlich genug Geld angespart, um aus meinem »Rattenloch« auszuziehen, wie Leonid meine Wohnung nannte, und mit meinem Freund – äh, Verlobten – in eine Zweizimmerwohnung auf der Upper West Side zu ziehen.

Während ich die Untersetzer und Servietten auf den Wohnzimmertisch lege, spült Ken das Geschirr ab. Ich sehe ihn an und verspüre eine große Zärtlichkeit und auch eine große Angst, wenn ich mir vorstelle, wie unser beider Welten aufeinanderprallen werden: Planet New York und Planet Moskau. Während der neun Monate, die wir jetzt zusammen sind, hat Ken immer sehr neugierig, aber auch ein wenig argwöhnisch zugehört, wenn ich von meinem anderen Leben in 8000 Kilometern Entfernung erzählt habe. Auch wenn wir wochenlang voneinander getrennt waren, haben wir uns doch immer vertraut. Trotzdem ertappe ich ihn manchmal dabei, wie er mich ansieht, als würde er sich fragen, wie das alles funktionieren soll. Und ich mache mir genau dieselben Sorgen.

Da klingelt es an der Tür. Gut, dass Leonid der Erste ist. Als er hereinkommt, streckt ihm Ken die Hand entgegen, die der einfach ignoriert, um ihn an sich zu ziehen und ein bisschen plump zu umarmen. Dann stapft er in die Küche und sieht sich an, was es alles zu essen gibt.

Als Zweite kommt Robin. Ich platziere sie neben Ken auf dem Sofa, damit die beiden sich ein wenig kennenlernen können. Leonid winkt Robin von der Küche aus zu, wo er »Kostproben« nimmt, um sicherzugehen, dass ich »niemanden vergifte«.

Kurz darauf klingelt das Telefon. Es ist Midhat, der uns mitteilt, dass er eine Stunde später kommt, weil er noch einen Kater vom »ver-damm-ten Atlantic City« hat.

Offenbar hat er ein paar farbenfrohe englische Wörter gelernt.

Irina bringt einen Blumenstrauß mit, der so groß ist, dass er in keine Vase passt. Sie sieht hinreißend aus in ihrem offensichtlich neuen roten Anzug mit weißem Saum von Chanel. Sie genießt die Aufmerksamkeit, dreht sich einmal im Kreis und kichert. Ich habe sie noch nie so glücklich gesehen. Neue Schuhe, neue Handtasche, neues Make-up. Sie muss die letzten zwei Tage mit Shoppen verbracht haben. Ich stelle sie Ken vor.

Als ich ihr sage, dass er mein Verlobter ist, kreischt sie auf, macht ein Tänzchen auf ihren Highheels und drückt mich fest an sich. »Er muss unbedingt noch vor der Hochzeit nach Moskau kommen«, sagt sie. »Zu meinem Geburtstag nächsten Monat. Mai ist die ideale Zeit, um nach Moskau zu fahren.« Sie hebt das Kinn und geht auf Ken zu, um sich bei ihm unterzuhaken. »Also ist es beschlossene Sache, Sie kommen zu meiner Geburtstagsfeier.«

Ken schaut mich leicht zweifelnd an, aber ich kann nur sagen: »Tja, mein Schatz, Irina Borissowa kriegt immer, was sie will.«

Er scheint aber gar nicht abgeneigt zu sein. Vielleicht ist es auch an der Zeit, dass er einmal durch den Spiegel in mein abgedrehtes Moskauer Leben steigt, um zu verstehen, warum ich die letzten zehn Jahre so oft in Russland gewesen bin.

Vierzig Minuten später klingelt es an der Tür und Midhat kommt herein. Er schlingt die Arme um Kens Oberkörper und tätschelt ihm, der fast zwanzig Zentimeter größer ist, den Hinterkopf. Dann küsst er ihn dreimal auf die Wange. Ich hatte Midhat schon von unserer Verlobung erzählt.

»*Konetschno, Ken-tschik!* (Endlich, mein kleiner Ken!) Herzlichen Glückwunsch«, sagt Midhat. Dann schaut er zum Tisch hinüber und ist sichtlich erfreut über den dampfenden Kaffee, den frischen Räucherlachs, die Bagels und Croissants, die ich auf dem spitzenverzierten russischen Tischtuch ausgebreitet habe. Doch dann legt sich ebenso rasch Enttäuschung auf sein Gesicht.

»Natulja, hast du nichts Stärkeres zu trinken als Kaffee?«, schilt er mich.

Also nehme ich eine Flasche Scotch aus der Hausbar, und schenke allen ein, auch Ken, der das Glas auf Brusthöhe von sich streckt, als begutachte er einen seltenen Gegenstand.

Meine russischen Freunde bombardieren Ken mit so vielen Fragen, dass ich schon Angst kriege, er könnte sich überfordert fühlen. Unter anderem wollen sie wissen, warum er während seiner Schachkarriere nie nach Russland gekommen ist. Als meine Gäste wieder gehen, ist die Whiskyflasche leer und Ken, der an seinem Glas nur genippt hat, sieht aus, als könnte er jetzt einen Drink gebrauchen.

Am Nachmittag trifft sich das Team – ohne Irina und Leonid – mit Dr. Valeria Lovelace, der Leiterin Erziehungsforschung, die seit ewigen Zeiten bei der *Sesamstraße* arbeitet. Valeria ist Afroamerikanerin, Mitte dreißig und hat in Sozialpsychologie promoviert. Sie setzt sich für Multikulturalismus ein und hat es sich zur Lebensaufgabe gemacht, im Kinderfernsehen positive Bilder von People of Color zu zeigen. Die Russen marschieren in Valerias Büro, in dem winzige Stühle für Vorschüler die einzigen Sitzgelegenheiten darstellen. Vergnügt hocken die Russen auf den unbequemen Stühlen.

Valeria spricht mit Verve über den historischen Rassismus, den die Afroamerikaner erlebt haben, und wie die *Sesamstraße* im Fernsehen und auch andernorts versucht hat, ihn zu bekämpfen. »Vor vier Jahren haben wir, um auf die zunehmenden Rassenunruhen in den USA im Jahr 1989 zu reagieren, ein Lehrangebot zu *Race Relations* entwickelt«, erklärt sie. »Dazu haben wir zuerst eine Studie durchgeführt. Wir haben Kindern mit verschiedenen Hautfarben ein Spiel vorgestellt, bei dem sie skizzieren sollten, wie sie sich ein Wohnviertel vorstellen. Die Studie hat gezeigt, dass weiße Kinder oft afroamerikanische Kinder ausgrenzen, wenn sie Häuser, Schulen, Spielplätze oder Kirchen zeichnen. Um diesem Rassismus zu begegnen, haben wir in der *Sesamstraße* weiße Kinder gezeigt, die ihre afroamerikanischen Freunde bei ihnen zu Hause besuchen.«

Ich hatte gehofft, dass sich meine russischen Kollegen Valerias Vortrag zu Herzen nehmen und auf die Diskriminierung in ihrem eigenen Land beziehen würden, aber sie sehen einander nur ratlos an. Zu meinem Entsetzen höre ich, wie Lida zu ihrem Mann, dem Kreativdirektor, sagt: »Weiß sie nicht, dass wir in Russland keine Schwarzen haben?« Was übrigens gar nicht stimmt. Viele afrikanische Studierende aus sowjetischen Satellitenstaaten sind nach Moskau gekommen, um an der berühmten Lumumba-Universität zu studieren. Paul Robeson, der bekannte afroamerikanische Schauspieler, Sänger und bekennende Kommunist, kam oft nach Moskau und war eine laute Stimme gegen die amerikanische Ausbeutung der Schwarzen. Ich dachte, unsere russischen Gäste würden Robeson und andere schwarze amerikanische Sozialisten kennen, für die Sowjetrussland ein Hafen der Freiheit war.

Die Sowjetunion hat immer Wert darauf gelegt, ein Land zu sein, in dem es keinen Rassismus und keine Ausbeutung von Schwarzen gibt. Zeitungen und Fernsehen waren voller Bilder von sozialer Ungerechtigkeit in Amerika – weiße Polizisten, die afroamerikanische Mitbürger niederprügeln –, um die Überlegenheit des Sozialismus zu demonstrieren. In Wirklichkeit waren Russlands Beziehungen zu Minderheiten seit jeher kompliziert. In der Sowjetunion gab es über 120 verschiedene Ethnien. Selbst in den 1990er Jahren haben manche Russen das Wort *tschorni* (»schwarz«) noch als Beleidigung für People of Color aus den ehemaligen Sowjetrepubliken wie Aserbaidschan, Tschetschenien oder Tadschikistan verwendet. Den Ukrainern und

Armeniern bleibt die Beschimpfung im Allgemeinen erspart, vielleicht weil manche Russen sie nicht als eigene Nationen ansehen, obwohl beide eine lange eigene Geschichte, Kultur und Sprache haben.

Valeria spricht vierzig Minuten, in denen ich auf die Gelegenheit warte, darüber zu diskutieren, was die *Uliza Sesam* gegen die Diskriminierung von Minderheiten, auch von Juden, in Russland tun könnte. In Sowjetrussland war Antisemitismus weit verbreitet. Auf die Pässe von Juden wurde das Wort »Jude« gestempelt.

Als Valeria für ein paar Minuten den Raum verlässt, kommt es zu einer Debatte, was mit den vielen Clips aus der amerikanischen Sendung passieren soll, in denen afroamerikanische Kinderdarsteller mitspielen. Lida meint: »Wenn wir die Passagen auswählen, die wir für unsere Sendung synchronisieren wollen, müssen wir alle Videoclips mit amerikanischen schwarzen Kindern aussortieren. Die russischen Zuschauer werden es nicht akzeptieren, dass solche Kinder in der *Uliza Sesam* mitspielen.«

Ich zucke zusammen. Doch zum Glück sind nicht alle russischen Kollegen Lidas Meinung. Durch dieses unangenehme Gespräch wird mir klar, wie viel Arbeit noch vor mir liegt. Ich muss es nicht nur schaffen, dass jeder einzelne meiner Mitarbeiter offener wird, sondern auch, dass sie alle einen echten Sinneswandel vollziehen. Ich will, dass sie sich dafür entscheiden, Passagen mit afroamerikanischen, lateinamerikanischen und asiatischen Kindern in die Sendung zu nehmen, *und* dass sie neue Szenen drehen, in denen Kinder aus allen möglichen ehemaligen Sowjetrepubliken zu sehen sind.

Dann kommt Valeria zurück und schließt ihren Vortrag ab.

Mir schwant, dass ihr Beitrag die Kluft zwischen unseren beiden Kulturen womöglich noch vergrößert hat, anstatt sie zu schließen, und dass die Russen nicht imstande sind, ihre Ausführungen auf ihr eigenes Land zu beziehen.

Nach der Mittagspause wollen wir einen Kindergarten in Harlem besuchen, um uns einen Test anzusehen, den Valeria durchführen möchte. So können sich die Russen den Forschungsprozess und die Beurteilung von Szenen aus der *Sesamstraße* im Hinblick auf ihre Wirkung und ihre erzieherische Kraft mit eigenen Augen ansehen.

In einem Café in der Nähe diskutieren die Russen beim Mittagessen weiter über das Thema Rassismus und fragen sich, ob die Hauptfiguren der *Uliza Sesam* ausschließlich von ethnischen Russen gespielt werden sollen.

Lida sagt: »Wenn wir Minderheiten in die *Uliza Sesam* aufnehmen, nur um ein harmonisches Miteinander zwischen den Menschen vorzuführen, ist das genauso heuchlerisch wie bei den Kommunisten, die so taten, als würden die verschiedenen Nationalitäten alle gut miteinander auskommen.«

Einige widersprechen dezidiert: »Gerade deshalb ist es heute umso wichtiger, zu zeigen, dass Menschen verschiedener Nationalitäten friedlich zusammenleben können.«

Ich denke auch, wenn die *Uliza Sesam* Kinder aller Nationalitäten zeigt, die miteinander spielen, dann könnte das zu einem friedlicheren Zusammenleben beitragen – in einer Zeit, in der die ehemaligen Sowjetrepubliken, die für ihre Unabhängigkeit von Russland kämpfen, durch ethnische Konflikte zerrissen werden. Aber wir müssen die Diskussion ein andermal weiterführen, weil nun Zeit für den nächsten Programmpunkt ist, den Test in Harlem. Und ich habe Angst, dass dieser Ausflug zur Katastrophe wird.

Wegen eines Missverständnisses in der Planung bekommen wir keinen Transporter, sondern zwei schwarzglänzende Stretchlimousinen. Valeria sieht entsetzt aus. Die Russen, die solche Luxusautos nur aus Filmen kennen, können ihr Glück kaum fassen und schieben sich in die Wagen, gefolgt von Robin und den beiden Übersetzern, die uns begleiten. Sie streichen bewundernd über die Ledersitze und drücken auf den Knopf, mit dem die Glastrennwand hinauf- und heruntergefahren werden kann. Als der Wagen losfährt, öffnen sie alle Schubladen und Schränkchen und staunen über die kostenfreien alkoholischen Getränke, Wasserflaschen und Süßigkeiten.

Valerias Assistenten verteilen pinke T-Shirts mit der Aufschrift »Sesamstraße Forschung«. Die Russen ziehen sie gleich an. Jetzt gehören sie auch zum amerikanischen Forschungsteam.

Nachdem wir den Central Park durchquert haben, geht es weiter Richtung Uptown. Als die Russen die Luxusgeschäfte auf der Madison Avenue sehen, drücken sie ihre Gesichter an die Fensterscheibe. Ein wenig später merkt Wika an, dass die Menschen auf der Straße nicht mehr weiß sind, sondern dass alle möglichen Hauttöne zwischen Braun und Schwarz zu sehen sind.

Der Kontrast zwischen den verschiedenen Stadtteilen irritiert die Russen sichtlich. Wika zeigt auf die Obdachlosen, die auf der Straße schlafen, und schüttelt ungläubig den Kopf.

Mit großen Augen starren unsere Gäste auf die Armut, von der sie oft in der Sowjetpresse gelesen, die sie aber nie aus der Nähe gesehen haben. Ausnahmsweise sagt niemand ein Wort. Russland hat natürlich auch ein Problem mit Obdachlosigkeit, auch wenn die Regierung bis vor kurzem abgestritten hat, dass es sie gibt – das Bild passt nicht zum Mythos von der sozialen Gleichheit. Dennoch rutsche ich unruhig auf dem Sitz hin und her und schäme mich für die Zustände in meinem Heimatland.

Dann ist die Limousine am Kindergarten angekommen, einem zweistöckigen, von Stacheldraht umzäunten Gebäude. Der Leiter erwartet uns schon vor der Tür und wundert sich über unser Transportmittel.

Valeria und ich springen als Erste aus dem Wagen und versuchen, ihm zu erklären, dass es ein Missverständnis gegeben hat. Unterdessen hüpfen unsere Gäste mit lässiger Miene heraus und machen mit ihren Sowjetkameras Fotos mit den Limousinen und dem Stacheldraht im Hintergrund.

Drinnen warten fünfzehn bezaubernde Winzlinge auf uns.

Wir sind alle sehr aufgeregt. Für die meisten russischen Produzenten ist es eine neue Erfahrung, Kinder zu sehen, die allesamt eine dunkle Hautfarbe haben, und mich wiederum befremdet es, die Russen in Harlem zu sehen.

Als Erstes bilden wir Zweiergruppen, in denen jedem russischen Produzenten ein Kind zugeteilt wird. Dann führen die Kinder ihre Partner an runde Tische, an denen kleine Kinderstühle stehen, und fangen an, mit Knete und Mr. Potato Head zu spielen. Beides kennen die Russen nicht. Die erwachsenen Besucher kichern, als sie dem Kartoffelkopfmann die Füße bis zu den Ohren hochbiegen. Sie warten nur darauf, dass die Kinder ausrufen: »Nein, so doch nicht!« Die Sprache des Lachens scheint universell zu sein. Die Übersetzer stehen jedenfalls untätig daneben, während die Russen mit ihren kleinen Freunden herumalbern.

Die amerikanischen Forscher bitten um unsere Aufmerksamkeit und beginnen den Test mit der Frage, ob die Kinder den Buchstaben B erkennen und ob sie ihn auch schreiben können. Die Antworten werden notiert. Dann stellen die Forscher eine Videokamera auf, mit der sie die Kinder filmen werden, sowie einen Bildschirm, auf dem sie ihnen einige neue Clips der *Sesamstraße* zeigen, unter anderem eine Szene, in der der Buchstabe B erklärt wird.

Nachdem sich die Kinder die Videoclips angesehen haben, fragen die Forscher – auch die russischen unter Zuhilfenahme der Dolmetscher – ihr jeweiliges Kind, was es durch die Filme gelernt hat. Die Russen staunen, dass viele Kinder den Buchstaben B gelernt haben. Mehr noch, die Kinder, die den Buchstaben jetzt erkennen, können ihn auch schreiben und mehrere Wörter nennen, die mit dem Buchstaben B beginnen.

Am Gesichtsausdruck meiner russischen Kollegen sehe ich, dass unser Ausflug ihre Erwartungen weit übertroffen hat. Sogar der sonst eher verhaltene Sergej hat ein Dauergrinsen auf dem Gesicht und tätschelt »seinem« Mädchen die Cornrows, als es ihn umarmt. Anschließend entspinnt sich eine scherzhafte Debatte, wessen Kind den Buchstaben B denn nun am besten kann. Sergej hebt sein Kind in die Höhe, dass es quiekt. Endlich haben meine Russen richtig Spaß bei der Arbeit.

Als es Zeit ist, uns zu verabschieden, machen Erwachsene wie Kinder noch ein paar alberne Fotos und umarmen sich so fest, dass ich Angst habe, es könnte Tränen geben, wenn wir gehen – und ich meine nicht bei den Kindern. In der Limousine sehe ich bei der Abfahrt, wie Sergej wehmütig aus dem Fenster blickt. Er winkt seinem Kind, bis es außer Sichtweite ist.

Ich hoffe, diese Erfahrung hat meine Kollegen davon überzeugt, dass die *Sesamstraße* für Kinder jeglicher Hautfarbe lehrreich ist – ob in Amerika oder in Russland. Ich gebe dem Team für den Rest des Nachmittags frei, damit sie Sightseeing machen oder shoppen gehen können. Dann nehme ich fürs Abendessen eine Reservierung in Greenwich Village vor, meinem Lieblingsviertel in New York, wo ich die Russen im McSorley's ihr erstes Guinness kosten lassen will.

Als ich am Abend am Eingang zur Subway-Station Columbus Circle stehe und warte, sehe ich meine russischen Kollegen, die die wuselige Straße überqueren und sich lachend zwischen Bussen, Fahrradkurieren und Taxis hindurchschlängeln. Wie echte New Yorker. Amerika macht ihnen keine Angst mehr.

Als alle beisammen sind, kaufe ich unsere Fahrkarten. Die Russen sind geschockt, wie teuer die Subway ist – fünfmal so teuer wie der staatlich subventionierte Nahverkehr in Moskau.

Während die Bahn quietschend durch die Tunnel rumpelt, fragt mich einer der Produzenten: »Wie kommt es, dass die Straßen in Amerika so gut sind und die Subway so furchtbar?«

Auch das ist mir wahnsinnig peinlich. Im Vergleich zur Moskauer U-Bahn mit ihren tadellos reinen, hübsch verzierten Stationen – mit Wänden aus Marmor, Mosaiken, Buntglas und Kronleuchtern – ist die New Yorker Subway ein Drecksloch. Ich sage über den Krach in unserem Wagen hinweg: »Keine Ahnung, das fragen sich alle New Yorker.«

Schlingernd hält der Zug an der West Fourth Street und wir steigen aus. Als wir auf die Straße kommen, ruft uns eine Gruppe afroamerikanischer Teenager – schwarze Wollmütze, tiefhängende Jeans – aus zehn Metern Entfernung etwas zu. Die Russen schauen verdutzt drein, ich offenbar auch.

Sekunden später überholen sie uns. »Hey. Yo! Yo!«, brüllt ein junger Mann. Ein anderer Typ zeigt auf meine schwarze Lederjacke. »Yo, Ernie und Bert, beste Kumpels!« Und grinst über beide Ohren.

Mir fällt die Kinnlade herunter und ich muss anfangen zu lachen. Ich hatte ganz vergessen, dass auf der Rückseite meiner Bomberjacke Ernie und Bert zu sehen sind, riesige Gesichter in Orange und Gelb. Ein Geschenk der *Sesamstraße*. Während ich für die Russen übersetze, staunen sie, dass uns erwachsene Männer ihre Lieblingsepisoden von Ernie und Bert erzählen und sich dabei kichernd abklatschen.

Dass wir diesen Typen in die Arme gelaufen sind, ist ein echter Glücksfall. Die Russen bewegen sich zwar inzwischen seit mehreren Monaten in der Welt der *Sesamstraße*, aber bis zu diesem Moment war ihnen noch nicht bewusst, wie viel Freude die Sendung den Amerikanern bereitet und welchen Stellenwert sie in der Ruhmeshalle der amerikanischen Kultur innehat.

Bevor wir weitergehen, geben sich meine Gäste und die jungen Männer die Hand, manche umarmen sich sogar. Diese Zufallsbegegnung überzeugt die Russen vielleicht doch von der möglichen Reichweite, die die *Uliza Sesam* in Russland haben könnte. Zum ersten Mal habe ich jedenfalls das Gefühl, dass wir alle dasselbe Ziel verfolgen: Wir wollen, dass sich die Sendung den russischen Kindern ins Herz pflanzt, so wie den jungen Männern, denen wir begegnet sind, die amerikanische *Sesamstraße* ans Herz gewachsen ist.

Während wir durch die engen Straßen des Village laufen, wird mir klar, dass sich durch diese Reise nach Amerika die Ansichten meiner Gäste über Rassismus, die Muppets und die *Sesamstraße* grundlegend geändert haben. Wenn sie in drei Tagen nach Moskau zurückkehren, werden sie andere Menschen sein.

Ich selbst komme erst zwei Wochen später wieder nach Moskau, am 1. Mai, dem Tag der Arbeiterbewegung. Heutzutage geht es dabei allerdings weniger um Solidarität unter den Arbeitern als darum, an drei freien Tagen die wärmeren Temperaturen zu genießen. Auf dem Weg in die Innenstadt sind viele Straßen für den Umzug gesperrt, und Familien mit Luftballons und russischer Flagge strömen in Richtung Kreml.

Für die *Uliza Sesam* gibt es indes keine Pause. Frühling und Sommer sind für uns die entscheidenden Monate. Wir müssen den Großteil der Realfilme fertigstellen, während das Wetter gut ist. Als ich mich im Palace Hotel an der Rezeption anmelde, erfahre ich, dass Wika Lukina, die Leiterin Trickfilm, eine Nachricht für mich hinterlassen hat. Sie will mich gleich am nächsten Vormittag sprechen.

Am Morgen nach dem Feiertag stehe ich früh auf, um mich mit ihr im Hotelrestaurant zu treffen. Robin ist noch früher da, damit wir besprechen können, was während meiner Abwesenheit passiert ist. Zuerst meckert sie über die Chefautorin, die wie eine Diktatorin über die Drehbücher wacht. Außerdem erzählt sie mir, dass sich die Russen weiterhin sträuben, für die Sendung Puppen im Stil von Jim Henson zu verwenden, obwohl sie sich in New York so positiv darüber geäußert haben. Angesichts ihres Starrsinns komme ich mir plötzlich vor wie Napoleon, der bei seinem Russlandfeldzug im Sumpf steckenbleibt und einfach nicht mehr herauskommt.

Robin geht, bevor Wika eintrifft. Die schäumt vor Wut. Der Mann von der Security am Eingang hat sie für eine Prostituierte gehalten und wollte sie daran hindern, das Hotel zu betreten. Ich würde am liebsten darüber lachen, aber es ist nicht witzig und passiert Frauen, die allein unterwegs sind, bei diesen schicken neuen Moskauer Hotels ständig. Einfach nur widerlich.

Während Wika versucht, sich zu beruhigen, setzt sie sich an meinen Tisch, und ich entschuldige mich, dass ich sie nicht am Eingang abgeholt habe. Dann zeige ich auf das üppige Buffet mit den seltenen Früchten – Ananas, Granatapfel, Kiwi – und frage sie, ob sie etwas essen möchte. »Nein«, antwortet sie und schenkt sich Kaffee ein.

Es ist mir etwas unangenehm, dass ich vor mich hin mampfe, während Wika nichts isst. Deshalb erkläre ich ihr, dass ich hier als Vegetarierin nirgendwo etwas zu essen kriege. »Das Frühstück ist meine einzige Mahlzeit, bis ich spätabends wieder ins Hotel zurückkomme.« Wika nickt. Sie weiß, wie schwierig die Lage im Hinblick auf Lebensmittel in Moskau gerade ist, vor allem für eine Pflanzenfresserin. »Vielen Dank, dass Sie sich Zeit für mich nehmen«, eröffnet sie das Gespräch. »Ich liebe die *Sesamstraße*, und ich glaube, dass die *Uliza Sesam* ein großer Erfolg in Russland werden kann – nur nicht mit dem Produktionsteam, das wir jetzt haben.«

Mir sind schon seit einiger Zeit Spannungen zwischen Wika und den Produzenten von ORT aufgefallen. Sie hat ihre eigene Firma und denkt und handelt im Vergleich zu den anderen sehr viel unternehmerischer. Die Art und Weise, wie sie Geld verdient hat, war den anderen Produzenten als Staatsangestellten versperrt. Sie ärgert sich darüber, dass ihr manche Mitarbeiter nicht den gebührenden Respekt entgegenbringen und jeden Vorschlag, den sie macht, ablehnen.

Ich höre auf zu essen. »Bitte erzählen Sie mir mehr darüber.«

Wika drückt den Rücken durch und erklärt mit sanfter Stimme, es sei grundlegend falsch, wie ich versuchen würde, die Russen davon zu überzeugen, die Muppets in die *Uliza Sesam* zu nehmen. »Es gibt eine fundamentale Wahrheit über uns, die ihr Amerikaner nicht begreifen wollt: Die sozialistische Lebensweise der Sowjetunion ist das Einzige, was wir kennen. Dieses

System zu ändern bietet uns die Chance auf etwas Besseres, aber vielen machen die Veränderungen Angst. Meine Mitarbeiter sind genau wie ich im Kommunismus groß geworden und wir alle wollen, dass unsere Fernsehsendung die schönen Erinnerungen aus unserer Kindheit heraufbeschwört und uns zugleich etwas Neues gibt. Die meisten Russen wissen aber nicht, was dieses Neue sein soll.« Dann fährt sie fort: »Das Team muss begreifen, dass die *Uliza Sesam* unseren Kindern helfen kann, weniger Angst vor Veränderung zu haben. Wir müssen den Kindern zeigen, wie sie die Initiative ergreifen und etwas anderes ausprobieren können – und zwar ganz für sich allein, so wie ich«, sagt sie stolz und bietet mir an, mit den Produzenten darüber zu sprechen, dass die *Sesamstraße* dieses Neue sein könnte.

Am nächsten Tag bitte ich meine Mitarbeiter im Büro von ORT um eine Stunde ihrer Zeit, um ein persönliches Gespräch mit ihnen zu führen. Die Autorinnen und Autoren können unterdessen eine Pause machen. Als sie hinausgegangen sind, bitte ich mein Team, Wika den Respekt entgegenzubringen, der ihr gebührt – ebenso wie allen freiberuflichen Künstlern, die nicht aus den anerkannten Kreisen im staatlichen Film und Fernsehen kommen. Und ich betone, wie wichtig es ist, die neuen Mitarbeiter willkommen zu heißen, die bald in großer Zahl zu uns stoßen werden. Dann übergebe ich das Wort an Wika.

Selbstbewusst setzt sie an: »Als wir nach New York gefahren sind, habe ich dort jede Menge amerikanisches Spielzeug für meine achtjährige Tochter gekauft. Auch zwei Muppet-Puppen. Als ich wieder hier war, hat meine Tochter mit allen Sachen gespielt, aber Elmo und Bibo hat sie jeden Abend mit ins Bett genommen, und das macht sie bis heute.« Dann fährt sie fort: »Diese amerikanischen Muppets haben etwas Magisches, Einzigartiges, das unsere Kinder bisher nicht kannten. Wollen wir nicht, dass unsere Kinder sie kennenlernen? Wir haben hier die Möglichkeit, etwas Wundervolles zu erschaffen, damit unsere Kinder mehr von der Welt erfahren als wir.«

Wikas Geschichte hat die Mitarbeiter sehr berührt und die Produzenten willigen zögerlich ein, Puppen im Stil von Jim Henson für die Sendung zu entwickeln, aber ausgehend von einer russischen Ästhetik.

Ist das vielleicht das Ende der Muppet-Blockade? Wenn ja, würde ich jetzt am liebsten vor Wika auf die Knie fallen und ihr die Füße küssen! In nur einer Stunde hat sie etwas erreicht, was mir in mehreren Monaten nicht gelungen ist.

Aber die nächsten Wochen, in denen wir versuchen, russische Muppets zu entwickeln, erweisen sich als sehr anstrengend. Ich beginne mit den Brainstorming-Strategien, die Michael Lohman dem Team in New York empfohlen hat.

Ich versammle das Produktionsteam in einem Konferenzraum bei ORT und zeige ihnen ein paar Videoclips von anderen internationalen Puppen aus der *Sesamstraße*. Dann stelle ich eine Holzstaffelei auf und befestige einen großen Block mit weißem Papier daran. In der Mitte ziehe ich eine Linie von oben nach unten, sodass zwei Spalten entstehen, eine für charakterliche und körperliche Merkmale der amerikanischen Muppets aus der *Sesamstraße*, die andere für die Eigenschaften, die sich mein Team für seine eigenen russischen Muppets wünscht. Als das Video zu Ende ist, lade ich die Anwesenden ein, zu mir nach vorn zu kommen und ihre Wünsche und Ideen für die Puppen auf das Blatt zu schreiben.

Wie die Liste in der rechten Spalte zeigt, wollen die Russen offenbar gern, dass ihr Muppet ein kluger, gutmütiger älterer Mann ist, der im Wald in einem Baum lebt. Diese Figur ist inspiriert von Domowoi, einem 600 Jahre alten Geist aus der russischen Folklore, der dank seines allumfassenden Wissens Herd und Heim beschützt. Einer der Autoren, der künstlerisch sehr begabt ist, zeichnet gleich auch eine grobe Skizze von Domowoi als grauhaarigem altem Mann mit blinkenden Augen, der ein bisschen aussieht wie Ded Moros, das slawische Väterchen Frost. Einer der Produzenten schlägt vor, der Figur noch eine

Kappe aufzusetzen, um dem alten Mann religiöses Flair zu verleihen. Ein anderer meint, er solle eine traditionelle russische Steppjacke aus Filz und Filzstiefel tragen. Während der Autor noch weitere Details hinzufügt, wird die Puppe immer humanoider – statt muppetoider. Sie hat auch keinerlei Ähnlichkeit mit irgendeinem Muppet aus der Henson'schen Menagerie. Und ihre Persönlichkeit, wie die Russen sie beschrieben haben, ähnelt mehr einer allmächtigen Autoritätsfigur als einem neugierigen Kind.

»Wäre es nicht vielleicht interessanter, wenn die Puppe dasselbe Alter hätte wie unsere jungen Zuschauer?«, gebe ich vorsichtig zu bedenken. »Eine Figur, die noch nicht alles weiß, eher wie ein Vierjähriger, der noch viele Fehler macht? Und die vielleicht nicht ganz so ... einschüchternd aussieht?«

Ich erkläre ihnen, dass sich die jungen Zuschauer vor allem deshalb mit den Muppet-Figuren identifizieren, weil sie selbst wie Kinder sind – mit ihren zu großen, kindhaften Köpfen, den großen Augen und der unendlichen Neugierde, durch die sie vieles entdecken und lernen.

Lida bellt zurück: »Es ist lächerlich zu glauben, dass Kinder in einer Kindersendung von Kindern lernen. Lernen ist *kein* Entdeckungsprozess. Lernen heißt, Informationen zu hören und aufzunehmen.«

Ach du meine Güte.

Wir diskutieren noch eine Weile weiter, aber alles in allem ist das Team mit seinem Domowoi zufrieden. Ich sage ihnen, dass ich ihre Zeichnungen an Ed von der Jim Henson Company weiterreichen werde, auch wenn es mir lieber wäre, wir hätten bessere Entwürfe. Leider bleibt uns keine Zeit mehr, um über ihre Ideen für die anderen beiden russischen Muppets zu sprechen. Wika ist herzallerliebst und gibt mir einen Stapel russischer Märchenbücher, damit ich sie den Designern der amerikanischen Puppen zeigen kann. Sie sieht etwas enttäuscht aus. Offenbar hat sie sich von ihrer Ansprache ein wenig mehr erwartet.

Ich habe Leonid seit Wochen nicht gesehen, und als er zu mir ins Hotel kommt, erzählt er mir als Allerserstes, dass es auf der geschäftlichen Seite nicht gut aussieht. Obwohl Irina eine ganze Woche in New York war, um mit den Anwälten der *Sesamstraße* zu verhandeln, ist sie ohne Koproduktionsvereinbarung zurückgekehrt. Und ohne unterzeichneten Vertrag kann sie kein Geld für die Produktionskosten in Moskau auszahlen und Leonid keine Abmachungen mit Sendern treffen.

Ich bitte ihn, mich bei Video Art abzusetzen, damit ich Irina zur Rede stellen kann. Ich kann nicht sagen, dass ich mich auf dieses Gespräch freue. Irina ist sehr gut darin, dir das Gefühl zu geben, dass du ein schlechtes Gewissen haben solltest, wenn du von ihr verlangst, was sie dir schuldet. Das sind derzeit zwei Monatsgehälter für das Kernteam der russischen Produktion sowie ein Büro, das groß genug für unsere wachsende Mannschaft ist, da das Kämmerchen, das uns Midhat zu Anfang der Produktion als Zwischenlösung überlassen hat, aus allen Nähten platzt.

Irina hat gerade ein Vermögen ausgegeben, um ihr eigenes Büro zu renovieren. Als ich bei Video Art in den Empfangsbereich komme, werde ich von einem milchweißen Meer geblendet: weiße Ledersofas, weiße Teppiche, Couchtische aus Marmor und riesige weiße Dekokissen. Hier wurde offenbar an nichts gespart. Obwohl heute Irinas Geburtstag ist, werde ich immer wütender darüber, dass sie hierfür so viel Geld ausgegeben hat, aber mein Team zappeln lässt.

Im Wartebereich stehen Menschen mit Blumen und Geschenken in der Hand und warten darauf, der Frau der Stunde ihre Geburtstagswünsche zu übermitteln. Irinas Werbegeschäft ist in den letzten Monaten stark gewachsen. Immer mehr Mitarbeiter und Kunden treffen ein, um Geschenke zu übergeben. Ich sage mir, dass heute vielleicht doch nicht der richtige Tag ist, um mich mit Irina zu streiten.

Die Tür zu ihrem Büro ist offen und ich sehe, dass sie, den Hörer zwischen Schulter und Kinn eingeklemmt, telefoniert. Sie bedeutet mir, hereinzukommen und mich zu setzen. Irina sieht betörend aus in ihrem taillierten Jackett in Taupe, dem farblich passenden Minirock und den kniehohen braunen Lederstiefeln. Ich frage mich, ob dieses Outfit ein Souvenir von ihrer Shoppingtour in New York ist. Ohne ihr Gespräch auch nur im geringsten zu unterbrechen, nimmt sie Blickkontakt zu allen auf, die in ihrem Büro warten, sodass sich jede einzelne Person wertgeschätzt fühlt. Trotzdem stimmt irgendetwas nicht.

Irina redet sehr laut. Es klingt, als würde sie sich streiten. Und das Gespräch scheint so wichtig zu sein, dass sie trotz der Zuschauerschar nicht auflegt.

»Mein liebster Wolodja, du musst mir helfen«, sagt sie flehentlich. »Gerade heute. Ich habe heute Geburtstag. Kannst du mir nicht bitte, bitte dieses klitzekleine Geburtstagsgeschenk machen?«, gurrt sie.

Ich gehe zu dem zarten Geschöpf von Sekretärin und frage sie, mit wem Irina da gerade spricht.

»Mit Wladimir Schetschkow.«

Mir dreht sich der Magen um. Wenn mich nicht alles täuscht, ist das der Chef von Premier SV, dem Werbeunternehmen, das Video Art im Rahmen einer Vereinbarung mit Beresowskis Werbeunternehmen Reclama Holding Sendezeit verkauft. Premier SV verkauft diese Sendezeit zu günstigen Konditionen an ausgewählte unabhängige Unternehmen wie Video Art, die das Programm produzieren und dann die Werbeblöcke in ihren Sendungen verkaufen.

Ich höre, wie sich Irina darüber beschwert, dass Reclama Holding Video Art für Werbespots, die ihre Firma produziert und verkauft hat, noch Geld schuldet. Sie hat mir mal erzählt, sie würden beide Vorteile aus der Vereinbarung mit Schetschkow ziehen. Aber in letzter Zeit lief nicht alles rund. Offenbar schuldet seine Firma Irina sehr viel Geld – was vermutlich der Grund ist, warum Irina die Löhne nicht bezahlen und kein Büro für uns anmieten kann. Sicher kann ich mir da aber nicht sein. In Russland ist nichts, wie es scheint.

»Wolodja, mein Lieber, du weißt, die Steuerbeamten kennen keine Gnade. Sie wollen ihr Pfund Fleisch, mein Liebster, du musst mir helfen«, bittet sie säuselnd. »Wenn du mich nicht bezahlst, dann gehe ich bankrott.«

Bei den Wörtern »Steuerbeamte« und »Bankrott« geht mir der Puls hoch. Die Steuererhebung ist in Russland unreguliert. Die Gesetze machen es Unternehmen im Prinzip unmöglich, legal und ehrlich zu operieren. Wollte ein russisches Unternehmen allen Vorgaben der Regierung gerecht werden, würde seine Steuerpflicht seine Einnahmen übersteigen.

Schließlich legt Irina auf und kommt um ihren Schreibtisch herum. Vor wenigen Sekunden hat sie noch Schetschkow angefleht und ihm erklärt, sie stehe vor dem Bankrott, jetzt lächelt sie schon wieder und schüttelt allen im Raum die Hand, nimmt Geschenke und Glückwünsche entgegen und prostet uns mit einem Glas Champagner zu.

Ich sehe, wie sie die Aufmerksamkeit genießt und sich mit dem Gebaren eines Filmstars im Zimmer bewegt, ohne dabei unauthentisch zu wirken. Ihr verzweifeltes Flehen um Geld ist längst vergessen.

Ich umarme sie und sage ihr, wie gut sie aussieht. Sie stolziert ein paar Schritte wie ein Model auf dem Laufsteg, dann küsst sie mich dreimal.

»Ich habe eine Überraschung für dich«, sage ich aufgeregt. »Ken landet morgen in Moskau und kommt zu deiner Geburtstagsparty!«

Irina wirft die Arme in die Luft. »Fantastisch!« Dann umarmt sie mich noch einmal.

Sie stellt sich auf die Zehenspitzen und verkündet wie eine Zeremonienmeisterin vor den versammelten Gästen: »Meine lieben Leute, unsere kleine Natasha wird bald heiraten!« Obwohl fast alle Personen hier Geschäftspartner von Irina sind, die ich noch nie gesehen habe, kommen alle nacheinander zu mir und beglückwünschen mich herzlich. In Russland ist das Prinzip »Der Freund meines Freundes ist auch mein Freund« sehr viel umfassender als in Amerika. Ich bin überrascht, wie sehr ich es genieße, wegen der bevorstehenden Hochzeit umschwärmt zu werden.

Irina und ich sind beide Selfmadefrauen, die achtzehn Stunden am Tag arbeiten, und wir mussten uns beide auf unserem Karriereweg gegen eine endlose Zahl sexistischer Männer durchschlagen. Aber es gibt auch Dinge, in denen wir uns gar nicht ähnlich sind. Irina hat es sehr viel schwerer im Leben als ich, sie muss sich neben der Leitung eines Unternehmens in einem irren Land auch noch um eine neunjährige Tochter und einen Ehemann kümmern.

Deshalb fällt es mir schwer, ihr wegen des Geldes zuzusetzen. Ich bin zwar wütend auf sie, aber ich weiß auch, dass sie nicht aus Bosheit Gelder zurückhält. Sie will, dass die *Sesamstraße* ein Erfolg wird, und erhofft sich selbst einen ordentlichen Profit davon. Trotzdem muss ich sie nach dem größeren Büro und der finanziellen Beteiligung ihres Unternehmens an unserer Produktion fragen.

Eine Stunde später sind wir endlich allein, umgeben von Bergen von Geschenken und Blumensträußen ihrer Bewunderer. Ich setze mich neben sie auf das schicke Ledersofa und atme tief ein. »Auch wenn heute dein Geburtstag ist, in deinem Gespräch mit Schetschkow klang es so, als würde er die Vereinbarung mit Video Art nicht einhalten, stimmt das?«

Irina lächelt, schaut auf ihren Rock und streicht ihn, ohne etwas zu sagen, glatt.

Ich werde ungeduldig und frage sie flehentlich: »Irina, haben wir ein Geldproblem?«

Sie seufzt. »Natasha, meine Liebe, in Russland Steuern zu zahlen ist wie ein Katz-und-Maus-Spiel, bei dem immer die Katze gewinnt – sie steckt sich immer mehr in die Tasche, als sie anderen gibt.« Sie überlegt, dann fügt sie hinzu: »In diesem Fall will die Katze einen besonders großen Batzen. Wir haben eine kleine Meinungsverschiedenheit mit Premier SV. Sie wollen, dass ich und alle anderen mehr für die Werbezeit bezahlen, aber ich habe nicht das Geld, um sie, die Steuerbeamten und die Produktion zu bezahlen.«

Dann fügt sie noch hinzu, Reclama Holding sei kein zuverlässiger Partner. Sie erklärt mir, dass sie Monate in Verzug sind mit der Vergütung von Werbespots, die Video Art produziert und bezahlt hat. »Aber ich habe keine Regressansprüche«, gesteht sie mit bedauernder Miene.

Wenn ich Irina so höre, frage ich mich, wie das alles gehen soll. Die *Sesamstraße* kann in Russland nur die Kosten für Fortbildung und Technik mit den Geldern der US-Regierung bezahlen. Baxter will aber, dass wir mit der Produktion vorankommen, was ohne Geld unmöglich ist.

Leise sage ich: »Irina, der Punkt ist, wir können nicht arbeiten, wenn du uns kein Büro zur Verfügung stellst. Es kann so nicht weitergehen.«

Irina sieht mich verständnisvoll an. »Du siehst müde aus, Natasha, und du hast dich gerade verlobt. *Duscha moja*, das mit dem Büro tut mir leid.«

Ich würde sie am liebsten schütteln. Stattdessen nehme ich ihre Hand. »Irina, mit dem Personal von ORT und den freiberuflichen Mitarbeitern haben wir insgesamt über zweihundert Leute, die gerade an der *Uliza Sesam* arbeiten. Wir können die Sendung nicht in dem winzigen Büro von ORT produzieren.«

Sie schaut auf ihre Stiefel und wischt einen unsichtbaren Fleck ab, dann legt sie den Kopf schief und sagt: »Natasha, reden wir nicht mehr übers Geschäft. Reden wir über deine Hochzeit!« Sie klopft mir auf den Oberschenkel. »Ich freue mich so sehr für dich. Das ist ein großer Schritt in deinem Leben.« Dann torpediert sie mich mit Fragen: »Wie sieht dein Hochzeitskleid aus? Wie viele Gäste kommen? Gibt es einen Gottesdienst?«

Diese ganzen Fragen zu meiner Hochzeit, über die ich mir bislang noch keinerlei Gedanken gemacht habe, machen mich noch nervöser als unsere Geldprobleme.

»Irina, ich verspreche dir, ich werde dir in allen Einzelheiten von der Hochzeit erzählen, aber jetzt brauchen wir ein Büro und das Geld, um die Gehälter zu bezahlen«, sage ich und klopfe ihr meinerseits auf den Oberschenkel.

Sie grinst schelmisch, legt den Kopf wieder schief und scherzt: »Vielleicht als Hochzeitsgeschenk, meine Natasha, oder ...«

Dann werden wir von Irinas elfenhafter Sekretärin unterbrochen, die die Tür einen Spalt weit aufschiebt und schüchtern den Kopf hereinsteckt. »Irina Borissowa, da ist noch ein Anruf für Sie.«

Irina steht auf und sieht mich mit bedauernder Miene an, während mich ihre Sekretärin aus dem Zimmer geleitet.

Auf dem Weg zum Auto denke ich: Na, das ist ja mal gründlich schiefgegangen.

11

Der Großmeister in Moskau

Am nächsten Morgen fahre ich zum Moskauer Flughafen, um Ken abzuholen. Als ich im Ankunftsbereich für internationale Flüge stehe, bin ich aufgeregt wie eine Katalogbraut, die zum ersten Mal ihren Verlobten sieht. Mein Leben in Moskau ist für Ken ein großes Mysterium. Wenn er an Russland keinen Gefallen findet, werde ich das nicht überleben.

Dann kommt Ken aus der Zollabfertigung. Er sieht müde aus, aber als er mich sieht, erscheint ein Lächeln auf seinem Gesicht. Er stellt seinen Koffer ab, um mich zu umarmen, und die anderen Passagiere müssen einen Bogen um uns machen. Kens Geduld ist bereits arg strapaziert worden. Er erzählt mir, dass sich der »Wagen-Nazi« bei der Gepäckausgabe geweigert hat, ihm einen Gepäckwagen zu leihen.

»Ich sollte in Rubel bezahlen«, sagt er verärgert. »Aber ich hatte keine Rubel, weil man bei keiner Bank im Westen Rubel kaufen kann und die Wechselstuben erst hinter der Zollabfertigung sind.« Eine ganz normale russische Regel, die aber meinem logisch denkenden Gatten in spe nicht in den Kopf will.

Als wir im Palace Hotel ankommen, gebe ich Ken ein paar Rubel, und er findet es höchst amüsant, dass auf den Scheinen immer noch »Staatsbank der UdSSR« steht, obwohl es die UdSSR nicht mehr gibt.

Am Abend gibt es sintflutartige Regenfälle. Wir fahren mit dem Taxi am Flussufer entlang zu einem koreanischen Restaurantschiff. Irinas Geburtstagsparty ist schon im vollen Gange. An die fünfzig Gäste in eleganten glänzenden Cocktailkleidern und Smokings tummeln sich in einem schwach beleuchteten Raum unter Deck.

Mit großen Augen betrachtet Ken die Szenerie: Tischtücher aus roter Seide, goldene Teelichte und auf allen Sitzbänken Türme von Geschenken, sodass dort niemand mehr sitzen kann. Koreanische Kellner mit gestärktem weißem Hemd und Fliege bringen Silbertabletts mit Blini und Kaviar und Champagnerflöten. Es ist ein hochklassiges Fest.

Ken flüstert mir zu, er fühle sich underdressed. »Keine Angst«, sage ich zu ihm, »selbst wenn du im Lendenschurz gekommen wärst, wäre Irina überglücklich, dich zu sehen.« Aber seine Befangenheit kann ich ihm damit nicht nehmen. In der einen Hand unseren Blumenstrauß, hake ich mich mit dem anderen Arm bei ihm unter und schiebe ihn durch die Gästeschar, um nach Irina Ausschau zu halten.

Der Regen peitscht gegen die Fenster, die Barke schaukelt im Wellengang, dass die Weingläser in der Deckenhalterung anfangen, wie Glocken zu klimpern. Bei einer besonders heftigen Welle gehen Irinas Geschenke – Pralinenschachteln, Blumensträuße in violettem oder rosanem Cellophan und Champagnerflaschen – zu Boden. Die Männer rangeln wie bei einem Fußballspiel um die Flaschen, die sie mit den Füßen aufhalten, damit sie nicht weiter über Deck rollen oder gar zerschellen. Die Frauen kämpfen auf ihren Pfennigabsätzen um Balance, indem sie sich an den Holzmasten oder Tischkanten festhalten.

Da sieht Irina Ken und kommt zu uns herüber. »Sie sind gekommen! Wie schön, dass Sie mit mir meinen Geburtstag feiern.« Irina sieht Ken mit einem derart warmherzigen Blick an, dass ich Angst bekomme, er könnte schmelzen. Sie gibt ihm einen Kuss, dann reibt sie den Lippenstift auf seiner Wange mit dem Finger ab.

Ken lässt es stocksteif über sich ergehen. Tapfer versucht er sich auf Russisch an einem Kompliment und lächelt: »Sie sehen wunderbar aus in Ihrem Kleid.«

Ich platze vor Stolz.

Als eine Glocke erklingt, nehmen alle an einem großen rechteckigen Tisch Platz. Ich bin gerührt, dass Irina Ken und mich auf die Ehrenplätze neben ihr gesetzt hat. Auf der anderen Seite sitzt Irinas Buchhalter, ein korpulenter russisch-koreanischer Mann. Irina ist ihm treu ergeben. Er kennt alle ihre dunklen Geheimnisse, finanzieller und anderer Art.

Während wir essen, kommt ein gutaussehender, breitschultriger Mann Ende dreißig mit einem Strauß Pfingstrosen herein. So auffällig, wie Irina mit ihm flirtet, frage ich mich, ob er einfach nur ein guter Freund ist oder doch eher ihr Don Juan. Auf jeden Fall handelt es sich nicht um ihren Ehemann, dem ich schon einmal begegnet bin und der heute Abend merkwürdigerweise fehlt.

Ich bekomme ein paar Fetzen von ihrem Gespräch mit und höre die Wörter »Premier SV« und »Reclama Holding«. Der gutaussehende Mann ist also offenbar Wolodja Schetschkow.

Er beugt sich vor und flüstert Irina etwas ins Ohr, worauf sie anfängt zu kichern. Sie neigt den Kopf und legt ihn kurz auf Schetschkows Schulter. Dann sagt er etwas, was ich nicht verstehe.

Ich sehe Ken mit einem vielsagenden Blick an, um ihn auf die ungewöhnliche Szene aufmerksam zu machen, aber er kriegt nichts davon mit. Irina benimmt sich seltsam unterwürfig. Ich frage mich, ob es hier um Geld oder um etwas ganz anderes geht. Der Mann setzt sich nicht hin, sondern küsst Irina noch einmal auf die Wange und geht.

Irinas Charme verfehlt eigentlich bei niemandem seine Wirkung. Bei ihm aber vielleicht doch.

Als er gegangen ist, drehe ich mich zu Irina und frage: »War das Schetschkow?«

»Ja. Entschuldige, dass ich dich ihm nicht vorgestellt habe, aber er hatte es eilig.«

»Ein sehr gutaussehender Mann«, sage ich und hebe die Augenbrauen in der Hoffnung, mehr über ihn zu erfahren.

Mit einem Funkeln in den Augen antwortet sie: »Ja, er ist ein mustergültiges Exemplar russischer Männlichkeit – so skrupellos in seinem Geschäftsgebaren wie zärtlich zu den vielen Frauen in seinem Leben.«

Wir brechen beide in Gelächter aus, und alle Männer am Tisch, Ken inbegriffen, runzeln die Stirn. Dann bemerke ich, dass Ken mich plötzlich mit einem anderen Blick ansieht. Ich möchte, dass er beeindruckt davon ist, wie locker und entspannt ich Russisch spreche und mich in diesem für ihn höchst befremdlichen sozialen Umfeld bewege. Natürlich ist diese Party für mich ein wichtiges Ereignis. Irina ist zuallererst meine Geschäftspartnerin, und ich möchte dazu beitragen, dass sie einen schönen Abend hat. Kens Anwesenheit hilft dabei. Dafür darf er von einem Platz in der ersten Reihe mein Moskauer Leben kennenlernen. Es wäre sonst wirklich schwierig, ihm – oder irgendwem anders – diese Szenerie zu vermitteln.

Nachdem der erste Gang serviert worden ist, beginnen die Tischreden, die sich über vier Stunden ziehen. In Russland gibt es dafür strenge Regeln: Eine Rede muss von Herzen kommen, witzig sein und vor allen Dingen die Zuhörerinnen und Zuhörer zu tiefgehenden Gedanken anregen.

Ken hat noch Jetlag und dämmert vor sich hin. Am liebsten würde er gehen, was aber Irina nicht zulässt. »Jetzt gibt es koreanisches Karaoke!«, ruft sie und springt auf. Die Gäste versammeln sich vor einem riesigen Bildschirm an der Wand, auf dem eine koreanische Frau zu sehen ist, die wie Madonna gekleidet ist und »Material Girl« singt, wobei die englischen Untertitel über den Bildschirm flackern. Die Russen singen laut in schlechtem Englisch mit, um die Frau mit ihrem koreanischen Akzent zu übertönen.

Nach ein paar weiteren Pophits legen die Männer, die schon betrunken sind, die Arme umeinander, schunkeln im schaukelnden Boot vor und zurück und singen ein traditionelles russisches Volkslied. Sie ziehen Ken zu sich heran und grölen das russische Liebeslied »Otschi tschornije«.

Oh, ihr dunklen schwarzen Augen, Augen voller Leidenschaft
Oh, ihr glühend heißen Augen, die mich hypnotisieren ...

Dann wird aus den »schwarzen Augen« das Schwarze Meer, und sie schmettern übermütig ihre alberne Ode an das geliebte Schwarze Meer des Zarenreichs und schwelgen in ihrem Patriotismus. Als den Männern in ihrem Alkoholnebel dämmert, dass ihr geliebtes Schwarzes Meer nicht mehr zu Mütterchen Russland gehört, sondern zur inzwischen unabhängigen Ukraine, kehren sie wieder zu den schwarzen Augen zurück.

Die Sänger tanzen im Kreis um Irina herum. Sie ist entzückt, im Mittelpunkt zu stehen. Ken schleicht sich aus dem Ensemble heraus und ich ziehe ihn in Richtung Ausgang. Bevor wir vom Boot aufs Festland treten, drehe ich mich noch einmal um und schaue zu Irina. Sie sieht glücklich aus. Ich finde sie bewundernswert.

Als wir um vier Uhr morgens wieder im Hotel sind, frage ich Ken, wie er die Party fand.

Er überlegt. Dann sagt er: »Eine wildere Party hätte man sich nicht ausdenken können. Sie wirken alle, als würden sie immer bis zum Äußersten gehen.«

Mehr hat er dazu nicht zu sagen. Ich bin enttäuscht, dass er nicht etwas überschwänglicher reagiert.

Ist ihm nicht klar, dass diese wilde Lebensart das ist, was mich hier am meisten anzieht? Die Russen schöpfen ihr Leben aus, weil die Geschichte sie gelehrt hat, dass ein falscher Schritt sie in unvorstellbares Unglück stürzen kann. Deshalb leben sie leidenschaftlicher als die meisten Menschen in freien und offenen Gesellschaften.

Das würde ich ihm gern erklären. Ich würde ihm gern alles erzählen, was ich über diese Menschen weiß, die ich so sehr liebe. Aber ich sollte ihn wohl besser schlafen lassen. Er ist seit fast zweiundzwanzig Stunden auf den Beinen.

Als er meine Enttäuschung sieht, murmelt er: »Langsam verstehe ich, was du so anziehend an den Russen findest. Aber ich weiß nicht, ob ich unbedingt viel Zeit hier verbringen möchte.« Kurz bevor er wegnickt, sagt er noch: »Ich liebe dich. Wenn du es zulässt, werde ich hoffentlich andere Wege finden, damit du mit mir genauso glücklich bist.«

Während Ken schläft, liege ich wach und schmiede Pläne, wie ich ihm das verführerische Chaos dieses Landes schmackhaft machen könnte.

Am nächsten Tag mache ich blau, um mit Ken eine Sightseeingtour zum Roten Platz, den Leninbergen und dem Statuenfriedhof zu unternehmen. Beim Frühstück überrascht er mich mit der Nachricht, die er sich für den richtigen Moment aufgehoben hat. Er hat ein Lokal in New Jersey für unsere Hochzeit reserviert, für den 25. Juni – in zwei Monaten.

»Eine Neueröffnung, ganz unerwartet«, sagt er mit breitem Lächeln. »Soll aber nur zur Absicherung sein, falls du keine Zeit hast, dir andere Optionen anzusehen.«

Ich bin sprachlos. Zum einen, weil es mir unangenehm ist, dass ich für unsere Hochzeit noch keinen Finger gekrümmt habe, zum anderen, weil ich ihn dafür liebe, dass er das übernommen hat. Welcher Mann würde sich, ohne sich im Geringsten darüber zu ärgern, um so etwas kümmern?

Er kichert und sagt: »Ich dachte mir, wenn ich ein Lokal reserviere, steigen vielleicht die Chancen, dass wir tatsächlich heiraten.« Ken hat schon dazugelernt. Inzwischen weiß er, dass das Einzige, was in Russland Bestand hat, die Unbeständigkeit ist, und dafür muss man gut planen.

Als wir gerade das Hotel verlassen wollen, um zum Kreml zu fahren, ruft Mischa an und besteht darauf, dass ich ins Büro komme. Nach dreimonatigem Bitten und Betteln hat sich Irina endlich bereiterklärt, das Budget zu prüfen und ihre Schulden zu begleichen. Vielleicht hat sie unser Gespräch oder Kens Anwesenheit auf ihrer Geburtstagsparty erweicht. Auf jeden Fall kann ich es mir nicht entgehen lassen, dass meine Leute ihr Geld kriegen. Unsere Sightseeingtour muss also leider warten.

Da es für einen Ausländer schwierig und zeitaufwendig ist, eine Zugangserlaubnis für den Fernsehsender zu bekommen, lasse ich Ken mit schlechtem Gewissen in der Lobby von ORT zurück, wo er sich auf eine Fensterbank aus Hartholz pflanzt. Das sei schon in Ordnung, sagt er, er werde so lange ein Buch lesen. Wie sich herausstellt, gibt es viel zu tun an diesem Vormittag. Irgendwann schicke ich Mischas Sekretärin zum Eingang, damit sie Ken sagt, dass ich in einer Stunde bei ihm sei. Das wiederholt sich drei Mal. Und jedes Mal lässt mir mein lieber Verlobter dieselbe Nachricht überbringen: »Nimm dir die Zeit, die du brauchst.«

Als ich endlich fertig bin, ist schon später Nachmittag. Ich fühle mich schlecht. Ich wollte, dass Ken mehr von Moskau sieht und dass wir über die Hochzeit sprechen, aber jetzt ist keine Zeit mehr dafür. Wir können uns nur noch den Roten Platz ansehen, dann müssen wir zum Flughafen, damit Ken seinen Flieger in die Staaten kriegt. Das Einzige von dieser Reise, woran er sich erinnern wird, werden der zerschlissene Linoleumboden im Fernsehsender und betrunkene Russen beim Karaoke sein.

Bevor Ken am Flughafen durch die Glasschiebetür geht, drückt er mich fest an sich. »Ich bin mir sicher, das wird eine großartige Sendung, aber bitte bleib am Leben, damit ich dich noch heiraten kann«, scherzt er mit süffisantem Blick. Als er schon durch die Tür ist, dreht er sich noch einmal um und winkt mir mit einem müden Lächeln zu.

Ich sehe ihm nach und denke, wir kriegen das alles schon hin. Zugleich bezweifle ich, dass er noch ein zweites Mal nach Russland kommen wird. Ab jetzt werde ich ihn erst mal drei Wochen nicht sehen, bis ich wieder nach New York fliege. Ich musste meinen Aufenthalt in Moskau verlängern, weil das Design für die russischen Muppets vor dem Abschluss steht und ich noch einige der neuen freiberuflichen Mitarbeiter einarbeiten muss. Und wir hängen dem Zeitplan weit hinterher, was die Storyboards und Drehbücher für diesen Monat betrifft.

Unterdessen gerät unsere Suche nach guten Drehbuchschreibern zu einer Komödie der Irrungen. Robin hat die letzten zwei Monate mit Lida, der Chefautorin, an den Drehbüchern geschrieben, von denen wir Hunderte schreiben müssen, um die fünfzehn Stunden Originalmaterial zu erhalten. Deshalb brauchen wir mehr Leute, aber Lida hat alle jungen Autorinnen und Autoren abgelehnt und ist nicht einmal dazu bereit, sich deren Arbeitsproben anzusehen.

Ein paar Tage nach Kens Abflug bin ich mit Robin und Lida bei ORT, wo sich die beiden wie jeden Morgen die neu eintreffenden Arbeitsproben ansehen. Ein ungepflegter Kerl um die fünfzig kommt in unser Büro, er trieft vor Nässe und hat einen braunen, durchweichten Aktenordner unterm Arm. Der Gestank seines Kölnischwassers weht hinter ihm herein und bleibt im Raum stehen wie ein ungebetener Gast. Lida kennt den Mann schon, weshalb er sich nur Robin und mir vorstellt. Er heißt Boris.

Boris blättert durch seine Papiere und nimmt schließlich ein zerknittertes Blatt heraus, ein Storyboard zum Thema »Mut«. Ein Storyboard ist eine Zeichnung mit mehreren Kästchen, auf denen zu sehen ist, was in den einzelnen Sequenzen des Drehbuchs passiert. Im ersten Kästchen auf seinem Blatt sieht man einen geteilten Bildschirm: auf der einen Seite ein Fallschirmspringer, der gerade aus dem Flugzeug springen will, auf der anderen die Nahaufnahme eines Zahnarztes, der einem Kind im Mund herumbohrt. Die weiteren Bilder zeigen den Zahnarzt beim Bohren und den Fallschirmspringer beim Sprung. Am Ende steht ein Spruch, der die Kinder offenbar zur Zahnhygiene animieren soll: »Sei mutig. Hab keine Angst.«

Robin wirft mir einen entsetzten Blick zu. Ich verziehe das Gesicht. Diese Szene würde bei den Kindern Albträume auslösen, denke ich, und sie würde dafür sorgen, dass kein Kind jemals wieder zum Zahnarzt gehen will. Außerdem ist die parallel verlaufende Handlung zu abstrakt. Vorschulkinder würden keine Verbindung zwischen dem Sprung aus dem Flugzeug und dem Zahnarztbesuch herstellen.

Aber Lida hat an dem Storyboard nichts auszusetzen und will es gleich absegnen. Langsam verstehe ich, was Robin an Lida fuchst. Boris verabschiedet sich und wir öffnen die Fenster, um frische Luft hereinzulassen.

»Verstehst du es jetzt?«, flüstert Robin mir zu.

Als ich am Abend ins Hotel komme, lese ich mich durch den Stapel neuer Drehbücher. Ich hatte erwartet, dass es schwerfällig wirken könnte, die fröhlich-alberne Situationskomik der amerikanischen Sendung mit der russischen Tradition dunkler, satirischer Komödie zu kombinieren – aber die eingereichten Texte sind schlichtweg deprimierend. Für eine lustige Kindersendung sind sie alle viel zu düster.

Eigentlich hätte mich das nicht überraschen dürfen. Die Komödie hat in Amerika in der Zeit nach dem Ersten Weltkrieg eine Blütezeit erlebt. Über eine ganze Dekade hinweg beherrschten Buster Keaton, Charlie Chaplin und die Marx Brothers die Leinwand mit ihren Possen, während das kulturelle Leben in der Sowjetunion in polemischen Werken der Glorifizierung des »Arbeiterparadieses« huldigte. Lenin schrieb sogar: »Kunst um der Kunst willen hat in Sowjetrussland keinen Platz.« Und im Arbeiterparadies hatte wohl die Slapstickkomödie keinen Platz. Dennoch haben die Russen sowohl in der Literatur als auch im Film immer wieder ihren wunderbaren Humor bewiesen. Aber er fußt meist auf Ironie, Parodien oder Wortspielen. Diese Art von Humor ist für kleine Kinder schwerer zu verstehen als visueller Humor.

Als wir am nächsten Tag über noch mehr schlechten Drehbüchern sitzen, gibt Lida zu, dass sie ein Problem mit den von ihr ausgewählten Autoren hat. Sie schlägt vor, die »Schwarze

Henne« zu engagieren. Das ist eine neue Gruppe von Autorinnen und Autoren, die für jede Textgattung von der politischen Rede über Werbung bis hin zur pornografischen Novelle gebucht werden kann. Der Name klingt zwar nach brasilianischer Straßengang, aber Lida ist von der Gruppe überzeugt, weil ihre Mitglieder alle in ihrem hochgeschätzten Schriftstellerverband sitzen.

Also laden wir Anton Lepin ein, den 44-jährigen Leiter der Schwarzen Henne, damit er uns seine Arbeit vorstellt. Er betritt unser Büro gekleidet wie ein adretter Westler, mit weißem Oxford-Hemd, Khakihose und Slippern. Sein Gebaren ist modern, unternehmerhaft. Anton ist schlagfertig und alle lachen über seine respektlosen Witze. Wir engagieren ihn und mehrere seiner Kollegen von der Schwarzen Henne.

Im Laufe der nächsten zwei Wochen wird unser kleines Büro zu einer wahren Textmaschine, die täglich Dutzende Arbeitsproben und Storyboards ausspuckt. Sobald die Drehbücher genehmigt worden sind, beginnen wir mit den Dreharbeiten. Aber meine Leute sind wenig begeistert, als ich ihnen sage, dass sie in drei Wochen die drängende Arbeit an der Produktion niederlegen müssen, um zusammen mit den Mitarbeitern vom Forschungsteam den Workshop zum Bildungsplan zu besuchen. »Wir können es uns nicht leisten, bei diesen Erziehungsexperten wertvolle Zeit zu verlieren«, braust Mischa auf.

»Dieser Workshop ist verpflichtend«, erwidere ich.

Am Tag bevor ich wieder nach New York zurückfliegen soll, stelle ich fest, dass Irina das Geld für die russischen Mitarbeiter immer noch nicht überwiesen hat, wie sie es vor ein paar Wochen versprochen hat. Aber es kommt noch schlimmer. Mischa teilt mir mit, dass sich die wichtigsten Mitglieder unseres Produktionsteams weigern, den Workshop zum Bildungsplan zu besuchen, weil sie nicht bezahlt worden sind.

Dieser Workshop ist bei den Koproduktionen der *Sesam-*

straße die mit Abstand wichtigste Komponente. Die leitenden Mitarbeiter der Sendung, amerikanische wie russische, haben die letzten drei Monate darauf verwandt, dieses Seminar zu organisieren, in dem das Forschungs- und das Kreativteam gemeinsam über die pädagogischen Inhalte der *Uliza Sesam* diskutieren sollen. Wenn das Moskauer Produktionsteam nicht kommt, werden meine Kollegen von der Forschung toben.

Als ich am nächsten Tag nach New York fliege, nehme ich mir vor, Sesame Workshop davon zu überzeugen, Video Art Geld zu leihen, damit mein Team weiterarbeitet und den Workshop besucht.

Als ich in Baxters Büro komme, umarmt er mich und fragt aufgeregt: »Hey, willst du den Prototyp von unserem neusten Spielzeug sehen?« Er hält einen Karton hoch, durch dessen Zellophanfenster Elmos Halbmondgesicht hinausschaut. Dann holt er die Plüschpuppe aus der Verpackung und drückt sie mir in die Hand: »Drück auf den Bauch, drück auf den Bauch!«

Ich halte Elmo in der einen Hand und drücke ihm mit der anderen leicht zögerlich auf den Bauch.

Die Puppe quiekt. »Das kitzelt!«

Ich bin so überrascht, dass ich Elmo beinahe fallen lasse.

»Drück noch mal«, feuert mich Baxter an.

Ich drücke und Elmo kreischt: »Mannomann!«

Dreimaliges Drücken bringt die Puppe nahezu zur Raserei, sie lacht, zappelt und vibriert.

»Das ist ›Kitzel-mich-Elmo‹. Großartig, oder?« Baxter erklärt mir, dass die Puppe der große Weihnachtskracher werden soll. Ich habe keine Ahnung von Kinderspielzeug, aber ich denke, eine Puppe, die mich in hysterisches Lachen versetzt, wird der *Sesamstraße* Unmengen von Geld einbringen. Was ich für eine gute Überleitung halte, um Baxter nach Selbigem zu fragen.

Ich erzähle ihm von Irinas bedauerlichen momentanen Zahlungsschwierigkeiten und dass mein Team damit droht, nicht am Workshop teilzunehmen. Baxter erwidert, wir könnten auf keinen Fall zulassen, dass dadurch der Workshop in Moskau gefährdet wird, und er verspricht, mir zu helfen. Als ich hinausgehe, wirft er mir noch einen Karton mit einem »Kitzel-mich-Elmo« hinterher und meint: »Hier, nimm. Du siehst aus, als könntest du ihn gebrauchen.«

Wie großartig, dass jetzt Baxter mein Vorgesetzter ist.

Am Nachmittag fahre ich einmal quer durch die Stadt zum Muppet Mansion, um mit Ed Christie von der Henson Company zu sprechen, der mit mir die russischen Muppets entwickeln soll. Ich bin ihm bislang erst einmal begegnet, bei der Fortbildung meines Teams in New York.

Als ich an dem winzigen Stadthaus auf der Upper East Side klingele, öffnet mir ein Bediensteter und bittet mich, im Eingangsbereich zu warten. Er zeigt auf eine Reihe abgenutzter Kinositze mit Samtpolster. An der Wand dahinter ein riesiges Gemälde, auf dem verschiedene Muppetfiguren in einem alten Kinosaal kreuz und quer übereinanderklettern, um zu ihren Sitzen zu gelangen. Als ich Platz genommen habe, fühle ich mich mit den Muppets hinter mir wie eine Zuschauerin im Kino.

Ich freue mich schon darauf, mit Ed Christie zu arbeiten. Er hat für die zauberhaften Muppets, die er für Hensons Workshop kreiert hat, bereits mehrere Emmys gewonnen. Nachdem er mich begrüßt hat, geht er mit mir zum Aufzug. Er wirkt, als habe er es eilig. Vielleicht ist er auch nur zerstreut. Als ich versuche, ein wenig Small Talk zu betreiben, entlocke ich ihm nur ein Grunzen.

Im vierten Stock angekommen, bedeutet mir Ed, ihm durch ein Labyrinth aus Arbeitstischen zu folgen. Angesichts seines Schweigens wächst mein Unbehagen noch mehr, ihm das Konzept der Russen für ihre »Domowoi«-Puppe vorzustellen.

Vorsichtig umkurve ich die mit Federn und Schaumstoffstücken beladenen Rollwagen. Von der Decke hängen diverse Körperteile, darunter auch Elmos biegsamer Torso. Pelzmuster in allen nur erdenklichen Farben liegen wie Tierfelle auf den Tischen gestapelt. In einer geöffneten Schublade sehe ich Augäpfel und Nasen in verschiedenen Größen, in einer anderen ein riesiges Wirrwarr aus roten und grünen Beinen, die wie Spielzeugschlangen aussehen.

Als ich die zehn Miss Piggys an der Wand sehe, kreische ich: »Ach du meine Güte, Miss Piggy!«

Mehrere Künstler, die an den umliegenden Tischen arbeiten, blicken kurz auf und haben mich gleich darauf schon wieder vergessen. Einen solchen Kommentar hören sie vermutlich jedes Mal, wenn ein Unbekannter diese Zauberhöhle betreten hat.

Als wir schließlich vor Eds Schreibtisch stehen, kommt er ohne Umschweife zum Thema und bittet mich, ihm die russischen Skizzen zu zeigen. Ich bin derart eingeschüchtert von der Umgebung, dass es mir fast peinlich ist, ihm die Entwürfe zu zeigen. Ich denke, sie sind einfach nicht gut genug, aber ich habe keine Wahl. Also ziehe ich die Zeichnungen vorsichtig aus meinem Rucksack und überreiche sie ihm.

Ed betrachtet die Entwürfe für den Domowoi, dann sieht er mich mit sauertöpfischer Miene an. »So funktioniert das nicht«, sagt er rundheraus. »Die russische Ganzkörperpuppe muss kindlicher aussehen, wie Bibo. Die Kinder mögen die Muppets, weil sie etwas Spielerisches, Biegsames, Offenes ausstrahlen.« Er findet, der russische Hausgeist sieht beängstigend aus.

Dann zeigt er auf die Kappe, die der Domowoi trägt, und fragt in sarkastischem Ton: »Erwarten die Russen etwa, dass der Domowoi den Kindern die Kommunion verabreicht und die Beichte abnimmt?« Das ist als Witz gemeint, aber er verzieht keine Miene.

Ich erzähle ihm, wie schwierig es war, den Russen die Muppets überhaupt nahezubringen. Da sagt er, dass er rasch selbst ein paar Entwürfe zeichnet, die den Russen gefallen werden und die ich mit nach Moskau nehmen kann.

»Oh, fast vergessen.« Ich hole die Märchenbücher heraus, die mir Wika gegeben hat. »Vielleicht können Sie die bei Ihren Entwürfen gebrauchen«, biete ich ihm optimistischerweise an.

Jetzt lächelt Ed zum ersten Mal. Während er mich zum Aufzug bringt, denke ich über den Domowoi nach, der mir immer noch peinlich ist. »Beim nächsten Mal werden Ihnen die russischen Entwürfe besser gefallen, versprochen.«

»Na, hoffentlich«, sagt er, während sich die Fahrstuhltür schließt.

Die nächsten Tage sitze ich wie auf glühenden Kohlen und warte darauf, ob der Workshop die Gelder für Video Art vorstrecken wird. Ich hoffe, dass sie die Honorare zumindest für eine begrenzte Zeit vorschießen, damit das Seminar wie geplant stattfinden kann.

Und: Ich muss mir dringend ein Hochzeitskleid kaufen. Ich habe mir am Flughafen ein Brautmagazin gekauft, in dem ich den perfekten Glockenrock gesehen habe, schulterfrei, aus weißem Satin. Ich habe Glück und finde ein ganz ähnliches Kleid – nur billiger.

Im Brautgeschäft scharwenzelt die Verkäuferin um mich herum, während ich vor dem Ganzkörperspiegel stehe und mich hin und her drehend betrachte. Das Kleid ist genau so, wie ich es mir vorgestellt habe, aber irgendwie fühle ich mich trotzdem nicht ganz wohl darin.

»Irgendwas fehlt noch«, murmelt die Verkäuferin. Sie rennt weg und kommt mit einer falschen Perlenkette zurück, die sie mir um den Hals legt. »Genau!«, sagt sie und begutachtet mich wie die Konditorin die Glasur auf der Hochzeitstorte.

Leider hat das überteuerte Schmuckimitat auf mich nicht dieselbe Wirkung. Die aufgetakelte Dame, die mich da aus dem Spiegel anstarrt, scheint unendlich weit weg zu sein von meinem Selbstbild einer an Schlafmangel leidenden Puppensendungsproduzentin, die mit Oligarchen verhandelt, Morde umschifft und politische Konflikte entschärft. Wie gern würde ich glauben, dass ich diese Frau im Spiegel sein kann – eine in Leidenschaft für ihren Mann entbrannte Braut.

Ich weiß nicht mehr, wo ich stehe, fühle mich wie eine Betrügerin, die ihr eigenes Leben simuliert. Ich gehe in die Umkleide und ziehe das Kleid aus. Als es wieder im Kleidersack verstaut ist, fühle ich mich besser, bin raus aus der Gefahrenzone und – vorläufig – wieder der Mensch, den ich kenne.

Zwei Tage bevor ich wieder nach Moskau fliegen soll, lese ich eine Mitteilung von Baxter, bei der er mich in Kopie gesetzt hat. »Ich denke, es ist das Beste, wenn wir die Gelder von USAID für die nächste Phase des russischen Projekts ausgeben, damit es weitergehen kann und die Leute weiterarbeiten.« In seinem rustikalen Stil fährt er fort: »Klar ist das ein Drahtseilakt, aber damit zeigen wir auch unseren guten Willen. Und wenn es schiefgeht, wissen wir wenigstens, dass Video Art nicht der richtige Partner ist.«

Ich danke den Sternen, dass uns Baxter wieder mal aus der Patsche geholfen hat. Ich rufe Mischa an, der schon darauf wartet, von mir zu hören, und kreische in den Hörer: »Wir haben das Geld, um unsere Leute zu bezahlen!« Ihn scheint die gute Nachricht zu überraschen und er verspricht, dafür zu sorgen, dass das Produktionsteam auch wirklich zum Workshop in Moskau erscheint, der schon in zwei Wochen beginnt.

12

Bibos Bibel

Für die Inhalte der *Sesamstraße* gibt es einen speziellen forschungsbasierten Ansatz, dessen wichtigste Säule der Workshop zum Bildungsplan ist. Hier kommen Fachleute in Kindererziehung mit Fernsehmachenden zusammen, um spezifische Bildungsziele zu erarbeiten, die auch die Kultur und die Werte des jeweiligen Landes widerspiegeln sollen, in dem die Sendung produziert wird.

Ich halte das für eine überaus hellsichtige Idee und habe selbst schon miterlebt, wie positiv sich dieser Ansatz auf die Sendung auswirken kann. Aber er kann auch leicht doktrinär wirken und etwas Kulthaftes bekommen. Auf der Fortbildung in New York nannten die Russen die fünfzigseitige Forschungsbibel der *Sesamstraße* das »Muppet-Manifest«.

Mir scheint, die russischen Produzenten und Abteilungsleiter romantisieren gern den kreativen Prozess. Und sie nehmen kein Blatt vor den Mund: Der Forschungsprozess für die Sendung sei »mühsam«. Und von ein oder zwei Kollegen habe ich sogar gehört, der Forschungsansatz würde »den künstlerischen Prozess stören«.

Bisweilen kann ich ihre Bedenken nachvollziehen und empfinde genauso – vor allem weil ich selbst aus der wildwüchsigen Welt der freien Filmemacher komme, in der Flexibilität und Spontaneität entscheidend sind, um erfolgreich zu sein. Es ist schon schwer genug, originelle Ideen zu entwickeln, über die Vorschulkinder lachen, wenn man sich dabei nicht an einen zwanzig Jahre alten, von Akademikern verfassten Erziehungsleitfaden halten muss.

Auf der anderen Seite sahen sich die Forscher der *Sesam-*

straße damals als leuchtende Fürsprecher des jungen Fernsehpublikums. Und als Neuling im Kinderfernsehen bin ich auf die Forscher angewiesen. Ich sage mir, was auch immer beim Seminar zum russischen Bildungsplan herauskommt, ich werde es akzeptieren.

Am ersten Tag des Workshops Mitte Juni erlebt Moskau eine Rekord-Hitzewelle. Wir treffen uns vor dem Danilow-Kloster aus dem 13. Jahrhundert, dem Hauptsitz der russisch-orthodoxen Kirche. Das Kloster ist eine Festung am Ufer der Moskwa, die von frisch gestrichenen weißen Steinmauern umgeben ist. Die am Eingang stehenden Wachen winken uns durch in den Innenhof, in dem blaue Kirchen mit Zwiebeltürmen und goldenen Spitzen spektakulär emporschießen wie Aufklappfiguren in einem Märchenbuch. Dr. Genina, die Forschungsleiterin der *Uliza Sesam*, hat diesen Ort für unseren Workshop ausgewählt – nicht wegen seiner spirituellen Bedeutung, wie ich vermutet hatte, sondern weil vieles andere entweder nicht groß genug oder nicht bezahlbar gewesen wäre.

Unser bunter Haufen läuft an den Beeten mit verwelkten Blumen vorbei, während unser Blick an den Mönchen in ihren schwarzen Roben haften bleibt, die die Gärten mit gedankenvoller Miene abschreiten. Ich stelle mir vor, dass sie unter ihren schweren Gewändern furchtbar schwitzen müssen. In der Mitte des Anwesens steht ein riesiges Kruzifix aus Stein, das von leise vor sich hin Betenden umkreist wird. Geisterhaft schweift noch Zar Iwan der Schreckliche durch diese Gemäuer, der vor fast vierhundert Jahren hier geherrscht hat. Zumindest denke ich das. Ein rachsüchtiger Tyrann, der angeblich dem Architekten der großartigen Basilius-Kathedrale die Augen ausgestochen hat, damit er nie wieder ein Gebäude von solcher Schönheit errichten konnte. Ich erschaudere.

Schweigend betreten wir das Kloster-Hotel, in dem unser Workshop stattfinden soll. Nachdem wir vier Stockwerke hochgekraxelt sind (der Aufzug ist kaputt), kommen wir keuchend und schwitzend in dem engen Konferenzraum an, der, wie ich sofort sehe, keine Klimaanlage hat. Die Zimmertemperatur liegt bereits bei annähernd vierzig Grad. »Hier werden wir gegrillt wie Hähnchen«, kräht jemand von hinten.

Für die Vorbereitung des Workshops ist Dr. Genina in den letzten drei Monaten mehrmals in ferne Gegenden des Landes gereist, um Experten zu engagieren, die uns bei der Ausarbeitung des Bildungsplans für die Sendung helfen sollen. Bei einer Reise nach Jekaterinburg war auch Dr. Charlotte »Chary« Cole dabei. Sie ist die Leiterin Internationale Forschung der amerikanischen *Sesamstraße*. Die beiden haben gemeinsam russische Lehrer und Akademikerinnen interviewt, die auf frühkindliche Entwicklung, Psychologie, Mathematik, Ökologie, Gesundheit, Musik, ethnische Studien und Geschlechterforschung spezialisiert sind. Auf der Grundlage dieser Gespräche haben sie dann zehn Personen für den Workshop in Moskau ausgewählt. Außerdem haben sie mehrere Erzieherinnen und Erzieher aus ehemaligen Sowjetrepubliken wie Georgien und der Ukraine eingeladen. Dr. Genina erklärte ihnen, Ziel des Workshops sei, einen Mittelweg zwischen den liberalen westlichen Werten, für die die Marke *Sesamstraße* steht, und der postsowjetischen russischen Kultur und deren ideellen Werten zu finden. Sie erwartet eine große Teilnehmendenzahl, darunter auch Mitglieder des Forschungsteams, Vertreter der internationalen Forschungsabteilung der *Sesamstraße* und einige wichtige Mitarbeitende aus meinem Produktionsteam.

Ich bin dankbar, dass ich Dr. Genina schon vor zwei Monaten bei der Fortbildung in New York näher kennenlernen durfte. Nach ihrem Prädikatsabschluss an der Pädagogischen Staatlichen Universität Moskau hat sie zwölf Jahre lang am Staatlichen Akademischen Kindermusiktheater gearbeitet. Dass sie Erfahrung sowohl in der Bildung als auch im Theater hat, beeindruckte mich ebenso wie ihr unermüdliches Engagement für die russischen Kinder.

Viele Teilnehmende sind schon am Vorabend angereist und scharen sich bereits um den Kaffeetisch, wo sie einander zum ersten Mal begegnen. Dr. Genina geht umher und begrüßt hocherfreut die dreiundvierzig Personen. Manche Lehrerinnen und Akademiker kennen sich schon untereinander, während andere zum ersten Mal in Moskau sind und unbehaglich am Rand stehend ihre Kollegen beäugen.

Dr. Genina ist schick gekleidet, lindgrünes Jackett, taubenblaues Galakleid, bequeme Straßenschuhe, und sorgt dafür, dass sich alle wohlfühlen. Ich vermute, ihre Selbstsicherheit und Diplomatie werden wir in den nächsten Tagen noch gut gebrauchen können. Sie nickt mir von der gegenüberliegenden Seite des Raumes zu und lächelt sanft. Für die heutige Diskussion ist sie die ideale Moderatorin.

Allerdings wirkt sie auch leicht nervös, so als müsste sie sich noch für den bevorstehenden Kampf wappnen.

Mischa sitzt bereits am Konferenztisch. Gerade ist der erste *Playboy* in die russischen Zeitungskioske gekommen und er hat ihn sich diskret in eine der Mappen gelegt, die auf den Tischen verteilt wurden. Andere Mitglieder aus meinem Team sprechen höflich mit den Akademikern und fragen sie, woher sie kommen. Trotz der Einwände, die sie gegen die Seminarteilnahme hatten – nicht nur wegen der Probleme mit den Löhnen –, scheint ihnen diese Auszeit von den strapaziösen 14-Stunden-Tagen ganz gelegen zu kommen. Der kostenlose Kaffee tut sein Übriges.

Dann kommt Chary. Sie ist ein aufsteigender Stern der *Sesamstraße* und eine brillante Forscherin mit einem Abschluss in Kindererziehung in Harvard. Groß, belesen, leidenschaftlich, arbeitet sie extrem hart und unternimmt für den Sesame Workshop weite Reisen, die sie oft in gefährliche Gegenden führen.

Dr. Genina verkündet den Seminarbeginn und bittet die Teilnehmenden, an den vier rechteckigen Klapptischen Platz zu nehmen, die ein Quadrat mit einem Leerraum in der Mitte bilden. Sie erklärt, dass der Workshop auf Russisch stattfinden und es für die Englischsprechenden Dolmetscher geben wird. Freudig greifen die Teilnehmenden zu den Stiften und den Plüschpuppen, die auf ihren Stühlen sitzen, Elmo und das Krümelmonster zum Mitnehmen.

»Sehr professionell« sagt ein Akademiker auf Russisch, nimmt den Stift, dreht und wendet ihn und drückt darauf, dann streicht er noch über sein Namensschild, das vor ihm auf dem Tisch steht. Er dreht den Deckel von der Wasserflasche und nimmt nickend einen Schluck. Auf den Glasflaschen steht *Swjatoi Istotschnik (Heilige Quellen)* und in winziger russischer Druckschrift: »Hergestellt durch die russisch-orthodoxe Kirche«. Ich muss laut lachen. Ich finde es unglaublich, dass die orthodoxe Kirche eine Abfüllanlage für Wasser betreibt. Das ist sicher ein gutes Geschäft. Die meisten Russen betrachten in Flaschen abgefülltes Wasser als Luxus und dieses geheiligte Wasser ist natürlich besonders kostbar.

Nach einer Vorstellungsrunde erläutert Dr. Genina den Seminarplan, dann schauen wir uns ein Video mit Ausschnitten aus der amerikanischen Sendung an. Noch bevor der untertitelte Clip mit dem Krümelmonster zu Ende ist, hebt ein Mathematikprofessor die Hand. »Unsere Vorschulkinder sind sehr viel intelligenter als die amerikanischen Kinder. Für unsere Sendung brauchen wir einen niveauvolleren Bildungsplan.«

Die Erzieherinnen und Erzieher zu beiden Seiten nicken.

Ich sitze still da und frage mich, wie eine solche Aussage für die Amerikaner im Raum klingen muss. Eine gute Bildung gehört zu den großen Errungenschaften der Sowjetunion, aber es ist nun auch nicht so, dass hier die Kinder am Ende des Kindergartens schon mit der Infinitesimalrechnung durch wären. Trotzdem scheinen die meisten russischen Fachleute dem Matheprof zuzustimmen. Über die nickenden Köpfe hinweg sagt eine Geschichtslehrerin: »Wir müssen uns überlegen, wie wir über die schwierige Vergangenheit unseres Landes reden und sie in einem positiven Licht zeigen können, um den künftigen Generationen den Glauben an unser Land zurückzugeben.«

Ein Musikfachmann schlägt vor, wir sollten auf die russische Kultur zurückgreifen, »um Russlands glorreiche Vergangenheit vorzuführen – unsere Musik, unsere Literatur, unseren Glauben«.

Ob der poetischen Worte erfüllt strahlendes Lächeln den Raum. Dann steht der Mathematiker auf, haut mit der Hand auf den Tisch und sagt: »Wir dürfen nicht vergessen, dass wir vor allen Dingen nach wie vor eine Supermacht sind und sich unsere Kinder nicht für unsere Vergangenheit schämen müssen. Im Gegenteil, sie sollen stolz auf ihr Land sein!«

Dr. Genina lässt die Debatte laufen und fordert auch die anderen Teilnehmenden auf, sich zu äußern. Dann sagt sie: »Ja, wir sind eine Supermacht und unsere Kinder sind im Vergleich zu anderen Ländern herausragend im Lernen von Buchstaben und Zahlen, aber sie müssen auch neue Fähigkeiten und eine neue Denkweise erlernen, um einen möglichst reibungslosen Übergang in eine demokratische Gesellschaft zu schaffen.« Sie stellt klar, dass sich die Bildungsziele für die *Uliza Sesam* natürlich von der amerikanischen Sendung unterscheiden, aber »nicht, weil russische Kinder klüger sind«.

Eine Geschichtslehrerin hebt die Hand. »Die Sendung hat ein zu hohes Tempo für russische Kinder.« Jemand anders fügt hinzu: »Die Figuren sind zu hysterisch und sie verhalten sich unkultiviert.« Ich muss mich schwer am Riemen reißen, um darauf nichts zu erwidern, vor allem wenn ich an die Petrushka in Midhats Büro denke, die der Sockenpuppe die Lichter ausknipst.

Die Erzieherinnen und Erzieher reden lange, ohne von Dr. Genina unterbrochen zu werden, sodass sie sich wertgeschätzt und ernst genommen fühlen können. Dann erklärt sie: »Ich habe anhand Ihrer aller Empfehlungen einige Themen ausgewählt, die wir im Seminar behandeln könnten: Bildung, Wirtschaft, gesellschaftliche Fragen, Geschlechterfragen und Staatsbürgertum. Aber wir werden uns auch viel Zeit nehmen, um über die Punkte zu reden, die Sie gerade genannt haben, und sicher auch noch auf andere Themen zu sprechen kommen.« Dann weist sie darauf hin, dass die russische Sendung zwar genuin russisch sein soll, dass aber die Erfahrungen mit der Originalsendung den Teilnehmenden eine Hilfe sein werden, um konkrete Ideen für die *Uliza Sesam* zu entwickeln.

Um elf Uhr beraumt Dr. Genina die erste Pause ein.

Gott sei Dank. Nach diesem Bashing amerikanischer Erziehung brauche ich erst mal einen Kaffee. Während ich ihn in einer Ecke des Raums schlürfe, höre ich zufällig, wie sich ein russischer Physiker auf Englisch bei Chary entschuldigt, dass er wohl bald gehen werde. »Sie verlangen von uns, einen Bildungsplan zu entwickeln, damit unsere Kinder Fähigkeiten erlernen, die sie für eine offene Gesellschaft brauchen. Aber wie sollen wir das anstellen, wenn wir selbst nie in einer offenen Gesellschaft gelebt haben?« Er klingt traurig.

Chary berührt ihn sanft an der Schulter und bittet ihn, noch zu bleiben, um zu sehen, wie sich das Seminar entwickelt, das ja über mehrere Tage geht. Er nickt.

Später kommen wir tatsächlich auf das heikle Thema zu sprechen, wie wir den Kindern die Fähigkeiten beibringen können, die sie brauchen, um in der neuen Gesellschaft und auf dem freien Markt zurechtzukommen.

Der Physiker meint, der Kapitalismus könne den Bedürfnissen durchschnittlicher Russen nicht gerecht werden, weil sie an den Schutz und die Sicherheit des sozialistischen Staates gewöhnt sind. »Die Schwächeren oder weniger Leistungsfähigen sollten nicht bestraft werden, nur weil sie nicht wissen, wie sie das große Geld verdienen können. Das wäre unmenschlich und solche Vorstellungen sollten wir auch unseren Kindern nicht beibringen.«

Der Gesundheitsexperte pflichtet ihm bei: »Wir wollen nicht, dass unsere Kinder Menschen beneiden, die materiellen Reichtum besitzen.«

Ein Vorschullehrer mit braunen Haaren widerspricht: »Die *Uliza Sesam* muss den Kindern auch beibringen, was der freie Markt ist. Sonst werden unsere Kinder nicht überleben.«

Am gegenüberliegenden Tisch ruft ein Geschichtsprofessor aus: »Geschäftemachen sollte im Russischen kein Schimpfwort sein. Wir müssen unseren Kindern beibringen, Menschen zu respektieren, die Geschäfte machen, weil sie ein kreativer Teil der neuen Gesellschaft sind.«

Der Widerstand gegenüber dem Kapitalismus, der bei einigen Erzieherinnen und Erziehern zum Ausdruck kommt, ist nur allzu verständlich. Den meisten Russen geht es finanziell schlecht und niemand bestreitet, dass die Ungleichheit in Russland seit dem Ende des Kommunismus stark zugenommen hat. Die Lebenserwartung ist gesunken, die Ersparnisse auch vieler Lehrer hier im Raum, die sie über ihr gesamtes Leben angehäuft haben, sind zusammengeschrumpft. Kein Wunder, dass ihnen das Angst macht.

Der Mathedozent ruft über die Kluft zwischen den Tischen hinweg: »Russlands Stärke liegt in Mathematik und Wissenschaft und diese Stärke müssen wir vor allem anderen bewahren. Wir dürfen uns nicht der destruktiven Besessenheit des Westens vom Kapital ergeben.«

Ein anderer Lehrer meint: »Wenn die Sendung Geld in irgendeiner Weise in den Mittelpunkt stellt, dann werden unsere Kinder damit groß werden, dass es das Wichtigste ist, Geld zu verdienen, statt zu sozialverantwortlichen Wesen heranzuwachsen.«

Die Bedenken, inwiefern der neue Reichtum die Gesellschaft verändern wird, sind berechtigt. Viele meiner Freunde aus dem Westen, die hier in Moskau leben – und vielleicht sogar ich selbst –, haben sich schuldig gemacht, indem sie den freien Markt gepredigt haben, ohne zu sehen, dass die wirtschaftliche

Ungleichheit in der gesamten ehemaligen Sowjetunion rasant zugenommen hat. Während ich dieser leidenschaftlichen Auseinandersetzung lausche, bin ich erschrocken, dass viele dieser Beiträge über den Kapitalismus ganz ähnlich klingen wie die Debatten, die gerade in Amerika zwischen Linksliberalen und Neokonservativen geführt werden.

Natalia, eine Psychologin, hebt die Hand. Ihre Stimme klingt freundlich und ernst.

»Aber unsere Kinder wissen doch schon alles über Geld. Die Dreijährigen in meiner Vorschulklasse können mir schon den Wechselkurs von Rubel in Dollar sagen, obwohl der sich praktisch jeden Tag ändert.« Dann meint sie: »Das können wir doch nicht einfach ignorieren. Wenn wir ihnen nicht erklären, was ein freier Markt ist, werden sie irgendwann einfach abgehängt.«

Damit stehen die Erzieherinnen und Erzieher vor einem schwierigen Dilemma. Die wenigsten wissen selbst, was ein freier Markt ist. Noch bis vor drei Jahren haben diese Lehrer mit dem Taktstock vor ihrer Klasse gestanden und ihre Schüler dirigiert, um Lieder zu singen, die den Sozialismus verherrlichen.

Ich hebe die Hand und schlage vor, die *Uliza Sesam* könnte zum Beispiel eine Szene zeigen, in der Kinder einen Limonadenstand betreiben, um zu erläutern, was Geschäftemachen heißt und was Teamwork ist. Die Gruppe ist entsetzt – nicht nur über die Vorstellung, dass Kinder etwas auf der Straße verkaufen, sondern auch über die Idee, Kinder bei »dreckigen Handelsaktivitäten« zu zeigen, wie ein Teilnehmer es ausdrückt. »Nur verzweifelte, arme Menschen verkaufen etwas auf der Straße, um zu überleben, und es ist gefährlich«, sagt ein Erzieher. Ein anderer mahnt: »Es ist nicht richtig, Kindern zu zeigen, wie man Geld verdienen kann. Das stachelt sie nur zur Gier an.« Ich hatte nicht erwartet, dass mein Beispiel solche Reaktionen hervorrufen würde. Aber sie sind natürlich nur folgerichtig, da es zu Sowjetzeiten illegal war, Sachen auf der Straße zu verkaufen, und es nur die Ärmsten der Armen taten – oder die Mafia.

Dr. Genina wechselt geschickt das Thema und erzählt, dass das Forschungsteam in verschiedenen Gegenden Russlands Lehrerinnen, Bibliothekare und die Leiter von Kindergärten und Waisenhäusern besucht hat, um sie zu fragen, was Vorschüler unbedingt lernen sollten. »Wir waren überrascht, dass viele russische Erzieher gar nicht genau sagen können, welche Geschichte und welche Ideale sie den Kindern vermitteln sollen.« Zum Beispiel habe einer der interviewten Lehrer gesagt: »Es mussten Tausende Lehrbücher für Kinder entsorgt werden, die die Russische Revolution und ihre Anführer verherrlichen, und es gibt noch keine neuen Bücher, an denen wir uns orientieren können, um unsere Kinder zu unterrichten.«

Die nächste Rednerin ist Dr. Elena Lenskaja, die Leiterin der Abteilung Internationale Beziehungen im Bildungsministerium. Sie ist unter den Erzieherinnen und Erziehern wohlbekannt. Vor drei Jahren kam sie auf Einladung von Sesame Workshop nach Washington, um vor dem Unterkomitee des US-Senats für Auslandsbeziehungen ein Plädoyer für die russische *Sesamstraße* zu halten. Sie steht auf und sagt: »Das russische Bildungssystem befindet sich ohne Zweifel in einer Krise. Wir haben im Ministerium nicht einmal mehr genug Geld, um den Lehrern ihre Gehälter zu bezahlen, geschweige denn, um neue Lehrbücher zu erstellen.« Ihre Stimme wird sanft, als sie auf den Elefanten im Raum zu sprechen kommt: »Das sowjetische Bildungssystem war darauf ausgelegt, dass wir in Wissenschaften und Mathematik brillieren, und das ist uns auch wunderbar gelungen. Aber unser heutiges Bildungssystem ist nicht mehr tragfähig und die *Uliza Sesam* kann uns eine große Hilfe sein, indem sie uns andere Mittel an die Hand gibt, um unsere Kinder zu erziehen, während wir einen neuen Lehrplan für ein neues Russland entwickeln.«

Viele rutschen unruhig auf ihren Sitzen hin und her. Es scheint ihnen unangenehm zu sein, dass eine Regierungsvertreterin vor den amerikanischen Gästen Schwächen im russischen

Bildungssystem zugibt. Dr. Genina reagiert mit einem freundlichen Angebot: »Alle Länder erleben schwierige Zeiten, und Schwächen zugeben zu können ist der erste Schritt, um etwas zu ändern.«

Ich bin Dr. Lenskaja und Dr. Genina dankbar, dass sie die *Uliza Sesam* in einem so positiven Licht erscheinen lassen. Auch wenn ich die Kritik der Teilnehmenden an der *Sesamstraße* vorausgesehen habe, weil unser Programm ihnen fremd ist, habe ich doch gehofft, dass die russischen Erzieherinnen und Erzieher die künstlerische Genialität und das universell Menschliche der Muppets anerkennen und den potenziellen Wert der Sendung für ihr Land sehen.

Obwohl ich mit meinem Team seit Monaten ähnliche Diskussionen führe, beeindrucken uns alle die tiefgreifenden Erkenntnisse, die an diesem ersten Seminartag zur Sprache gekommen sind. Dieser Workshop wird entscheidend sein, um eine Einigung darüber zu erzielen, wie wir den Bedürfnissen der Kinder gerecht werden und relevante Inhalte entwickeln können, die ansprechend und überzeugend sind. Die Differenzen zwischen den Teilnehmenden scheinen indessen so groß, dass ich mir Sorgen mache, wie wir zu einer Einigung kommen sollen. Chary dagegen versichert mir, sie habe schon Ähnliches erlebt und ich solle mich nur in Geduld üben.

13

Ein Engel steigt herab

Noch hitziger wird die Debatte, als die russischen Erzieherinnen und Erzieher darüber diskutieren, auf welche Weise die *Sesamstraße* Inklusion fördern soll. Wir sehen uns ein Video von einem Jungen im Rollstuhl an. In dieser Szene ist der Junge auf dem Weg in den Park und trifft zufällig einen Freund. Die beiden spielen Ball und lassen einen Drachen steigen, dazu läuft ein drolliges Lied mit einem fröhlichen Text, das den Titel »Me & My Chair« trägt.

Überraschenderweise erntet die berührende Szene harsche Reaktionen. »Wie können Sie Kinder im Rollstuhl zeigen? Das ist Ausbeutung«, sagt ein Lehrer. »Es ist schändlich, diesen armen kleinen Krüppel dabei zu zeigen, wie er versucht, sich normal zu verhalten, indem er Ball spielt und einen Drachen steigen lässt«, sagt ein anderer. Eine Lehrerin schüttelt den Kopf. »Warum sollten sich normale Kinder in einer Fernsehsendung nicht normale Kinder ansehen wollen?«

Ich bin schockiert, stelle mich aber dumm. »Sie meinen also, die *Uliza Sesam* darf keine behinderten Kinder zeigen?«

Der Lehrer, der zuerst das Wort ergriffen hat, nickt. »Ja, genau – die Kinder sollen wenigstens während dieser Sendung das Elend vergessen und der Hölle entfliehen, in der wir leben.«

Ich kann es kaum glauben. Wie soll die Sendung den Kindern Empathie und Verständnis beibringen, wenn diese distinguierten und aufgeklärten Erzieherinnen und Erzieher derart veraltete Ansichten vertreten? Aber das Gespräch nimmt noch einmal eine neue Wendung, als eine Expertin für kindliche Gesundheit meint, es sei unsensibel, ein Kind im Rollstuhl zu zeigen, da sich die meisten Russen ein solches Gerät nicht leisten können. Viele behinderte Kinder seien ans Bett gefesselt, erklärt sie mitfühlend, und wenn sie einen Film sähen, in dem ein Kind im Rollstuhl sitzt, wären sie traurig, weil sie selbst keinen haben.

In einer Ecke des Raums erhebt nun eine Frau mittleren Alters mit einem weichen, runden Gesicht die Stimme. Sie spricht sehr leise. »Mein Name ist Ludmila Tschapurina. Ich unterrichte Kinder in Tscheboksary, das ist die Hauptstadt von Tschuwaschien, einer der ärmsten Gegenden im Westen von Russland.«

Sie holt tief Luft, dann spricht sie weiter. »Jahrzehntelang hat die kommunistische Regierung unseren Ort, in dem hauptsächlich turkische Menschen leben, als Abladeplatz für gefährliche Chemikalien benutzt. Deshalb ist es auch kein Wunder, dass der Anteil an Missbildungen bei Babys in Tschuwaschien mit am höchsten in ganz Russland ist.« Sie spricht ruhig und langsam, aber mit einem großen Ernst, der alle im Raum fesselt.

»Ich arbeite jeden Tag mit Kindern, die im Rollstuhl sitzen. Sie lachen mit mir, malen Bilder, machen Musik und verbringen ein paar schöne Stunden. Aber Sie können sich nicht vorstellen, wie sehr sich diese behinderten Kinder danach sehnen, mit normalen Kindern zu spielen – wie sehr sie sich danach sehnen, in einer Welt zu leben, in der sie nicht mit Geringschätzung behandelt werden. Könnt ihr nicht begreifen, dass ein Kind, nur weil es Probleme mit seinen Beinen hat, trotzdem in anderen Bereichen begabt sein kann? Diese Kinder sind sehr sensibel. Wir müssen dazu beitragen, dass die gesunden Kinder diese Kinder als ihresgleichen ansehen, die auch einen Wert für die Gesellschaft haben.«

Mir kommt es vor, als wäre ein Engel in unseren Seminarraum herabgestiegen. Die barschen Worte, die noch kurz zuvor die Atmosphäre vergiftet haben, lösen sich in Luft auf. Der Matheexperte starrt auf seine Hände, die ineinander gekrallt auf dem Tisch liegen. Mehrere Teilnehmende sind den Tränen nahe. Mir selbst steigen auch Tränen in die Augen und ich wische sie verstohlen weg. Ich bin überrascht, wie emotional ich reagiere, aber nach dem monatelangen Druck, der in diesem einen Augenblick kulminiert, überwältigen mich meine Gefühle.

Allen scheint bewusst zu sein, dass hier gerade etwas fast Übersinnliches geschieht. Die ganze Gruppe hat begriffen, dass wir eine Mitverantwortung dafür tragen, dass die *Uliza Sesam* Vorurteile bekämpfen und Toleranz fördern hilft, erst auf dem Fernsehbildschirm und dann auch im echten Leben. Ludmila hat uns alle verzaubert.

Dr. Genina beschließt, dass wir jetzt Mittagspause machen sollten. Während sich die Teilnehmenden um das Buffet scharen, nehme ich mir ein Sandwich und gehe hinaus.

Vor dem Gebäude kann ich endlich wieder atmen, auch wenn die Hitze erdrückend ist. Ich brauche ein wenig Zeit, um mich zu sammeln. Einige Soldaten in Uniform und mit Maschinengewehr durchqueren den Garten. Eine ältere Frau mit einem zerfledderten grünen Kleid, in dessen Falten sich Schweißflecken abzeichnen, steht vor der St.-Daniel-Kirche und hält den Passanten weiße Wachskerzen entgegen. Dabei sieht sie sie flehentlich an. Sie verkauft dieselben Kerzen, die es drinnen in der Kirche gibt, zum selben Preis. Ich kann mir nicht vorstellen, dass ihr irgendwer eine abnimmt. Ich kaufe zwei Stück und senke leicht den Kopf. Sie lächelt mich zahnlos an.

Ich setze mich auf eine kleine Holzbank und blicke auf einen Teich, auf dem eine Entenfamilie unter einer riesigen Weide Schatten gesucht hat. Das sonnenverbrannte, gelbbraune Gras am Ufer bietet den dürren Vögeln keinerlei Nahrung. Als sie in meine Richtung paddeln, werfe ich ihnen ein paar Brotkrumen von meinem Sandwich ins Wasser. Miteinander ringend tauchen sie nach den Krumen. Die Verzweiflung, mit der diese Enten nach etwas Fressbarem suchen, erinnert mich an ein Waisenhaus, das ich vor ein paar Monaten in Nowosibirsk besucht habe. Unterernährte Babys, denen dreckige Lumpen als Windeln angelegt wurden und die in ihren Metallbetten in einem fort schrien.

Ich hatte diese Bilder aus meinem Kopf verdrängt, bis sie eben wieder hochkamen, als Ludmila über die Kinder in Tscheboksari sprach. Als wäre ein Damm in mir gebrochen und als hätte ich plötzlich begriffen, wie abgestumpft ich gegenüber dem Leid in diesem Land geworden bin. Ich habe mich in meiner Arbeit vergraben und nichts mehr von dem gesehen, was direkt vor meinen Augen passiert.

Schon am ersten Seminartag fühle ich mich emotional ausgelaugt. Ich lege den Kopf zwischen die Beine und atme mehrere Male tief ein. Die Enten knabbern an meinem Mittagessen und als ich den Kopf wieder hochnehme, sehe ich einen Priester in schwarzer Kutte und Mitra um den Teich gehen. Das goldene Kreuz, das er um den Hals trägt, baumelt im Rhythmus seiner Schritte. Er schreitet mit einer fast mystischen Anmut dahin, setzt bedächtig einen Fuß vor den anderen und kommt auf mich zu. Perplex stelle ich fest, dass es der Patriarch Alexius II. ist, das Oberhaupt der russisch-orthodoxen Kirche. Ich kenne ihn aus der Zeitung.

Dem russischen Patriarchen über den Weg zu laufen ist ungefähr so wahrscheinlich, als würde man im Vatikan dem Papst begegnen. Nach der emotionalen Läuterung dieses Vormittags ist es wohltuend, Seine Heiligkeit zu sehen. Und es kommt mir gar nicht wie ein Zufall vor. Alle meine Freunde wissen, dass ich zwar nicht religiös, aber immerhin abergläubisch bin.

Der Patriarch hält in der Nähe meiner Bank am Teichufer inne. Ich stehe auf und gehe langsam auf ihn zu, wobei ich mich halb verbeuge, halb nicke, da ich die Gepflogenheiten nicht kenne. Plötzlich höre ich mich selbst reden. »Eure Exzellenz«, sage ich zu ihm auf Russisch. »Ich bin Amerikanerin und arbeite hier mit Erziehern aus ganz Russland, wir machen Bildungsfernsehen und entwickeln gerade eine neue Sendung für russische Kinder.« Ich habe die Worte kaum ausgesprochen, da ist es mir auch schon peinlich, dass ich diesem heiligen Mann von meiner Arbeit erzähle.

Aber er zeigt sich gnädig. »Wie es aussieht, müssen auch Gottes Orte Räume vermieten, um ihren Lebensunterhalt zu bestreiten«, sagt er nickend.

Ich versuche mich zu sammeln, senke erneut den Kopf und bitte ihn, mich und unsere Unternehmung zu segnen. Da streckt er die Hand aus und segnet mich mit einem Kreuzzeichen. Kurz stockt mir der Atem und ich versuche festzustellen, ob ich gerade wache oder träume. Dann wendet sich der Patriarch um und geht davon und auch ich kehre zu meinem Workshop zurück. Die Rückkehr in die säkulare Welt fällt mir nicht ganz leicht.

Im Konferenzraum wurden inzwischen die letzten Reste des Buffets abgeräumt und die Teilnehmer stehen in kleinen Gruppen beisammen, unterhalten sich und trinken Kaffee. In die drückende Hitze mischt sich der Geruch von Zigarettenqualm und Schweiß. Ich hole mir einen Kaffee und geselle mich zu Mischa, der mit einem Teilnehmer darüber spricht, ob es in der *Uliza Sesam* auch Filme geben soll, in denen Kinder Wettkampfsport betreiben. Mischa meint: »Dadurch wird den Kindern eine positive Haltung zum Wettbewerb vermittelt, in einem freien Markt ist das wichtig.« Zu meiner anderen Seite höre ich mit einem Ohr, dass unser Realfilmregisseur die Lehrerin einer Moskauer Grundschule um Erlaubnis bittet, an ihrer Schule ein Video für unsere Sendung zu drehen.

Mischa setzt sich wieder an den Konferenztisch und blättert weiter im *Playboy*. Ich erzähle ihm von meiner Zufallsbegegnung mit dem Patriarchen.

Zuerst will er mir nicht glauben. Aber als er sieht, dass ich rot werde, begreift er, dass es wirklich stimmt. Mit gedämpfter Stimme flüstert er: »Du hast großes Glück, mit Seiner Heiligkeit gesprochen zu haben, weil er nur selten mit Menschen redet.« Er sieht mich eindringlich an – vielleicht weil er versucht herauszufinden, welche Veränderungen die Begegnung in mir bewirkt haben mag.

Plötzlich Aufruhr am Eingang, als zwei Teilnehmer hereinstürmen und, ohne Atem zu holen, erklären, dass die Tschetschenen die Stadt Budjonnowsk im Süden Russlands eingenommen haben. Die tschetschenischen Separatisten – die von den Russen als »Terroristen« bezeichnet werden – haben über tausend russische Staatsbürger als Geiseln genommen. Alle im Raum sind schockiert. Einige Erzieherinnen und Erzieher halten einander fest, andere keuchen oder fluchen. Das ist seit dem Zusammenbruch der UdSSR der erste Einfall in eine russische Stadt durch eine ehemalige Sowjetrepublik, bei dem die Zivilbevölkerung ins Visier genommen wird.

Ich mache mir nicht nur Sorgen um die Geiseln, sondern auch darum, ob wir in dieser Situation noch mit unserem Workshop weitermachen können. Wie können wir von den Teilnehmenden erwarten, sich mit einer Puppensendung zu beschäftigen, während ihre Mitbürger mit Waffengewalt festgehalten werden?

Dr. Genina nimmt die Sache in die Hand. »Während unser Volk, und auch unsere Kinder, in Budjonnowsk belagert und beschossen werden, sollten wir mit dem fortfahren, weshalb wir hergekommen sind«, sagt sie. »Wir müssen durch unsere Arbeit dazu beitragen, dass solche Gewalt nie wieder passiert. Es ist unsere Aufgabe, den nächsten Generationen zu zeigen, wie wir miteinander auskommen und in Frieden leben können.« Dann lenkt sie meisterlich die Aufmerksamkeit der Gruppe wieder auf die *Uliza Sesam*.

Trotz der Nachrichtensperre haben die Seminarteilnehmenden viel über den Angriff in Erfahrung gebracht, als sie am nächsten Tag wieder ins Kloster kommen. Es herrscht eine kollektive Trauer und ein Experte für Nationalfragen, der sich damit beschäftigt, ethnische Minderheiten in Russland zu integrieren, erzählt uns, was er über den Konflikt gehört hat.

»Die Tschetschenen haben mindestens 1500 Menschen als Geiseln genommen, darunter viele Kinder, und sich mit ihnen in einem Krankenhaus in der Stadt verschanzt.« Beim nächsten Satz bleibt mir fast das Herz stehen. »Der Befehlshaber hat den russischen Behörden gesagt, dass sie für jeden tschetschenischen Soldaten, der erschossen wird, zehn Geiseln töten werden.«

So furchtbar dieser Konflikt auch ist, dadurch rücken alle Teilnehmenden näher zusammen. Die Amerikaner sprechen den Russen ihr Mitgefühl aus, was wiederum die Erzieherinnen und Erzieher gnädiger in Bezug auf unsere Sendung stimmt. Unsere russischen Kollegen scheinen uns allmählich zu vertrauen und uns zu glauben, dass wir ihnen nicht einfach unsere Werte aufdrücken wollen, sondern es uns ernst damit ist, ihre Ansichten in den Bildungsplan einzubinden. Es ist vielleicht nicht ganz optimal, unmittelbar nach dem Angriff der Tschetschenen darüber zu sprechen, wie die Themen Minderheiten und Diversität angesprochen werden könnten, aber das ist eins der wichtigsten Ziele dieser Serie. Die Gruppe hat sich offenbar ebenso tapfer wie stillschweigend dazu entschieden, während des Seminars nicht über Budjonnowsk zu sprechen, damit wir mit der Arbeit fortfahren können. Ich finde es sehr bewegend, dass sich alle dazu durchgerungen haben, sich nicht von ihrer Verzweiflung vereinnahmen zu lassen, sondern an unserem gemeinsamen Projekt weiterzuarbeiten.

Dr. Genina erinnert die Teilnehmer daran, dass die *Uliza Sesam* für Kinder verschiedenster Ethnien sein soll. »Wir erwarten, dass unser Programm, wenn es auf ORT ausgestrahlt wird, in der gesamten ehemaligen Sowjetunion zu sehen sein wird, für georgische, armenische, aserbaidschanische, ukrainische und«, sie hält inne, »auch für tschetschenische Kinder.« Mit gleichbleibend ruhiger Stimme fährt sie fort: »Unsere Hoffnung ist, dass die *Uliza Sesam* einige der Gräben zwischen den sich gegenseitig bekämpfenden ethnischen Gruppen schließen kann und die Kinder schon in jungen Jahren dazu befähigt werden, nach Lösungen für Konflikte zu suchen.«

Das Thema Nationalitäten ist für viele Russen emotionsbeladen, auch hier unter uns gibt es einige, die der Zusammenbruch ihres Landes schmerzt. Ihnen kommt es wie Verrat vor, wenn ihre ehemaligen »sozialistischen Brüder«, die vom Sozialismus profitiert haben – er habe ihnen immerhin Bildung und Aufstiegschancen geschenkt –, jetzt die Waffe gegen ihr »Vaterland« erheben. Über die Hälfte der fünfzehn ehemaligen Sowjetrepubliken kämpfen gerade um ihre Unabhängigkeit von Russland.

Eine Expertin für Nationalfragen sagt: »In den Kriegsgebieten wie Tschetschenien leiden die Kinder am allermeisten.« Sie mahnt die Gruppe anzuerkennen, dass Kinder zwar unterschiedlich aussehen mögen, aber alle »von Gott erschaffen wurden und kein Kind schlecht ist«. Dann sagt sie: »Wollen Sie, dass unsere Kinder in einer Welt leben, in der ihnen von klein auf beigebracht wird, andere Nationen zu hassen, und in der wir innerhalb unserer eigenen Grenzen zwischen Freund und Feind unterscheiden?«

Ich würde sie für diese Worte am liebsten umarmen, da sie ausdrücken, was sicher viele von uns gerade denken.

Dr. Genina bittet die Teilnehmer, die Feindseligkeit, die sie möglicherweise gegenüber den Tschetschenen empfinden, abzulegen, damit wir eine objektive Diskussion führen können. Dann eröffnet sie die Debatte mit der Frage: »Sollen in der *Uliza Sesam* ethnische Minderheiten aus der ehemaligen Sowjetunion vorkommen? Und kann die Sendung verschiedene kulturelle Traditionen aus den ehemaligen Republiken zeigen, wie etwa Musik, Tanz oder Trachten?«

Nach einigen Stunden Diskussion erzielen wir noch vor dem Mittagessen eine Einigung. Die Gruppe beschließt, Schauspieler verschiedener ethnischer Nationalitäten in der Sendung auftreten zu lassen und Aspekte ihrer jeweiligen Kultur zu zeigen. Ein wunderbarer Moment, der allerdings abrupt endet, als ein Teilnehmer, der hinausgegangen ist, um sich über den Stand der Dinge zu informieren, hereinstürmt und schreit: »Im Fernsehen haben sie gerade berichtet, dass tschetschenische Rebellen fünf Geiseln erschossen haben.« Alle starren sich ungläubig an.

Der Nachmittag wird mit Sicherheit hart, nicht nur wegen der sich zuspitzenden Lage in Budjonnowsk. Es stehen auch einige heikle Punkte auf unserer Agenda, etwa die Darstellung der Geschlechter und sexuelle Identität. Ich frage mich, ob wir auch über alternative Familienmodelle und gleichgeschlechtlichen Sex zu sprechen kommen werden. Diese Themen sind in Russland trotz der aufkommenden Liberalisierung immer noch stark tabuisiert. Aber immerhin ist auch eine Genderexpertin unter uns, eine kleine Russin mit kurzen blonden Haaren und sanfter Stimme.

Dr. Genina leitet eine Diskussion über Geschlechterstereotype ein. »Seit Generationen gibt es feminine Männer und maskuline Frauen. Die *Uliza Sesam* muss auch gegen die traditionellen Stereotype von Männern und Frauen angehen«, sagt sie. »In Russland sind es immer noch die Frauen, die sich hauptsächlich um die Kinder kümmern, die Wäsche machen und kochen. Deshalb ist es wichtig, dass die *Uliza Sesam* auch Männer zeigt, die in der Küche stehen und die Kinder betreuen.«

Ich vermute, über sexuelle Identität werden wir erst einmal nicht reden, aber es freut mich, dass immerhin schon einmal diese Stereotype angesprochen werden.

Dr. Genina fährt fort: »Momentan sind es die Mütter, die die Kinder großziehen, aber wir müssen auch Familien zeigen, in denen sich die Mutter und der Vater die Kindererziehung teilen.«

Eine der jungen Autorinnen hebt die Hand. »Die neue Sowjetfrau sollte eine Heldin der Arbeit *und* eine mustergültige Mutter sein, aber das Gesetz, das der Befreiung der Frauen dienen sollte, hat ihnen nur die Freiheit gebracht, mehr zu arbeiten – außer- und innerhalb ihres Zuhauses.« Gelächter brandet auf.

Die Männer im Raum sagen wenig, vielleicht weil sie denken, sie hätten nicht das Recht zu widersprechen. Die Autorin schlägt vor, dass die Figur des Ehemanns in der *Uliza Sesam* – eine der

Hauptrollen – die gesamte Küchenarbeit in der fiktionalen Familie übernehmen könnte. Der Vorschlag stößt auf große Zustimmung und ich muss sagen, mir gefällt die Richtung, in die das Ganze geht.

Doch so gut die Konferenz auch läuft, wegen des Konflikts in Budjonnowsk bleibt die Stimmung gedrückt. In den Pausen tauschen die Teilnehmenden Informationen über die Geiselnahme aus. Irgendwann berichtet ein Konferenzteilnehmer, das russische Militär habe Truppen in die Region entsandt. Der Raum bricht in Jubel aus und wird ebenso schnell wieder still, als uns bewusst wird, welches Grauen die Geiseln gerade erleben.

Nach nur zwei Tagen intensiver Diskussionen und harter Arbeit finde ich es unglaublich, dass diese meinungsstarken Menschen eine gemeinsame Basis gefunden haben und im Umgang miteinander schon viel entspannter sind. Sie sehen sich gegenseitig oft freundlich lächelnd an. Aber was ich noch beeindruckender finde: Der Bildungsplan beginnt allmählich, Form anzunehmen.

Dr. Genina eröffnet die Diskussion des letzten Tages, indem sie die Ziele zusammenfasst, die die Gruppe erarbeitet hat und die die Inhalte der Sendung bestimmen werden. »Die *Uliza Sesam* wird darauf abzielen, russischen Kindern die Werte einer offenen und demokratischen Gesellschaft näherzubringen. Die Kinder sollen lernen, dass ihre Rolle und ihr Platz in der Gesellschaft nicht nur von einem geschlossenen Sozialsystem bestimmt werden, sondern dass auch ihre eigenen Entscheidungen, ihre Eigeninitiative und ihr Handeln von Bedeutung sind.«

In Abgrenzung zu der jahrzehntelangen Prägung durch sowjetische Bildungsziele soll sich die Sendung, so der gemeinsam in der Gruppe erörterte Wunsch, für die Selbstverwirklichung und den Individualismus aller Kinder einsetzen, auch solcher, die nicht einer bestimmten Ethnie angehören oder behindert sind. Daraufhin drehen sich alle zu Ludmila.

Dr. Genina mahnt an, dass diese Art der Toleranz ein besonderes Feingefühl erfordere. Wie das Massaker in Budjonnowsk zeigt, bedeutet Selbstverwirklichung für viele Muslime Unabhängigkeit von Russland. Daher kommt sie noch einmal auf das Ziel der *Uliza Sesam* zu sprechen, Geschichten über das Zusammenleben verschiedener ethnischer Gruppen zu erzählen, damit die Kinder die nötigen Fähigkeiten entwickeln können, um sich in einem Land zurechtzufinden, in dem es immer wieder zu ethnischen Unruhen kommen kann.

Mit Blick auf den Mathematiker fährt Dr. Genina fort: »Russische Kinder, die mit der *Uliza Sesam* groß werden, werden stolz darauf sein, in einer großen Nation zu leben, die viel zum Wissen und zur Kultur in der Welt beigetragen hat. Sie werden zu gesunden, glücklichen, offenen, neugierigen Menschen heranwachsen, die an sich selbst und an eine gute Zukunft glauben.«

Als ihr Beitrag endet, ist es ganz still im Raum – kein stürmischer Applaus, kein Lächeln. Ich deute den Ernst, mit dem die Teilnehmenden reagieren, als Anerkennung der bedeutsamen Arbeit, die wir hier alle gemeinsam geleistet haben.

Nach dem Seminar bleiben die Teilnehmer noch lange zusammen, tauschen Telefonnummern aus und versprechen sich gegenseitig, in Kontakt zu bleiben. Der Physiker, der von Chary überzeugt wurde, den Workshop nicht vorzeitig zu verlassen, nimmt sie beiseite: »Ich war am Anfang sehr skeptisch, was dieses Seminar angeht, ich hatte große Zweifel, dass wir es hinkriegen würden, einen geeigneten Bildungsplan für unsere Kinder zu erstellen. Aber jetzt ist mir klar geworden, wenn wir nicht nur eine Perspektive einnehmen, sondern die von vielen verschiedenen Fachleuten, dann können wir gemeinsam einen Plan erstellen, der vielleicht funktioniert.«

Ich pflichte ihm bei, dass unsere Zusammenarbeit sehr fruchtbar war, und danke Dr. Genina und Chary, die entscheidend zum Erfolg beigetragen haben. Als ich mit meinem Team durch das Kloster zum Ausgangstor gehe, frage ich mich, ob diese produktiven Diskussionen in dieser hochheiligen Feste dazu beitragen werden, dass sich in Russland etwas verändert. Vielleicht hilft es uns ja, dass uns der Patriarch Alexius II. seinen Segen erteilt hat.

Am Tag nach der Konferenz sehe ich im Fernsehen, dass in Budjonnowsk Hunderte Geiseln getötet worden sind. Der Verlust trifft mich tief, ein fast körperlicher Schmerz. Mein einziger Trost ist, dass die Krise in Budjonnowsk uns im Seminar das starke Gefühl gegeben hat, dass unsere Sendung zum Frieden zwischen den zukünftigen Generationen beitragen kann.

14

S wie schwarze Liste

Schon bald nach dem Seminar verfasst Dr. Genina den endgültigen Bildungsplan, in dem sie die Ziele der Sendung aufgrund der Empfehlungen aus dem Workshop festhält. Die Autorinnen und Autoren finden das Konzept sehr hilfreich und reichen dreimal so viele Drehbücher ein wie zuvor. Nur haben sich leider die Hoffnungen, die wir auf die Schwarze Henne gesetzt haben, zerschlagen. Es gelingt Lidas handverlesenen Autoren nicht, sich an das Standardformat der *Sesamstraße* zu halten, das drei bis fünf Seiten vorsieht, stattdessen liefern sie meist Drehbücher ab, die über zehn Seiten lang sind. Außerdem sind die Texte zwar gut geschrieben, aber oft furchtbar traurig, gewalttätig, rassistisch oder sexistisch.

Als wir uns einmal mit der Gang von der Schwarzen Henne zusammensetzen, stellt uns ein Autor ein Drehbuch für einen Realfilm vor, in dem den Kindern der Buchstabe D beigebracht werden soll. Darin wird ein trauriger pelziger Muppet beschrieben, der langsam einen Linoleumboden wischt. Auf dem Bildschirm erscheint der Buchstabe D und eine Stimme sagt: »D wie Depression.« Lida und die Autoren finden das lustig. Ich würde mich nicht wundern, wenn sie als Nächstes ein Drehbuch vorstellen, in dem sich ein Muppet à la Anna Karenina vor den fahrenden Zug wirft, um den Kindern den Buchstaben »S wie springen« beizubringen.

Bei den Treffen, auf denen wir die Drehbücher begutachten, lesen sich die Autoren gegenseitig ihre Arbeiten vor. Wir haben sie gebeten, Texte zu verfassen, die den Kindern die im Bildungsplan festgelegten Ziele näherbringen, und ihnen dazu gesagt, dass sich diese Texte für Kleinkinder eignen müssen. Aber mehr als die Hälfte der Autoren der Schwarzen Henne – die ihre Texte allesamt allein schreiben – haben Drehbücher mit realitätsfernen Themen eingereicht, in denen sie ihre Figuren ins All oder in fremde Länder schicken, wo sie außergewöhnliche Abenteuer erleben. Ein Storyboard mit dem Titel »Die Landkarte«, das den Kindern Geografiekenntnisse vermitteln soll, zeigt ein Kind, das in einer fliegenden Untertasse von Russland nach Frankreich flieht, wo der Junge an einem Festmahl mit erlesenem Käse und Gänseleberpastete teilnimmt.

Da die Bürger jetzt frei reisen können, verstehe ich natürlich, dass die Autoren über Orte schreiben, die sie selbst gern besuchen würden. Offenbar denken die Mitglieder der Schwarzen Henne, dass sich die Kinder nichts sehnlicher wünschen, als Russland zu verlassen.

Aber noch ein anderes Problem mit unseren *Sesam*-Autoren fällt Robin und mir auf: Sie scheinen nicht begriffen zu haben, dass das Fernsehen ein visuelles Medium ist. Handlung ist dabei wichtiger als Sprache. Unsere jungen Zuschauer lernen gerade erst, wie sie ihren Körper zu ihrer Umwelt in Beziehung setzen können. Kinder lachen hysterisch über eine Person, die die Nase rümpft oder so tut, als fiele sie über einen Ball. Verbale Beschreibungen interessieren sie dagegen weniger. In einem Drehbuch über ein russisches Volksmusikorchester steht der Satz, die Musiker würden »die Trauer in der Seele spüren, wenn sie ein Lied spielen, in dem es um Leid geht«. Wie können die Autoren von den Kindern erwarten, dass sie in diesem abstrakten Kontext das Wort *duscha* (»Seele«) verstehen? Aber als ich Lida darauf anspreche, verteidigt sie den Autor. »Russische Kinder verstehen schon mit zwei Jahren das Wort Seele.«

Ich kann es nicht glauben, dass sie diese Drehbücher tatsächlich gutheißt. Und als ich einmal spätabends noch mit Robin im Büro bin, sieht sie einen Stapel Drehbücher auf Lidas Schreibtisch durch und entdeckt ein Blatt, auf dem die Namen ihrer

Kommilitonen von der Filmhochschule stehen, die Arbeitsproben für die *Sesamstraße* eingereicht haben.

Sie ist entsetzt, dass die Namen ihrer Bekannten auf demselben Blatt stehen wie die der Autoren, die Lida abgelehnt hat. »Das ist eine schwarze Liste!«, ruft Robin aus.

Am nächsten Tag stellt Robin Lida zur Rede. Als ich mich einschalte und vorschlage, Lida könnte es doch wiedergutmachen, indem sie Robins Kommilitoninnen zu einem Bewerbungsgespräch einlädt und sie Drehbücher einreichen lässt – womit allen geholfen wäre –, geht Lida zum Gegenangriff über.

»Das hat keinen Zweck. Das sind alles nutzlose, infantile Kinder, die weder einen wissenschaftlichen Begriff vom Schreiben haben noch irgendeinen Status noch die Anerkennung durch den Schriftstellerverband«, sagt sie.

Robin, die neben mir steht, keift zurück: »Es spielt keine Rolle, ob ein Autor Mitglied im Schriftstellerverband ist oder wie alt er ist. Das Einzige, was zählen sollte, ist, ob er Fantasie und Humor hat und ob er schreiben kann.«

Am Nachmittag lädt Robin einige ihrer Filmkollegen – viele von Lidas schwarzer Liste – in unser Büro ein. Als sie hereinkommen, weigert sich Lida, ihnen auch nur die Hand zu geben, und stürmt wutschnaubend aus dem Raum. Robin ist das wahnsinnig peinlich. Sie entschuldigt sich bei ihren Kommilitoninnen, während die sich wieder verabschieden.

Als Lida ins Büro zurückkommt, geht Robin auf sie los. »Du hast Angst vor meiner Generation, weil in *deiner* Generation alles nur über Politik und Verbindungen gelaufen ist. Aber jetzt entscheiden Fähigkeiten und Begabung über den Erfolg.« Am Ende schreit sie: »Und dir gefallen die jungen Autoren nicht, weil sie nicht vor dir im Staub kriechen.«

Damit hat Robin eine Grenze überschritten. Alle im Büro halten den Atem an, mich eingeschlossen, und warten, was als Nächstes passiert. Lida wirft Robin einen Blick wie ein Blitzgewitter zu und stürmt aus dem Raum.

Nach einem Moment kommt Mischa zu mir herüber. Er hat alles von seinem Schreibtisch aus gehört und wirft kühl ein: »Wir brauchen Lida. Wir müssen noch über hundert Drehbücher verfassen, und zwar so schnell wie möglich, und wir haben hier sonst niemanden. Sie hält unsere Autoren im Zaum und das ist eine echt widerspenstige Bande.«

Nach der Arbeit gehen Robin und ich noch etwas trinken. Die Bar ist voller Amerikaner und Europäer, alles Männer, manche in Begleitung von Prostituierten, die ihnen an den Lippen hängen.

Wir finden zwei leere Barhocker.

»Ich verstehe nicht, warum du Lida nicht rausschmeißt. Dann könnte jeder, der will, Drehbücher einreichen«, sagt Robin.

Ich sehe in ihr viel von dem Idealismus, den ich selbst in jungen Jahren hatte. Robin ist furchtlos und ihr Engagement und ihre Professionalität sind erstaunlich für ihr Alter. Alle sind von ihr beeindruckt, außer Lida. Einige der Schwierigkeiten, die die beiden miteinander haben, gehen darüber hinaus, dass sie unterschiedliche Meinungen und Werte haben. Es ist für Lida sicher nicht einfach, Anweisungen von einer Person entgegenzunehmen, die so jung ist – und noch dazu Ausländerin.

Nach ein paar Drinks sage ich zu Robin, es wäre gut, wenn sie etwas mehr Geduld hätte. »Lida ist es gewohnt, mit Autoren zu arbeiten, denen sie vertraut. In Sowjetzeiten musste sie da sehr vorsichtig sein«, sage ich. Noch bis vor ein paar Jahren musste Lida damit rechnen, betrogen und verraten zu werden, wenn sie sich beim Sender für Personen einsetzte, die sie nicht kannte, erkläre ich Robin. Daher ist sie instinktiv argwöhnisch gegenüber Menschen, die ihr nicht persönlich bekannt sind.

Während ich Lida verteidige, merke ich, dass ich mich besser in sie hineinversetzen kann, als ich dachte.

Aber Robin gibt sich damit nicht zufrieden. Sie ist nach wie vor auf hundertachtzig. »Das spielt jetzt keine Rolle mehr. Die Dinge haben sich in Russland geändert«, beharrt sie. »Meine Generation muss sich nicht mehr an die Regeln halten, mit denen Menschen wie Lida gezwungen waren zu leben. Wir wollen eine Chance bekommen.«

»Da hast du natürlich recht«, sage ich. »Aber es gibt leider auch einen praktischen Grund, warum wir sie schlecht rausschmeißen können.« Ich erkläre ihr, dass Lida die Fortbildung bei der *Sesamstraße* besucht hat, die von amerikanischen Steuerzahlern bezahlt wurde. Es wäre politisch heikel, wenn Mischa und ich sie jetzt feuern würden. Außerdem erinnere ich Robin daran, dass Lida und die anderen Produzenten bislang ihre Arbeit gemacht haben, ohne ihren Lohn zu kriegen. »Und wenn einer von ihnen geht, dann fliegt unser ganzes Team auseinander.«

»Lida interessiert sich nur für Macht«, erklärt Robin.

Wir bestellen noch ein Glas Wein und ich verspreche Robin, dass ich mit Lida und Mischa reden werde, damit auch die jüngeren Autorinnen und Autoren eine Chance bekommen.

Als ich am nächsten Nachmittag ins Büro komme, sitzt Lida wieder mit einem Autor der Schwarzen Henne da. Ich bitte sie, in Midhats Büro zu kommen. Sie stolziert herein und lässt sich, ohne ein Wort zu sagen, aufs Sofa fallen.

Ich beginne das Gespräch, indem ich sie frage, ob sie weiß, wie Joan Ganz Cooney auf die Idee für die *Sesamstraße* gekommen ist.

»Nein«, sagt sie desinteressiert.

»Sie ist in den 1960er Jahren im Supermarkt die Regale entlanggegangen und hat beobachtet, dass die Kinder, die mit ihren Müttern einkaufen waren, alle Produkte kaufen wollten, die sie aus der Fernsehwerbung kannten. Da hat sich Cooney überlegt, wenn sich Kinder an die Markennamen von Waschmittel und Zahnpasta erinnern können, dann könnte man doch vielleicht dieselben Werbetechniken, die angewandt werden, um Waren zu verkaufen, nutzen, um Kindern pädagogische Botschaften zu vermitteln, durch die sie ihre kognitiven Fähigkeiten erweitern.«

»Was hat das mit uns zu tun?«, fragt Lida.

Ich erkläre ihr, dass es vielleicht gut wäre, wenn sie ihre Taktik ändert, da es uns schwerfällt, gute Drehbuchautoren zu finden. Wenn sie schon nicht die Filmstudenten anstellen will, könnte sie sich zumindest überlegen, junge Autoren aus der neuen russischen Werbeindustrie zu engagieren.

Lida verdreht die Augen. »Es entspricht nicht unseren Sitten, Leute von der Straße weg zu engagieren.«

Als ich sie weiter bedränge, kündigt sie. Und aus Solidarität mit ihr leider auch Piotr, unser Kreativdirektor und Lidas Mann. Damit hatten Mischa und ich nicht gerechnet. Unser Büro ist so winzig, dass es ohnehin schon alle mitbekommen haben, aber trotzdem trommelt Mischa das Team zusammen und verkündet offiziell, dass die beiden gerade ihren Hut genommen haben. Mischa und ich sehen einander an. »Dadurch haben wir jetzt noch mehr Probleme«, sagt er. Aber die Leute in unserem Team wirken vor allem erleichtert. Plötzlich fängt Robin an zu tanzen und singt »Ding dong, die Hex ist tot«.

Ich hatte unterschätzt, was für einen Einfluss Lida auf die Atmosphäre im Büro hatte. Die permanenten Auseinandersetzungen haben von allen ihren Tribut gefordert, selbst von Mischa. Jetzt ist er plötzlich überzeugt, dass wir frische neue Autoren einstellen müssen. Zusammen mit mir beschließt er, dass Robin die Koordination der Drehbucharbeiten übernehmen soll, zumindest so lange, bis wir einen neuen Chefautor gefunden haben.

Ein paar Tage später packe ich meine Sachen, um wieder heimzufliegen. Ich kann es kaum glauben, aber in vier Tagen ist meine Hochzeit. Ich sehe noch die neusten eingereichten Drehbücher durch und erkläre Robin und Mischa, wie sie das geplante Monatsbudget und die Gehaltsabrechnung erstellen müssen.

Als ich am nächsten Morgen ins Büro komme, ruft das gesamte Produktionsteam: »Überraschung!« Mischa öffnet eine

Flasche Champagner, füllt unser aller Gläser mit einem Spritzer und spricht einen Toast aus: *»Ni puka, ni pera«*, ein russischer Ausdruck, der ungefähr so viel bedeutet wie »Hals- und Beinbruch«.

Ich bin gerührt und mache einen Witz darüber, dass meine Mitarbeitenden bestimmt denken, mein Mann würde mich in Ketten legen, damit ich nie wieder nach Russland zurückkomme.

Bevor ich gehe, erinnere ich Mischa noch daran, dass er mir das Produktionsbudget für den nächsten Monat bis Ende der Woche faxen muss, damit ich es in New York absegnen lassen und nach der Hochzeit Geld mit nach Moskau bringen kann.

Auf dem Weg zur Tür drücke ich noch einmal Elmo an mich, das Maskottchen unseres Büros. Ich schaue ihm in seine Ping-Pong-Augen und sage gerade laut genug, dass alle es hören können: »Wenn wir uns das nächste Mal sehen, mein großer Elmo, bin ich eine verheiratete Frau!«

Alle lachen, und zum ersten Mal seit Monaten bin ich durch und durch entspannt.

15

Elmo wird gestohlen

Das in den Medien gern verbreitete Stereotyp von der Frau, die sich tage- und wochenlang mit ihrer Hochzeit beschäftigt, trifft auf viele meiner Freundinnen zu – auf mich eher weniger. Ich habe gerade noch Zeit, vom Flughafen zu unserer Wohnung zu fahren und dann weiter zum Brautladen in Manhattan, um mein Hochzeitskleid abzuholen. Ich hatte Ken versprochen, fünf Tage vor der Hochzeit wieder da zu sein, am Ende sind es gerade einmal drei. Als ich in die Wohnung komme, sehe ich, wie sich mein Gatte in spe mit den letzten organisatorischen Dingen für die Hochzeit herumschlägt. Später schimpft er, weil ich am Telefon Russisch spreche und die Arbeit vorziehe, statt ihm wie vereinbart zu helfen.

An unserem großen Tag stellen Ken und ich fest, dass die Limousine, die wir gemietet haben, um uns zur Princeton Chapel zu bringen, zu klein ist für uns *und* mein Hochzeitskleid. Das Seidenkleid würde heillos zerknittern. Also wird das Gewand in der Limousine zur Kirche kutschiert, während Ken und ich ihr in meinem zerbeulten Honda auf dem New Jersey Turnpike hinterherfahren. Das ist wirklich alles andere als romantisch, aber Ken findet es lustig und ich bin dankbar, Zeit mit ihm allein zu haben und ein bisschen von meiner Anspannung loszuwerden.

Er zählt die Namen aller seiner fernen Verwandten auf, die auch zur Hochzeit kommen. Er geht recht in der Annahme, dass ich sie vergessen habe. Mit einem Schlag wird mir klar, dass ich von all den Dingen, die eine Braut normalerweise vor der Hochzeit macht, fast nichts getan habe. Ken hat das Datum, den Ort und das Menü ausgewählt, während ich mich nur um den Wodka und das Holzspielzeug gekümmert habe, unsere beiden russischen Hauptattraktionen. Ich komme mir vor wie die schlimmste Braut aller Zeiten – wie eine Schauspielerin, die in eine Rolle schlüpft, auf die sie sich in keiner Weise vorbereitet hat.

Ich strecke den Arm aus, lege meine Hand auf Kens Bein und sage, wie dankbar ich ihm bin.

Unsere Blicke treffen sich. Er weiß genau, was ich gerade denke. Er beugt sich zu mir und gibt mir einen Kuss auf die Stirn.

Wir kommen eine halbe Stunde zu spät an der Kapelle an. Aber wenigstens ist mein Kleid knitterfrei.

In einer Nische abseits des Hauptschiffs stopfen mich meine Brautjungfern in mein Hochzeitsgewand.

Neben meiner Trauzeugin habe ich noch Leonid gefragt, ob er mein Brautführer sein will.

Er klopft an die Tür des Raums, in dem ich mich gerade fertig mache. Er sieht sehr attraktiv aus in seinem Smoking. Während er dabei zusieht, wie mir meine Schwester Emily den Schleier anbringt und mein schulterfreies weißes Kleid richtet, lächelt er mich an. Dass Leonid da ist, macht es für mich sehr viel realer, was hier gerade passiert. Mein Herz setzt einen Schlag aus.

Dann beugt er sich zu mir und fragt: »Darf ich?« Er hilft mir, die Perlenkette um meinen Hals zu legen. Auf seinem Gesicht liegt ein bittersüßer Ausdruck, als wüsste er etwas, was ich nicht weiß – vielleicht, wie sehr sich mein Leben verändern wird. Mit einem Grinsen sagt er, soeben sei unsere hochverehrte Irina eingetroffen, wobei er das Wort »hochverehrt« mit einem sarkastischen Unterton ausspricht. Irina hat uns immer noch kein neues Büro in Moskau besorgt und auch den Vertrag mit der *Sesamstraße* noch nicht unterschrieben, aber sie ist auf meiner Hochzeit.

Ich hatte sie aus reiner Höflichkeit eingeladen, vor allem weil sie mich permanent mit Fragen bombardiert hat, wie denn eine Hochzeit in Amerika aussieht und ob jüdische Hochzeiten genauso lang sind wie russisch-orthodoxe. Dann hat sie mich damit drangsaliert, dass sie unbedingt ein Foto von meinem Hochzeitskleid sehen wolle, und als ich nachgab und ihr ein Foto zeigte, auf dem ich in dem Kleid zu sehen bin, legte sie die Hand vor den Mund und keuchte: »Oh, meine liebe Natasha, du siehst aus wie eine Zarin.« Sie lechzte danach, eingeladen zu werden, das war mir klar, aber ich hätte nie gedacht, dass sie tatsächlich erscheinen würde. Mir kam es ein bisschen lächerlich vor, dass sie sich so sehr für meinen großen Tag interessiert, aber jetzt wo er da ist, kann ich sie verstehen. Hochzeiten sind ein Zeichen der Hoffnung, und Hoffnung brauchen wir alle. Ich bin froh, dass Irina gekommen ist.

Es herrscht eine Gluthitze, 37 Grad, und aufgrund unserer Verspätung sitzen unsere einhundert Gäste seit vierzig Minuten auf den unbequemen Holzbänken in der Kirche und schwitzen. Die Veranstalter haben gute Arbeit geleistet und der im gotischen Stil erbauten Kapelle, die nicht konfessionsgebunden ist, ein jüdisch anmutendes Ambiente verliehen. Anstelle der Kanzel steht eine Chuppa, ein von vier hohen Stangen getragener Baldachin, unter dem der Gottesdienst abgehalten wird und der für das Heim steht, das Ken und ich uns gemeinsam bauen werden. Die Kreuze auf dem Altar sind mit Samtstoff abgehängt.

Der Chor setzt an zu singen und mein siebzigjähriger Vater geleitet mich mit einem Grinsen zum Altar, als hätte er gerade den großen Postzugraub abgezogen. Als wir alle unter der Chuppa stehen, unterdrücke ich das aufkommende Gefühl der Trauer, weil meine Mutter nicht unter uns ist. Wir geben das Ehegelübde ab und der Rabbi spricht seinen Segen aus, dann zerbricht Ken mit dem Fuß gemäß jüdischem Brauch ein in ein Tuch gewickeltes Weinglas. Der Rabbi sagt: »Masel tov«, und dann sind wir verheiratet!

Hand in Hand schweben wir durch den Mittelgang. Ich bin überglücklich. Ken wirkt erleichtert. Dann komme ich an meinen vier Geschwistern vorbei, die nebeneinander auf einer Bank sitzen. Sie sehen aus, als würden sie sich wundern, dass gerade jemand mit ihrer durchgeknallten Schwester den Bund fürs Leben geschlossen hat.

Draußen in der Schlange der Gratulanten erblicke ich Irina. Sie trägt ein hinreißendes pinkes Jackett mit schmaler Taille und einen engen Bleistiftrock aus schwarzer Seide. Schon kommt sie angerannt, um mich zu umarmen, und jauchzt: »Das ist einer der schönsten Tage meines Lebens.«

Irinas Freude ist so groß und so authentisch, dass ich kaum glauben kann, sie fast nicht eingeladen zu haben. Mit meinen schrulligen Verwandten scheint sie wunderbar klarzukommen. Ich sehe, wie sie sich mit meinen Schwestern und Brüdern unterhält, und frage mich, was sie wohl über mich sagt, das sie so sehr zum Lachen bringt. Gewandt geht sie durch die Menge, plaudert mit Kens Freunden, gefeierten Wirtschaftswissenschaftlern, und seiner Mutter.

Dann erhebt sie ihr Glas und spricht einen Toast aus. »Natasha, jetzt, da du verheiratet bist und dich um deinen Mann kümmern musst, werde ich dafür sorgen, dass dir die *Uliza Sesam* keine Probleme mehr beschert, und mein Hochzeitsgeschenk für dich ist ein neues Büro!«

Na, hoffentlich.

Ken hat eine dreitägige Hochzeitsreise für uns gebucht – unsere Flittertage. Wir übernachten in einem Bed and Breakfast in der Nähe der Kapelle, weil er sich gedacht hat, ich hätte ohnehin keine Lust, weit weg zu fahren, immerhin reise ich für die Arbeit schon so viel.

Keine zwölf Stunden nachdem ich ihm mein Ja-Wort gegeben habe, klingelt in unserem Zimmer im romantischen B&B das Telefon. Moskau. Schuldbewusst sehe ich Ken an. »Ich musste Robin die Nummer geben, für den Notfall«, gestehe ich kleinlaut.

Mein Gatte schüttelt ungläubig den Kopf.

Ich hebe ab und höre Robins sonst so fröhliche Stimme. Sie flüstert und klingt verängstigt. Im Hintergrund barsches Geschrei russischer Männer. Sie spricht hektisch und zusammenhanglos. »Unser Stockwerk ist von Soldaten mit Maschinengewehren besetzt worden. Sie zwingen uns, das Büro zu verlassen.«

Ken schnappt ein paar Wörter auf. Er legt das Ohr an den Hörer, während ich versuche, zu verstehen, was die Soldaten sagen. »Was ist los?«, flüstert er.

Ich nehme den Hörer vom Ohr, weil die Stimmen jetzt sehr laut werden. Die Männer schreien: »Alle raus hier, sofort!«

Über den Lärm hinweg erkenne ich Mischas tiefe Stimme, der versucht, ruhig mit den Milizionären zu sprechen. »Wir haben mit Politik nichts zu tun. Wir machen hier eine Fernsehsendung für Kinder.«

Ich spüre, wie sich mein ganzer Körper anspannt. Ken berührt mich am Arm. »Was ist los?«, fragt er. Ich habe keine Ahnung. Wir sitzen auf dem Bett, die Köpfe am Hörer, während die Stimmen immer lauter und aggressiver werden.

Jetzt schreit Robin ins Telefon: »Soldaten mit AK-47 haben unser Büro besetzt.«

»Wer sind sie?«, schreie ich zurück. »Militär oder Polizei?«

Robin klingt verwirrt und verängstigt. »Keine Ahnung. Sie laufen über den Gang und besetzen alle Büros. Alle schnappen sich, was sie kriegen können, bevor sie uns rausschmeißen.«

Ich höre Schreie, denen ich entnehme, dass Mischa die Soldaten anfleht, ihm und Robin fünf Minuten zu geben, um irgendein Fax nach Amerika zu schicken. Ich habe keinen blassen Schimmer, was sie in einer solchen Situation noch faxen wollen.

Dann ein dumpfer Schlag, als hätte Robin den Hörer auf den Schreibtisch gelegt. Als Nächstes höre ich wildwütiges Tippen auf der Computertastatur. So absurd es scheint, Robin versucht offenbar, das Produktionsbudget fertigzustellen, um es mir zu faxen – wahrscheinlich mit einem Maschinengewehr am Kopf. Die *Sesamstraße* schickt immer nur dann Geld nach Moskau, wenn ihr die Budgetschätzung für den nächsten Monat schriftlich vorliegt. Und ohne das Geld kommt die Produktion zum

Erliegen. Ich höre, wie Mischa die Soldaten anfleht, ihm noch etwas Zeit zu geben. Ich fühle mich vollkommen hilflos.

Plötzlich schreit ein Soldat: »Sie haben zehn Minuten Zeit, um Ihre Sachen zu packen und zu gehen.«

O Gott, denke ich und frage mich, ob gerade wieder Konservative versuchen, den Sender zu übernehmen, wie schon 1993.

Ken sieht mich mit besorgter Miene an. Unsere Hochzeitsreise hatten wir uns anders vorgestellt. Und ich sehe ihm an, dass er Angst um Robin, Mischa und die anderen Produzenten hat. »Wie schrecklich«, sagt er.

Dann ist endlich Robin wieder am Telefon. Sie wirkt benommen und desorientiert. Sie entschuldigt sich die ganze Zeit und tippt dabei weiter.

»Robin«, schreie ich in den Hörer, »hau ab.«

»Es tut mir leid, es tut mir leid ... ich tippe einfach zu langsam. Es tut mir leid.«

Fassungslos sehe ich Ken an. »Warum verlässt sie nicht das Büro?«

»Robin, lass jetzt das Budget!«, schreie ich sie an. Ich höre, wie Mischa weiter versucht, die Soldaten hinzuhalten. Seine dröhnende Stimme wird immer wütender, und dann – ist die Leitung unterbrochen.

Mein Herz bleibt beinahe stehen.

Ich bitte den Besitzer des B&B, einen internationalen Anruf machen zu dürfen, und versuche das Moskauer Büro zu erreichen. Aber die Leitung ist tot. Die in Midhats Büro auf derselben Etage auch. Panik übermannt mich. Robin ist erst zweiundzwanzig Jahre alt. Wie soll ich es ihrer Mutter erklären, wenn ihr etwas zustößt? Ken sieht mich besorgt an. Unsere romantischen Flittertage sind damit wohl zu Ende. Wir packen unsere Klamotten und die Hochzeitsgeschenke zusammen und fahren zurück nach Manhattan.

Mitten in der Nacht ruft mich Mischa an. Ken schläft. Ich kann nur flüstern, und Mischa sagt mir, dass niemand verletzt wurde und alle in Sicherheit sind. Ich atme tief aus, den Tränen nahe. Dann frage ich ihn, was passiert ist.

»Robin war einfach nur heldenhaft«, sagt er stolz. »Als die Typen in unserem Büro die Kabel vom Telefon und vom Faxgerät aus der Wand gerissen haben, hat sie sich an ihnen vorbei ins nächste Büro geschlichen, um das Budget von dort aus nach New York zu faxen. Zwei Soldaten haben das bemerkt, aber sie hat sich vor ihre Maschinengewehre gestellt, damit sie nicht ans Faxgerät kommen. Erst als das Piepen ertönt ist, dass das Fax übertragen wurde, ist sie mit erhobenen Händen beiseitegegangen.«

Dass Robin ein solches Risiko eingegangen ist, nur um das Fax zu schicken, kommt mir irrsinnig vor.

Mischa fährt fort: »Die Soldaten haben alle Büros versiegelt, sodass wir jetzt nicht mehr an unsere Ausrüstung und unsere Drehbücher kommen.«

»Konntet ihr irgendwas aus dem Büro retten?«, frage ich.

Mischa lacht. »Wir haben versucht, Elmo mitzunehmen, aber einer der Soldaten hat ihn an sich gerissen.«

»Sie haben Elmo gestohlen! Ich fass es nicht«, rufe ich aus.

»Ja«, sagt Mischa. »Ich habe versucht, dem Soldaten Elmo aus dem Arm zu reißen, aber er hat ihn mir wieder weggenommen.« Er erzählt, wie er und Robin mitansehen mussten, dass der Soldat sein Gewehr zur Seite geschoben hat, um sich Elmo unter die Achselhöhle zu klemmen, und dann über den langen Flur davongestapft ist.

»Wir haben noch sein Halbmondlächeln gesehen, wie es auf und ab hüpft, dann ist der Soldat durch die Schwingtür verschwunden«, sagt er. »Es war einfach nur schrecklich.«

»Aber warum nimmt er Elmo mit?«, frage ich.

Mischa seufzt. »Vielleicht für sein Kind?«

Ich sage zu ihm, dass wir das schon alles wieder hinkriegen

werden und wahrscheinlich einfach nur ins Fadenkreuz irgendeiner Auseinandersetzung im Sender geraten sind. »Das Wichtigste ist, dass niemand verletzt wurde.«

»Aber ohne die Drehbücher, ohne Ausrüstung und Büro können wir doch nichts mehr produzieren!« Da hat er recht. Die Verzweiflung in seiner Stimme macht mich fertig.

Tags darauf ruft mich Irina aus Moskau an. Sie ist gleich nach der Hochzeit zurückgeflogen. Zum Glück war sie bei Video Art, als unser Büro gekapert wurde. Bevor ich etwas sagen kann, jammert sie, in welche Gefahr wir unsere Mitarbeiter gebracht haben.

»Weißt du, warum das passiert ist?«, frage ich sie.

»Das ist Russland«, erwidert Irina gefasst. »Irgendwer hat immer irgendeinen Kampf mit irgendwem anders laufen. Was hast du erwartet?«

Vielleicht war es nur zwangsläufig, dass wir irgendwann Schwierigkeiten kriegen würden, als wir unser Lager in den Räumlichkeiten von ORT aufschlugen. Ich erinnere sie daran, dass wir nicht in dieser Situation wären, wenn sie uns das schon vor Monaten versprochene Büro auch tatsächlich besorgt hätte.

Da vertraut mir Irina an, dass der Fernsehsender leider erneut ihre Bankkonten gesperrt hat und sie deshalb anders als erhofft die Löhne nun doch nicht zahlen und uns auch kein Büro zur Verfügung stellen kann. »Ich weiß, du kannst das verstehen, *Duscha Moja*«, streut sie gurrend Salz in meine Wunden.

Ich würde am liebsten schreien. Wie soll ich eine Produktion mit über zweihundert Mitarbeitenden leiten, wenn wir kein richtiges Büro haben, kein Budget und nicht einmal einen Hauch von Stabilität? Es kommt mir vor, als müsste ich eine Kindersendung in einem Kriegsgebiet produzieren.

16

Holt die *Sesamstraße* noch die Kuh vom Eis?

Ich hatte mir nach meiner Hochzeit eigentlich zwei Wochen frei nehmen wollen, aber jetzt muss ich wohl doch früher nach Moskau zurück. Die Übernahme unseres Büros bei ORT und Irinas gesperrte Konten sind noch schlimmer als alle anderen Krisen, die wir bislang durchgestanden haben. Die ganze Produktion ist dadurch gefährdet. Ich rufe noch einmal Mischa an und weise ihn an, dem Team zu sagen, sie sollten, so gut es eben geht, von zu Hause aus weiterarbeiten, während ich versuche, unsere Probleme in den Griff zu kriegen.

Mitten in der Nacht spuckt das Faxgerät in meiner New Yorker Wohnung ein Blatt aus, auf dem ganz oben »HILFE! HILFE! HILFE!!!« steht. Seitdem wir aus unserem Büro geschmissen worden sind, ist es für Robin schwierig, mit mir zu kommunizieren. Sie braucht eine Stunde mit öffentlichen Verkehrsmitteln, um zu Mischa zu fahren und sein Fax oder Telefon zu benutzen, oder sie geht zum Hauptpostamt und meldet einen internationalen Anruf an, der unfassbar teuer ist und für den sie stundenlang Schlange stehen muss. Während ich Robins Fax lese, das sie per Hand geschrieben hat, weil sie keinen Computer besitzt, danke ich allen höheren Mächten für Mischas Voraussicht, das Faxgerät zu sich nach Hause zu holen.

Robin schreibt:

»So geht es nicht mehr weiter! Wir haben keinerlei Kontakt zu den Produzenten und den leitenden Mitarbeitern! Die Autoren, die fertige Drehbücher einreichen wollen, wissen nicht, wo sie uns finden oder wie sie uns kontaktieren können, und keiner hat ein Telefon, und selbst wenn wir Telefone hätten, wüssten wir nicht, wo wir uns treffen können. HILFE! BITTE!!! Wir stehen förmlich alle auf der Straße. Die Lage ist ERNST.«

Die Anwälte von Sesame Workshop werden ausflippen, wenn ich ihnen von der Übernahme erzähle. Das amerikanische Unternehmen erlebt durch die *Uliza Sesam* ein noch nie dagewesenes Risiko. Betrachtet man das große Ganze, ist die Lage sogar noch verheerender: Wenn man im Sender nicht mehr sicher ist, wer hat dann eigentlich gerade die Kontrolle über das Land?

Am Montagmorgen komme ich gerade rechtzeitig in den Sesame Workshop, um dem monatlichen Meeting der internationalen Produktionen beizuwohnen. Ich fühle mich höchst unwohl in meiner Haut, als ich meine amerikanischen Kollegen sehe, die mit ihren Kaffeetassen in den Konferenzraum strömen und nichts weiter zu besprechen haben, als was für ein schwüler Junitag das mal wieder ist.

Als ich an der Reihe bin, zittert meine Stimme.

Mein neustes Schauermärchen erntet schockierte Blicke. Leider habe ich mir womöglich mit dem Versuch, das Mitgefühl meiner Kollegen zu wecken, indem ich ihnen bis ins letzte Detail von meinen mutigen Moskauer Mitarbeitenden erzähle, die sich gegen Maschinengewehre erheben, mein eigenes berufliches Grab geschaufelt. Mein ehemaliger Chef, der immer noch die Abteilung Internationale Produktionen leitet, durchbohrt mich mit seinem Blick. Als mein Bericht zu Ende ist, weist er darauf hin, dass die Situation dazu führen kann, dass wir keine weiteren Fördergelder von der Regierung mehr für die *Sesamstraße* bekommen.

Darauf kann ich nichts erwidern. Zum dritten Mal hat der Blitz in der *Uliza Sesam* eingeschlagen.

Er sieht mich verärgert an: »Vielleicht sollten wir überlegen, die Produktion in Moskau zu verschieben, Natasha?« Dann fügt er noch hinzu, er werde die beunruhigende Lage mit Baxter und seinen leitenden Mitarbeitern besprechen. Was meint er mit »verschieben«? Für wie lange? Leider ist Baxter unterwegs und kommt offenbar erst übermorgen zurück. Ich habe Angst, dass andere Führungskräfte im Workshop von der Sache erfahren. Wenn die CFO – die kein Russland-Fan ist – davon hört, ist die *Uliza Sesam* Geschichte.

An diesem Abend bin ich am Boden zerstört. Ken versucht, mich zu trösten, aber es hilft alles nichts.

Ich muss der Tatsache ins Auge sehen, dass wir trotz aller Anstrengungen mit der Produktion scheitern könnten. Als ich an die Versprechungen denke, die ich meinen russischen Kollegen gemacht habe, wird mir flau im Magen. Wenn wir die Produktion einstellen müssen, wird sie das umbringen. Aber umgekehrt verstehe ich auch, dass es von einem Unternehmen wie der *Sesamstraße* viel verlangt ist, diese enormen Risiken zu tragen.

»Stell dir vor, wenn während der Übernahme des Büros jemand verletzt oder gar getötet worden wäre«, sagt Ken. Dann meint er, ich solle nicht jede Niederlage persönlich nehmen. »Die *Sesamstraße* hat Niederlassungen auf der ganzen Welt. Sie müssen sich einfach überlegen, ob das Unternehmen durch Korruption oder den Zusammenbruch des Landes Schaden nehmen könnte.«

Innerlich stimme ich ihm zu, aber ich bin trotzdem wütend. Begreift dieses Unternehmen denn nicht, dass es bei der *Uliza Sesam* um viel mehr geht? Ich erlebe jeden Tag, wie sich meine brillanten, hochkreativen Kolleginnen in furchtlose Krieger verwandeln, die dafür kämpfen, Russland Licht und Freiheit zu schenken. Ich stelle mir vor, wie unsere Sendung diese Botschaft zu Millionen von Kindern in der gesamten ehemaligen UdSSR trägt. Die Muppets der *Sesamstraße* sind ein Sinnbild für all die wunderbaren Dinge, die Amerika zu bieten hat.

Am Nachmittag ruft Robin in meinem New Yorker Büro an. Ein Freund von ihr, der in einem amerikanischen Unternehmen arbeitet, hat ihr erlaubt, sein Telefon zu benutzen. Aus 8000 Kilometern Entfernung höre ich durch die knackende Leitung ihr Lachen, das mir sagt, dass noch nicht alles verloren ist. *»We're all still aliiive«*, singt sie. Sie macht sich über unsere Situation lustig, die – wie wir beide wissen – katastrophal ist.

Es ist schön, Robins Stimme zu hören. Sie erzählt mir, dass sich die Lage seit ihrem in Großbuchstaben herausgeschrienen Fax ein klein wenig verbessert hat. Es ist ihr gelungen, die Mitglieder unseres Teams zusammenzutrommeln, und inzwischen treffen sie sich einmal am Tag in ihrem winzigen Zimmer im Studentenwohnheim. »Alle sind sehr geknickt, aber niemand will deshalb die Sendung aufgeben«, sagt sie.

Ich atme erleichtert auf. Aber der Drehplan ist aus dem Tritt geraten. In ihrer Verzweiflung fragt mich Robin, wie wir mit dem Dreh mit zwanzig Kindern an einer Schule verfahren sollen, der für diese Woche geplant ist. Ob sie ihn absagen soll.

Es knistert in der Leitung, während ich überlege, was wir tun sollen.

Wenn wir die Produktion vorübergehend unterbrechen, kann es passieren, dass uns die besten Leute verlassen. Sie müssen sich neue Arbeit suchen, wenn wir nicht bald wieder alles ans Laufen kriegen. Ich frage Robin, ob die Stadt sicher ist. Robin antwortet, der Angriff sei auf den Fernsehsender beschränkt gewesen, es bestehe also keine Gefahr, wenn wir die Kinder in ihrer Schule filmen.

»Hat der Regisseur alles, was er an Ausrüstung braucht?« Ich fürchte, dass bei dem Überfall alles beschlagnahmt worden ist.

»Er hat sich alles, was er braucht, vom WGIK geliehen, wir können die Ausrüstung morgen abholen.«

»Dann macht den Dreh«, sage ich und denke, es könnte trotzdem sein, dass wir schon bald die gesamte Produktion abblasen müssen.

Alle machen sich Sorgen, wie es mit der *Uliza Sesam* und mit ihren Jobs weitergeht. Ich auch. Ich finde es schlimm, dass ich gerade nicht vor Ort bin, bin aber auch stolz auf Robin, wie sie das Team zusammenhält. Ich würde ihr gern versichern, dass wir alles wieder in geregelte Bahnen lenken werden, aber das kann ich ihr natürlich nicht garantieren.

Am nächsten Tag erfahre ich, dass Baxter wieder in der Stadt ist und ich ihn in seinem Büro aufsuchen soll. Also nehme ich am Nachmittag auf dem gewohnten überdimensionierten Stuhl Platz und warte.

Meine Unterlippe fängt an zu bluten, weil ich die ganze Zeit darauf herumkaue. Ich bin nervös, ja, aber auch vorsichtig optimistisch. Baxter liebt die Anarchie in Russland ebenso sehr wie ich, und er hat sich bisher noch jedes Mal für uns eingesetzt. Aber diesmal könnte es auch anders sein.

Als er im Türrahmen erscheint, wappne ich mich für die niederschmetternde Nachricht, die nun kommen mag. Aber er sieht mich nur mit einem spitzbübischen Lächeln an. »Natasha, wir sind uns alle einig, dass die *Uliza Sesam* gerade im Koma liegt, aber sie ist noch nicht tot. Die gute Nachricht ist, dass die Vorstandsebene beschlossen hat, den Patienten wiederzubeleben.« Die Hände in die Hüften gestemmt fügt er hinzu: »Das Unternehmen übernimmt für die nächsten zwei Monate Irinas Kosten, damit sie wieder auf die Beine kommen kann.«

Ich bin unendlich erleichtert und sauge so viel Luft ein, wie ich nur kann, damit ich vor Baxter nicht anfange zu heulen. »Das gibt Irina auf jeden Fall genug Zeit, um die Sperrung der Konten aufheben zu lassen.« Zumindest hoffe ich das.

Baxter legt mir die Hände auf die Schultern und sieht mir in die Augen. »Natasha, ich habe meinen Kopf für dich riskiert. Wenn du scheiterst, landet er auf dem Hackblock.«

»Wir kriegen das hin«, verspreche ich ihm, ohne zu wissen, wie.

Als ich aus Baxters Büro trete und den Gang entlanggehe, zittern meine Hände. Ich muss nach Moskau, um herauszufinden, ob das Team noch da ist und die Produktion weitergehen kann.

17

Die Drehbuchautoren und der Groucho-Marxismus

Auf dem Flug nach Moskau überkommen mich Glücksgefühle, strahlend befingere ich die ganze Zeit meinen Ehering. Zur guten Stimmung haben sicher auch die zwei Scotch beigetragen, die ich mir im Flugzeug genehmigt habe. Ich muss mich wappnen für das, was mich in Russland erwartet. Mein Team ist schwer angeschlagen, aber immerhin macht mir das Hochzeitsgeschenk Hoffnung, das ich von den Verantwortlichen der *Sesamstraße* bekommen habe: ihre Rettungsaktion für die *Uliza Sesam*.

Leonid holt mich am Flughafen ab. Auf dem Weg zum Hotel reden wir noch einmal über den Sturm auf den Fernsehsender. Er sagt: »Die Menschen reagieren immer gereizter auf die sogenannte demokratische Freiheit – zu viel Freiheit für Russland.«

Offenbar ist die Stimmung inzwischen aggressiv antiwestlich und antiamerikanisch. »Ausländer sind hier gerade nicht mehr sicher.« Leonid senkt den Kopf, um sich eine Zigarette anzuzünden. »Erinnerst du dich noch an meinen Freund Eduard Uspenski? Der berühmte Kinderbuchautor, von dem ich dir erzählt habe?«

Ich schüttle den Kopf.

»Er hat gerade in der *Ogonjok* eine wüste Attacke gegen die russische *Sesamstraße* veröffentlicht.«

Die Kulturzeitschrift wird von der Moskauer Elite gern gelesen. Den Blick auf die Straße geheftet, zieht Leonid das Heft aus seiner Tasche zwischen den Sitzen und schiebt sie zu mir rüber. Ich fange laut zu lesen an: »Alles in diesem Land wurde auf den Kopf gestellt, niemand weiß mehr, was morgen sein wird, und während ich dies schreibe, naht schon die nächste Gefahr: Eine große Fernsehserie zur pädagogischen Unterhaltung aus Amerika, die *Uliza Sesam*, soll die russische Schulbildung durch ›amerikanisches Kaugummi für die Massen‹ ersetzen. Die *Sesamstraße* wird die russischen Kinder verführen ... und Russland vergiften, indem sie die Menschen dazu anstachelt, Spielzeuge zu kaufen und Süßigkeiten und alles, was Sie sich vorstellen können.«

»Das gibt es doch nicht«, sage ich. »Wie kann man die *Sesamstraße* für das Chaos verantwortlich machen, das gerade in Russland herrscht? Das ist doch absurd.«

Leonid schweigt, weil er sich gerade an einer kniffligen Straßenkreuzung zurechtfinden muss. Ich überlege, inwiefern Uspenskis Artikel zutreffen könnte. Einige meiner russischen Freunde, die Kinder haben, haben sich schon beschwert, die amerikanische Kultur nehme die russischen Kinder in Geiselhaft. Eine Mutter sagte zu mir: »Das Einzige, was meine Kinder haben wollen, sind Power Ranger.«

Ich weiß, dass die Flut an Kinderspielzeug, das aus dem Westen auf Russlands ausgetrockneten Markt gespült wird, Vorbehalte schürt, weil es sich die Eltern nicht leisten können, diese Produkte für ihre Kinder zu kaufen.

Leonid bittet mich weiterzulesen. »Zerstört der Kapitalismus jetzt, was noch von der russischen Kultur übriggeblieben ist? Befällt er jetzt den Kern unserer Fernsehproduktion? Warum sollten wir den Amerikanern unsere Sendezeit geben, nur damit sie aus unseren Kindern Profit schlagen? Das Fernsehen könnte die Rettung für unser Land und unsere Kinder sein, indem es die Menschen und Republiken und auch die Regierung eint. Aber es macht genau das Gegenteil.«

»Wir brauchen mehr russische Verbündete«, sage ich zu Leonid. »Wir müssen dagegen angehen und den Russen klarmachen, dass die *Uliza Sesam* eine russische Sendung sein wird und keiner von diesen geschmacklosen amerikanischen Importen.«

Es ist zwar mörderisch heiß im Wagen, aber zumindest haben wir während der Fahrt eine Stunde Zeit, um einen Plan zu entwickeln. Wir überlegen uns, dass es eine gute Strategie wäre, einen angesehenen Regisseur zu suchen, der in der russischen Film- und Fernsehlandschaft eine gewisse Bedeutung hat und den wir als das öffentliche Gesicht unserer Koproduktion präsentieren könnten, was dann hoffentlich die Kritik an der Sendung befrieden wird.

Leonid setzt mich am Palace Hotel ab und zischt sogleich zu einem Meeting ab. Ich renne fast auf Mischa und Robin zu, die in der Lobby auf mich warten, und drücke sie beide fest an mich, überwältigt von der Erleichterung, dass ihnen bei dem Angriff nichts passiert ist. Mein Verhalten ist ihnen zwar peinlich, aber sie lassen es über sich ergehen.

Die nächsten vier Stunden sitzen wir im Hotelrestaurant und versuchen herauszufinden, wie wir ohne Büro, Ausrüstung und Telefon die Dreharbeiten und nächsten Produktionsschritte koordinieren sollen. Dass wir kein Büro mehr haben, hat unseren Drehplan weit zurückgeworfen. Das größte Problem besteht jetzt darin, die beschlagnahmten Drehbücher zu rekonstruieren. Außerdem müssen wir, nachdem wir unsere Chefautorin und mit ihr die meisten ihrer Getreuen verloren haben, die neuen jungen Drehbuchschreiber von der Filmakademie einarbeiten, sie machen jetzt mehr als die Hälfte unseres Autorenteams aus, und mit den älteren, die noch geblieben sind, einen Auffrischungskurs durchführen.

Robin hat sich in den letzten Wochen in ihrer Rolle als Drehbuchkoordinatorin glänzend geschlagen. Aber als Amerikanerin darf sie, auch wenn sie sich in der russischen Kultur gewandt bewegt, nicht zu viel Einfluss auf die Drehbücher haben. Das wäre nicht der *Sesamstraßen*-Weg. Anton von der Schwarzen Henne hat im Gegensatz zu den anderen Mitgliedern des Schriftstellerverbands einige ziemlich gute Texte abgeliefert, weshalb Mischa und ich ihn zum neuen Chefautor ernennen. Robin steigt zur

Hausproduzentin auf und erhält mehr Verantwortung für die Koordination der Produktion.

Und damit die alten und neuen Autorinnen und Autoren einen guten Start haben, lade ich Luis Santiero nach Moskau ein, einen mit einem Emmy Award gekrönten Autor der *Sesamstraße*.

Zwei Wochen später betritt Luis das Palace Hotel. Trotz Jetlag brennt er darauf, gleich mit dem Autorenworkshop zu beginnen. Aber in einem Land zu sein, das bis vor kurzem noch kommunistisch war, macht ihn auch ein bisschen nervös. Aus gutem Grund.

Luis ist 1960 mit seiner Familie aus Kuba in die USA immigriert, als Fidel Castros marxistisches Regime Privatbesitz verstaatlicht und in diesem Zuge auch das Anwesen von Luis' Familie beschlagnahmt hat. Dessen Urgroßvater Gerardo Machado war von 1925 bis 1933 Kubas Präsident, was sich in den Jahren nach der kubanischen Revolution für ihn und seine Nachkommen als problematisch erwies.

Ich treffe Luis im Hotelrestaurant. Er ist vierzig Jahre alt, schlank und gutaussehend. Beim Abendessen fragt er mich, ob die Autoren wohl für seine Ratschläge empfänglich sein werden. Ich erzähle ihm von dem Überfall auf den Fernsehsender und der Abdankung unserer Chefautorin, damit er weiß, welche Atmosphäre gerade bei uns herrscht. Aber ich versichere ihm, dass gerade der ideale Zeitpunkt für seinen Besuch ist und ich fest daran glaube, dass er der ramponierten Truppe, die noch von der Übernahme traumatisiert ist, einiges von der Genialität seiner Arbeit vermitteln kann. »Dank dir werden die neuen Drehbuchautoren einen deutlichen Vorteil gegenüber dem letzten Team haben«, gebe ich mich optimistisch.

Am ersten Tag des Workshops strömt die Bande unserer *Uliza-Sesam*-Drehbuchschreiber – etwa dreißig Männer und Frauen unterschiedlichen Alters – in das Zentralhaus der Autoren, einen legendären Club auf der Powarskaja-Straße, den zu Sowjetzeiten berühmte Schriftsteller wie Michail Bulgakow oder Jewgeni Jewtuschenko frequentiert haben. Die jungen Schreiberlinge plappern aufgeregt durcheinander, als sie durch den goldverzierten, eichengetäfelten Speisesaal mit den Kristalllüstern gehen. Im Gegensatz zu den Mitgliedern des Schriftstellerverbands, die den exklusiven Club in Sowjetzeiten zu zahlreichen Gelegenheiten besucht haben, sieht ihn die junge Generation zum ersten Mal von innen.

In einem Raum neben dem Speisesaal setzen sich die Autoren an einen langen rechteckigen Tisch. Nach einer Vorstellungsrunde sagt Luis den Schriftstellern, dass sie in seinem Workshop alles lernen werden, was sie brauchen, um spannende Drehbücher zu schreiben, mit denen wir 15 Stunden Kinderfernsehen füllen können. Ich erkläre, dass wir mehrere Übersetzer engagiert haben, die rund um die Uhr arbeiten, um die russischen Drehbücher ins Englische zu übersetzen und umgekehrt.

Luis fängt damit an, die drei verschiedenen Arten von Drehbüchern für die *Sesamstraße* zu erläutern: Trickfilm, Realfilm und Studioaufnahmen, bei denen die Muppets in einem russisch aussehenden Wohnviertel mit menschlichen Schauspielern interagieren. Um alle auf den neusten Stand zu bringen, zeige ich der Gruppe die aktuellen Skizzen für die russischen Muppets, die die Henson Company anhand der Diskussionen mit unseren Produzenten angefertigt hat. »Sie sind noch nicht vollständig ausgearbeitet«, sage ich. »Und bisher hat auch nur der größte Muppet, eine Ganzkörperpuppe, einen Namen: Domowoi.«

Luis und ich führen mit den Teilnehmenden eine offene Diskussion und bitten sie um ihre Kommentare zu den Puppenvorschlägen. »Ich hoffe, dass wir diese Figuren dank Ihrer Ideen zum Leben erwecken können«, zirpe ich.

Sofort erhebt ein älterer Mann, ein gewisser Oleg, Einwände gegen die Vorschläge. »Die Ganzkörperpuppe sollte nicht blau sein, weil sonst die Leute denken, die Puppe wäre homosexuell.«

Auf Russisch ist *Goloboi* (»blau«) ein Euphemismus für schwul. Er sagt das, als wäre etwas falsch daran, schwul zu sein.

Den Auftakt des Workshops hatte ich mir anders vorgestellt. Außerdem scheinen einige Personen im Raum – wenn auch nicht offen – queer zu sein. Ich will, dass sich alle Menschen in der *Uliza Sesam* wohlfühlen.

Unterdessen hat sich Luis an Oleg gewandt. »Die Muppets haben eigentlich keine sexuellen Vorlieben«, sagt er mit ungerührter Miene. »Und auch keinen Sex.«

Die Autoren brüllen vor Lachen. Punkt für Luis. Ich bewundere, wie gelassen er geblieben ist.

Eine jüngere Autorin, die sich auf einem Blatt Notizen gemacht hat, hebt die Hand. »Warum nennen wir die Domowoi-Puppe nicht *Seliboba*?« Den anderen scheint der skurrile Name, der keine Bedeutung hat, zu gefallen.

Ein anderer Autor, der zur Gruppe der älteren gehört, moniert den Charakter der weiblichen Puppe. »Sie sollte nicht aktiv sein, sondern schüchtern und passiv. Die Jungenpuppe sollte die aktive sein«, sagt er entschieden.

»Ja, genau«, stimmt ihm ein Kollege zu. »Die weibliche Puppe sollte eher wie eine traditionelle Figur aus einem russischen Märchen sein: süß, sanftmütig, gehorsam und feminin.«

Nana Grinstein, eine offenherzige Frau mit kurzen dunklen Haaren und schwarzen Augen, die den Namen Seliboba ins Spiel gebracht hat, spöttelt: »Das ist ein lächerliches Stereotyp. Wir sollten stattdessen lieber überlegen, wie wir kleinen Mädchen beibringen, im neuen Russland selbstbewusster zu sein und ein erfülltes Leben zu haben.«

Luis sieht aus, als bräuchte er eine Pause. Wir gehen raus, um ein wenig frische Luft zu schnappen. Ich sehe, dass er wütend ist, aber er spricht wohlüberlegt und ruhig. »Ich kann es nicht glauben, wie konservativ hier manche Autoren sind.« Er seufzt. Dann sieht er mich mit verwirrtem Blick an. »Sie sind schlimmer als die kubanischen Exilanten, mit denen ich in Miami aufgewachsen bin.« Er schaut an mir vorbei, und ich sehe, dass sein Blick an einer Gruppe älterer Frauen haften bleibt. Sie stehen in einer Schlange, die einmal um das ganze Gebäude auf der anderen Straßenseite führt. »Was ist das?«, fragt er.

»Das ist eine russische Bank. Die Frauen wollen ihre alten Rubelscheine umtauschen, bevor die Regierung sie aus dem Verkehr zieht.« Ich erkläre ihm, dass die meisten Russen ihre Ersparnisse nicht auf die Bank geben, weil sie denken, dort sei ihr Geld nicht sicher. Dann scherze ich, bei dem Alter einiger dieser Frauen müssten manche Scheine noch aus dem Zweiten Weltkrieg sein. Was faktisch gar nicht möglich ist, da die russische Zentralbank vor ein paar Jahren alle Sowjetwährung, die vor 1993 ausgegeben wurde, für ungültig erklärt hat. Aber wenn sie das Geld jetzt nicht umtauschen, verlieren sie alle Ersparnisse, die sie in ihrem Leben angehäuft haben.

Luis schüttelt ungläubig den Kopf und erzählt mir, dass er sich noch daran erinnern kann, wie dasselbe nach der Revolution in Kuba passiert ist.

Als wir zum Workshop zurückkommen, hat sich der Autor, der sich dagegen ausgesprochen hat, dass die große Puppe blau ist, mit einigen älteren männlichen Kollegen zusammengetan und einen Beschluss gefasst. Er schlägt vor, den Jungen und das Mädchen durch eine Vogelscheuche und einen Bodenroller zu ersetzen. Der Bodenroller könnte dann von Ort zu Ort rollen und für die Vogelscheuche Informationen sammeln. »Dann haben wir keine Probleme mit den Geschlechtern der Puppen«, sagt er. Die Idee gefällt ihm sichtlich.

Ich kann nicht an mich halten und sage: »Sie meinen, der Bodenroller sammelt Informationen für die Vogelscheuche, wie ein Agent vom KGB?«

Alle lachen außer den Autoren, die den Vorschlag gemacht haben. Ich wiederum schlage vor, die Diskussion über die Muppets später weiterzuführen, weil sie uns zu viel Zeit kostet. Worauf Luis beginnt, über den Aufbau von Texten zu sprechen.

Die meisten jungen Autoren kennen die bei der Comedy übliche Struktur: Man überlegt sich einen Gag, dann gestaltet man ihn aus und setzt am Ende die Pointe. Um die Fähigkeiten der Teilnehmenden zu testen, teilt Luis sie in zwei Gruppen ein. Dann sollen sie ihm ihre Ideen laut vorlesen. Er gibt ihnen unmittelbar Kritik und lässt sie ihre Gags anschließend überarbeiten.

Am Ende trommelt Luis alle Teilnehmenden zusammen, um eins der entstandenen Drehbücher zu diskutieren, in dem es ums Teilen geht. Das Drehbuch trägt den Titel »Äpfel teilen«. Wadim, der Autor, liest den Dialog zwischen zwei ausgedachten Muppets vor:

Muppet 1: Kuck mal, die Äpfel. Die habe ich selbst gepflückt. Toll, oder?
Muppet 2: Toll? Vielleicht für dich! Und was machst du jetzt damit?
Muppet 1: Natürlich essen.
Muppet 2: Essen – ganz alleine?
Muppet 1: Dann habe ich mehr davon!
Muppet 2: Fällt dir nichts Besseres ein?
Muppet 1: Wenn ich Äpfel esse, kann ich mir nichts Besseres vorstellen.
Muppet 2: Besser für dich vielleicht, aber was ist mit mir?

»Was meinen Sie, ist der Dialog vielleicht ein bisschen zu aggressiv?«, fragt Luis höflich. Als ihn die Autoren verwirrt anstarren, sagt er, er habe in fast allen Drehbüchern bei den Dialogen ein Muster ausgemacht. Er nimmt sich ein anderes Drehbuch und zitiert daraus einige Sätze wie »Gib mir das«, »Lass mich in Ruhe« oder »Geh weg«.

Um den Teilnehmenden eine Alternative aufzuzeigen, spielt Luis ihnen ein paar Clips mit Ernie und Bert vor, in denen sie sich gegenseitig gnadenlos necken, dabei aber immer herzensgut und freundlich sind. Dann stellt er den Videorekorder ab. »Was meinen Sie, könnte diese Herangehensweise auch in Ihren Drehbüchern funktionieren?«

Nicht alle Autoren nicken, manche schauen weg oder blicken auf ihre Notizen. Anton schnaubt und murmelt laut genug, dass alle es hören: »Die Amerikaner sind nur nach Moskau gekommen, um unsere Texte zu kritisieren.«

Luis ist normalerweise ein höflicher, sanftmütiger Mensch, aber jetzt sieht er aus, als wollte er gleich die Samthandschuhe ausziehen. Er sieht Anton an und sagt: »Ein Autor, der mit dieser Art der redaktionellen Kritik nicht umgehen kann, taugt nicht viel.«

Ich würde ihm am liebsten applaudieren, aber mir wird klar, dass es Luis' Boxkampf ist und er seine Schläge auch alleine gezielt setzt.

Mit rotem Gesicht blitzt Anton ihn an und verschränkt die Arme vor der Brust. Einige Autoren, vor allem die jüngeren, wirken fast erleichtert, dass Luis ihm die Stirn geboten hat. Sie einigen sich darauf, in den nächsten Drehbüchern eine Art Wörterbuch der Freundlichkeit und des Mitgefühls zu erarbeiten.

Am Ende des Tages flüstert Luis mir zu, dass ihm Anton auf die Nerven geht.

»Das tut mir leid«, sage ich und lächle. »Zumal Anton und seine Frau dich für heute Abend zum Essen eingeladen haben.«

Luis ist todmüde, aber Nein sagen kann er auch nicht. Robin begleitet ihn, um für ihn zu dolmetschen.

Ich treffe mich an diesem Abend mit Leonid in einem beliebten jüdischen Restaurant am Majakowski-Platz. Zwischen Gefilte Fisch, Kartoffel-Latkes und der weltbesten Hühnersuppe beschwert sich Leonid: »Keiner, bei keinem Fernsehsender, will gerade eine amerikanische Sendung ausstrahlen.«

Ich meckere meinerseits über unsere Probleme mit den Autoren.

Leonid zuckt die Schultern und sagt: »Tasha, geh mal in Moskau irgendeine Straße entlang, irgendeine. Ist dir schon mal aufgefallen, dass dich niemand anlächelt oder sich entschuldigt, wenn er dich versehentlich anrempelt? Russen lächeln nur selten – warum auch? Freundlichkeit ist ihnen fremd. Das Leben ist einfach zu hart.«

Ich wende ein, dass das ja wohl so nicht stimme. Privat sind Russen die freundlichsten und freigebigsten Menschen überhaupt.

Er nickt. »Ja, stimmt. Bis sie es nicht mehr sind.«

Manchmal finde ich Leonid wirklich düster.

Beim Frühstück im Hotel gesellt sich Luis zu mir. Ich hätte erwartet, dass er über den Abend bei Anton ablästert, aber er klingt überraschend heiter. Bevor er sich am Buffet etwas zu essen holt, erzählt er mir, dass er einen unerwartet angenehmen Abend mit Anton und seiner Frau verbracht und anschließend noch die Drehbücher aus der letzten Runde von gestern durchgesehen hat.

»Ich weiß zwar nicht, wie die übersetzten Texte mit ihren Reimen und Wortspielen auf Russisch klingen, aber sie sind wirklich sehr originell. Ich glaube, sie haben es kapiert!«, sagt er begeistert. Wir unterhalten uns beim Essen weiter und ich bin erleichtert, dass einige Autoren jetzt genau die lustig-albern-unbeschwerten Drehbücher mit den pädagogischen Anliegen abliefern, die für die *Sesamstraße* typisch sind.

Am zweiten Tag des Workshops ist die Atmosphäre deutlich gelöster. Sogar Anton plaudert eifrig mit den jungen Autoren und wirkt sehr kollegial.

Als die Autoren Platz genommen haben, hebt Nana sogleich die Hand. »Ich würde nach der gestrigen Diskussion über Tonfall und Aggression gern darüber sprechen, warum wir Drehbuchautoren Schwierigkeiten haben, fröhliche, positive Texte zu schreiben wie die in der amerikanischen Sendung.« Immer wenn sie versuchen würden, ein Drehbuch nach Art der amerikanischen Sendung zu verfassen, komme bei ihnen das Gefühl auf, es sei maßlos sentimental. »Wir haben als Autoren Angst davor, etwas zu schreiben, was sich falsch anfühlt, was nicht die Realität unseres Landes wiedergibt. Aber vor allem wollen wir vermeiden, Drehbücher zu schreiben, die nur eine traurige Wiedergabe unserer derzeitigen Situation sind.«

Zwar weiß Luis nichts von Nanas persönlichem Schicksal, aber viele ihrer Kommilitonen kennen ihre Geschichte. Mit siebzehn musste sie zusammen mit ihren Eltern, einem armenisch-jüdischen Paar, infolge ethnischer Konflikte aus der aserbaidschanischen Hauptstadt Baku fliehen. Hunderttausende armenischer Christen, Juden und aserbaidschanischer Muslime verloren ihre Heimat, genau wie vor ihnen die Tataren. Nana und ihre Eltern mussten um ihr Leben fürchten.

Nana fährt fort: »Das soll keine Kritik sein, Luis. Ich denke, wir tun unser Bestes und wir alle wollen die russischen Kinder mit unserer Sendung glücklich machen. Ich weiß nur nicht, wie ich das anstellen soll und mir selbst dabei treu bleiben kann.«

Ich schalte mich in die Diskussion ein. »Russlands Lage unterscheidet sich gar nicht so sehr von der Situation in Amerika Anfang der 1960er Jahre, als die gesellschaftliche Landschaft von Gewalt und Rassendiskriminierung beherrscht war. Die Diskriminierung der Schwarzen war grauenhaft, und trotzdem haben die Autoren der *Sesamstraße* ein harmonisches Miteinander der verschiedenen Gruppen gezeigt und es hat Einfluss auf Generationen von Kindern und Eltern gehabt.« Ich sage ihnen, dass die *Uliza Sesam* das Gleiche für Russland leisten kann. »Ihr Schreiben kann die Zukunft verändern.«

Luis nickt zustimmend. Dann erklärt er, dass ein typisches Drehbuch für die *Sesamstraße* auf zwei Ebenen funktioniert. Es spielt zwischen den Erfahrungen der Erwachsenen in der Populärkultur und im politischen Leben und der Perspektive des Kindes. »Dadurch, dass sich diese beiden Erfahrungswelten kreuzen, bekommt der Text etwas Besonderes, Wahrhaftiges.«

Nana überzeugt das nicht. »Wir können nicht in humorvollen Parodien oder mit Ironie über unsere Vergangenheit schreiben, dazu ist sie zu schmerzhaft. Wir können keine Scherze über etwas machen, das gerade erst zusammengebrochen ist oder das gerade noch vor unseren Augen zusammenbricht.« Nana ist sehr redegewandt. Während sie weiterspricht, nicken mehrere ihrer Schriftstellerkollegen. »Viele Videos aus der *Sesamstraße* verballhornen die amerikanische Populärkultur und alle verstehen den Witz. Im neuen Russland haben wir noch keine gemeinsame Kultur und es gibt niemanden, der sich schon Witze über unsere neue Gesellschaft ausgedacht hätte.«

Damit ist die Diskussion auf einem Gebiet angelangt, auf dem wir dringend mehr Expertise brauchen. Ich biete an, dass Dr. Genina zur Sitzung am Nachmittag dazukommt.

Im weiteren Tagesverlauf bespricht Luis mit uns die Drehbücher, die er am Abend zuvor gelesen hat. In seiner Analyse geht er auch auf die Unterschiede zwischen der Komödie im russischen Stil und dem amerikanischen Slapstickhumor ein. Als Beispiel nimmt er die Marx Brothers. Groucho Marx und seine Gang nutzen Wortspiele, Kalauer und Wortverwechslungen am laufenden Band, aber sie bauen auch physischen Humor ein, bis sich die Zuschauer am Boden kringeln vor Lachen. Der russische Humor dagegen sei für gewöhnlich sarkastisch und skurril, aber nicht physisch.

Eine Autorin hebt die Hand. »Wir nennen unseren Humor ›Lachen zwischen Tränen‹.«

Darüber hatte ich noch nie nachgedacht, aber jetzt fällt mir auf, dass Russen nur selten in dröhnendes Gelächter verfallen, im Gegensatz zu den Amerikanern, die sich bei Slapstickfilmen und Fernsehshows wie *Die unglaubliche Reise in einem verrückten Flugzeug* oder *Dumm und dümmer* scheckig lachen.

Nach dem Mittagessen erklärt Dr. Genina der Gruppe, dass sie sich an diesem Nachmittag auf zwei wesentliche Ziele konzentrieren will: *Racial Tolerance* und positives Sozialverhalten. Sie wiederholt, was manche Autoren inzwischen schon wissen. In den Geschichten der Sendung werden nicht nur Russen mitspielen, sondern auch Schauspieler verschiedener Nationalitäten aus den ehemaligen Sowjetrepubliken.

Ich atme langsam ein, unsicher, wie ein Gespräch über Rassismus und Nationalität in dieser Gruppe verlaufen mag. Es war schwer genug, diese Themen gegenüber unseren Produzenten in New York anzusprechen, und jetzt müssen wir das alles noch einmal mit unseren Autoren durchkauen.

Sogleich meint ein Autor: »Wir haben in unserer Sendung wichtigere Dinge zu besprechen als die Frage der Nationalität. Diese Minderheiten sollten dankbar sein. Hätte es die Sowjetunion nicht gegeben, würden sie heute immer noch in Lehmhütten wohnen.«

Ein anderer Autor sagt: »Es ist natürlich wichtig, über Minderheiten zu sprechen, aber es gibt Dringenderes, was unsere Kinder lernen müssen, zum Beispiel wie sie sich auf einem umkämpften Markt zurechtfinden. Sie müssen lernen, Risiken einzugehen und keine Angst zu haben.«

Wieder einmal bringt Nana die Rettung. »Natürlich müssen wir Nicht-Russen in unserer Sendung zeigen, denn so sieht das neue Russland eben aus. Alles andere wäre eine Lüge.«

Nach einiger Zeit schaltet sich Luis ein und bittet die Autoren, sich an die Ziele zu erinnern, die wir in unserem Bildungsplan erarbeitet haben. »Es ist die Aufgabe der Autoren, die Drehbücher zu schreiben, und die Aufgabe der Forscher, die Ziele festzulegen.«

Dr. Genina lächelt und nutzt die Bemerkung, um zum nächsten Thema überzuleiten. »Viele Russen haben verlernt, höflich zu sein«, sagt sie. »Diese Fernsehserie sollte Geschichten erzählen, in denen gute Manieren gezeigt werden und die Menschen höflich zueinander sprechen und sich anständig verhalten. Wenn zum Beispiel eine Verkäuferin einen Kunden bedient, dann könnte sie sagen: ›Wie kann ich Ihnen helfen?‹« Sie hat Angst, dass die Entbehrungen, unter denen viele Russen im Kommunismus gelitten haben, den Menschen jeden Anstand ausgetrieben haben. Zugleich weist Dr. Genina darauf hin, dass die Unhöflichkeit ein historisch neues Phänomen in Russland sei. Sie hoffe, diese Entwicklung könne wieder rückgängig gemacht werden.

Dann beschreibt sie, wie sich etwa die traditionelle Anrede mit den gesellschaftlichen Normen verändert hat. Im vorrevolutionären Russland habe die Form der Anrede oft nicht nur Respekt ausgedrückt, sondern auch Klasse, Geschlecht, militärischen Rang und Eheverhältnisse, zum Beispiel bei *Gospodin* (Herr) und *Gosposcha* (Herrin). Um Formen der Anrede zu beseitigen, die den gesellschaftlichen Status anzeigen, hatte die Sowjetregierung sie für »zu bürgerlich« erklärt und der sprachlichen Müllhalde übergeben, um sie durch egalitäre Begriffe zu ersetzen: *Towarischtsch* (Kamerad), später dann *Muschtschina* (Mann) und *Schenstschina* (Frau). »Für das russische Ohr klingen diese Worte unnatürlich und seltsam«, sagt Dr. Genina. Dann wendet sie sich an mich und sagt: »Stellen Sie sich vor, Sie könnten in Amerika niemanden mehr mit Mr. oder Mrs. anreden und gleichzeitig gäbe es kein Wort, um die Anrede zu ersetzen.« Dr. Genina schüttelt ratlos den Kopf. »Wir befinden uns in einem sprachlichen Schwebezustand«, sagt sie.

Luis hört den Autoren zu, die überlegen, wie sie Drehbücher entwerfen können, die »eine freundlichere Welt« zeichnen, wie Dr. Genina es ausgedrückt hat. Dann überarbeiten sie ihre Texte und berücksichtigen dabei die Empfehlungen, etwa den Ton und die Sprache abzumildern.

Später kommen wir alle wieder zusammen und die Autorinnen lesen ihre überarbeiteten Drehbücher vor. Alle schlagen einen deutlich freundlicheren und fürsorglicheren Ton an. Ein Drehbuch hat Dr. Geninas Empfehlungen wahrhaft vorbildlich umgesetzt.

Die Szene spielt in der Bäckerei: Seliboba hält seiner Nachbarin Tante Dascha die Tür auf, die wiederum Seliboba für seine Höflichkeit lobt. Darüber freut sich Seliboba so sehr, dass er, als Tante Dascha gehen will, die Tür immer wieder auf- und zumacht und so, ohne es zu wollen, Tante Dascha daran hindert, an ihm vorbeizugehen und das Geschäft zu verlassen. Jedes Mal, wenn die Tür auf- oder zugeht, tauschen die beiden Freundlichkeiten aus wie »Danke schön«, »Bitte sehr« oder »Gern geschehen«, was urkomisch ist.

Alle Autoren lachen über die Geschichte, auch Luis. Ich fühle, wie sich die Anspannung in mir löst, und ich weiß jetzt schon: Wenn ich am Ende des Seminars an diesen Moment zurückdenke, werde ich mir sagen, das war unser Durchbruch.

Den Rest des Tages springt Luis von einer Gruppe zur nächsten und motiviert die Autorinnen und Autoren auf seine sanfte Art zu Änderungen. Anton, der inzwischen der gemeinschaftlichen Arbeit mehr abgewinnen kann, tut es ihm gleich.

Robins Kommilitonen bringen eine frische, leidenschaftliche, offene Haltung in die Gruppe. Auch scheinen sie besser mit interkulturellen Unterschieden umgehen zu können als ihre älteren Kollegen, verfassen aber zugleich Drehbücher, die in Ton, Inhalt und Wesen unverwechselbar russisch sind.

Am fünften und letzten Tag der Fortbildung lernen die Autoren physischen Humor »westlicher Art« kennen, der sich gut in unseren Bildungsplan einfügt. Die besten Drehbücher, etwa ein albernes Lied, das Nase *(nos)* auf das russische Wort für Rose reimt, sind für alle ein Highlight.

Ein Storyboard für einen Trickfilm, in dem den Kindern die Gefühle »fröhlich« und »traurig« erklärt werden, macht alle im Raum sprachlos. Der Autor liest vor: »Ein Junge und ein Mädchen gehen Hand in Hand durch den Park und halten je einen Ballon. Sie sehen fröhlich aus. Da fliegt dem Jungen unbeabsichtigt der Ballon davon. Das Mädchen sieht, dass er weint, dann lässt sie ihren Ballon ebenfalls los und lächelt. Der Junge hört auf zu weinen, und dann sehen beide ihren Ballons nach, die in den endlosen blauen Himmel fliegen.«

In der amerikanischen Fassung hätten sich die beiden Kinder vielleicht eher den zweiten Ballon geteilt, anstatt dass keiner von ihnen mehr einen Ballon hat. Insofern wäre die Szene für ein amerikanisches Publikum vielleicht nicht ganz so gut geeignet oder sogar etwas verwirrend, aber für Russland ist sie perfekt. Sie spiegelt genau die schmerzhaften Entscheidungen wider, mit denen sich die Russen derzeit auseinandersetzen müssen.

Am Ende des Workshops bekommt Luis von den Autorinnen und Autoren Standing Ovations. Sie stellen sich in einer Reihe auf, um ihm die Hand zu geben und ihn zu umarmen, und finden es sehr bedauerlich, dass er jetzt wieder geht.

Als sich Luis ins Taxi setzt, um zum Flughafen zu fahren, sieht er mich an und sagt: »Erst willst du sie alle umbringen, und dann willst du nie wieder gehen.« Er lächelt. Diese Erfahrung habe einen anderen Menschen aus ihm gemacht.

Den nächsten Monat über treffen sich die Autoren einmal die Woche, entweder in Robins Kammer oder in Vikas Büro bei ORT. Glücklicherweise wurde das Erdgeschoss des Senders bei der Übernahme nicht besetzt. Die Autoren äußern gegenseitig Kritik zu ihren Arbeiten, ganz nach dem Vorbild des amerikanischen Writers' Room, und wählen die Drehbücher aus, die in die letzte Runde kommen sollen, um von den Produzenten und Forscherinnen in New York und Moskau begutachtet zu werden.

An einem, manchmal auch zwei Abenden die Woche treffen sich die Moskauer Produzentinnen und Forscher in Vikas Büro, während sich das amerikanische Team um ein Telefon mit Freisprechanlage in der Firmenzentrale der *Sesamstraße* versammelt. Dann prüfen wir einige Stunden lang in der New Yorker Frühe die Drehbücher und Storyboards auf ihren pädagogischen Gehalt und Unterhaltungswert. Gelegentlich sind auch die Drehbuchautoren oder die freiberuflichen Regisseurinnen dabei.

Anfangs waren die russischen Mitarbeitenden noch sehr zurückhaltend. Aber nachdem sie einmal begriffen hatten, dass die Amerikaner unbedingt ihre Meinung hören wollen, erheben sie jetzt sogar öfter die Stimme als die Amerikaner. Bei diesen Gruppentelefonaten sind oft zehn Personen zugegen, die uns Einblick in die kulturellen Unterschiede zwischen den beiden Ländern geben. Einmal diskutieren wir zum Beispiel die Übersetzung eines *Sesamstraßen*-Clips, der eine Parodie auf die Kindergeschichte »Die drei kleinen Schweinchen« ist. Darin pustet der große böse Muppetwolf das Schweinehaus um und eröffnet sein eigenes Geschäft, in dem er anderen beibringt, wie man Häuser umpustet.

Nana, die in unserem Moskauer Büro sitzt, schüttelt den Kopf und erklärt, dass die meisten Russen kein eigenes Haus haben und auch kein eigenes Geschäft führen. Die Vorstellung wäre für sie unbegreiflich. »Meinen Sie wirklich, wir sollten in unseren Filmen Personen zeigen, die unternehmerisch tätig sind – auch wenn es sich um Puppen handelt –, wo doch so viele Russen denken, Geld zu verdienen ist etwas Schlechtes?«

Selbst die Ikonografie der amerikanischen Muppets enthält kulturelle Ideen, die für viele Autoren unverständlich sind. Zum Beispiel besteht Nana darauf, dass es eine Figur wie Oskar aus der Mülltonne in Russland niemals geben könnte.

»Was ist er? Ein Hippie, ein Punker oder ein Rapper?« Sie erklärt, ein solch individualistisches Verhalten würde in einer kommunistischen Gesellschaft als unakzeptabel angesehen. »Oskar aus der Mülltonne ist ein Nonkonformist, in der Sowjetunion wäre er ins Gefängnis gesteckt worden.«

Ich sehe an den hereinkommenden Drehbüchern, dass unsere Autoren inzwischen ihren ganz eigenen Stil entwickelt haben – ein einzigartiger Humor, anregende Ideen und ein neuer Tonfall für die postsowjetische Gesellschaft. Vom Tempo her wird es wohl etwas gemächlicher zugehen als in der amerikanischen Sendung, und die Geschichten werden etwas possierlicher, aber ohne falsche Sentimentalität sein, da die Russen in ihrem Alltag ohnehin schon genug Dramatisches erleben.

Trotzdem sind noch ein paar Herausforderungen zu bewältigen. Zwei Monate nach dem Autorenworkshop ist Anton wieder ganz der Alte, er lästert über die *Sesamstraße* und die »arroganten Amerikaner«, die »den Russen immer erklären, was falsch an ihren Drehbüchern ist«. Seine Haltung drückt zunehmend auf die Stimmung im Team. Auch nimmt er es nicht so genau mit den allmorgendlichen Autorensitzungen und den Telefongesprächen mit unseren Kollegen in New York. Und die meisten Drehbücher seiner Schwarzen Henne werden abgelehnt, während die Gang von der Filmakademie äußerst produktiv ist und mit ihren Texten voll ins Schwarze trifft.

Die Spannungen erreichen ihren vorläufigen Höhepunkt, als ich einmal in Vikas Büro komme, wo wir nach wie vor arbeiten, und sehe, dass Anton auf den neuen Computern, die wir nach der Besetzung unseres Büros gekauft haben, pornografische politische Limericks schreibt. Ich berate mich mit Mischa und wir entscheiden, Anton zu entlassen. Binnen Wochenfrist ist er fort. Daraufhin reichen die anderen Autoren der Schwarzen Henne ebenfalls keine Texte mehr ein. Mischa und ich befördern zwei unserer besten Drehbuchschreiberinnen, Nana Grinstein und Anna Kalin, zu Co-Chefautorinnen, um Anton zu ersetzen – und hoffen, aller guten Dinge sind drei.

Nana ist herausragend in ihrer neuen Rolle: Sie übt Kritik, ohne die Gefühle der anderen Autoren zu verletzen, und zeigt sich beim Redigieren der Manuskripte sehr gewandt darin, eine gemeinsame Sprache entstehen zu lassen. Ich sehe sie oft, wie sie neben ihren Kollegen steht, sich über deren Texte beugt und ihnen Ratschläge gibt. Robin wiederum ist unersetzlich, wenn es darum geht, bei kulturellen oder sprachlichen Missverständnissen in den neuen Drehbüchern oder bei den Übersetzungen der Dialoge für die zu synchronisierenden amerikanischen Filme zu vermitteln.

Das Kernteam der Produzenten sitzt neben den Autoren in Vikas Büro, weil uns Irina immer noch keinen Raum zur Verfügung gestellt hat. Robin und die russischen Produktionsleiter haben sich die Filme der amerikanischen *Sesamstraße* angesehen und darüber abgestimmt, welche davon in die russische Serie aufgenommen werden sollen. Zu unserem Glück haben wir, nachdem wir anfangs mit Larissa zusammengearbeitet haben, die die ersten Szenen für die *Sesamstraße* synchronisiert hat, ein großartiges anderes Studio gefunden. Pifagor synchronisiert für uns die enorme Menge an Clips aus dem amerikanischen Archiv, die 40 Prozent der gesamten Sendezeit ausmachen.

Am Ende des Sommers sind die Autorinnen und Autoren zu einer verschworenen Gemeinschaft zusammengewachsen. Ich sehe sie oft gemeinsam beim Mittagessen, wie sie lachen und rauchen und lebhaft ihre Texte diskutieren.

Zwei Tage bevor ich Moskau mal wieder den Rücken kehre, ruft mich Irina an. Als ich zum Telefon haste, fliegen die Dreh- und Szenenbücher und losen Zettel quer durch mein Hotelzimmer. »Natasha, ich habe die ideale Besetzung für den leitenden Regisseur gefunden«, verkündet sie. Ich hatte sie vor einiger Zeit gefragt, ob sie mir einen möglichst bekannten Film- oder Fernsehregisseur empfehlen könne, der für uns den Widerstand der Presse gegen die russische *Sesamstraße* ein wenig eindämmen könnte.

Ich hatte die Frage schon fast vergessen, Irina aber offenbar nicht. Sie hat auf dem Filmfestival Kinotawr in Sotschi Wladimir Grammatikow kennengelernt, einen Giganten des sowjetischen Kinderfilms. Als allseits geschäftstüchtige Frau fragte sie ihn, ob er ihr für die *Uliza Sesam* einen Regisseur für Kinderfilme empfehlen könne.

Grammatikow bat um etwas Zeit, um darüber nachzudenken, er werde sich dann mit ein paar Ideen bei ihr melden. Irina muss lachen, als sie die Geschichte erzählt: »Ich fliege also zurück nach Moskau und im Juli klopft Grammatikow bei mir im Büro an und sagt: ›Ich habe den Richtigen für Ihre Serie gefunden: mich.‹«

»Unglaublich!« Ich bin völlig aus dem Häuschen, dass eine solche Berühmtheit für uns drehen will, und sage Irina, dass ich ihn so bald wie möglich treffen möchte.

Als ich am nächsten Morgen in Irinas Büro komme, ist Grammatikow – den wir bitte »Wolodja« nennen sollen – schon da und fläzt auf der Couch. Die beiden unterhalten sich lachend, als wären sie alte Freunde. Wolodja sieht aus wie fünfzig, dünn, schmales Gesicht, buschiger Schnauzer. Er wirkt auf mich unheimlich selbstbewusst und hat einen fantastischen Humor. Irina hat mir erzählt, was er schon alles gedreht hat, und ich bin ehrlich gesagt ein bisschen eingeschüchtert. Dass ich jetzt diese Ikone des Kinderfilms in einem Bewerbungsgespräch befragen soll – ich, die ich noch kein einziges Kinderprogramm in meiner Filmografie habe –, ist nachgerade lächerlich. Nervös setze ich mich neben Wolodja auf die Couch. Irina geht hinaus, damit wir in Ruhe sprechen können.

Als ich ihn nach seinen bisherigen Arbeiten im Kinderfilm frage, erzählt er von *Mio, mein Mio* mit Christian Bale und Timothy Bottoms. Das ist die teuerste Filmadaption eines Astrid-Lindgren-Buchs aller Zeiten. Ich versuche meine Nerven zu beruhigen und möglichst nicht zu zeigen, wie beeindruckt ich bin, während er von seinen Erfahrungen in Film und Theater erzählt, die immens sind. Als ehemaliger Leiter von Stanislawskis Dramatischem Theater, einem berühmten Moskauer Haus, und mit seinen Erfahrungen als Regisseur in Obraszows Puppentheater wäre er die ideale Besetzung. Ich kann unser Glück kaum fassen.

Nur kann Wolodja leider nicht sagen, ab wann er genau verfügbar wäre, weil er gerade mitten im Casting für eine russische Fassung von *A Little Princess* von Frances Hodgson Burnett steckt. Ich stutze, weil Warner Brothers gerade erst eine Verfilmung dieses Romans in die Kinos gebracht hat. Als ich ihn darauf anspreche, erwidert er schlagfertig: »Aber meine liebe Natasha, meine Fassung wird die Gefühle und Wunder heraufbeschwören, an denen es diesem Westfilm mangelt.«

Dieses Selbstvertrauen, sein Können, sein trockener Humor, all das wären gute Gründe, mit ihm zu arbeiten, allerdings hält er auch nicht mit seiner Geringschätzung des Mediums Fernsehen hinterm Berg. Für ihn ist die *Sesamstraße* offenbar eine ziemlich ordinäre kleine Sendung für Kinder, die der großen Leinwand wenig entgegenzusetzen hat. Und als ich auf die Vergütung zu sprechen komme, benimmt er sich, als würde er uns einen riesigen Gefallen tun, wenn er für uns Regie führt.

Wie dem auch sei, klar ist, dass wir Wolodja dringend brauchen, nicht nur wegen seines Könnens und seiner Kunstfertigkeit, sondern vor allem als Gesicht in der Öffentlichkeit. Er, der sich gewandt durch die kulturelle Zensur der Kommunisten laviert hat, verfügt über genau das politische Geschick, das unsere umstrittene Sendung benötigt.

Ich bitte und bettle und schmeichle ihm. Ich tue alles, um seine Eitelkeit zu kitzeln und ihm die Dringlichkeit des Augenblicks begreiflich zu machen. »Jetzt ist genau der richtige Moment, um Fernsehsendungen zu produzieren, weil das Fernsehen für die jungen Leute in Russland gerade zur wichtigsten Informationsquelle wird. Wir brauchen Ihre Kreativität und Energie.«

Da weichen seine Züge auf. Zu meiner Erleichterung nimmt er das Angebot an. In zwei Monaten, Mitte September, kann er anfangen zu drehen. Ich könnte kaum glücklicher sein.

Bevor wir uns verabschieden, frage ich ihn, ob er mir eine Regisseurin empfehlen kann. Ich erkläre ihm, dass wir drei Regisseure einstellen wollen, die zwischen Vorbereitungen und Dreharbeiten hin und her wechseln, um die Sendung dreimal so schnell aufzeichnen zu können.

»Muss es eine Frau sein?«, fragt er.

»Ja.«

Er sieht mich mit verträumter Miene an und sagt, er werde darüber nachdenken.

Da steckt Irina den Kopf herein, um zu erfahren, wie der Stand ist. Als sie sieht, dass wir uns offenbar gerade einig geworden sind, trippelt sie übertrieben theatralisch, als wollte sie uns nicht stören, zu ihrem Schreibtisch, wobei ihre Absätze ein dröhnendes Klackern von sich geben.

Als Wolodja gegangen ist, kommt sie zu mir. »*Duscha Moja*, weißt du was?« Sie strahlt wie eine Katze, die ihrem Herrchen eine Maus bringt. »Wir haben ein Büro gefunden. Ihr könnt es in zwei Wochen beziehen!« Video Art sei schon dabei, Moskinap zu renovieren, eine alte Fabrik für die Herstellung von Kameras, die nur fünf Minuten Fußweg von ORT entfernt liegt.

Ich kann nicht glauben, dass sie mir das nicht sofort erzählt hat, als ich ins Büro gekommen bin. Ich gratuliere mir selbst, dass ich ihr auf meiner letzten Reise die Stirn geboten habe. Das sind die besten Neuigkeiten seit Monaten!

Und noch ein Glücksfall kommt hinzu: Als ich einige Tage später Midhat in seinem Büro besuche, klingelt das Telefon. Der Leiter des Kinderstudios von ORT ist am Apparat. Er empfiehlt uns Tamara Pawljutschenko für die Stelle der Aufnahmeleiterin und koordinierenden Regisseurin. Es hat sich offenbar herumgesprochen, dass wir nach weiblichen Regisseuren suchen.

Tamara ist großartig, sachlich, kampferprobt und eine preisgekrönte Film- und Fernsehregisseurin. Sie kommt aus einer schillernden Theaterfamilie und hat am prestigeträchtigen Leningrader Institut für Theater-, Musik- und Filmkunst studiert. Außerdem arbeitet sie seit 30 Jahren für das Kinderfernsehen. Ihr Mann ist ebenfalls Regisseur, ihre Tochter Natalja Negoda eine berühmte Schauspielerin, von der sogar ich schon gehört habe. Sie war unter anderem in dem düsteren Film *Kleine Vera* von 1988 zu sehen, der ein donnernder Erfolg war und in dem sie an der ersten Sexszene in einem staatlich finanzierten Sowjetfilm beteiligt war.

Es gibt natürlich einen Grund, warum ich unbedingt Frauen engagieren will. Ich will damit nicht nur der Diskriminierung und den Schikanen etwas entgegensetzen, die ich selbst in meiner Fernsehkarriere erlebt habe, sondern habe in Russland auch etwas Entscheidendes gelernt: Stelle möglichst immer Frauen ein. Sie arbeiten härter, kommen pünktlich zur Arbeit und trinken einen Bruchteil von dem, was Männer trinken. Es gibt ein altes russisches Sprichwort: »Russische Männer geben sich nicht damit zufrieden, sich unter den Tisch zu trinken. Sie wollen sich zwei Meter unter die Erde trinken.«

Ich treffe mich mit Tamara in Midhats Büro, wo wir in Ruhe sprechen können. Sie ist beeindruckend. Ihre scharfsinnigen Fragen zur Produktion zeigen, wie erfahren sie auf dem Gebiet ist. Ich stelle sie, ohne zu zögern, ein und habe keinen Zweifel, dass sie eine große Bereicherung für unser Team sein wird. Nun, da Wolodja im September zu uns stößt und Tamara gleich morgen, wird sich unsere ohnehin schon schnelle Produktionslokomotive in einen Hochgeschwindigkeitszug verwandeln.

Jetzt kann ich beruhigt in die Staaten fliegen und ein wenig Heimaturlaub mit Ken machen.

18

In jedem Viertel ein rostiges Auto

Ich verbringe einen ganzen Monat mit Ken, erst in New York, dann noch kurz in Martha's Vineyard, um endlich mal wieder meinen Akku aufzuladen. Anfang September 1995 bin ich zurück in Moskau und freue mich riesig darauf, mit den Künstlerinnen und Künstlern die Kulisse zu entwickeln, das »Viertel«, in dem die Muppetfiguren und die menschlichen Schauspieler zusammen spielen.

Unser Bienenstaat ist inzwischen auf über 250 Medienfachleute angewachsen, die in ganz Moskau Texte und Musik schreiben und Filme drehen. Wir haben schon zwanzig tolle Realfilme im Kasten, die die russische Kultur feiern, wie zum Beispiel »Gschel«, in dem wir zeigen, wie die traditionelle blau-weiße Keramik entsteht, oder »Kuwizja«, ein Film über die Bauernmusik mit Panflöten, die aus Schilf hergestellt werden. Außerdem drehen wir gerade in Armenien, Kasachstan und der Ukraine.

Die größte Herausforderung bestand zuletzt darin, gleichzeitig die Bearbeitung der Drehbücher und Storyboards und die Überarbeitung der Realfilme vom Roh- zum Feinschnitt und die Musikaufnahmen zu handeln. Gut, dass wir die Zeit, die wir zur Bearbeitung der Drehbücher brauchen, von vier auf zwei Tage und die für die Filmbearbeitung von einer Woche auf vier Tage reduzieren konnten. Das ist eine großartige Leistung, aber wir müssen noch schneller werden, und dafür brauchen wir einen geeigneten Arbeitsplatz.

Also rufe ich wieder einmal Irina an, um sie nach dem neuen Büro zu fragen. Sie erwidert, es gebe leider Verzögerungen am Bau, weshalb wir die Räume noch nicht beziehen könnten. Man könne niemandem einen Vorwurf machen. Ihr schon gar nicht.

Ich habe das alles so satt. Fünf Minuten später trommle ich die Mitglieder unseres Teams zusammen, die in Vikas Büro arbeiten, und sage zu ihnen: »Legt eure Arbeit nieder, nehmt euch einen Stuhl, einen Computer oder einen Drucker und dann alle mir nach. Wir veranstalten unsere eigene Büroübernahme.«

Zehn Minuten darauf spazieren sechs meiner Leute mit Stühlen und einem Computer über den Flur und durch den Haupteingang, weiter über die vielbefahrene Straße hinüber zu Moskinap, wo wir die sechs Stockwerke zu unserem neuen Hauptquartier hinaufsteigen.

Das neue Büro riecht nach frischer Farbe und feuchtem Beton. Wir hören Gelächter, irgendwo spielt jemand Gitarre. Als wir den Raum betreten, sehen wir einige Arbeiter, die auf Betonblöcken im Kreis sitzen und Wodkaflaschen in der Hand halten. Auf dem Boden steht ein halb aufgegessener Kuchen. Der höhlenartige Raum sieht chaotisch aus, er ist halb fertig, an den Wänden lehnen Holzbretter, Zement ergießt sich aus den geöffneten Säcken über den Boden und überall liegen Nägel herum. Die Bauarbeiter sind überrascht, uns zu sehen.

»Sascha hat heute Geburtstag«, sagt einer. Ihm ist schon bewusst, dass er und seine Kumpels eigentlich nicht feiern, sondern arbeiten sollten. Aber seine Erklärung macht mich nur noch wütender, weil heute Robins dreiundzwanzigster Geburtstag ist und wir keine Zeit haben, ihn zu feiern. Und wenn irgendwer es verdient hätte, gefeiert zu werden, dann sie.

Als wir die Bauarbeiter drängen, zu gehen, bleibt eine ungeöffnete Flasche Sekt stehen. Mischa lässt den Korken knallen, hält die Flasche in die Höhe und spricht einen Toast auf Robin aus. Es ist eisig kalt hier in dieser Höhle, in der es noch keine Heizung gibt, aber wir alle genießen das Hochgefühl, endlich ein eigenes Zuhause für die *Uliza Sesam* zu haben. Ich überrasche Robin mit einem pinken Geburtstagskuchen von einer schicken französischen Bäckerei. Sie freut sich riesig. Dann singen wir alle zusammen »Happy Birthday«.

Während wir dasitzen und Witze reißen – meist auf Robins Kosten –, vergeht allmählich das dünne Herbstlicht. Um sechs Uhr sitzen wir im Dunkeln. Offenbar hat Irina die Stromrechnung noch nicht bezahlt. Aber wir bleiben, Strom oder nicht.

Am nächsten Tag bringen wir weitere Möbel, Ausrüstung und Lebensmittel in unser neues Büro. Als die Nachbarn unter uns hören, dass wir eine neue Fernsehsendung für die Kinder des Landes produzieren, erlauben sie uns, ihre Steckdosen anzuzapfen und auch ihre Telefone dürfen wir benutzen.

Als die Bauarbeiter wiederkommen, stellen sie fest, dass wir inzwischen einen ganzen Raum in dem weitläufigen Büro gekapert, die Nägel beiseite gefegt und keine Lust haben, den Raum wieder zu verlassen. Sie beschließen, uns zu ignorieren, und hämmern und bohren fünf weitere Wochen lang, bis die Renovierung endlich abgeschlossen ist – zumindest fast, denn es fehlt noch eine Klobrille, die anscheinend in ganz Russland nicht aufzutreiben ist.

Im Handumdrehen ist das Büro eingerichtet und überall schwirren Menschen herum. Mit Wolodja und Tamara und der neuen Studiocrew ist unsere fröhliche Bande auf über dreihundert Leute angewachsen. Mischa hat es sich angewöhnt, im Büro seine Lieblingskrawatte mit den Kaffeeflecken und dem Krümelmonstermotiv zu tragen, und zwar jeden Tag. Die Krawatte ist ein Geschenk von mir. Um seinen Claim abzustecken, hat er über einem der ganz großen Schreibtische ein Schild aufgehängt: »ZEIT IST GELD. ICH HABE KEINE ZEIT.«

Gleich an seinem ersten Arbeitstag spricht Wolodja das drängendste Problem an: die Muppets. Seit einem halben Jahr diskutieren wir über ihr Aussehen, ihre Persönlichkeit und Farbe, ohne zu einem befriedigenden Ergebnis gekommen zu sein. Wolodja blättert eine Seite bei Konstantin Stanislawski auf, dem berühmten Regisseur und Schauspieler, dessen improvisatorischer Ansatz zur Entwicklung von Charakteren weltweite Verbreitung fand. Dann trommelt er das Kreativteam zusammen – Autoren, Regisseurinnen und Produzenten – und teilt sie in vier Gruppen auf, um mit ihnen ein Spiel zu spielen.

Als die Gruppen beisammen sind, springt Wolodja plötzlich auf den Tisch und imitiert ein wildes Tier. »Wenn euer Muppet ein Tier wäre – wie würde er sich bewegen?«, schreit er. »So wild wie ich?« Er reckt den Hals und schnüffelt laut. »Was für Geräusche würde er machen? Wie würde er eine Banane essen?«

Er beugt seinen dünnen, wendigen Körper nach vorn, streckt den Kopf und nimmt sich eine imaginäre Banane, pellt sie und tut, als würde er sie essen, wobei er geräuschvoll schnaubt. Alle verfallen in hysterisches Lachen. Wolodjas spielerisches Genie belebt die kreative Ader im Team. Zwei Stunden improvisieren alle und erstellen eine Liste liebenswerter Charakterzüge und körperlicher Merkmale für die drei Muppets.

Die erste, Seliboba, ist eine Ganzkörperpuppe, die ehemals den Namen Domowoi trug. Sie nimmt allmählich Form an: ein zweieinhalb Meter großes, hundähnliches Tier mit langer Schnauze, Schlappohren und ausgeprägtem Geruchssinn. Ein Autor ruft aus: »Seliboba steckt seine große Nase in alles und begreift instinktiv am Geruch, worum es sich handelt. Er kann sogar den Namen eines Liedes riechen.«

Die Russen stellen sich vor, dass Seliboba noch ein paar Zentimeter größer als Bibo ist. Und er soll einige der Charakterzüge tragen, die sich die Produzenten und Autorinnen soeben ausgedacht haben: Freundlichkeit, Mitgefühl und ein spirituelles Verständnis vom Leben. Ich bin heilfroh, dass niemand mehr davon spricht, er solle aussehen wie ein alter Mann oder ein Priester. Jetzt ist er ein großes, einem Kind ähnelndes Wesen, das im Wald in einem riesigen Baumhaus wohnt.

Natürlich denke ich sofort daran, dass wir Unmengen an Material brauchen werden, um dieses Baumhaus zu bauen. Aber die Produzenten haben den Wald-Muppet schon in ihr Herz geschlossen und ich will sie nicht enttäuschen.

In der Mittagspause gehen wir geschlossen hinüber in die Kantine von ORT. Das Menü beschränkt sich auf Brathähnchen, Schnitzel und Hot Dogs sowie in Mayonnaise ertränkte und mit Zucker bestreute Möhren und Suppe. Für mich als Vegetarierin ist es schwer, überhaupt etwas zu finden, und ich frage den Kellner, ob ich die Möhren ohne Mayo und Zucker bekommen kann.

»Njet.«

Ich bestelle einen Kaffee. Es handelt sich um schwarzes Wasser, dessen Geschmack entfernt an Kaffee erinnert. Dann gehe ich zu meinen Kollegen an den Tisch, die schon lebhaft über die Farben der Muppets debattieren. Ich starre in Mischas Schale, in der sich Borschtsch mit Rindfleisch befinden soll. In einer dicken Ölschicht schwimmen Brocken, die kein Fleisch, sondern als Fleisch verkleidete Fettscheiben sind.

Wolodja bringt mich auf den neusten Stand. »Die russischen Puppen können nicht rot sein, weil diese Farbe etwas Gefährliches ausstrahlt, das für die Psyche der jungen Kinder beunruhigend ist.«

Das finde ich ganz und gar nicht. »Aber Elmo ist auch rot. Wenn Millionen von Kindern Elmo lieben, wie kann dann Rot schlecht sein?«

Wolodja sieht mich ungläubig an. »Haben Sie nie Wassily Kandinskys philosophische Abhandlung zur Farbenlehre gelesen? Darin geht es darum, dass Farben unterschiedliche Gefühle hervorrufen.«

Ähh ... nein. Das sagt mir leider gar nichts. »Ich, ich, ich ... ich weiß, dass Kandinsky ein berühmter Künstler des 20. Jahrhunderts ist«, stammele ich.

Meine Ignoranz erntet erstaunte Blicke. Meine Kollegen bestehen darauf, dass dieses hundert Jahre alte Schema des Meisters unabdingbar ist, um die Farben für unsere russischen Puppen auszuwählen. Was Abstraktion und existentialistische Diskurse betrifft, kann es niemand mit den Russen aufnehmen.

Und ich rufe mir in Erinnerung, dass ich genau deshalb so gern mit ihnen zusammenarbeite.

Während die Diskussion weitergeht, hole ich Ed Christies ursprüngliche Entwürfe für Seliboba aus meiner Saddle Bag. Darauf ist der Baumgeist ein riesiges grünes bepelztes Wesen, das aussieht wie ein Berg aus Blättern und Mulch. Ich reiche die Zeichnungen herum und sage: »Ed in New York meinte, als er den russischen Baumgeist ausgearbeitet hat, hatte er die größte Freiheit überhaupt – weil im Gegensatz zu Bibo niemand weiß, wie ein Baumgeist-Muppet wohl aussehen könnte.«

Die Gruppe ist von den Entwürfen sehr angetan, und ein Produzent merkt an, dass die Farbe Grün in Kandinskys Monografie für »Gefühle der Stille und Passivität« steht.

Ich fahre ihnen nur ungern in die Parade, muss aber leider Einspruch erheben: »Der russische Muppet kann nicht grün sein, weil Oskar aus der Mülltonne schon grün ist und wir jede Menge Clips mit Oskar synchronisiert haben. Zwei Puppen mit derselben Farbe, das geht nicht.« Gleich habe ich ein schlechtes Gewissen und schlage vor: »Was ist mit Gelb? Bibo ist in der *Uliza Sesam* nicht dabei, insofern könnte doch einer der russischen Muppets gelb sein ...«

Allgemeines Kopfschütteln. »Kandinsky ist der Ansicht, dass Gelb ein Gefühl von Wahnsinn vermittelt«, zitiert Wolodja das verblichene Orakel.

Als alle aufgegessen haben, sind die Russen zu einem Entschluss gekommen. Seliboba soll die Farbe Blau haben – eine angeblich friedvolle, beruhigende Farbe, die Gefühle von Spiritualität entfacht. Offenbar spielt es jetzt keine Rolle mehr, dass noch auf dem Autorenworkshop vor ein paar Monaten ein homophober Schreiberling meinte, wir könnten auf keinen Fall Blau nehmen, weil das der »Code« für Schwulsein sei.

Das heißt, wir werden eine blaue Puppe haben! Damit Seliboba auch wirklich aussieht wie ein Waldgeist, kommen meine Kollegen auf Ed Christies Idee zurück und meinen, wir könnten erdfarbene Stoffbüschel, Federn, Blätter und Rinde in sein pelziges Fell einarbeiten.

Am Nachmittag skizzieren wir die körperlichen Eigenschaften und Persönlichkeitsmerkmale der anderen beiden Muppets. Die weibliche Handpuppe soll Businka heißen, was »Kleine Perle« bedeutet. Und gemäß Kandinskys komplexer Darstellung optischer Prinzipien beschließt die Gruppe, dass sie pink sein soll.

Dann nimmt Businka allmählich Gestalt an und wird zu einem energiegeladenen pelzigen Feuerball, der durch die Gegend flitzt und eine große *joie de vivre* ausstrahlt, wie Wika sagt.

Mehrere Frauen wiederholen, was schon in früheren Diskussionen gesagt wurde: Es ist wichtig, dass Businka den typischen Mädchen-Stereotypen zuwiderläuft. »Ihr soll nicht die ganze Zeit gesagt werden, dass sie gehorsam sein soll. Businka soll Risiken eingehen, sie soll leicht erregbar sein und manchmal Befehle missachten«, sagt eine.

Wolodja nimmt das Wort »erregbar« auf und schlägt vor, Businka solle »hysterisch sein und die ganze Zeit weinen«.

Das kommt überhaupt nicht in Frage. Ich bin erleichtert, als Robin, die bis jetzt geschwiegen hat, ausspricht, was ich denke: »Wenn Businka die ganze Zeit weinen würde, wäre das wahnsinnig nervig, und da sie die einzige weibliche Figur ist, würde sie damit bei den Zuschauern und Autoren nicht als ein Vorbild für positives Verhalten angesehen werden.«

Robins Argumentation überzeugt alle, und wir gehen zu der heiklen Frage über, ob die weibliche Puppe Sport treiben soll.

In Russland wird von Frauen erwartet, dass sie sich »feminin« verhalten. In Stellenanzeigen für Sekretärinnen steht oft sogar: »Attraktives Aussehen wird vorausgesetzt.« Erst seit kurzem ändert sich die allgemeine Meinung über Frauen, die Sport treiben. Ich sage: »Ihr müsst diese Frage entscheiden, weil die Drehbuchautoren wissen müssen, ob sie Businka in Szenen zeigen sollen, wo die Muppets Fußball spielen oder sich einen Ball zuwerfen.«

Plötzlich wird es still im Raum. Wolodja reagiert als Erster. »Wenn Sie die Mädchenpuppe Sport machen lassen, stecken Sie das Mädchen in den Jungenkörper und den Jungen in den Mädchenkörper. Das ist schädlich, weil Kinder schon mit drei Jahren eine klare Vorstellung von Geschlechterstereotypen haben, und wir wollen dieser Weltsicht nicht widersprechen.«

Noch so eine »wissenschaftliche Theorie«. Raah.

Nana starrt Wolodja an. »Willst du, dass die russischen Mädchen mit denselben idiotischen Stereotypen aufwachsen, mit denen wir leben mussten?«

»Die Figur wäre doch viel einprägsamer und auch lustiger, wenn sie genau das Gegenteil von dem macht, was die Leute erwarten«, meint Wika und sieht verschmitzt in die Runde. Sie schlägt vor, dass Businka nicht nur Sport machen soll, sondern dass sie sogar eine Tänzerin ist und gern Lambada tanzt, ein mexikanischer Tanz, der in Moskau gerade populär ist.

Die Männer, die die gegenteilige Meinung vertreten haben, werden durch Beschämung in die Kapitulation getrieben. Und so entsteht Businka als ein furchtloser, Lambada tanzender Muppet, der gern Sport macht und offen für neue Erfahrungen ist.

Als Gegengewicht zu Businkas Überschwang und Selibobas Zen-Stimmung beschließt das Team, dass die männliche Handpuppe auf einem urrussischen Archetyp basieren soll: dem schussligen, unbelehrbaren Taugenichts, einem romantischen Träumer, der hoch hinauswill und von allen geliebt wird, dem aber seine Unfähigkeit im Wege steht.

Ein Autor ist vollkommen aus dem Häuschen. Er muss so sehr lachen, dass er kaum die Worte herausbringt. »Ja, genau, die Jungenpuppe macht selbst aus dem kleinsten Problem eine Doktorarbeit, er erfindet eine neumodische Vorrichtung, um seine nassen Socken zu trocknen, und stellt dann fest, dass es ja ›Wäscheleinen‹ schon gibt.«

Alle lachen und erinnern sich an ähnlich unglückselige Charaktere in russischen Romanen. Sie beschließen, die Jungenpuppe Kubik zu nennen, »Würfel«, womit sie auf die Absonderlichkeit und Unbeholfenheit der Figur anspielen. Mehrere Produzenten sprechen sich dafür aus, dass diese Figur ein Unternehmer sein soll, der mit einem Terminplaner herumläuft und unentwegt versucht, im neuen kapitalistischen Russland erfolgreich zu sein, aber trotzdem immer irgendwie scheitert.

Ich frage sie: »Meinen Sie nicht, dass ihm auch ab und zu etwas gelingen sollte, damit die Kinder Lust darauf bekommen, zu experimentieren und Risiken einzugehen, auch wenn das Ergebnis nicht immer zu ihrer Zufriedenheit ausfällt?«

Meine Kollegen nehmen sich die Bemerkung zu Herzen. Am Ende beschließen sie, dass Kubik ein goldiger gelehriger Kerl sein soll, der für Individualität und für die Freiheit steht, Fehler machen zu dürfen – in Russland eine völlig neue Vorstellung.

Der Realfilmregisseur schlägt vor: »Das Beste an Kubiks Persönlichkeit ist, dass er der perfekte Stichwortgeber für Selibobas übermütige Mätzchen ist.«

Ich finde es überaus befriedigend mitzuerleben, wie die Autoren und Produzentinnen zusammenarbeiten.

Inzwischen geht schon die Sonne unter und der Himmel glüht rosaviolett. Eine Autorin meldet Bedenken an, dass russische Eltern vielleicht nicht wollen, dass sich ihre Kinder wie Businka verhalten, mit ihrer unkontrollierbaren und oft nervtötenden Impulsivität, oder wie Kubik mit seinem übertriebenen Ehrgeiz und seiner Starrköpfigkeit oder wie Seliboba mit seiner unbändigen Neugierde und seiner Art, Regeln zu unterwandern. Die Kinder in der Sowjetunion seien dazu erzogen worden, still und gehorsam zu sein – das Gegenteil risikoaffiner Individualisten und tatkräftiger Winzlinge, die Autoritäten herausfordern. Doch letzten Endes beschließen die Produzenten, dass die Muppets diejenigen Eigenschaften und Werte verkörpern sollen, die es der nächsten Generation ermöglichen, im neuen Russland erfolgreich zu sein.

In der nächsten Woche schicken wir die überarbeiteten Entwürfe für Seliboba und die neuen Skizzen für die anderen beiden Muppets per Kurier an Ed Christie. Ed ist von den Vorschlägen meines Teams sehr angetan und sagt, er werde einige Wochen benötigen, um detaillierte Zeichnungen von den neuen Muppets anzufertigen.

Unterdessen fliegen Faxe und E-Mails mit letzten Details wie Stoffen, Kleidung oder der Art der Federn und Blätter, die auf Selibobas Mantel genäht werden sollen, zwischen Russland und Amerika hin und her. Einmal, als Tamara im Moskauer Büro die letzten Zeichnungen der Henson Company von Seliboba in Augenschein nimmt, die auf einem Konferenztisch ausgebreitet sind, ruft sie plötzlich aus: »Seliboba sollte keine Lapti [traditionelle Bastschuhe] tragen, sondern riesige weiße Nike-Turnschuhe, wie sie alle Kinder in Moskau gerade tragen!« Alle finden die Idee großartig. Jemand anders kreischt: »Und Seliboba sollte eine breite Paisley-Krawatte tragen.« Auch diese Idee bekommt ihren Segen.

Jetzt, da die Muppets immer mehr Form annehmen und schon etwa ein Drittel der Real- und Trickfilme fertig sind, ist es an der Zeit, die Kulisse zu entwickeln. Das Sesamstraßen-Viertel, in dem Muppets und Menschen gemeinsam agieren, ist der technisch aufwändigste und teuerste Bestandteil der Produktion. Wir haben nur vier Monate Zeit, um die Szenerie zu entwerfen und zu bauen, schon ab Ende Januar 1996 sollen die Studio-Episoden gedreht werden.

Unter der Woche sehen Wolodja, Tamara und ich die Bewerbungsmappen von über dreißig künstlerischen Leitern aus Moskau durch, die Erfahrung mit Bühnenbildern für Film und Theater haben. Wir entscheiden uns für Maria Ribasowa (»Mascha«). Sie betritt unser Büro in Moskinap, kaum 1,25 Meter groß, große grüne Augen und kastanienbraune lange Haare, die sie zu einem festen Zopf geflochten hat. Sie ist 42 Jahre alt, sieht aber mindestens zehn Jahre jünger aus.

Während sie unsere Fragen beantwortet, wischt sie sich nervös die Strähnen aus der Stirn. Mit weicher Stimme erzählt sie von den Bühnenbildern, die sie für große Theaterproduktionen in Moskau gebaut hat, unter anderem für *Die Möwe* und den *Kirschgarten* von Tschechow. Ihre Arbeit ist atemberaubend: ideenreich, hochpräzise und wunderschön.

Mascha sagt von sich aus, dass sie keine Erfahrung mit Fernsehkulissen hat, schon gar nicht für ein Viertel, das von Puppen bewohnt wird. Fernsehserien sind in Russland etwas so Neues, dass es nur wenige künstlerische Leiter gibt, die Erfahrung mit komplexen Kulissen haben, wie wir sie geplant haben. Als wir Mascha fragen, welche Ideen sie für die Sendung hat, reagiert sie zunächst zögerlich, da sie denkt, die Amerikaner hätten dafür schon ihre bewährten Verfahrensweisen. Doch als ihr klar wird, dass sie von uns einen künstlerischen Freibrief bekommt, feuert sie einen ganzen Reigen begeisternder Ideen ab.

Ein paar Tage später kommt sie mit ihren ersten Entwürfen zu uns. »Ich habe mehrere Nächte durchgearbeitet und eine Kulisse konzipiert, die meiner Meinung nach alle bisherigen Kindersendungen in der russischen Geschichte übertrifft«, sagt sie mit Feuer im Blick. Ihr Ehrgeiz und Selbstvertrauen sind bemerkenswert, genau das, was wir gerade brauchen.

Sie weiß schon, dass jede internationale Koproduktion der *Sesamstraße* neben den neuen, originären auch Elemente aus der amerikanischen Sendung enthält. Zum Beispiel gibt es immer einen öffentlichen Platz, an dem sich die Leute versammeln können. Aber dieser Platz sieht in jedem Land anders aus. Zum Beispiel handelt es sich in der mexikanischen *Plaza Sesamo* eben um eine Plaza, während die norwegische Sendung in einem Bahnhof spielt oder die südafrikanische Kulisse einen Marktplatz darstellt.

Maschas Dilemma besteht nun darin, dass ihre Kulisse ein typisch russisches Viertel darstellen soll. Nur welches? Soll sie die Architektur aus der Zarenherrschaft, aus der Sowjetära oder aus einer unbekannten Zukunft zugrunde legen? Und welche ästhetischen und kulturellen Elemente soll sie aus ukrainischen und nichtslawischen Kulturen, etwa der postsowjetischen Kultur Zentralasiens, aufnehmen? Das ist eine besonders wichtige Frage, weil die *Uliza Sesam* in der gesamten ehemaligen Sowjetunion ausgestrahlt werden soll.

Ich verstehe ihre Verwirrung. Noch bis in die 1950er Jahre lebten die meisten Städter in engen Gemeinschaftsunterkünften in Betonbauten, die dem Staat gehörten. Manchmal teilten sich bis zu zehn Familien Küche und Bad. Im kommunistischen Russland musste man mit einer Gefängnisstrafe rechnen, wenn man private Unterkünfte baute, die größer als 42 Quadratmeter waren. Diese Politik führte dazu, dass die immer gleichen tristen Mehrfamilienhäuser in Reihe gebaut wurden, so weit das Auge blickte, wodurch das Stadtbild aller größeren Städte verschandelt wurde. Und gleich neben diesen architektonischen Monstren standen eingekesselt die großartigen neoklassischen Stadthäuser aus dem 19. Jahrhundert, Russlands romantischer Vergangenheit.

Leider hat Mascha keine große Wahl, für welche Epoche sie sich entscheiden soll, weil in Russland gerade extreme Materialknappheit herrscht: Holz, Stoffe, Eisenwaren, Klebstoff und einiges andere müssen wir aus Amerika einschiffen, bevor wir mit dem Bau beginnen können.

Mascha arbeitet am liebsten allein, aber damit die Entwürfe schneller fertig werden, bitte ich sie, mit Bekannten aus Film und Theater ein Brainstorming zu machen. Damit könnten wir auch nach außen zeigen, dass wir offen für alle sind. Ihr gefällt der Vorschlag ganz und gar nicht, und auch Mischa Dawidow, mein Co-Produktionsleiter, wendet ein: »›Brainstorming‹ ist was für Spatzenhirne. Außerdem würden sich die meisten dieser Bühnenbildner nicht einmal im selben Raum aufhalten wollen, geschweige denn miteinander reden.«

In den nächsten Tagen bitte ich Mascha immer wieder, mir

den Gefallen zu tun und sich die Sache zu überlegen, und ich versichere ihr, dass sie bei allen Entscheidungen das letzte Wort haben wird. Ich erkläre ihr, dass wir das Ansehen der *Uliza Sesam* unter den Kreativleuten verbessern müssen. Schließlich willigt sie ein, auch wenn sie meint, die Sache werde ein böses Ende nehmen. Und Mischa sagt zu mir, niemand werde kommen, ohne dafür bezahlt zu werden.

In der nächsten Woche sind zu Mischas Überraschung alle gekommen, die wir um Hilfe gebeten haben, und sitzen nun in Moskinap an unserem Konferenztisch. Nicht einer von ihnen hat nach einem Honorar gefragt. Dr. Genina ist ebenfalls dabei.

Sofort kriegen sich alle in die Haare. Diejenigen, die auf dem Land groß geworden sind, meinen, die Kulissen sollten das Leben außerhalb der verkommenen unmoralischen Städte zeigen. Ein Regisseur, der für seine hochmodernen Interpretationen von Tschechows Stücken bekannt ist, bellt: »Russlands Herz und Seele sind seine majestätischen Flüsse und Birken. Um Russland gerecht zu werden, muss die Kulisse in der Natur verwurzelt sein.«

Ein ausgesprochener Stadtmensch sieht das vollkommen anders. »Auf dem Land leben nur noch Menschen, die auf den Tod warten. Sie werden nicht diejenigen sein, die unser Land wiederaufbauen.« Doch die Verfechter des Landlebens halten beharrlich an ihrer romantisierten Vorstellung von *Selo* (Dorf) und *Priroda* (Natur) fest – Wörter, die bei fast allen Russen eine nahezu heilige Ehrfurcht auslösen, ähnlich wie *family farm* (Familienfarm) oder *apple pie* (Apfelkuchen) bei uns Amerikanern.

Ein grundlegender Unterschied zwischen dem Amerika und dem Russland der 1990er Jahre besteht jedoch darin, dass der russische Stadtmensch meist sehr viel reicher als der Landmensch ist. Zwar ist zuletzt auch in Amerika die Armutsrate auf dem Land gestiegen, aber die Dörfer im postsowjetischen Russland sind tatsächlich bettelarm.

Ein Regisseur sagt dazu: »Die Ungleichheit zwischen Stadt- und Landbevölkerung ist riesig und nimmt seit dem Zusammenbruch des Kommunismus rapide zu.«

Mascha wiederum meint: »Für uns besteht die Herausforderung darin, eine Kulisse zu entwickeln, die alle Russen anspricht, auf dem Land wie in der Stadt, und auch unsere sowjetischen Brüder.«

Da steht der berühmteste Regisseur im Raum auf und wartet still, bis ihm alle ihre Aufmerksamkeit schenken. Er streicht sich über den Bart, als käme ihm gerade die Erleuchtung, und erklärt mit seiner tieftönenden Stimme: »Unser Land ist schwer beschädigt, und unsere Seele ist krank. Wie sollen wir unsere Kinder umformen oder umerziehen, ohne dafür die Schönheit und die Heilkräfte der Natur zu nutzen?« Die Gruppe hört wie gebannt seinem poetischen Klagelied zu. »Die Kulisse sollte aus einem Wald mit echten Bäumen bestehen, damit unsere Kinder die Verbindung zu ihrem Heimatland wiederentdecken können.«

Die Idee ist schön, aber ich denke nur: *Oh nein, nicht schon wieder Bäume*. Meint er wirklich echte Bäume, die wir während des viermonatigen Drehs im Studio irgendwie am Leben erhalten müssen? Und ich kriege Herzrasen, wenn ich daran denke, dass der nächste Regisseur vielleicht die gesamte Serie in der sibirischen Taiga drehen will.

Wie ich sie so reden höre, denke ich daran zurück, was mir Jon Stone, der Regisseur der Ur-*Sesamstraße*, einmal erklärt hat: Am wirkungsvollsten ist die Kulisse, wenn sie die Wirklichkeit widerspiegelt, sodass die Kinder in einer Umgebung lernen und spielen, die sie aus ihrem eigenen Leben kennen. Er hatte die Idee, die Kulisse für die amerikanische Sendung könnte aussehen wie ein Viertel in einer amerikanischen Stadt, mit Mietshäusern aus Sandstein mit rissigen Fassaden, und aus den Fenstern strömt Latin- und Soul-Musik.

Aber schon wenn ich nur ein paar Elemente nenne, die in der

amerikanischen Sendung vorkommen, ernte ich heftigen Gegenwind.

»Natasha, in eurer *Sesamstraße* wohnt Oskar in einer dreckigen Mülltonne. Das ist ekelig!«, ruft ein Regisseur aus. »Wir würden niemals eine Mülltonne in unsere Kulissen setzen, das ist unhygienisch und gefährlich. Die Kinder könnten auf den Gedanken kommen, dass es erlaubt ist, in die Tonne hineinzuklettern.«

»Nicht schon wieder die Mülltonne«, murmle ich.

Am Nachmittag bitte ich Dr. Genina zu sprechen. Sie hat sich immer wieder bei derartigen philosophischen Meinungsverschiedenheiten als ausgezeichnete Diplomatin erwiesen, und sie ist eine Respektsperson, wie eine Lehrerin, die ihre Schüler nach Hause schickt, um ihre schlechten Hausaufgaben zu überarbeiten. Sie ist unerschütterlich und bravourös und ich weiß, sie wird uns zum gewünschten Ergebnis führen.

Sie schlägt einen Kompromiss vor: eine Kulisse mit architektonischen Elementen aus Stadt *und* Land. »Zum Beispiel könnte unser Fantasieviertel von einer mittelgroßen Stadt inspiriert sein und wiedererkennbare Bauwerke aus Russlands Vergangenheit und Gegenwart beinhalten.«

Mascha nickt begeistert. Ich freue mich, dass sich die beiden Frauen so gut verstehen. Während die Gruppe darüber sinniert, welche Bauwerke das sein könnten, schlägt Mascha vor, auch Chruschtschobas hinzuzunehmen, jene fünfstöckigen Fertighäuser aus Beton, die unter Chruschtschow errichtet wurden und heute alle großen und mittelgroßen Städte dominieren. Die Bezeichnung ist eine Kombination aus dem Namen des sowjetischen Staatschefs Chruschtschow und *Truschtschoba*, dem russischen Wort für »Slum«. Damit die Kulisse genauso realistisch wird wie die der amerikanischen Sendung, sollten »diese bröckelnden Bausünden unbedingt dazugehören«, findet Mascha.

Dr. Genina weist darauf hin, dass eine wichtige Besonderheit der Chruschtschow'schen Wohnkomplexe der Innenhof ist *(dwor)*, mit Bäumen und oft auch einem Spielplatz. »Vielleicht könnten die Kulissen rund um einen solchen Innenhof angesiedelt werden.«

Die frühen Sowjetarchitekten entwarfen den Dwor als einen idealisierten Ort für die Gemeinschaft, an dem sich die Menschen aus den umliegenden Häusern unabhängig von Sozialstatus oder Vermögen treffen konnten. Der Dwor diente gewissermaßen als kommunistische Zelle, wo sich qualifizierte Berufstätige wie Ärzte oder Akademikerinnen mit Menschen aus der Arbeiterklasse wie Automechanikern oder Fabrikarbeitern trafen und etwas Gutes für die Gemeinschaft taten.

Dr. Geninas Idee weiterdenkend, schlägt Mascha vor: »Ja, wir könnten eine Hütte bauen, in der die Menschen, die in der Anlage wohnen, ihre Fahrräder reparieren.« Dann fügt sie nur halb im Spaß hinzu: »Aber wenn der Hof *realistisch* sein soll, dann sollten da auch ein verrostetes altes Auto mit gesprungenen Fensterscheiben und ein Müllcontainer stehen, der von Ratten befallen ist und aus dem die Abfälle quellen.«

Ein anderer Regisseur scherzt: »Ja, und der Kerl, der die Fahrräder repariert, ist ein Spitzel, der dem KGB über seine Nachbarn Bericht erstattet.« Ein großer Lacher.

Jetzt revidiert Dr. Genina noch einmal ihre Meinung, weil sie Bedenken hat, wenn die Fernsehsendung in einem Dwor spielt, könnten manche Kinder denken, ihr Innenhof sei ein sicherer Ort zum Spielen – was leider nicht stimmt.

Mascha greift das Argument auf, dann versucht sie mit schier übermenschlicher Anstrengung, beide Parteien zu befrieden, Stadt und Land, indem sie mit einer Engelsgeduld entsprechend den Empfehlungen verschiedene Möglichkeiten aufzeichnet und immer wieder überarbeitet. Zuerst findet kein Entwurf allgemeinen Zuspruch. Aber am Ende des Abends haben wir einen Kompromiss gefunden. Alle sind sich einig, dass sich ein modern gestalteter Innenhof am besten als öffentlicher Versammlungsort in der *Uliza Sesam* eignet. Alle gehen mit dem hoffnungsfrohen Gefühl nach Hause, dass unsere Sendung den Dwor vielleicht wieder sicher macht.

Mascha arbeitet zu Hause an den Entwürfen weiter, und zwei Tage später kommt sie mit hochdetaillierten Skizzen vom Aufbau der Szenerie ins Büro: ein zweistöckiges Backsteinhaus aus dem 20. Jahrhundert im romanischen Revivalstil mit schmiedeeisernem Balkon für unsere *Uliza-Sesam*-Familie, eine Holzdatscha für den Hausmeister des Hofes und eine riesige Eiche hinter einem Torbogen aus Stein, der den Eingang zum Innenhof darstellt. In der Eiche soll Selibobas »Baumhaus« sein. Die Zeichnung des Baums mit dem feinen Geflecht der Zweige und dünnen Bleistiftstrichen als Adern der einzelnen Blätter sieht wie eine botanische Darstellung im Museum aus. Alle sind verblüfft von Umfang, Originalität und Realismus der Entwürfe. Als Mascha dann eine große Papierrolle ausbreitet, auf der sie ihre Vorstellung vom Innenhof aufgezeichnet hat, sind wir alle völlig aus dem Häuschen.

Im Mittelpunkt ihres Dwors stehen ein silbernes Raumschiff und ein riesiger pinker Elefant mit mehrfarbigen Quasten und einer juwelenbesetzten Sänfte. Während die Teammitglieder um die Zeichnungen kreisen, die auf dem Konferenztisch ausliegen, studieren Wolodja und ich dieses prachtvolle Fantasieland. Alle beglückwünschen Mascha und bestaunen das interplanetare Gefährt und das Tier. Mascha ist eine so großartige Künstlerin, dass sie in Amerika längst ihren Kaminsims voller Oscars für das beste Szenenbild stehen hätte.

Allerdings wundert es mich, dass sie in ihre Zeichnungen zwar viele Aspekte aufgenommen hat, auf die wir uns in unseren Diskussionen geeinigt haben, dass aber ihre farbenfrohe Fantasiewelt nichts mit einer realistischen Vergangenheit oder Zukunft Russlands zu tun hat. Ich erhebe nur ungern Einwände gegen ihre Entwürfe, vor allem weil sie dafür die Nächte durchgearbeitet hat, muss sie aber doch fragen, woher die Idee mit dem Elefanten und der Raumkapsel kommt.

Sie überlegt kurz, dann sagt sie: »Die Kinder erwarten von ihrem Fernsehprogramm, dass sie etwas Fantastisches zu sehen bekommen, und die Muppets tun alle möglichen Dinge, die Kinder im echten Leben nicht können, zum Beispiel fliegen oder von Gebäuden springen.«

»Aber das tun die Muppets, nicht die Kinder«, erwidere ich sanft. Da ich Maschas Enthusiasmus nicht ausbremsen will, schlage ich vor, die Diskussion am nächsten Tag weiterzuführen.

Am Abend treffe ich mich mit Leonid zum Essen in einem neuen armenischen Restaurant. Ich brauche jetzt etwas Kräftiges und Leonid muss Dampf wegen Irina ablassen. Sie weigert sich immer noch, die Vereinbarung mit der *Sesamstraße* zu unterzeichnen. Schlimmer noch: Sie hat bislang keinen Cent von dem Geld zurückgezahlt, das ihr Sesame Workshop geliehen hat. Während sich Leonid über Video Art beklagt, fällt es mir schwer, irgendwo in meinem Hirn noch ein Örtchen zu finden, wo ich aufnehmen kann, was er sagt. Ich habe selbst mehr als genug Probleme.

Dann erzähle ich ihm von meinem Tag und von Maschas Elefanten.

Er zuckt die Schultern. »Weißt du, viele Russen sehnen sich nach einer Welt, die unseren Kindern ein besseres, glücklicheres und leichteres Leben bietet als ihnen. Die *Uliza Sesam* soll für sie die Kindheit sein, die sie selbst nie erlebt haben.« Er reißt sich ein Stück Lawasch ab. »Aber ich dachte, das hättest du inzwischen verstanden, Natasha.«

Am nächsten Tag scheint Mascha offener dafür zu sein, ihre Entwürfe anzupassen. Sie setzt sich mit Wolodja, Tamara, einigen Produzenten und mir an den großen Konferenztisch und schlägt uns Alternativen vor.

Statt eines Elefanten könnte sie auch traditionelle handgeschnitzte Holzskulpturen in Form von Bären, Hasen und Füchsen in den Innenhof stellen, sodass die Kinder damit spielen können.

Ein Produzent sagt: »Als ich ein Kind war, hat mich meine Mutter immer losgeschickt, um am Kiosk frisches Brot zu kaufen.« Die Idee gefällt Mascha. Dann sucht sie sich ein ruhiges Plätzchen und zeichnet einen Picknicktisch mit drei Mädchen, die Teekränzchen spielen, und fügt im Dwor noch eine Nachbarschaftshütte zum Reparieren von Fahrrädern und einen Bäcker hinzu. Ihre farbenfrohe Zeichnung einer Bäckerei im alten Stil mit den Worten »Heißes Brot« in kyrillischer Schrift über dem Querbalken wecken eine nostalgische Sehnsucht nach dem alten Russland und lassen das Team aufjauchzen.

»Unser Dwor wird ein Ort sein, an dem die Menschen miteinander sprechen, Klatsch austauschen und sich gegenseitig helfen.« Sie wackelt mit ihrem Farbstift. »Mein Dwor wird ein realistischer, aber auch ein sicherer, freundlicher und glücklicher Ort sein – wir nehmen all das, was in der Vergangenheit positiv an den Innenhöfen war, und setzen es in einen zeitgenössischen Kontext.«

Mit jedem weiteren Vorschlag, der das russische Leben darstellt, spüre ich die Erleichterung in mir aufsteigen.

Am nächsten Morgen um zehn kommt Mascha mit einem maßstabsgetreuen Pappmodell der Kulisse ins Büro. Alle Einzelheiten sind filigran handgezeichnet, darunter winzige karamellfarbene Brotlaibe im Schaufenster des Bäckers und Holzschnitzereien von Wildschweinen und Vögeln auf den Fensterläden. Es macht mich sprachlos, unsere zukünftige Kulisse derart präzise und anmutig ausgearbeitet zu sehen, bis hin zu dem Laternenpfahl mit dem winzigen grünen Schild »Uliza Sesam«.

Die Teammitglieder kommen in den Konferenzraum, um sich das Modell anzusehen. Alle staunen über Maschas künstlerisches Genie. Auch wenn noch eine Unzahl obskurer technischer Einzelheiten geklärt werden muss, bevor diese Szenerie Wirklichkeit wird, sage ich zu Mascha, dass sie Wolodjas und meine Erwartungen übererfüllt hat. Verlegen senkt sie leicht den Kopf und flüstert: »Und auch meine eigenen Erwartungen.« Angesichts ihrer himmelsstürmenden Kunst ist ihre Bescheidenheit bemerkenswert und ich sage ihr noch einmal, wie dankbar wir ihr alle sind.

Später am Tag teile ich Mascha mit, dass sie nach Amerika fliegen soll, um sich das Studio der *Sesamstraße* anzusehen und den Leiter der Kunstabteilung kennenzulernen. Das hatte ich in den letzten Wochen noch für mich behalten, weil ich erst abwarten wollte, bis sie auch die Bauzeichnungen mit den Aufrissen und Farbtafeln fertiggestellt hat.

»Das ist unglaublich.« Sie legt sich ihre winzige Hand vor den Mund, als könnte sie die explosive Freude, die ihr Körper verströmt, darin auffangen.

Es bereitet mir eine unbändige Freude, die gute Fee zu spielen, auch wenn die *Sesamstraße* ihre Reise bezahlt und nicht ich. In den kommenden Wochen wird Mascha noch den Feinschliff an ihren Zeichnungen vornehmen, und ich kann es kaum erwarten, sie dem künstlerischen Leiter der *Sesamstraße* vorzustellen. Er und seine Kollegen werden von Mascha überwältigt sein. Aber bevor ich mit ihr nach Amerika fliege, müssen wir noch das Casting für die Sendung durchführen.

19

Traurige Lieder aus kleiner Kinder Mündern

Nach zwei Jahren endloser Volten und Unsicherheiten ist endlich die Zeit gekommen, dass die Kinder für uns singen. Auf das Casting für die Kinderrollen in unserer Sendung habe ich mich von Anfang an am meisten gefreut. Es ist November 1995, und das heimtückische Wetter macht es mir schwer, durch die Stadt zu kommen, viele Wege sind von Schnee und Eis blockiert. Mit Verspätung komme ich in den Gorki Film Studios an.

Mein Fahrer setzt mich am Eingangstor zu Moskaus prestigeträchtigster Filmfabrik ab. Wie viele Gebäude aus vorrevolutionärer Zeit sieht das Studio ziemlich heruntergekommen aus. Ich bleibe am Wachhäuschen des Sicherheitsdienstes stehen, wo jemand in meinen Pass schaut und mich dann durchwinkt.

Ich schlage den Kragen hoch und mache mich auf den Weg durch den weitläufigen Hof zu dem genannten Gebäude, wobei ich die kleinen Hügel gefrorener Spucke umgehe, die wie Diamanten auf dem Eisweg funkeln – der einzige Hinweis auf menschliches Dasein an diesem geisterhaften Ort. Nachdem die staatliche Filmförderung pulverisiert worden ist, hat nur noch ein kleineres Studio geöffnet, das tageweise angemietet werden kann. Dank Wolodjas Beziehungen zum Leiter des Studios haben wir die Erlaubnis bekommen, hier in den nächsten drei Tagen unser Casting durchzuführen.

Ich hoffe, dass Wolodjas Name Kinder aus ganz Russland anlocken wird. Trotzdem ist ein Casting immer auch ein Glücksspiel und es könnte durchaus sein, dass bei dieser beißenden Kälte überhaupt niemand kommt.

Darüber hätte ich mir keine Gedanken zu machen brauchen.

Als ich das Studio betrete, warten dort schon über 160 Kinder mit ihren Eltern, weit mehr, als wir erwartet haben. Viele sind aus den umliegenden Städten gekommen, andere aus fernen Dörfern und sind dafür Hunderte von Kilometern gefahren.

Tamara ist nicht nur damit betraut, die Studioarbeiten zu beaufsichtigen, sondern soll auch das Casting koordinieren. Hastig stellt sie zusätzliche Stühle auf. Ich ziehe meinen Mantel aus und helfe ihr. Ich finde es sehr angenehm, dass Tamara Hierarchien egal sind. Einmal hat sie zu mir gemeint: »Ich kann damit nichts anfangen, wenn andere sagen, ihnen ›gefällt‹ ihre Arbeit oder sie ›gefällt‹ ihnen nicht. Arbeit ist Arbeit. Ob sie dir gefällt oder nicht. Man sollte immer offen für alles sein!«

Wolodja begrüßt die Eltern und Kinder freundlich, während die ihre schweren Wollmäntel, Hüte und Schals abnehmen. Viele Kinder tragen Miniaturfellmützen mit Ohrenklappen, in denen sie herzallerliebst aussehen. Wolodja geleitet die Eltern und Kinder ins Wartezimmer. Die Kinder setzen sich auf die an der Wand aufgereihten Holzstühle, während ihre Mütter nervös nahebei stehen. Castings gehören offenbar ins Reich der Mütter, nicht der Väter.

Als ich einen Blick ins Wartezimmer werfe, bin ich überrascht, wie sehr sich die Atmosphäre von den wilden Sessions unterscheidet, die ich in New York miterlebt habe. Hier geht es viel ruhiger zu. Die Eltern sprechen im Flüsterton und es gibt nur wenig Kontakt unter den Erwachsenen oder den Kindern. Aber an den ängstlichen Gesichtern sehe ich, dass die innere Anspannung bei den Müttern genauso groß ist wie in Amerika.

Die Mädchen und Jungen, die vorsprechen, sind zwischen vier und elf Jahre alt. Die meisten von ihnen sind keine professionellen Schauspieler, was aber kein Problem ist, da die *Sesamstraße* ohnehin eine möglichst natürliche Darstellung bevorzugt. Manche Mütter haben ihre Kinder in Sonntagskleidung gesteckt. Ich weiß, für sie steht viel auf dem Spiel. Mit einer Rolle können sie so viel Geld verdienen, dass sie eine vierköpfige Familie ein Jahr lang ernähren können. Und wer hier ausgewählt wird, für den ändert sich das ganze Leben.

Wir wollen in diesem Casting die Rolle der Katja besetzen, das ist die Tochter der Kernfamilie in der *Uliza Sesam*, außerdem suchen wir noch fünfzehn weitere Kinder diverser Herkunft, die kleinere Rollen übernehmen sollen und für die Dreharbeiten vier Monate in Moskau bleiben werden. Wolodja hat mir schon gesagt, dass Kinder schwerer zu casten sind als Erwachsene. Deshalb hat er den Termin dafür als ersten angesetzt.

Ich stelle mich im Wartezimmer an den Rand und versuche, nicht im Weg zu sein. Wolodja hat mich gebeten, nicht durchblicken zu lassen, dass ich Amerikanerin bin. »Die meisten Kinder und ihre Eltern sind noch nie einem Ausländer begegnet. Das könnte sie einschüchtern.«

Ich habe nichts dagegen. Es wäre nicht das erste Mal, dass ich versuchen muss, mich unsichtbar zu machen. Und es ist ein Genuss, einen der größten Regisseure von Kinderfilmen seine Magie verströmen zu sehen.Wolodja erklärt, dass er die Kinder einzeln in einen Raum bitten wird, wo sie ein Lied singen, das sie sich selbst ausgesucht haben. Zuerst ruft der Regieassistent einen fünfjährigen Jungen mit roten Haaren und Sommersprossen herein. Seine Mutter legt ihm die Hand auf den Rücken und schiebt ihn in den Raum. Dann schließt der Assistent die Tür hinter ihm.

In der Mitte des Raums steht ein einzelner Stuhl, ihm gegenüber zwei weitere. Hinten an der Wand ist noch einer aufgestellt worden, auf dem ich Platz nehmen darf.

Der rothaarige Junge steht steif da in seiner gestärkten braunen Hose, die unbequem aussieht und zu kurz ist, wodurch er noch jünger wirkt. Das könnte auch Absicht sein. Ich habe gehört, dass Regisseure fürs Kinderfernsehen gern ältere Kinder nehmen, die aber jünger aussehen. Wolodja unterhält sich ganz locker mit dem Jungen, erzählt Witze, über die der Kleine lacht, sodass er sich bald wohlfühlt. Dann verkündet er, ohne zu lächeln, dass er ein Lied aus dem Film *Beloruski Woksal* (Belorussischer Bahnhof) singen will, und zwar im Stehen. Seine Stimme geht um mehrere Oktaven nach unten und klingt unnatürlich nach einem wummernden Alt. Stoisch singt er den Text, als wäre er ein Kadett in einem Musikkorps der Armee:

Hier singen keine Vögel
Hier wachsen keine Bäume
Hier ist nur die Front
Der Planet brennt
Unser Vaterland ist überzogen von Rauch

Als er zu Ende gesungen hat, tätschelt ihm Wolodja den Kopf und bittet ihn, bei den anderen Kindern nebenan zu warten. Wolodja und Tamara machen sich Notizen. Ich weiß nicht recht, was ich darüber denken soll, dass ein Kind beim Vorsingen für eine Unterhaltungssendung ein Lied aus dem Zweiten Weltkrieg singt.

Die Nächste ist ein vierjähriges blondes Mädchen mit großen blauen Augen. Die Mutterglucke besteht darauf, bei dem Vorsingen dabei zu sein, was Wolodja abnickt. Das Kind zappelt herum, während ihm die Mutter lose Strähnen aus dem Gesicht bürstet. Dann zupft es an dem Spitzensaum, der an seinen Beinen kratzt, und verzieht das Gesicht.

Wolodja bittet sie anzufangen. Jetzt steht das Mädchen ganz still und gerade da. Dann singt sie einige Verse aus »Katjuscha« (Kleine Käthe), einem melancholischen russischen Volkslied über eine junge Frau, die ihrem Geliebten Lebewohl sagt, weil er an die Front muss:

Die Apfel- und Birnbäume blühten
Der Nebel wallte über den Fluss
Katjuscha ging hinaus ans Ufer
Ans hohe steile Ufer

Ich beobachte die Mutter des Mädchens, die still zum Text die Lippen bewegt.

Oh, du Lied, Lied der Jungfrau
Du fliegst hinter der wolkenlosen Sonne
Und schickst dem Soldaten an der fernen Grenze
Grüße von Katjuscha ...

Noch eine traurige Melodie. Ich hatte erwartet, an diesem Morgen fröhliche Lieder zu hören, die russischen Pendants zu »Old MacDonald Had a Farm« oder »The Itsy-Bitsy Spider«. Stattdessen stimmen unglaublicherweise fast alle Kinder eine traurige Melodie mit einem noch traurigeren Text an, dünne Sopranstimmen, die von Verlust, Tod und Krieg singen.

Am Ende des ersten Durchgangs bedankt sich Wolodja bei allen für das Vorsingen, dann schickt er sie nach Hause. Einige Kinder sehen aus, als würden sie gleich anfangen zu weinen, andere wirken erleichtert, dass es vorbei ist. Tamara verabschiedet sich bei Wolodja und mir, weil sie mal wieder zu einer Krisensitzung muss.

Wolodja und ich schleppen uns durch die bittere Kälte, um in der Kantine zu Mittag zu essen. Die muffige Cafeteria, in der nur ein paar Metalltische stehen, sieht nicht gerade vielversprechend aus. Ich nehme eine Suppe, bei der ich nicht genau sagen kann, was drin ist. Wolodja macht sich den Teller voll mit Sauerkraut, Kartoffeln und einer grauen Masse, die entfernt nach Rindfleisch aussieht.

Als wir uns hingesetzt haben, frage ich ihn nach der Auswahl der Lieder. »Warum singen sie keine fröhlichen Kinderlieder wie ›Riding in My Car?‹« Ich singe ein paar Zeilen aus dem berühmten Song von Woody Guthrie und lasse das »brrm brrm« des fahrenden Autos in schiefen Tönen heraussprotzen.

Wolodja muss lachen, aber meine Frage überrascht ihn. »Das sind die Lieder, die unseren Kindern Trost spenden. Ihre Großmütter singen sie ihnen vor«, erklärt er. Dann setzt er das Messer an sein Fleisch und fährt fort. »Diese melancholischen Lieder erzählen von unserer Vergangenheit und von den Menschen, die wir verloren haben. Die Großeltern möchten gern diese melancholischen Gefühle mit den Menschen teilen, die sie lieben.« Als er sieht, dass mich das nicht überzeugt, sagt er: »Du solltest diese Balladen nicht als traurig ansehen, Natasha. Sie sind lyrisch, poetisch. Russische Kinder hören schon von klein auf Gedichte und Musik und sie erwarten von Musik, dass sie lyrisch und traurig ist, genau wie ihr Leben.«

Wir schweigen fast eine ganze Minute, in der ich so tue, als würde ich meine Suppe essen, aber insgeheim darüber nachdenke, inwieweit ich wie eine nervtötende Amerikanerin klinge. Einer unserer Produzenten hat kürzlich noch zu mir gesagt: »Glück ist kein russischer Begriff.« Amerikaner lächeln viel mehr als Russen und geben sich auf eine stereotype Weise glücklich, oft zu Lasten ihres Wohlergehens.

»Gibt es denn irgendwelche russischen Kinderlieder, die etwas fröhlicher sind und die die Kinder singen können?«, frage ich.

Wolodja grinst verschmitzt. »Ja, natürlich! Wir haben revolutionäre Marschlieder, die die Kinder im Sommerlager der Kommunistischen Partei singen.« Dann schmettert er mitten im Essenssaal überzogen dröhnend eine patriotische Ballade:

Lenin ist immer lebendig,
Er ist immer bei dir,
In allen schlechten Zeiten und
In allen guten Zeiten,
Lenin ist in jedem Frühling,
In jedem glücklichen Tag,
Lenin ist in dir und mir.

Ich lache, weil ich vermute, dass er sich über mich lustig macht, aber sicher bin ich mir nicht. Als wir zu den Gorki Studios zurückgehen, erzählt er mir, dass er sich einen neuen Beitrag für die *Uliza Sesam* ausgedacht hat, kurze lyrische Szenen für Kubik. »Die amerikanische *Sesamstraße* hat solche Szenen nicht, die sind nur etwas für die russische Mentalität. Sie sollen stille Trauer ausdrücken.«

Das klingt für mich nach einer denkbar schlechten Idee. Wolodja erklärt, Kubik soll mit einem kleinen Plüschtiger herumlaufen, der sich immer einsam fühlt. »Die Kinder werden Kubiks Tiger lieben, weil sie auch traurig sind.«

Ich habe keine Ahnung, was ich darauf erwidern soll.

Am Ende des Tages haben wir mehr als vierzig Kinder gehört. Uns bleiben noch zwei Tage, aber Wolodja scheint sich schon entschieden zu haben, wer die Hauptrolle bekommen soll. Ihm hat es Katja Michailowskaja angetan, eine agile, fröhliche Zehnjährige mit kurzem blondem Bubikopf und einer wunderschönen Singstimme. Sie hat denselben Vornamen wie ihre Figur. Wolodja gefällt ihre sorglose, ungekünstelt natürliche Art, die für seine Begriffe den meisten anderen Kindern fehlt. Zumindest bis jetzt. Dann fügt er noch hinzu: »Und sie führt Anweisungen perfekt aus.«

Vier Tage nach dem Casting sinniere ich immer noch über mein Gespräch mit Wolodja. Es kommt mir inzwischen etwas unsensibel von mir vor, darauf zu bestehen, dass meine Kollegen fröhliche Lieder produzieren sollen, nachdem sie so viel Leid ertragen mussten. Aber es handelt sich nun einmal um eine lustige Sendung für Kinder. Als Wolodja im Büro eintrifft, zeige ich ihm eines meiner Lieblingslieder aus der *Sesamstraße* aus den 1960er Jahren, das bis heute sehr bekannt ist. In dem Clip hüpft ein bärtiger Monster-Muppet wild auf und ab und singt mit zwei Mädels mit Zöpfen ein Lied. Der Text des Monsters besteht aus einem einzigen Wort, »Mahnah-Mahnah«, das er immer und immer und immer wiederholt. Die Melodie dazu ist ein absoluter Ohrwurm.

Das Video läuft fünf Sekunden, als ich sehe, wie sich Wolodjas Schnurrbartspitzen aufrichten. Ich muss ebenfalls schmunzeln. Das Stück ist einfach ansteckend.

»Okay, okay.« Inzwischen kann er sich kaum mehr halten vor Lachen. »Wir können auch ein paar Songs amerikanischer Art aufnehmen, aber damit die Sendung die Russen wirklich anspricht, brauchen wir unsere lyrischen Melodien.«

»Aber den Vorrang bekommen schon die humorvollen musikalischen Parodien, die typisch für die *Sesamstraße* sind, oder?«, frage ich hoffnungsvoll.

Wolodja stimmt mir zu. Zumindest glaube ich das. Ein paar Tage später erfahre ich von Robin, dass er in eine völlig andere Richtung gegangen ist. Er hat aus den langsamen, melancholischen Sequenzen ein Leitmotiv der Serie gemacht und damit bereits einen Großteil unseres Musikbudgets aufgebraucht. Um genau zu sein, hat er mehrere Komponisten beauftragt, russische Gedichte in düstere Schlaflieder zu verwandeln. Die Stücke sind witzig, gefühlvoll und berührend, aber ich frage mich trotzdem, ob sie in unsere Sendung passen.

Als Wolodja ins Büro kommt und ich ihm meine Bedenken mitteile, verliert er die Geduld. »Selbst Puschkin ist mit traurigen russischen Volksmärchen groß geworden. Sein Kindermädchen, das vom Land kam, hat sie ihm vorgelesen. Alle russischen Kinder kennen diese nachdenkliche Stimmung und sie ist genauso wertvoll wie eine fröhliche!«

»Aber wir hatten uns darauf geeinigt, dass wir den humorvollen musikalischen Parodien den Vorrang geben!«

Ich gehe aus dem Büro, um mich zu beruhigen. Meiner Meinung nach sind moderne, eingängige Musiknummern nötig, damit die Sendung ein Hit wird, aber ich habe das Gefühl, dass ich diese Schlacht gerade verliere.

Ich brauche Verbündete. Deshalb rufe ich wieder einmal

Dr. Genina zu Hilfe. Sie ist ein großer Fan der musikalischen Bandbreite der amerikanischen *Sesamstraße*. Aber sie sagt, sie würde gerne erst sehen, wie Wolodjas lyrische Videos beim Test mit unserem Zielpublikum abschneiden. Sie werde die Sequenzen mit einer Gruppe von 76 russischen Vorschülern beurteilen.

Erst vor kurzem hat Dr. Genina eine wichtige Änderung an der Testmethode des Forschungsteams in Russland vorgenommen. Als sie einmal Untersuchungen mit amerikanischen Kindern in New York beobachtete, fiel ihr auf, dass die Kinder redeten, umhergingen und sogar tanzten, während sie sich die *Sesamstraßen*-Videos ansahen. Den Erwachsenen, die im selben Raum waren, schenkten sie kaum Beachtung.

In Russland funktioniere das aber nicht. »Wenn wir russische Kinder gefilmt haben, während Erwachsene im Raum waren, saßen sie steif und aufrecht da, starrten auf den Bildschirm wie gehorsame Roboter und reagierten kaum auf die Videos. Aber als die Erwachsenen hinausgingen und die Kinder versteckt gefilmt wurden, änderte sich ihr Verhalten schlagartig. Sie lachten, schnitten Grimassen, zeigten auf den Bildschirm und rannten freudig herum.«

Nach diesen Erklärungen frage ich mich, ob Wolodjas Überzeugung, dass russische Kinder traurige Lieder mögen, daher rührt, dass er sie immer nur in Gegenwart von Erwachsenen erlebt hat.

Nachdem Dr. Genina eine Woche später einige von Wolodjas melancholischen Stücken an Kindern zwischen drei und fünf Jahren getestet hat, kommt sie in unser Büro. »Die Forschungsergebnisse waren erschreckend. Viel schlimmer, als ich erwartet hatte«, verkündet sie.

Sie zeigt mir die Videoaufnahmen der russischen Kinder. Sie sitzen in einer Reihe auf einer harten Holzbank und warten aufgeregt darauf, die neue Sendung zu sehen: die *Uliza Sesam* mit fröhlichen und melancholischen Liedern. Im ersten Video singt

Businka ein trauriges Schlaflied für einen Moskito, um dem Insekt beim Einschlafen zu helfen. Am Ende schläft sie selbst ein und der Moskito bleibt wach.

In der ersten Minute sind die Kinder sehr unaufmerksam, sie knuffen sich gegenseitig, lachen und schauen kaum auf das Video. Ein Kind verlässt seinen Platz, um hinten im Raum zu spielen. Ein anderes Kind hebt eine Spielzeugpistole auf und schießt auf den Fernsehbildschirm, dann richtet es die Waffe auf ein süßes kleines Mädchen mit Zöpfen, das neben ihm sitzt, und tut so, als würde es das Mädchen erschießen. In den nächsten beiden Abschnitten des Tests, in denen ihnen andere melancholische Lieder vorgespielt werden, sind die Kinder ähnlich unaufmerksam.

Ich weiß, ich bin eine kulturelle Außenseiterin. Ich bin parteiisch. Ich bin für den Musikstil der Original-*Sesamstraße*. Aber klar ist auch: Die russischen Kinder dieser Fokusgruppe mögen keine traurigen Lieder.

Wolodja glaubt uns nicht. »Ich bin fest davon überzeugt, dass die lyrischen Sequenzen den Kindern gefallen, da braucht ihr mir gar nicht mit irgendwelchen Tests zu kommen.« Erst nachdem ihm Dr. Genina das Video gezeigt hat, in dem seine lyrischen Sequenzen schlecht abgeschnitten haben, atmet er tief ein und sagt: »Gut, also damit wäre das dann wohl erledigt.« Er sagt zu, keine weiteren »lyrischen« Sequenzen mehr aufzunehmen. Trotzdem ist er nach wie vor der Meinung, dass die Sendung nicht nur unterhaltend sein darf. Damit sie wahrhaft russisch sei, müsse sie auch traurige Elemente haben. Am Ende einigen wir uns auf einen Kompromiss und nehmen alle lyrischen Sequenzen in die Sendung auf, die bereits im Kasten sind.

20

Elmo sagt auf Russisch »Gute Nacht«

Es war Maschas Traum, die *Sesamstraße* in New York zu besuchen. Während sie die russische Kulisse entwarf, tauchte sie auch in die Folklore der amerikanischen Sendung ein, und jetzt ist der Tag gekommen, da sie das Studio in Queens besuchen darf, in dem alles begann. Ich bin auch da – zwei Wochen in der Heimat.

Als Mascha die berühmteste Straße Amerikas betritt, bleibt sie sofort wie angewurzelt stehen. Sie ist sprachlos, wie monumental alles ist und wie viel Ausrüstung benötigt wird. Sie legt den Kopf in den Nacken und blickt hinauf zur Beleuchtungsanlage – sich kreuzende, über die gesamte Länge des Studios verlaufende Traversen –, dann in die aufwändige, detailreiche Szenerie, die jeden Zentimeter des Studios ausfüllt.

Ich sehe, wie sie große Augen macht, und denke, wahrscheinlich kennt sie nicht einmal ein Viertel der technischen Geräte hier. Das russische Fernsehen hinkt dem Westen um Äonen hinterher.

Dann bemerkt sie, dass die Platten, auf die die Kulissen gemalt sind, an Drähten von der Decke hängen, und fragt verwirrt: »Warum hängen die Kulissen an der Decke?«

Bevor ich antworten kann, ruft Lisa Simon, die amerikanische Regisseurin, die Schauspieler wieder herein. Sie nehmen ihre Positionen vor den bemalten Platten ein, die auf Kopfhöhe hinter ihnen hängen. Dann heben alle Puppenspieler den Arm, mit dem sie einen Muppet führen, und fangen an zu spielen. Die Kamera filmt, was über den Köpfen der Puppenspieler vor den bemalten Platten passiert. Ehrfürchtig sieht Mascha zu, wie sich die Puppenspieler gewandt bewegen und mit ihren Puppen hantieren. Alles im Stehen. Mascha legt die Hände ineinander wie zum Gebet. »Das ist einfach genial!«

»Ja, vom genialen Jim Henson erdacht«, antworte ich und freue mich an ihrer Freude. Dann flüstere ich ihr ins Ohr, dass es körperlich sehr anstrengend ist, mit den Muppets zu arbeiten, weil sie aus schwerem Stoff und Schaumstoff gemacht sind. Deshalb kam Jim Henson auf die Idee, die Kulissen aufzuhängen, damit die Puppenspieler ihre Kräfte und ihren Rücken schonen können.

Mascha geht durch das Studio und beäugt die realistischen Kulissen und Requisiten. Als sie Bibos Nest sieht, hebt sie ihre winzige Gestalt über den oberen Rand und lugt hinein. Ihr Blick schweift von einem Detail zum nächsten, gierig nimmt sie alles in sich auf. In einer Drehpause setzt sie sich auf die berühmte Treppe aus Sandstein und bittet mich, ein Foto von ihr zu machen.

Die amerikanischen Produzenten und Puppenspielerinnen begrüßen Mascha wie eine Soldatin auf Heimaturlaub von der Front. Schon seit Monaten hören sie von den Irrungen und Wirrungen der russischen Produktion, weshalb sie alle gern ihre Hilfe anbieten. Mascha zieht behutsam die Pläne für die Kulissen aus ihrer Mappe. Victor DiNapoli, der künstlerische Leiter der *Sesamstraße*, verbringt einen halben Tag mit ihr, um sich die detaillierten Zeichnungen und das Miniaturmodell anzusehen. Er schlägt vor, die Kulissen und Requisiten etwas anders anzuordnen, um mehr Verstecke für die Puppenspieler zu schaffen, was den Dreh erleichtern wird.

Mascha ist Victor gegenüber anfangs noch leicht unterwürfig, aber schon bald haben die beiden Künstler eine gemeinsame Sprache gefunden, was nicht daran liegt, dass ich für sie übersetze.

Nachdem wir ein paar Stunden mit Victor verbracht haben, kehren wir zum Studio zurück und sprechen mit dem Tonmeister, dem Beleuchtungsdirektor und den Kameraleuten, die uns wertvolle Einblicke in ihre Arbeit geben. Ich laufe hinterher, übersetze und nehme die Gespräche auf Video auf, damit Mascha darauf zurückgreifen kann, wenn sie wieder in Moskau ist. Schließlich hört sie auf, meine Kollegen von der *Sesamstraße* zu löchern, wendet sich zu mir und sagt: »Ich denke, wir kriegen das schon alles hin, aber wir werden sehr viel Hilfe brauchen.«

»Dafür sind wir da«, versichere ich ihr.

Die Crew richtet gerade eine neue Szene ein. Rosita, der erste zweisprachige Muppet der *Sesamstraße* – sie kann Spanisch und Englisch –, steht mit ihrer Darstellerin Carmen Osbahr-Vertiz auf einem Rollwagen. Carmen geht in die Hocke, damit ihr Kopf nicht im Bild ist, und streckt den Arm senkrecht nach oben, um Rosita zu spielen, wobei sie sich mit dem Rücken gegen eine Stütze aus Schaumstoff lehnt. Mascha beobachtet, wie Carmen mit den Füßen den Rollwagen bewegt, wodurch die Bewegungen der Puppe genauer und fließender werden. Der Regisseur ruft: »Aus!«

Als die Crew mit dem nächsten Umbau beginnt, geht Mascha zum Rollwagen: ein flaches rechteckiges Holzstück, mit Schaumstoff ummantelt, auf dessen Unterseite Gummiräder angebracht sind. Sie schiebt den Wagen leicht an und staunt, wie geschmeidig er über den Boden gleitet.

Ich erkläre ihr, dass der Rollwagen für die Puppenspieler unerlässlich ist. Sie benutzen ihn noch für die kleinsten Bewegungen, etwa wenn die Muppets vor Lachen hin und her schaukeln. Mascha sagt, es gebe in Moskau einen enormen Materialmangel und wir müssten Laufrollen, Scharniere und Holz in Amerika kaufen, um die Wagen in Moskau bauen zu können, außerdem bräuchten wir Hunderte Schachteln mit Nägeln. Am Ende des Tages scherze ich, dass die Liste mit Dingen, die wir mit nach Moskau nehmen müssen, wie eine Materialanforderung im Krieg aussieht, mit der eine halbe Million Soldaten versorgt werden sollen. Sie nickt. Wir wissen beide, dass der Transport nach

Russland ein Albtraum werden wird, mit unsäglich viel Papierkram, von den hohen Zollgebühren und möglichen Beschädigungen oder Diebstählen ganz zu schweigen.

Während wir sprechen, bemerke ich, dass Mascha in Schnappatmung verfällt, als sie Elmo sieht, gespielt von Kevin Clash. »Oh, das gibt es ja nicht! Das ist Elmo!«, flüstert sie begeistert wie eine Vierjährige.

»Möchtest du ihn kennenlernen?«, frage ich sie.

Mascha kann kaum etwas sagen, so ergriffen ist sie. Wir gehen zu Kevin hinüber, der mit seinem Muppet Mätzchen macht, während er darauf wartet, dass der Dreh weitergeht. In Elmos piepsiger Dreijährigenstimme sagt er: »Elmo möchte dich gern kennenlernen.«

Mascha beugt den Kopf vor Verlegenheit so weit nach unten, dass er fast zwischen Kevins Knien verschwindet. Der Muppet schiebt sich ein bisschen näher an Mascha heran und sagt sanft: »Elmo sagt, du brauchst keine Angst haben.«

Mascha kichert und hält sich die Hand vor den Mund.

Dann wird Kevin zum Dreh gerufen, und nachdem sie eine weitere Szene aufgenommen haben, lädt er Mascha ein, mit ihm in den Aufenthaltsraum zu gehen, der für die Puppenspieler reserviert ist. Mascha kann ihr Glück kaum fassen.

»Es ist für uns alle hier von der *Sesamstraße* eine große Ehre, Sie kennenzulernen und einen Beitrag für Russland leisten zu können«, sagt Kevin zu ihr. Er ist der ideale Botschafter.

Mascha nickt. Sie ist sichtlich bewegt. »Meine zwölfjährige Tochter, die auch Mascha heißt, liebt Elmo. Ich habe mir mit ihr alle *Sesamstraßen*-Videos auf Englisch angesehen, die Natasha mir gegeben hat.« Am Ende stockt ihre Stimme.

Plötzlich hebt Kevin, dessen Arm noch im zusammengesackten Körper von Elmo steckt, die Hand, sodass Elmos Kopf aufploppt. Mascha fällt vor Überraschung fast vom Stuhl.

»Wirklich? Die kleine Mascha liebt Elmo auch?«, fragt Kevin mit der Stimme seiner Figur. Dann schlägt er, immer noch mit

Elmos Stimme, spontan vor: »Komm, wir rufen Maschas Tochter an, damit Elmo ihr Hallo sagen kann!«

»Aber in Moskau ist es ein Uhr nachts«, wendet Mascha ein. Kevin wischt ihre Bedenken beiseite. In den nächsten paar Minuten versuchen wir Kevin beizubringen, *»Elmo tebja lubit«* (Elmo mag dich) und *»Spokoini Notschi«* (Gute Nacht) zu sagen.

Ich gehe zum Telefon, das im Aufenthaltsraum steht, und bitte den Telefonisten, mich mit Moskau zu verbinden. Maschas Mann hebt ab. Er weckt seine Tochter, und eine Minute später vernehmen wir ihre dünne schlaftrunkene Stimme. Als sie Elmo hört, quiekt sie vor Vergnügen, was bei uns im ganzen Raum zu hören ist.

Alle lachen, und ich spüre, wie es mir die Kehle zuschnürt. Dieser Augenblick ist reine Magie – Elmos piepsige Stimme, die durch die Telefonleitung von New York bis zu einem kleinen Mädchen in Moskau reist und ihm »Gute Nacht« sagt.

Kevin legt auf und umarmt Mascha mit seinen pelzigen roten Armen. Sie ist überglücklich und kämpft mit den Tränen. So habe ich sie noch nie gesehen.

Dann blinkt wieder das grüne Studiolicht. Die Dreharbeiten gehen weiter und wir kehren ins Aufnahmestudio zurück.

Am späteren Nachmittag sehe ich, dass Mascha in ihrem Notizbuch Skizzen macht. Ich linse hinein, als sie gerade den Efeu zeichnet, der das Mietshaus aus Backsteinimitat auf der Sesamstraße N° 123 hinaufklettert. Im Gebrauchtwarenladen nimmt sich Mascha ein großes gelbes Plastikschwein und drückt es, dann lässt sie ihre Finger über die Ritterrüstung gleiten, die vor dem Laden steht. Sie sieht mich an. »Die ist aus Stahl«, sagt sie. Am besten gefällt ihr an der amerikanischen Kulisse die Gartenlaube um die Ecke.

»Sind die echt?«, fragt sie und reibt ein Blatt zwischen Daumen und Zeigefinger.

»Nein, die sind nachgemacht«, sage ich.

»So etwas gibt es bei uns gar nicht, nachgemachte Bäume«,

sagt sie und schüttelt ungläubig den Kopf. Ich erinnere mich daran, dass zu Maschas Kulisse auch ein Baum gehört, in dem Seliboba wohnen soll. Auf ihren Zeichnungen ist das eine fünf Meter hohe Eiche. Das macht mich ganz hibbelig. Müssen wir jetzt einen ganzen Baum nach Russland verschiffen? Offenbar lautet die Antwort Ja.

Wir gehen zurück zur Kunstabteilung, wo Victor mit Mascha die Kataloge mit den Bühnenrequisiten durchsieht, um die Blätter für ihre Eiche auszusuchen. Immer wenn sie eine Seite weitergeblättert haben, schüttelt Mascha den Kopf. »Nein, nein, das geht nicht. Russische Eichenblätter sehen anders aus als amerikanische. Die russischen Blätter haben nur sechs Lappen und die sind abgerundet, die amerikanischen haben acht Lappen, die spitz zulaufen.« Das größte Unternehmen für Bühnengestaltung in ganz New York hat nur falsche Blätter. Mascha zeichnet die Blätter, wie sie sein müssen, aus allen Winkeln, damit wir nach ihrer Abreise nach dem richtigen Blattwerk weitersuchen können.

Ich würde Mascha gern klarmachen, dass sie ihre sechslappigen Blätter besser vergessen soll, aber damit dringe ich bei ihr nicht durch. »Jedes einzelne Detail auch im Garten muss der Wirklichkeit entsprechen, wenn das Publikum an die Sendung glauben soll«, sagt sie feierlich.

Ich bewundere sie für ihre Leidenschaft.

Als Mascha nach Moskau zurückfliegt, ist sie schon ganz begierig darauf, ihren Entwurf anhand all der Eindrücke aus New York zu überarbeiten. Ich selbst bleibe noch dort, um zu schauen, wie weit die Produktion der russischen Muppets gediehen ist. Als ich im Mansion der Henson Company ankomme, geht Ed mit mir in die Werkstatt, in der mehrere Künstlerinnen und Künstler mit grünen und violetten Haaren in den verschiedensten Abtönungen und gepiercten Körperteilen über ein zehn Meter breites Netz gebeugt stehen. Sie weben Streifen aus himmelblauem, königsblauem, türkisem und pinkem Stoff, Shantung und Organza in das synthetische Pelznetz ein, das Selibobas Mantel werden soll. Im Gegensatz zu Bibo, bei dem teure Straußenfedern aus China importiert wurden, werden bei Seliboba Maraboufedern eingearbeitet.

Ed erzählt mir, dass Seliboba mit über zwei Metern einer der größten Muppets wird, die jemals gebaut worden sind. »Die Konstruktion basiert auf konisch zulaufenden, durch Stäbe verstärkten Stützen«, erklärt er mir. Die Henson-Elfen nähen Imitate von Rinde, Zweigen und Blättern in Selibobas Mantel, um dem Wunsch der russischen Produzenten zu entsprechen, dass er »eins« mit der Natur sei.

Dann gehen wir weiter zu Businka. Offenbar macht gerade ihre Frisur Probleme. Die Russen wollen sie gerne ändern. Sie haben per Fax darum gebeten, dass die Zöpfe nach oben zur Decke zeigen und zittern sollen, wenn sie sich bewegt, als würde ein elektrischer Schlag sie treffen, der durch den ganzen Körper bis hinauf in die Haare geht. Widerstrebend erzählt mir Ed, dass er schon zu viel Zeit in das Muppet-Mädchen investiert hat und auch noch mehr Zeit für Kubik, die männliche Handpuppe, braucht. Aber als ich meinen russischen Kollegen ein Fax schicke, in dem ich ihnen von Eds Einwänden berichte, antworten sie, dass sie Businka nur unter der Bedingung in die Sendung nehmen, dass sie Stromschlag-Zöpfe hat.

Nach einigem Bitten und Betteln kommen die Henson'schen Kunsthandwerker schließlich mit einer neuen Frisur an, die aus einem schnörkeligen Material besteht, das sich wild in alle Richtungen biegen lässt wie ein Haargummi mit Draht. Als die Russen ein paar Tage später Fotos von dem Toupet sehen, jubeln sie, die Kinder würden Businka sofort lieben, wenn sie ihre fuchsienfarbenen Wackellocken und die regenbogenfarbigen Schleifen sehen würden, vor allem die Mädchen.

Kubiks pelziger orangefarbener Körper ist ähnlich groß wie Businka. Seine flaumig roten Haare stehen in wirren Büscheln vom Kopf ab, sodass er ein bisschen aussieht wie ein zerstreuter Professor. Zudem bringen die zerzausten Haare noch mehr Bewegung in den Puppenkopf. Als die russischen Produzenten Fotos von Kubik sehen, faxen sie umgehend zurück: »Kubik sieht nicht russisch aus.«

Ed ist am Ende seiner Geduld. »Kubik ist verdammt noch mal ein Monster – was denken die, wie ein *russischer Monster-Muppet* aussehen soll?«

Dennoch kommen wir überein, dass in Kubiks Gesicht noch irgendetwas fehlt. »Es liegt an den Augenbrauen«, sage ich, nehme mir noch ein paar kurze schwarze Haare vom Arbeitstisch und halte sie Kubik über die Augen. »Die Augenbrauen müssen dicker sein. Er muss mehr aussehen wie Breschnew.«

Ed lacht und bietet an, sie auszugestalten. »Dann sieht er aus wie ein russischer Groucho Marx, nur ohne Schnurrbart.«

»Mein Team wird jauchzen.«

21

Ein Waldgeist hebt ab

Jetzt, da die drei Muppets fast fertig sind, müssen wir russische Schauspieler finden, die stark und gelenkig sind und über die entsprechende Schauspielerfahrung verfügen, um Seliboba, Kubik und Businka darzustellen. Da man den Muppet nicht von seinem Darsteller trennen kann, ist es dringend erforderlich, die richtigen Puppenspieler zu finden. Aber wie wir feststellen müssen, ist es sehr viel schwieriger, Darsteller für Puppenrollen als für menschliche Rollen zu finden.

Als ich nach meiner Stippvisite in den Staaten wieder nach Moskau zurückkomme, gehe ich gleich in unser Büro. Zu meiner Überraschung haben Wolodja und Tamara noch keine Termine für das Vorsprechen anberaumt. Wolodja sagt: »Tamara und ich wissen, wer die besten Schauspieler in Moskau sind. Wir suchen sie ohne Casting aus.«

Tamara nickt.

»Wir müssen ein Vorsprechen anbieten.« Ich sehe die beiden ungläubig an. »Geht es nicht genau darum in der *Uliza Sesam*? Dass allen eine Chance gegeben wird?«

Tamara kriegt einen Schreck. »Aber Natasha, da können alle möglichen Leute aufkreuzen, alle möglichen Leute ohne Ausbildung, sogar geistig Kranke, die hier nichts zu suchen haben.«

Als ich zu einer Antwort auf diese ungeheure Bemerkung ansetze, unterbricht mich Wolodja und sagt: »Dann hätten wir hier das totale Irrenhaus und es wäre außerdem Zeitverschwendung.«

Bei derlei Sturmwarnungen kommt in mir der Gedanke auf, es müsste an Vorsprechen in Russland irgendetwas komisch sein, wovon ich keine Kenntnis habe. Aber mein Bauchgefühl sagt mir, darauf zu verzichten wäre ein Fehler. Vom Team der amerikanischen *Sesamstraße* habe ich gelernt, dass man die richtigen Puppenspieler am ehesten findet, indem man ein möglichst großes Netz auswirft. Die besten Darsteller hätten nämlich einen eher untypischen Hintergrund. Oft sind es Akrobatinnen, Pantomimen, Tänzerinnen oder Komiker. Sie alle arbeiten sehr körperlich und viel mit visueller Komik. Im Gegensatz zu den steifen Marionetten, die mit Fäden bewegt werden, erfordern Hensons weiche Hand- und Ganzkörperpuppen sehr viel Kraft und Gewandtheit.

Am Ende unterliegt es doch nicht allein Wolodja und Tamara, die Darsteller der russischen Muppets zu bestimmen. Sesame Workshop und die Henson Company haben bereits jemanden engagiert, der ihnen beim Casting in Moskau assistieren wird. Das ist bei den internationalen Koproduktionen der *Sesamstraße* üblich. Außerdem besteht die USAID als Geldgeber darauf, dass das Vorsprechen allen Russen offensteht, wie ich Wolodja und Tamara erkläre. Deren Vertreter in Moskau will die Vergabe der Rollen begleiten, um »die Demokratie in Aktion zu sehen«.

Tamara flüstert Wolodja zu: »Wenn wir Rollen vergeben, brauchen wir keine Demokratie.« Nur widerwillig geben die russischen Regisseure nach, nicht ohne dass Tamara noch einmal nachtritt: »Wir werden kein einziges brauchbares oder frisches Gesicht für unsere Sendung finden, das verspreche ich dir, Natasha.«

Die Henson Company schickt Nigel Plaskett, einen britischen Puppenspieler, nach Moskau, um uns beim Casting zu unterstützen. Nigel ist ein erfahrener Schauspieler, er gehörte unter anderem zu dem Team, das im Remake von *Lost in Space* den Roboter gespielt hat. Die Anonymität dieser Schauspielerfahrung hat ihm so sehr gefallen, dass er sich auf das Puppenspielen verlegt hat und seine fantastischen Fähigkeiten inzwischen dafür verwendet, Puppen in Filmen, Fernsehen und Bühnen auf der ganzen Welt zu spielen.

Bevor Nigel kommt, erscheint unsere Anzeige in den überregionalen Zeitungen: »Für eine neue Kindersendung im Fernsehen suchen wir Schauspieler, Darsteller, Komiker, Tänzer und Akrobaten. Sie müssen singen und schauspielern können, in hervorragender körperlicher Verfassung und bereit sein, Vollzeit zu arbeiten.«

Wir entwerfen auch Plakate und schicken die Produktionsassistenten aus, um die Anzeige an Schauspielschulen ans Schwarze Brett zu hängen und an Laternenpfähle in der ganzen Stadt zu kleben.

Sofort werden wir mit Anrufen von Leuten bombardiert, die zum Vorsprechen kommen wollen. An einer Schauspielschule müssen wir das Plakat fünfmal erneuern, weil Studenten es abreißen, um weniger Konkurrenz zu haben.

In der Woche, in der das Vorsprechen beginnen soll, fliegt Jim Hensons Tochter Cheryl aus New York ein. Sie hat einen riesigen Koffer mit sicher zwanzig pelzigen Muppets aus früheren Henson-Produktionen dabei, die wir während des Vorsprechens benutzen können. Cheryl ist selbst sehr erfahren im Puppenspiel, da sie es schon in jungen Jahren auf dem Schoß ihres Vaters erlernt hat. Außerdem hat sie während ihres Studiums in Yale auch ein wenig Russisch gelernt.

Cheryl und ich haben so viel gemeinsam, dass wir uns schon in New York rasch angefreundet haben. Wir haben uns öfter bei gesellschaftlichen Anlässen gesehen und sie war auch auf meiner Hochzeit. Als ich Ken Cheryl vorgestellt habe, war er erst einmal geblendet von ihrem Äußeren, groß, schlank, gutaussehend, fantastischer Kleidungsstil. »Sie ist auf jeden Fall eine der auffälligsten Personen, die ich jemals kennengelernt habe«, bekundete er, was auch ich so unterschreiben konnte. Mit ihrer Erfahrung und ihrem Wissen über die Geschichte der Muppets ist sie für unsere Produktion auf jeden Fall ein großer Gewinn.

Am ersten Tag werden Wolodja und Tamara von 260 Darstellern überrannt, die in das gedrungene Betongebäude unweit von ORT und Moskinap spazieren. Die Kandidaten sind so unterschiedlich, wie wir es uns erhofft hatten: erfahrene Bühnenschauspieler, Zirkuspantomimen, Akrobatinnen, Tänzerinnen und Studierende von den Moskauer Schauspielschulen. Nur wenige von ihnen haben Erfahrung im Puppenspiel.

Anfangs zögern die Schauspieler noch, mit den Muppets zu spielen. »Die müssen doch Tausende Dollar wert sein«, sagt einer.

Cheryl stupst die Mimen behutsam an und versichert ihnen, dass den Puppen nichts Schlimmes passieren kann. Damit löst sie ein wildes Getümmel am Grabbelsack aus, einem riesigen Wäschebeutel, in dem Puppen aller Formen und Größen stecken. Es wird viel gelacht, als die Muppets ans Tageslicht kommen, und es gibt viel Enttäuschung, weil manche Darsteller nicht die Puppe bekommen, die sie wollten. Viele haben noch nie in ihrem Leben eine Puppe in der Hand gehabt.

Ich sehe mich in dem vollen Raum um. Mit seinen 1,93 Metern ist Nigel leicht ausfindig zu machen – der Puppenmeister steht vor einer Spiegelwand und ruft gerade die Gruppe zusammen. In verschiedenen Übungen werden wir uns die Fähigkeiten der Darsteller ansehen: ihre Gelenkigkeit, ihre Körperkraft und ihre Fantasie. Nigel steckt den Arm in eine graue Puppe mit oranger Igelfrisur und zeigt, wie man den Kopf des Muppets zur Seite und von oben nach unten bewegt und dabei die Augen so ausrichtet, dass die Kamera sie – wenn jetzt schon gedreht würde – gut einfangen kann. Er erklärt der Gruppe, dass er sich als Format für dieses Vorsprechen für eine durchgängige Sitzung entschieden hat, mit verschiedenen Übungen und anschließender Auswertung. Er wird sich die Darstellungen der Bewerber ansehen und im Laufe des Tages immer wieder Leute aussortieren, um die Teilnehmendenzahl zu verringern. Am vierten Tag werden dann die vier Puppenspieler ausgewählt, die die russischen Muppets spielen sollen. Sie reisen zwei Wochen später nach New York, um dort von den Puppenmeistern der *Sesamstraße* weiter ausgebildet zu werden. Das nenne ich Arbeit unter Hochdruck.

Nigel erklärt, dass die Augen bei den Muppets immer aus zwei schwarzen Punkten vor weißem Hintergrund bestehen und so angeordnet sind, als würden die Puppen leicht schielen. Dann weist er auf ein Dreieck im Gesicht der Muppets hin, das manchmal auch das »magische Dreieck« genannt werde. Es befindet sich zwischen Augen und Nase. Wenn die Augen korrekt ausgerichtet sind, wirkt es, als würde der Muppet direkt in die Kamera schauen. Nigel sagt: »Aber natürlich sieht der Muppet nie direkt einen Gegenstand an. Das ist eine Illusion, und wenn Sie den Muppet auch nur ganz leicht drehen, wirkt es, als würde er etwas anderes ansehen.« Nigel bittet die erste Gruppe, es auszuprobieren.

Die Darstellerinnen versammeln sich vor dem Spiegel, halten ihre Puppen hoch über ihre Köpfe und versuchen dabei, die Augen auszurichten. Nigel geht zwischen ihnen hindurch, berührt hier eine Schulter, verlagert dort einen Arm, sodass alle in die richtige Position finden. Als Nächstes zeigen Nigel und Cheryl den Darstellern, wie sie im Puppenkopf mit Daumen und Zeigefinger dafür sorgen können, dass sich der Mund bei jeder gesprochenen Silbe lippensynchron öffnet und schließt.

Nigel springt zu einem Darsteller und fragt ihn: »Wie sagen Sie auf Russisch ›Mein Name ist …‹?«

Die Darsteller stellen sich nebeneinander vor dem Spiegel auf und sagen *Men-ja-so-wut*. Dabei bewegen sie den Mund ihres Muppets synchron zu den Silben. Manche beherrschen nicht die nötige Auge-Hand-Koordination oder haben nicht die Kraft, um ihre Arme längere Zeit ausgestreckt nach oben zu halten. Es überanstrengt ihre Muskeln, wenn sie den Griff im Puppenmund zu bedienen versuchen, mit dem sie eine kontrollierte Bewegung vollführen können. Sie lassen die Arme fallen, stöhnen und greifen sich an die Schulter. Andere wiederum halten gut durch, passen die Ausrichtung der Augen genau an und bewegen auch den Mund synchron zum Gesprochenen.

Dann werden die Aufgaben noch schwieriger. Nigel teilt die Teilnehmenden in mehrere Gruppen auf und schickt sie in die vier Ecken des Raums, um kleine Nummern zu improvisieren und dann weiterzuentwickeln und vorzuführen, sodass er einschätzen kann, wie schnell sie sich mit ihrer Puppe vertraut machen.

Eine solche kreative Aufgabe wäre mir selbst nie eingefallen. Ich bin froh, dass Cheryl und Nigel hier sind. Wolodja und Tamara, die sich das Casting ebenfalls ansehen, staunen wie ich über Nigels Vorgehensweise, die immer komplexer und intensiver wird. Sie sagen, etwas Derartiges hätten sie noch nie erlebt.

Mir fällt auch auf, dass Cheryls Anwesenheit den Übungen Gewicht und Spannung verleiht. Die russischen Schauspieler genießen es, das Puppenspiel mit der Tochter des berühmten Erfinders der Muppets zu erlernen. Doch trotz ihres schillernden Hintergrunds ist Cheryl unprätentiös und arbeitet hart. Sie schmeißt sich wie alle anderen in das zehnstündige Training und zeigt großes Einfühlungsvermögen. Sie weiß genau, was sie tun muss, damit sich die Darsteller wohlfühlen. Die Schauspieler wiederum schätzen Nigels trockenen Humor. Später erklären sie ihn und Cheryl zu Russen ehrenhalber.

Am Ende des Tages werden die ersten Teilnehmenden nach Hause geschickt, sodass sich die Bewerberzahl auf die Hälfte reduziert – 150 –, am nächsten Tag auf 20. Nigel, der unbarmherzige Zuchtmeister, gibt den verbleibenden Kandidaten zwei per Faden verbundene Ping-Pong-Bälle, auf die Pupillen gemalt sind, damit sie am Abend vor dem Badezimmerspiegel noch das Ausrichten der Augen mit einer Hand üben können.

Nach dem dritten Tag verkündet Nigel: »Nur noch ein Tag, dann werden wir die sechs Besten auswählen, und am Tag darauf dann die vier Bewerber, die wir einstellen werden. Bis dahin müssen Sie weiter hart arbeiten«, fügt er noch hinzu, als sich die armen Seelen schon aus dem Raum schleppen.

An diesem Abend wollen Nigel, Cheryl, Wolodja, Tamara, Robin und ich in ein neues italienisches Restaurant gehen, das dermaßen exklusiv ist, dass draußen nicht einmal ein Schild hängt. Wir brauchen eine Stunde, um es zu finden. Beim Essen diskutieren wir über die Darstellerinnen und überlegen, wer in die nächste Runde kommen soll. Nigel sieht erschöpft aus, aber nach ein paar Gläsern Wein blüht er auf und erzählt uns Geschichten von seinen glorreichen Tagen, als er mit Cheryls Vater an dem Film *Die Reise ins Labyrinth* gearbeitet hat.

Tamara und Wolodja sehen ihn bewundernd an. Ihre Ehrerbietung macht mich ein bisschen eifersüchtig, aber er hat es verdient. Tamara, die sich am lautesten gegen ein Casting ausgesprochen hatte, sagt zu Nigel, sie hätte sich niemals vorstellen können, dass man in nur drei Tagen aus 260 Kandidaten die besten zehn heraussieben kann. »Sie sind ein Genie«, haucht sie. Wolodja pflichtet ihr bei und gibt zu, dass es schlicht und einfach falsch war, sich gegen ein offenes Vorsprechen zu sperren.

Erstaunlicherweise haben wir am Ende des Abends aus der verbleibenden Gruppe tatsächlich sechs Darsteller ausgewählt. Die besten drei männlichen Schauspieler sind Stanislaw Klimuschkin (kurz »Stas«), Andrej Kusitschew und Wladislaw Kisow.

Nigel schwankt noch, wer von ihnen die Rolle von Seliboba bekommen und wer Kubik spielen soll; für Kubik werden zwei Puppenspieler benötigt, die seinen Kopf und seine rechte Hand bedienen.

Dann sprechen wir über den weiblichen Muppet Businka. Elena Treschinskaja (Lena), eine zierliche Frau mit lang wallenden rötlich braunen Haaren, ist ganz eindeutig die talentierteste Puppenspielerin, die es in die letzte Runde geschafft hat. Sie ist mit ihren Puppenshows schon durch ganz Russland getourt und darüber hinaus die Einzige, die Erfahrung mit Puppen hat. Alle sind sich einig, dass Lena den weiblichen Muppet spielen soll.

Nigel beschließt, dass er Stas besonders genau unter die Lupe nehmen wird, um herauszufinden, wie gut er im Vergleich zu den anderen männlichen Darstellern ist. Als Nächstes will er vor allem ihre Improvisationsfähigkeit beurteilen und er will sehen, welche Arten von Stimmen und welche Charakterzüge sie für die Muppetfiguren anbieten können. Er meint, durch diese Übung wird er an einem Tag die beiden Schauspieler aussortieren können, deren Darstellungen nicht ganz so fesselnd sind.

Die russischen Muppets sind zwar immer noch in der Henson'schen Werkstatt in New York, wo sie gerade zu Ende gebaut werden, aber wir zeigen den Schauspielerinnen detaillierte Farbskizzen der Puppen und beschreiben ihnen ihre Persönlichkeit. Nigel bittet die Kandidaten, sich vorzustellen, wie sich die russischen Muppets bewegen, wie sie sprechen und sich verhalten. Dann bekommt jeder Darsteller eine Puppe, die dem russischen Muppet ähnelt, den er spielen würde.

Während Nigel Lena bei ihrem Spiel zusieht, staunt er, welche Risiken sie bereit ist einzugehen, um einen bestechenden und nachempfindbaren Charakter zu kreieren. Außerdem ist sie in hohem Maße einfühlsam.

Anstatt sich mit ihrer großen Erfahrung über die anderen zu stellen, hilft sie ihnen dabei, herauszufinden, wie sie ihre Puppen am besten bedienen können. Lena verschlingt gierig wie ein Schwamm all die goldenen Leckerbissen, die Nigel ihr schenkt.

Unterdessen haben einige Darsteller, die es gewohnt sind, einen Theatertext zu sprechen, Schwierigkeiten, sich ohne gedruckte Worte auszudrücken, was sie zunehmend frustriert.

Anfangs war ich überrascht, dass sich Lena als attraktive Frau dafür entschieden hat, Puppenspielerin zu werden statt Film- oder Theaterdarstellerin. Aber wenn ich sehe, wie sie, nachdem sie den Arm in den Puppenärmel gesteckt hat, auf magische

Weise ein paar Stücke Stoff und Fell in eine originelle, lebhafte Figur verwandelt, verstehe ich, warum sie diesen Weg gewählt hat. Sie drückt mit ihren Puppen ihre tiefsten Gefühle aus. Vielleicht ist es für sie auch eine Art der Katharsis.

Trotzdem frage ich sie in einer Pause, warum sie das Puppenspiel dem traditionellen Schauspiel im Film oder auf der Bühne vorzieht.

»Das Puppenspiel ist die reinste Form der Darstellung, weil dein Gesicht verborgen bleibt und damit kein Ego mitspielt«, antwortet sie. »Bei der Darstellung geht es nur um die Puppe und nicht darum, wie der Darsteller aussieht. Als Puppenspieler bist du freier.«

Am Abend treffen wir uns in meinem Hotel im Restaurant und wägen weiter die Stärken und Schwächen der einzelnen Kandidaten ab. Nigel meint, alle fünf Männer in der letzten Runde seien sehr talentiert und wären der Aufgabe gewachsen. Aber wir müssen trotzdem noch zwei von ihnen verabschieden und anschließend festlegen, wer Seliboba spielt.

Nigel zeigt Zweifel, ob Stas, ein dünner junger Mann, der kaum Muskeln hat und Kette raucht, das Durchhaltevermögen besitzt, um Seliboba zu bedienen, den größten und kompliziertesten Muppet. Zugleich findet er, dass Stas etwas Besonderes an sich hat. »Er kann vielleicht noch nicht sehr gut mit der Puppe umgehen, aber das wird sich mit einigem Training sicher verbessern, und er hat eine tolle Stimme und Persönlichkeit für die Figur gefunden«, sagt er. Und nach einigem Hin und Her entscheidet er sich für ihn.

Als er ihm am nächsten Tag die gute Nachricht überbringt, wirkt Stas geschockt. »Ich war mir sicher, dass ich am Ende rausfliegen würde«, ruft er aus.

Als einzige Frau, die es in die letzte Runde geschafft hat, war Lena schon davon ausgegangen, dass sie genommen wird, und als Nigel ihr sagt, dass sie die Businka spielen soll, erzählt sie: »Ich habe letzte Nacht geträumt, dass ich mit Mr. Henson in einem Studio war, in dem die Puppen von der Decke hingen. Ich wusste nicht, ob die Puppen ihm gehören oder jemand anderem, und es war so kalt im Raum, dass wir die ganze Zeit herumgehen mussten, umzingelt von Puppen, und jetzt spiele ich eine von diesen Puppen.«

Noch am selben Tag wählt Nigel Andrej und Wlad für die Rolle des Kubik aus. Andrej übernimmt den Hauptpart, er spielt den Kopf und gibt dem Muppet seine Stimme, während Wlad die rechte Hand bedient.

Obwohl Andrej noch nie in seinem Leben eine Puppe in der Hand gehalten hat, ist er während des Castings so schnell in das Puppenspiel hineingewachsen, als wäre es seine Berufung. Wlad ist jünger als die anderen Schauspieler, erst siebzehn, aber er hat großes Talent als Puppenspieler und Nigel geht davon aus, dass sich seine Darstellung im Laufe der Zeit noch verbessern wird.

In den nächsten fünf Tagen führt Nigel mit den vier ausgewählten Darstellerinnen noch ein intensives Training durch. Nach seiner Abreise wird von ihnen erwartet, dass sie drei bis vier Stunden am Tag in unserem Studio bei ORT üben, und wir schicken Videokassetten mit Aufnahmen ihrer Arbeit nach London, damit Nigel uns Feedback gibt. Und in zwei Wochen fliegen dann alle schon nach New York.

Für den letzten Trainingstag kündigt Nigel an, dass einige der Drehbuchautoren und Produzentinnen im Studio vorbeikommen werden, um die neuen Darsteller kennenzulernen. Als sie am Nachmittag eintreffen, lädt Nigel sie ein, sich eine Sackpuppe zu nehmen und damit zu spielen, während sie vor der Spiegelwand stehen. Einige meiner Mitarbeiter sehen etwas unglücklich drein.

»Ich denke, Sie sollten alle wissen, wie schwierig die Muppets zu bedienen sind, damit Sie verstehen, welche Einschränkungen die Puppenspieler beim Spielen haben, und das in Ihren Drehbüchern berücksichtigen«, sagt Nigel. Ich nehme mir eine Puppe und mache mit.

Nigel und Cheryl zeigen den Autorinnen und Produzenten, wie sie ihre Muppets am besten hochhalten und ihren Mund bewegen, damit er sich lippensynchron zur Musik öffnet und schließt. Wir sehen alle etwas plump dabei aus und stellen uns alles in allem nicht sonderlich geschickt an. Aber alle kichern, stoßen einander an und amüsieren sich prächtig.

Nigel steckt eine Kassette in den Ghettoblaster und spielt einen Song von Michael Jackson, »You Are Not Alone«, der sich für das Training nicht englischer Muttersprachler besonders gut eignet, weil sich der Text ständig wiederholt.

Alle heben die Arme mit den Puppen in die Luft und fangen an zu singen. Während wir uns allmählich mit unseren pelzigen Alter Egos anfreunden, singen wir immer lauter und spielen immer ausgelassener. Die Darsteller rempeln sich gegenseitig im Spaß an, um einen möglichst guten Platz vor dem Spiegel zu erhaschen. Stas, Wlad, Andrej und Lena stehen hinten an der Wand und lachen über unseren Kampf um die Beherrschung der Puppen.

Cheryl ist ganz in ihrem Element. Sie legt die pelzigen Arme ihres Muppets auf die Schultern der Puppen links und rechts von ihr, und die anderen Darsteller tun es ihr nach.

Jetzt schunkeln alle hin und her und schmettern den Songtext leidenschaftlicher als Michael Jackson himself. Wie ich uns da im Spiegel betrachte – dieses ausgelassene Pelzpuppen-Ensemble, das sich im Gleichtakt von links nach rechts bewegt –, löst sich jeder Unterschied zwischen Amerikanern und Russen auf und wir vereinen uns zu einer Familie, der Muppet-Familie, die sich redlich bemüht, möglichst harmonisch zu singen.

22

Püppchen in Amerika

Außer Lena scheint keiner der Puppenspieler für die anstrengenden Dreharbeiten gewappnet zu sein. Jedes Mal wenn ich in ihren Trainingsraum im Sender komme, hantieren sie mit den Puppen, die Cheryl mitgebracht hat, oder machen Freiübungen. Stas sagt immer wieder mit angsterfüllter Stimme: »Ich kann auf keinen Fall schon in einem Monat an Dreharbeiten teilnehmen«, als wäre das sein Mantra. Unsere russischen Puppenspieler haben ein enormes Talent, aber es stimmt auch, dass es noch geschliffen werden muss und sie noch mehr üben müssen, um ein Niveau zu erreichen, auf dem sie Zehn-Stunden-Tage im Studio durchhalten.

Anfang Dezember 1995 begleite ich die Puppenspieler nach New York, wo sie vier Tage lang in den *Sesamstraßen*-Studios trainieren. Dort werden sie viel Selbstvertrauen gewinnen und ihre Technik verfeinern.

Der Workshop wird von dem Puppenmeister Marty Robinson geleitet, der das Telly Monster, Mr. Snuffleupagus und Slimey den Wurm spielt. Marty kümmert sich um das Puppentraining vieler internationaler Koproduktionen der *Sesamstraße*. Außerdem ist er ein großer Fan von Russlands reicher Puppentradition und er freut sich schon sehr darauf, die russischen Darsteller kennenzulernen.

Er ist 1,80 Meter groß, hat lange graue Locken, einen drahtigen Körper und ein übernatürliches Charisma. Als die vier russischen Darsteller zum ersten Mal das *Sesamstraßen*-Studio in Queens betreten und sehen, wie die amerikanischen Puppenspieler arbeiten, scheinen sie fast vor Ehrfurcht zu erstarren.

Stas meint, sie fühlen sich wie Eindringlinge, die zu wenig Erfahrung haben, um dieselbe Luft zu atmen wie diese gewieften Muppet-Spieler. Lena dagegen scheint sich endlich richtig zu Hause zu fühlen, wie vielleicht noch nie in ihrem Leben.

Marty führt die Besucher in einen Proberaum neben der Tonbühne, wo sie sich vor einer Spiegelwand aufstellen. Ich setze mich in eine Ecke und höre Martys Puppenweisheiten zu. »Die Grundbausteine des Puppenspiels sind Bewegungen, die Atmen, Gehen und Fallen ausdrücken und dabei auch Gefühle vermitteln. Außerdem müssen Sie lernen, den Mund Ihrer Puppen lippensynchron zu bewegen und ihre Augen auszurichten.«

Dabei pest er durch den Raum und untermalt seine Worte mit explosiven Gesten. »Stellen Sie sich die Technik des Puppenspiels vor, als würden Sie Klavier spielen. Ihre zehn Finger sind wie die 88 Tasten auf dem Klavier. Sie müssen wissen, wohin sich jeder einzelne Finger bewegen muss, damit Ihr Spiel wie Musik klingt. Und wenn die Gefühle, die Sie darstellen, komplexer werden, kommen auch Akkorde hinzu.«

Weiter erklärt er, dass Muppets überlebensgroß sind, das heißt sie müssen auch mit großer Geste gespielt werden. »Wenn Sie sich allzu fest am Kopf kratzen, kann das bei einem Schauspieler auf der Bühne aufgesetzt wirken, aber bei einem Muppet, dessen Gesichtsmuskeln nur eine bestimmte Bandbreite haben, geht das. Sie brauchen starke Symbole, um den Zuschauern die Gefühle der Puppe zu zeigen«, sagt er. Dann stellt er den russischen Darstellern die Aufgabe, an einigen Bewegungen und Techniken zu arbeiten.

Die Puppenspieler üben vor dem Spiegel, dann sehen sie sich Videoaufnahmen ihrer Darstellung an und Marty gibt ihnen Feedback dazu. Er feuert sie an, mutiger zu werden – sie sollen ihre Handlungen »größer« machen und dann die Darstellung, falls nötig, wieder langsam zurückfahren, anstatt zu lasch anzufangen aus Angst, zu übertreiben oder blöd auszusehen.

Die Puppenspieler arbeiten hart, um Marty zufriedenzustellen. In ihren Augen ist er ein Gott, und sie vertrauen darauf, dass er ihnen beibringen wird, was sie brauchen, um nächsten Monat in Moskau mit den Dreharbeiten beginnen zu können. »Sie müssen darauf gefasst sein, wie Idioten auszusehen, wenn Sie Figuren erschaffen wollen, die die Kinder auf alle Zeit lieben werden«, scherzt er. Marty selbst ist stolz darauf, wie ein Idiot auszusehen. Erst dadurch sei es ihm gelungen, einige der denkwürdigsten Auftritte in der amerikanischen Sendung hinzulegen. Sein schrulliger Humor sorgt für eine lockere Stimmung – zumindest bei den meisten. Mir ist aufgefallen, dass sich Stas immer noch unwohl fühlt. Sein mangelndes Selbstbewusstsein hindert ihn daran, Seliboba gut zu spielen, und seine Angst scheint eher noch größer zu werden, anstatt sich durch das Üben allmählich zu verflüchtigen.

Die Reise nach New York soll nicht nur zum Training genutzt werden, sondern auch für Kostümproben. Die Puppen müssen dem jeweiligen Körperbau ihres Spielers angepasst werden, zum Beispiel muss die Ärmellänge verändert werden oder die Menge an Schaumstoff im Mund.

Das Team der Henson Company kommt mit großen Koffern ins Studio. Zum ersten Mal sehen die Puppenspieler ihre sehnlichst erwarteten Alter Egos. Sie geraten in Verzückung, als sie Seliboba, Kubik und Businka sehen. Andrej und Lena heben behutsam ihre Muppets hoch und lassen den Arm hineingleiten, und Wlad steckt die Hand in den Ärmel von Kubiks rechter Hand. Stas steht kerzengerade und schlüpft in Selibobas Ganzkörperkostüm, wobei er darauf achtet, nicht die Nähte aufzureißen, die offen gelassen wurden, damit sein Outfit noch enger an seinen Körper angepasst werden kann.

Ed und seine ausgebufften Muppethandlanger stutzen vorsichtig die Stoffstreifen und das Fell rund um Selibobas Mund, sodass dessen Bewegungen auch für die Kamera zu sehen sind. Aus demselben Grund schneiden sie die Fellsträhnen rund um Selibobas hervorstehende Augäpfel zurecht. Ed, sonst ein eher reservierter Typ, lässt seiner Begeisterung freien Lauf, als er sieht, wie seine Wesen durch die russischen Darsteller zum Leben erweckt werden.

Wie ein stolzer Papabär nimmt er Businka, steckt seine Hand in ihren Kopf und bewegt mit den Fingern ihren Mund, um uns zu erklären: »Die Hand muss angenehm sitzen. Wenn zu viel Platz um die Finger herum ist, bewegt sich der Kopf nicht in vollem Umfang, während der Mund auf und ab und zur Seite bewegt wird, was die Bandbreite der Darstellung schmälert.«

Stas versucht, in seinem Kostüm zu laufen, tritt aber immer wieder auf die pelzige Schleppe und rennt dabei fast Lena um. Als er plötzlich stolpert und hinfällt, ruft Marty: »Genau so! Das war ein perfekter Sturz, Stas!« Stas rappelt sich auf und alle lachen, auch die Schneider, die mit Nadeln den neuen Saum abstecken.

Während Stas wartet, zeigt ihm Marty, wie er Selibobas Pfoten abknicken kann, um Luft an seine Arme zu lassen – während der Dreharbeiten kann es in der Puppe ziemlich heiß werden.

In den nächsten Tagen stattet Marty alle Puppenspieler mit einem Videomonitor aus, der mit einer Kamera verbunden ist. Sie halten ihren Muppet in die Luft, die Hand im Puppenkopf, und bewegen ihn hin und her. Dabei versuchen sie, sich an das Bild auf dem Monitor zu gewöhnen, das alles, was sie sehen, umkehrt. Wenn der Puppenspieler den Arm nach rechts bewegt, bewegt sich der Arm auf dem Bildschirm nach links. Der Darsteller sieht also das Bild, das auch die Zuschauer von ihm sehen. Zum ersten Mal kamen die Schauspieler beim Casting mit Nigel damit in Berührung, aber es ist für sie immer noch verwirrend und körperlich wie geistig anstrengend. Im Umgang mit den Puppen und bei der Ausrichtung der Augen werden sie nun aber immer sicherer. Gerade lernen sie außerdem, in die Hocke zu gehen, um den Kopf so weit unten zu haben, dass nur der Muppet im Bild ist – und niemals der Spieler.

Marty geht im Studio umher, klopft den Schauspielern auf

die Schultern, drückt ihren Kopf zur Seite und spielt manchmal auch ihren Muppet, um ihnen eine bestimmte Technik zu zeigen. Für Andrej und Wlad nimmt er sich besonders viel Zeit, damit sie lernen, Kubiks Körperbewegungen zu koordinieren.

»Ihr müsst lernen, euch gemeinsam zu bewegen, als wärt ihr eine Person«, erklärt er ihnen. »Da ihr zu zweit seid, seid ihr doppelt so beweglich wie bei einer Puppe mit Handstangen.«

Während Andrej und Wlad weiter damit zu kämpfen haben, sich im Gleichklang zu bewegen, nickt Marty verständnisvoll. »Wenn ihr dieses Problem erst mal gelöst habt, werdet ihr selbst staunen, was ihr mit diesem Muppet alles anstellen könnt. Ihr könnt dann zum Beispiel sogar jonglieren.«

Sie sehen Marty ungläubig an, als hätte er ihnen gerade erzählt, dass ihr Muppet magische Kräfte hat. Dann bittet er sie, den Kern des Charakters ihrer Puppe zu finden. »Die Muppets bilden nicht die Menschheit ab, sondern die Essenz eines erkennbaren menschlichen Charakterzugs, der in einen neuen Ausdruck übersetzt wird.«

Lena übt am Rand, in ihre eigene Welt versunken. Marty sieht ihr zu, legt die Hand ans Kinn und lächelt. Dann sagt er zu ihr: »Das ist großartig. Du hast eine tolle Technik. Und deine Position ist genau richtig.«

Als sie zu Marty aufsieht, lässt sie die Drahtstange los, mit der sie Businkas pelzige Arme gehalten hat. Sie atmet aus und legt sich die Finger auf die Schulter, um ihm zu bedeuten, dass ihr der Arm schmerzt, weil sie ihn so lange waagerecht an der Seite gehalten hat.

Als sie an der Reihe ist, zu zeigen, was sie sich für Businka ausgedacht hat, sind alle wie verzaubert von ihrem Lambada, bei dem sie Businkas pelzige Arme vor ihrer Brust kreuzt und den schmalen pinken Oberkörper ihres Muppets hin und her schwingt. Dann entfährt ihr das hohe wogende Lachen, das sie sich für Businka ausgedacht hat. Es hat etwas sehr Eigenständiges und Faszinierendes. Wir sehen ihr bewundernd zu.

In einer kurzen Pause kommt Stas zu ihr und ich bekomme zufällig mit, wie er ihr gesteht: »Ich weiß immer noch nicht, wie Selibobas Lachen klingen soll.«

Lena schlingt Businkas kleine pelzige Arme um Selibobas breiten Oberkörper und legt den Kopf ihrer Puppe auf dessen Brust, als sanftes Zeichen der Ermunterung. Die Geste ist so intim, dass ich wegsehen muss.

Marty arbeitet intensiv mit Stas und versucht, sein Selbstbewusstsein zu stärken. »Deine Puppe ist viel größer als die anderen und sie ist auch eher wie eine Tierpuppe«, sagt er. »Seliboba muss nicht so realitätsnah wie die kleineren Handpuppen sein.«

Er fragt Stas, ob er sich einmal die Puppe ausleihen darf, um ihm zu zeigen, was er damit meint. Stas steigt aus dem Kostüm und hält es so, dass Marty hineinschlüpfen kann. Dann steckt er Selibobas Kopf über Martys ausgestreckten Arm und die Schultern – und damit ist Marty zu Seliboba geworden. Er rennt durch den Raum, rempelt und knurrt die Puppenspieler an, die lachen und übereinanderstolpern, während sie vor ihm fliehen. Dann knickt er in der Mitte nach vorn, beugt sich zum Boden und schnüffelt mit seiner riesigen Nase herum, um uns zu zeigen, wie Seliboba seinen starken Geruchssinn einsetzt, was ein wichtiges Merkmal dieser Figur ist.

Als Stas wieder in sein Kostüm steigt, probiert er ähnliche Bewegungen aus, trampelt, statt zu gehen, wirft den Kopf nach vorn und knurrt. Marty bringt ihm bei, wie er mit dem Körper in einer einzigen fließenden Bewegung herumschnellen kann. Die anderen Puppenspieler sehen mit offenem Mund zu.

Mitzubekommen, welche Fortschritte Stas macht, lässt meine Sorgen verfliegen. Er wird vor unseren Augen zu Seliboba und entwickelt seinen ganz eigenen organischen Stil als freundlicher, schussliger, gutmütiger Charakter, der alle bezaubert.

Im Laufe der Woche kommen die Produzentinnen der *Sesamstraße* und die Schauspieler der amerikanischen Sendung vorbei, die neugierig auf die Russen sind. Die Herzlichkeit, die zwischen den beiden Gruppen herrscht, ist schön zu sehen.

Eine Woche später fliegen die russischen Puppenspieler nach Moskau zurück. Unser enger Zeitplan hat bei mir seinen Tribut gezollt. Ich bin erschöpft und habe keinen Appetit mehr. In meiner Wohnung falle ich aufs Sofa und schlafe achtzehn Stunden. Als ich wieder aufwache, ohne mich wirklich besser zu fühlen, sitzt Ken auf der Sofakante. Er streicht mir die Haare aus dem Gesicht und meint, ich müsse zum Arzt gehen.

»Nein, alles gut«, sage ich und richte mich langsam auf. »Ich bin nur etwas müde.« Sobald ich stehe, wird mir übel.

Ken besteht darauf, dass ich zum Arzt gehe. Drei Tage später bestätigt mir der Arzt, dass ich vollkommen gesund bin. Gesund und schwanger.

Um genau zu sein, bin ich schon in der sechsten Woche. Ich bin begeistert, Ken geschockt. Wir hatten nicht sonderlich gut aufgepasst, aber ich hätte nicht gedacht, dass es so einfach ist, schwanger zu werden. Und auch wenn Ken anfangs noch Bedenken hat, dass ich während der Schwangerschaft in Moskau bin, kriegt er sich doch bald wieder ein und freut sich zunehmend darauf, Vater zu werden. Ich rede mir hartnäckig ein, dass sich durch die Schwangerschaft erst einmal gar nichts verändern wird.

Im New Yorker Büro zeigt mir Anna Connolly, meine Produktionsassistentin in den Staaten, verschiedene Blätter und Rinden, die sie bei Lincoln Scenic aufgestöbert hat, einem Mekka für künstlichen Gartenbau in Midtown Manhattan. Nach stundenlangem Suchen hat sie endlich bei einem Hersteller aus China die richtigen Eichenblätter gefunden. Als Nächstes müssen wir herausfinden, wie wir 200 Kilogramm künstliche Blätter und Rinde nach Moskau kriegen. Anna stellt fest, dass es zu kompliziert ist, Waren von China nach Moskau zu versenden, sodass die falsche Flora erst nach New York geflogen werden muss und dann als Reisegepäck mit nach Russland kommt.

Ich gehe davon aus, dass es in Moskau während der Winterferien ruhig zugehen wird. Für die meisten Russen sind die orthodoxen Feiern heiliger als die politisierten Nationalfeiertage, die das Sowjetregime erfunden hat, etwa der große sozialistische Tag der Oktoberrevolution oder der Tag der Roten Armee. Im ganzen Land ruht vom 31. Dezember bis Mitte Januar die Arbeit. Ich bin sehr dankbar für diese Pause.

Zwei Tage vor dem amerikanischen Weihnachtsfest spazieren Ken und ich abends über die Columbus Avenue. Es ist bitterkalt und ich bin die glücklichste Frau der Welt. Meine Hand sitzt behaglich in Kens riesengroßer warmer Manteltasche. Kieferngeruch liegt in der Luft, als wir an den Ständen mit den Weihnachtsbäumen vorbeikommen, und über diesen winzigen Stadtwäldern blinken rote und grüne Lichterketten. Wir bleiben stehen und sehen einer Familie mit Baby dabei zu, wie sie einen Tannenbaum aussucht. Ich drücke Kens Hand, unter meinem Wollmantel das aufregende Geheimnis.

Als ich wieder nach Moskau zurückmuss, fühle ich mich, als würde mein Körper nicht mehr mir gehören. Am liebsten würde ich nirgendwohin fahren. Ich will mich vor dem Kamin in unserer winzigen Wohnung einrollen und schlafen – wenn ich mich nicht gerade übergeben muss.

Meinen amerikanischen Kollegen in den New Yorker Büros und Studios habe ich noch nichts davon gesagt, dass ich schwanger bin.

Ich gestehe Ken, dass ich Angst habe, mein Zustand könnte als Vorwand genommen werden, mich zu entlassen oder gar die Sendung abzusagen. Er versichert mir, dass das Unsinn ist. Die *Sesamstraße* ist eins der fortschrittlichsten Unternehmen in Amerika und bietet einen hervorragenden Mutterschutz.

Damit niemand was bemerkt, trage ich im Büro voluminöse

Pullover, unter denen ich meinen kleinen Bauch verberge. Lange muss ich das nicht mehr machen, denn schon bald bin ich wieder in Moskau und stoße mit meinem Team auf das Jahr 1996 an.

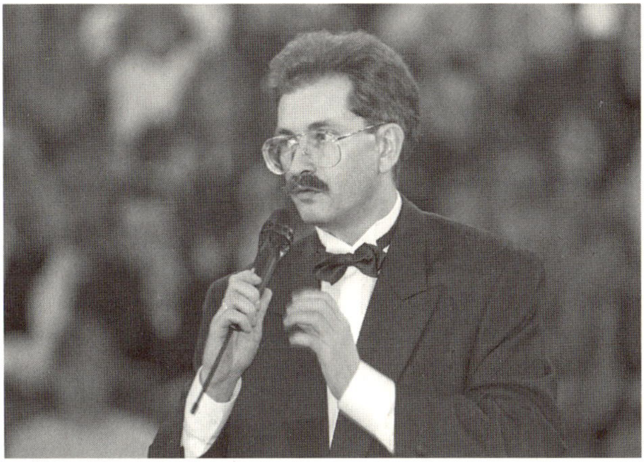

Wlad Listjew, Leiter der Fernsehgesellschaft ORT TV, hier als Gastgeber seiner beliebten Fernsehsendung nur wenige Monate vor seiner Ermordung am 1. März 1995.

Mit freundlicher Genehmigung von ITARR-TASS News; Fotografie Nikolai Malyshev/TASS

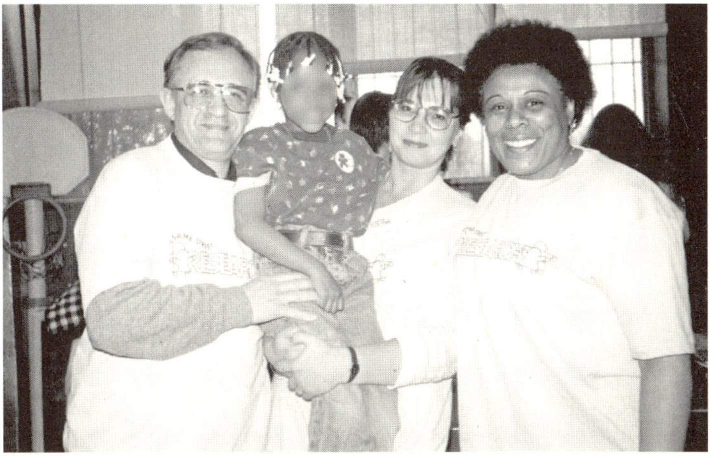

Von links nach rechts: Die russischen Produzenten der *Uliza Sesam*, Piotr Sidorenko und Wika Lukina mit Dr. Valeria Lovelace, der Leiterin Forschung der *Sesamstraße*, bei einem Forschungstest mit einer Fokusgruppe von Kindern einer Vorschule in Harlem. Archiv der Autorin

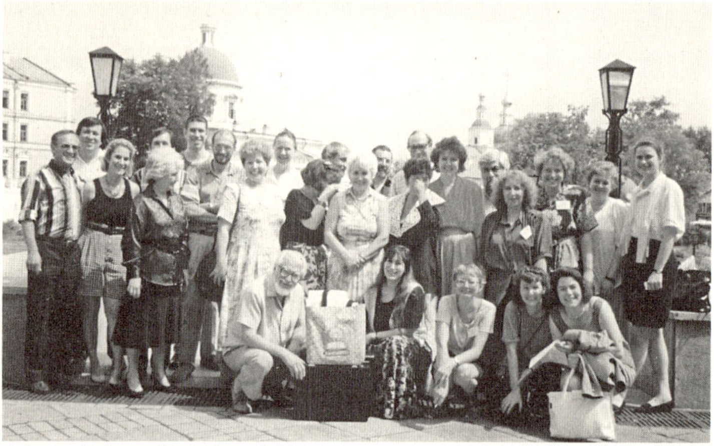

Teilnehmende eines Workshops zum Bildungsplan der *Uliza Sesam* (mit russischen Erzieherinnen und Erziehern, der russischen Forschungsleiterin Dr. Anna Genina, Senior Vice President Internationale Erziehung der *Sesamstraße* Dr. Charlotte Cole und den amerikanischen Produzentinnen Robin Hessman und Natasha Lance) vor dem Danilow-Kloster.

Archiv der Autorin

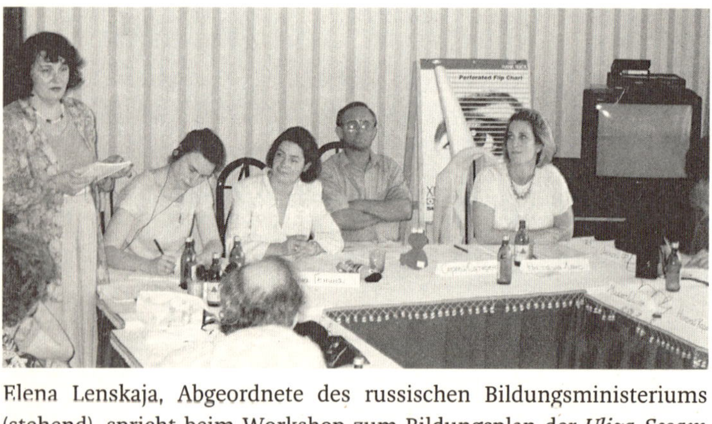

Elena Lenskaja, Abgeordnete des russischen Bildungsministeriums (stehend), spricht beim Workshop zum Bildungsplan der *Uliza Sesam*. Sitzend von links nach rechts: Dr. Charlotte Cole, Senior Vice President Internationale Erziehung, Dr. Anna Genina, Forschungsleiterin der *Uliza Sesam*, und die Produzenten Piotr Sidorenko und Natasha Lance.

Archiv der Autorin

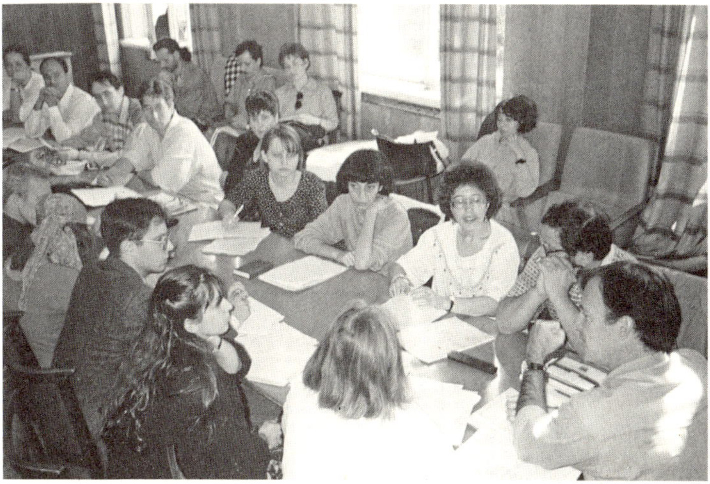

Luis Santiero, Autor der *Sesamstraße* (ganz rechts), mit den russischen Drehbuchautoren der *Uliza Sesam* in Moskau. Archiv der Autorin

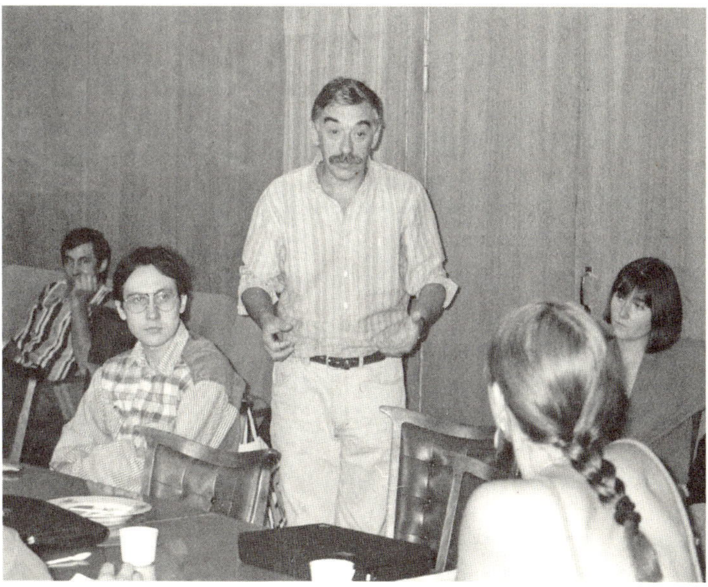

Der leitende Regisseur der *Uliza Sesam*, Wolodja Grammatikow (stehend), mit Realfilmregisseuren. Archiv der Autorin

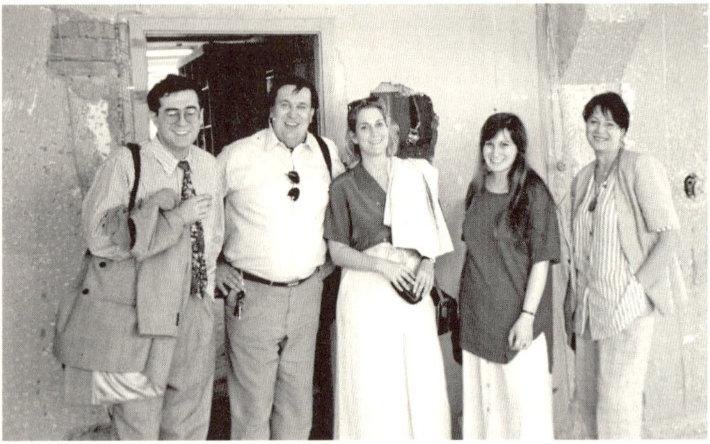

Die Produzenten der *Uliza Sesam* in der Kamerafabrik Moskinap vor der Renovierung: (von links nach rechts) Leonid Sagalski, Mischa Dawidow, Natasha Lance Rogoff, Robin Hessman und Irina Borissowa, President von Video Art. Archiv der Autorin

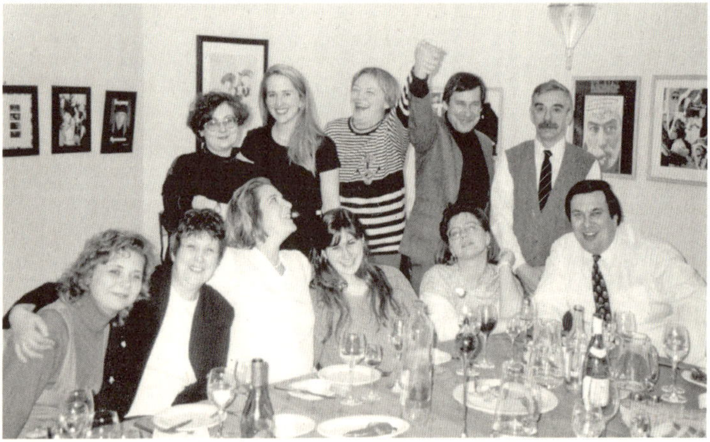

Das kreative Kernteam der *Uliza Sesam* feiert den Abschluss der Dreharbeiten für die Real- und Trickfilme der Fernsehserie: (obere Reihe von links nach rechts) Anna Wiktorowa, Anna Connolly, Katja Komalkowa, Sergei Nowikow und Wolodja Grammatikow, (untere Reihe von links nach rechts) Uljana Saweliewa, Tamara Pawliutschenko, Natasha Lance Rogoff, Robin Hessman, Wika Lukina und Mischa Dawidow. Archiv der Autorin

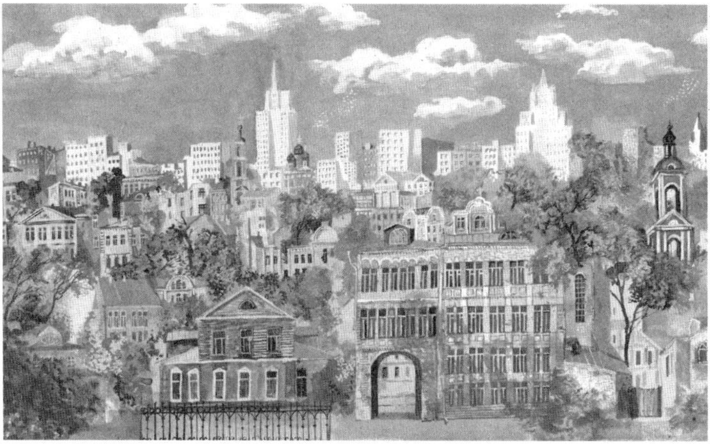

Zeichnung der Kulissen für das »Viertel« der *Uliza Sesam*, angefertigt von der künstlerischen Leiterin Mascha Rybasowa.

Mit freundlicher Genehmigung von Mascha Ribasowa

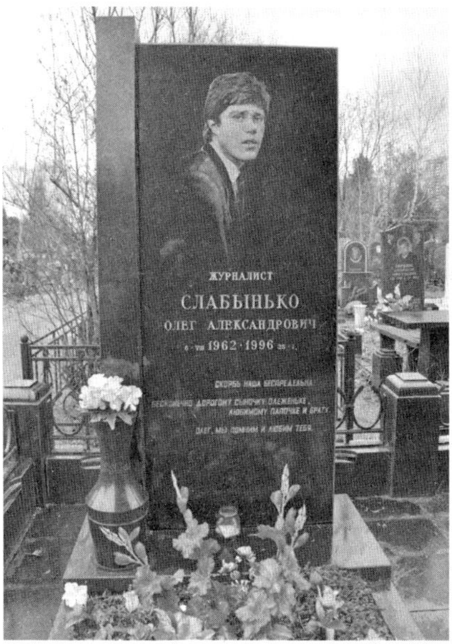

Grab des Moskauer Fernsehjournalisten Oleg Slabinko, der am 25. Januar 1996 ermordet wurde.

Foto von Marina Gordejewa/Moskau

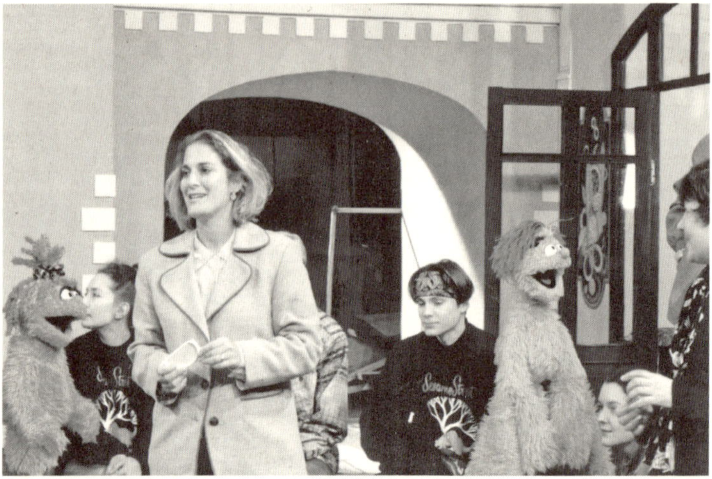

Erster Drehtag der *Uliza Sesam* im Studio von ORT TV in Moskau: die Produktionsleiterin Natasha Lance Rogoff, hinter ihr die Puppenspieler Elena Teschinskaja und Andrei Kusitschew mit ihren Muppets Businka und Kubik.
Archiv der Autorin

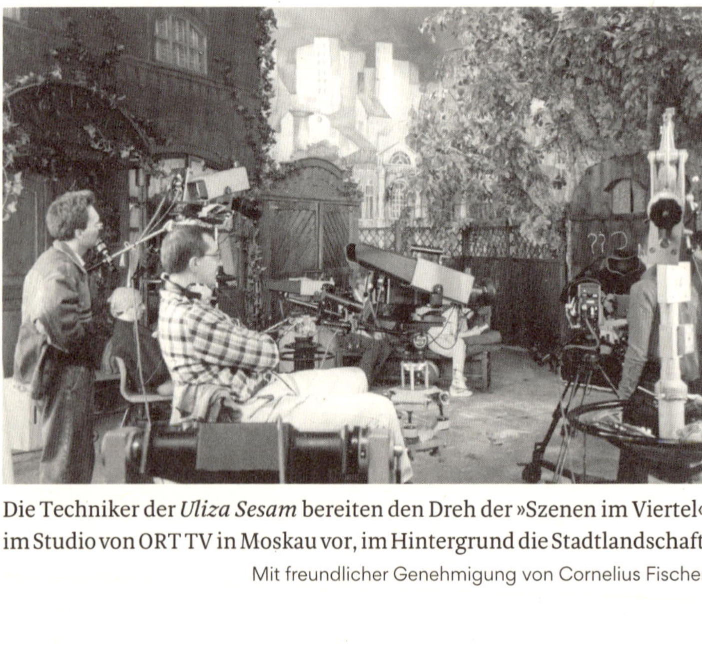

Die Techniker der *Uliza Sesam* bereiten den Dreh der »Szenen im Viertel« im Studio von ORT TV in Moskau vor, im Hintergrund die Stadtlandschaft.
Mit freundlicher Genehmigung von Cornelius Fischer

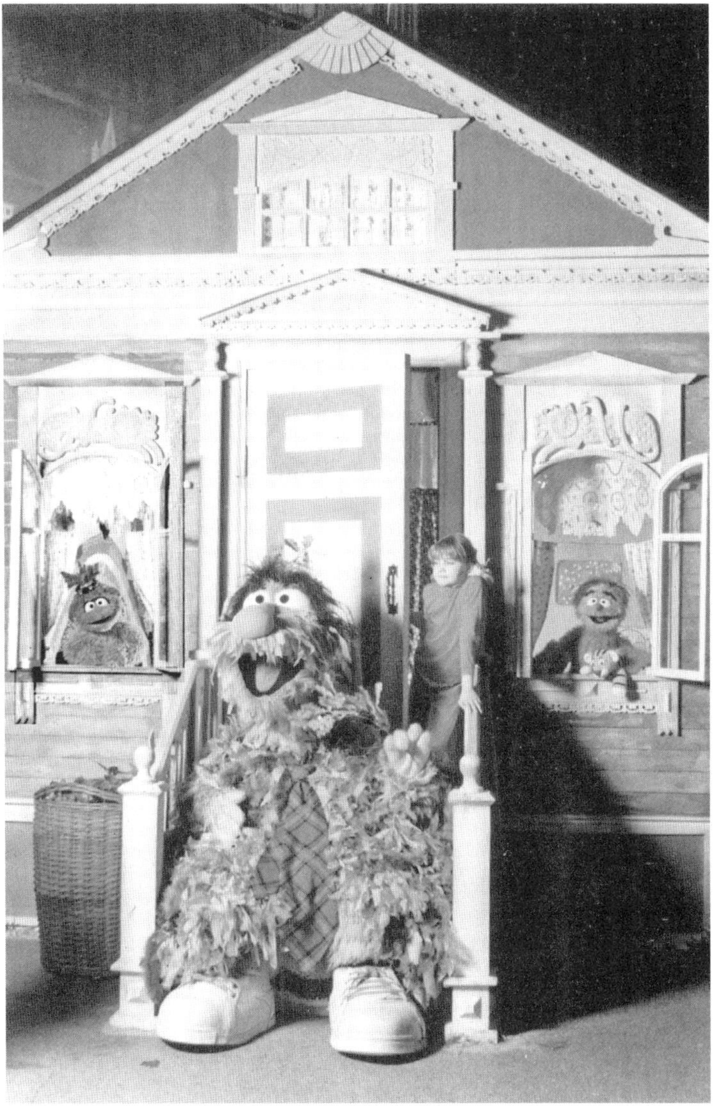

Während einer Pause bei einem Fotoshooting im Studio von ORT vor dem Haus von Tante Dascha: (von links nach rechts) Businka, Seliboba, Katja Michailowskaja (Darstellerin) und Kubik.

Mit freundlicher Genehmigung von Irina Borissowa

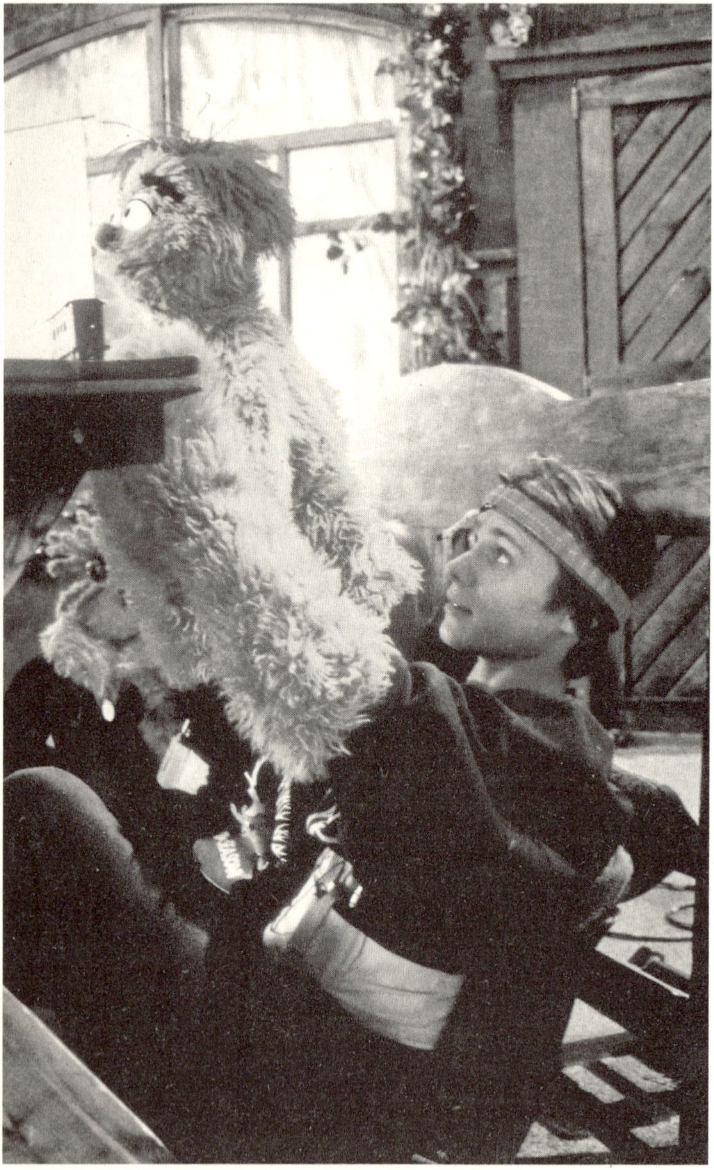

Der Puppenspieler Andrei Kusitschew probt im Studio mit seinem Muppet Kubik. Mit freundlicher Genehmigung von Cornelius Fischer

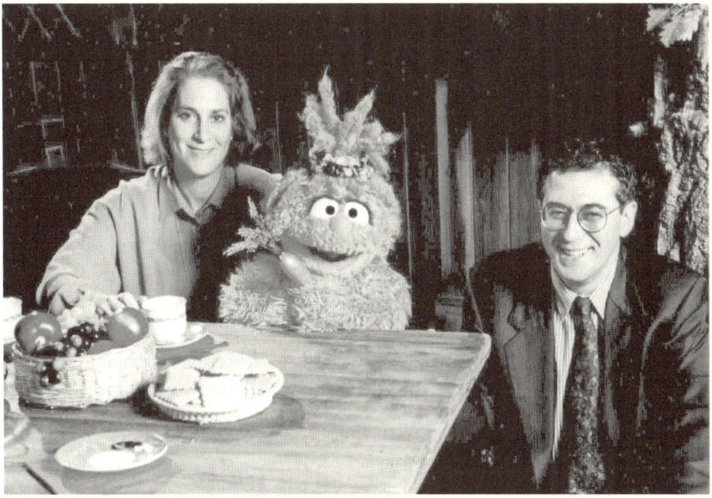

Der Muppet Businka lädt Natasha Lance Rogoff und Leonid Zagalsky zu einem Picknick im Studio der *Uliza Sesam* ein.

Mit freundlicher Genehmigung von Irina Borissowa

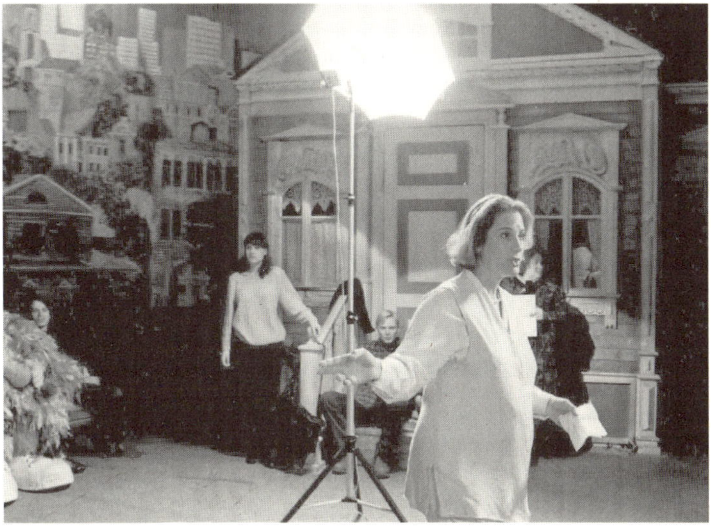

Nie zu schwanger zum Drehen: Natasha Lance Rogoff im Studio von ORT TV in Moskau. Mit freundlicher Genehmigung von Irina Borissowa

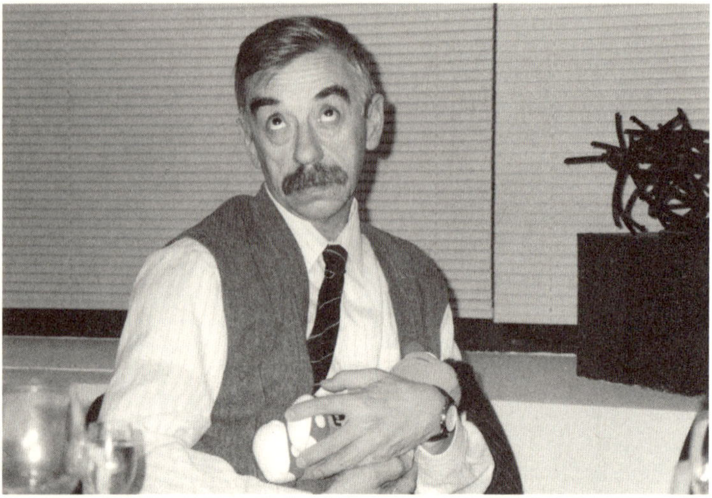

Der leitende Regisseur der *Uliza Sesam* Wolodja Grammatikow blödelt auf dem Set herum und tut, als würde er Ernie stillen.

Mit freundlicher Genehmigung von Irina Borissowa

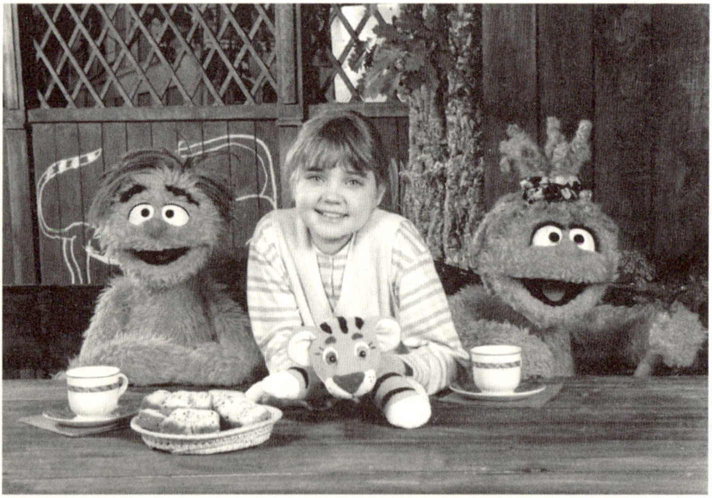

Die Muppets Kubik und Businka machen mit Katja Michailowskaja (Darstellerin) und Tiger eine kurze Pause im Viertel der *Uliza Sesam*.

Mit freundlicher Genehmigung von Irina Borissowa

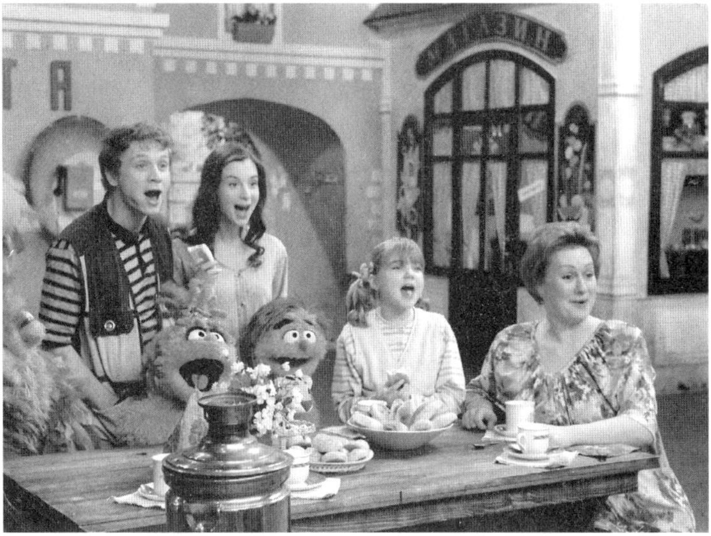

Die Darsteller der *Uliza Sesam* singen am Set: (von links nach rechts) Alexander Lirtschikow (Vater Sascha), Ekaterina Strischenowa (Mutter Nina), die Muppets Businka und Kubik mit Katja Michailowskaja (die junge Katja) und Maria Aronowa (Tante Dascha).

Mit freundlicher Genehmigung von Tatiana Michailowskaja

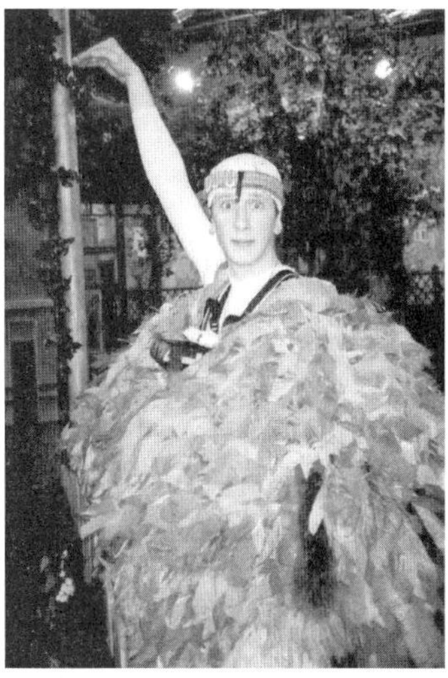

Stanislaw Klimuschkin, Puppenspieler von Seliboba, probt halb im Kostüm steckend im Studio.

Mit freundlicher Genehmigung von Irina Borissowa

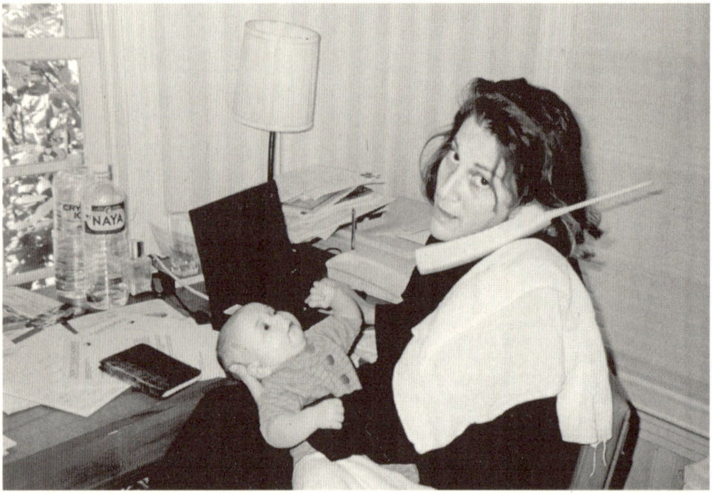

Natasha Lance Rogoff jongliert in der Elternzeit mit Laptop, Telefon und Baby Gabriel, während sie mit ihrem Produktionsteam in Moskau spricht.

Archiv der Autorin

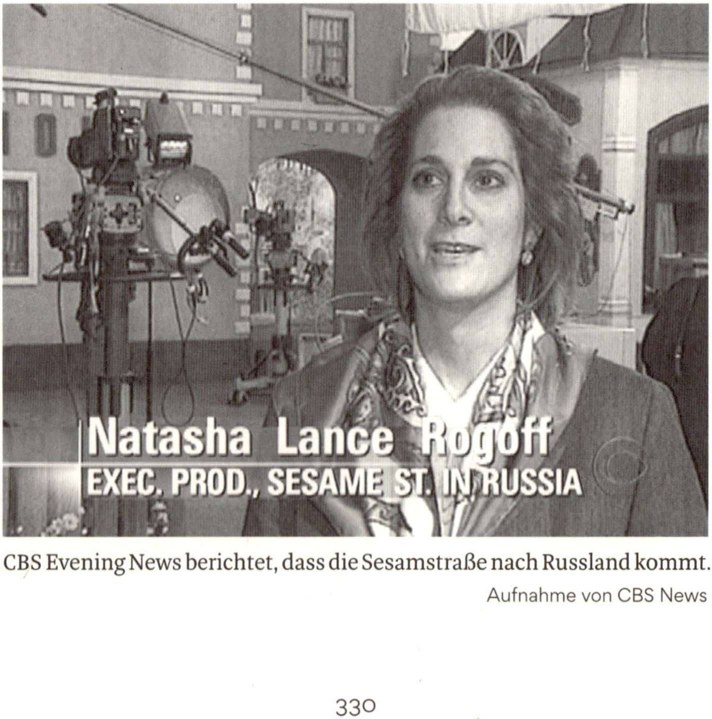

CBS Evening News berichtet, dass die Sesamstraße nach Russland kommt.

Aufnahme von CBS News

DRITTER TEIL

Die Babys werden geboren

Es ist leichter, Drogen nach Russland zu kriegen als einen großen Baum.

Leonid Sagalski

23

Das Viertel der *Uliza Sesam*

Als ich nach Moskau zurückkomme, ebben die Neujahrsfeiern gerade ab. Ich werde mit eisigen Temperaturen begrüßt, um vier Uhr nachmittags wird es dunkel, und seit den deprimierenden letzten Wahlen hat die Kommunistische Partei die Mehrheit im russischen Parlament. Doch trotz allem baut unser Team hochkonzentriert im größten Studio von ORT die Kulissen der *Uliza Sesam* auf. Dort werden wir die Szenen im russischen »Viertel« aufnehmen.

Unterdessen zeigt sich mit dem politischen Umschwung für unser Team, wogegen wir anarbeiten. Alle wollen unbedingt die Produktion beschleunigen. Vor nicht allzu langer Zeit haben wir schon einmal erlebt, dass das Chaos, das sich außerhalb des Studios ausbreitet, auch gern bei uns an die Tür klopft. Erst vor sieben Monaten wurde der Sender überfallen. Wer sagt uns, dass so etwas nicht noch einmal passiert?

Als ich in den Staaten war, haben Wolodja, Tamara und Mascha unser Bauteam erweitert und Tischler, Malerinnen, Kostüm- und Bühnenbildner und zusätzliche Techniker engagiert. Unser chaotisches Team hat sich in eine reibungslos funktionierende Truppe mit über 300 Mitarbeitenden verwandelt und unsere Abteilungsleiter haben gelernt, Verantwortung zu delegieren. Wolodja zitiert Otto von Bismarck, der einmal gesagt haben soll: »Die Russen brauchen lange, um ein Pferd zu besteigen, aber wenn sie erst einmal im Sattel sitzen, reiten sie schnell.« Das lässt sich auch wunderbar auf uns münzen, und Wolodja und Tamara erinnern mich daran, dass es an der Zeit ist, die menschlichen Akteure der Sendung zu casten.

Wolodja beharrt darauf, dass wir nicht genug Zeit haben, um ein offenes Vorsprechen für die Schauspieler zu veranstalten. »Ich habe auch schon eine gute Idee, welche Schauspieler wir für die Archetypen nehmen können, die wir in unserem Team entwickelt haben«, sagt er selbstbewusst. »Es dürfen nicht zu intellektuelle Moskauer sein, aber auch keine Bauern, sie müssen gebildet sein, aber nicht zu gebildet.« Er zwinkert.

In den letzten Monaten haben die Autorinnen und Autoren für unsere menschlichen Figuren Persönlichkeiten und Hintergrundgeschichten entwickelt. Manche Eigenschaften ähneln den Charakteren in der amerikanischen Sendung, die die Autoren aber für das russische Publikum umgeschrieben haben.

Bei der Familienstruktur für die *Uliza Sesam* gab es einiges Hin und Her – soll es eine Kleinfamilie sein oder jemand Alleinerziehendes, wohnt die Großmutter mit im Haus, wie es in vielen russischen Haushalten üblich ist? Am Ende wählt das Team Archetypen aus, die hoffentlich viele Menschen ansprechen werden. Die Mutter (Nina), ihr Mann (Sascha) und ihre achtjährige Tochter (Katja) wohnen zusammen in einem Haus im Hof. Nina ist Kinderärztin, weil viele Ärzte in Russland Frauen sind, während der Vater als Besitzer eines Eisenwarenladens einen neuen Archetyp darstellt, der die Gründung von Kleinunternehmen im Land voranbringen soll. Die Autoren schenken Nina einen kleinen Garten vor ihrem Haus, in dem sie Gemüse und Kräuter anbauen kann, die sie ihren Nachbarn schenkt. Dadurch wird der Lebensalltag vieler Russen angesprochen, die gern in kleinen Beeten essbare Pflanzen züchten. Die Tochter Katja ist ein kluges, neugieriges Mädchen, das Tiere liebt, gerne Märchen liest und Musik hört, vor allem klassische Musik. Außerdem hat sie ein Fahrrad, das sie den anderen Kindern im Hof ausleiht, die sich keines leisten können. Zur Besetzung gehört auch ein Postbote, eine traditionelle Figur in der russischen Folklore.

Die bei den Autoren beliebteste menschliche Rolle ist die exzentrische Tante Dascha, die sich um den Hof kümmert. Einige nennen sie schon »die gute Seele vom Dwor«. Alle Kinder in der *Uliza Sesam* sagen liebevoll Tjotia (Tantchen) zu ihr. Sie ist ein typischer russischer Charakter, wohnt in einem traditionellen bescheidenen Haus und gibt gern volkstümliche und hausgemachte Weisheiten von sich. Sie pflegt die kulturelle Vergangenheit des Landes, indem sie den Kindern im Viertel die Volkskunst beibringt: Töpfe glasieren, Holzfiguren schnitzen, häkeln, Puppen nähen und traditionelle Lieder singen.

Obwohl Tante Dascha den Hof pedantisch sauber hält und manchmal auch sehr streng erscheint, ist sie immer freundlich und grüßt alle mit liebevollen Anreden wie »meine Lieben«, »meine Teuren« oder »meine Tauben«. Ihre Großzügigkeit und Wärme wurden besonders sorgfältig herausgearbeitet, um dem Bild des Hofwarts aus Sowjetzeiten, der zugleich KGB-Informant war, etwas entgegenzusetzen.

In einem hastig anberaumten Treffen mit einigen Autoren, bei dem wir noch weitere Details für die menschlichen Darstellerinnen ausarbeiten wollen, äußert eine Autorin Bedenken, dass die lebensechten Charaktere unrealistisch wirkten, weil sie »zu nett« seien.

Ihre Kollegen widersprechen ihr: »Wir müssen positive Beziehungen zwischen den Menschen zeigen, damit die Kinder lernen, wieder Vertrauen zu fassen, sich gegenseitig zu unterstützen und angstfrei zu leben.«

Es ist schön, wieder bei meinem Team zu sein. Aber gerade im Gespräch habe ich leider das Gefühl, dass ich mich gleich übergeben muss. Es wird immer schwieriger, meine Schwangerschaft vor meinen russischen Kollegen zu verbergen, die mit mir zwölf bis sechzehn Stunden am Tag zusammenarbeiten.

Tamara wirkt etwas beunruhigt, weil ich alle halbe Stunde zur Toilette renne. Am späteren Nachmittag kommt sie zu mir an den Schreibtisch, sieht mich von Kopf bis Fuß an und fragt zärtlich: »Natasha, bist du schwanger?«

Das Gefühl, ertappt worden zu sein, muss mir ins Gesicht geschrieben stehen, als ich ihr mein Geheimnis offenbare. Ich bin erleichtert, dass ich es nicht zuerst Robin oder Leonid sagen muss – zumal Tamara selbst eine erwachsene Tochter hat.

»Herzlichen Glückwunsch, meine Liebe!« Sie umarmt mich.

Ich erkläre ihr, dass ich es sonst noch niemandem vom Moskauer Produktionsteam gesagt habe, es aber gern heute noch machen würde. Tamara legt den Finger an den Mund.

Am Ende des Arbeitstages trommle ich mit Robin an meiner Seite das Kernteam zusammen. »Wir bekommen ein Baby!«, verkünde ich und öffne mit theatralischer Geste meine übergroße Wolljacke, sodass die kleine Beule sichtbar wird. Große Aufregung rundum.

Natürlich konnte Tamara das Geheimnis nicht für sich behalten und hat es schon Mischa erzählt, der gleich losgegangen ist, um eine Flasche Champagner zu kaufen. Jetzt steht er auf, lässt den Korken knallen und gießt für jeden einen Schluck in kleine Trinkgläser. »Wir nennen das Baby ›Sender‹, denn das ist, was wir am dringendsten brauchen: einen Sender für unsere Sendung!« Er erhebt sein Glas und trinkt. Wir feiern »Sender« noch lange, nachdem die Champagnerflasche geleert ist. Nur ich trinke nicht.

Im Laufe der nächsten Woche macht die Kunde von meiner Schwangerschaft auch in der Studiocrew, bei den Schauspielerinnen und Freiberuflern die Runde, die regelmäßig in unser Büro in Moskinap kommen, um Filmrohschnitte oder Musikaufnahmen vorbeizubringen. Die Teammitglieder, die selbst Kinder haben, stellen mir bohrende und fürsorgliche Fragen zum Leben nach der Geburt. Fragen à la »Wie lange willst du stillen?« oder »Wenn das Baby da ist, bringst du es dann mit zur Premiere?« Meine Kollegen haben ausgerechnet, dass das Baby sechs Wochen alt sein wird, wenn die Sendung wie geplant im Oktober startet – falls wir denn einen Sender finden.

Aber ich habe keine Antworten auf diese Fragen, weil ich

mich damit noch nicht auseinandergesetzt habe. Ich war zu beschäftigt, um Bücher über die Geburt oder die Zeit danach zu lesen. Ich bin ein blinder Fisch, der in einer dunklen Höhle schwimmt und dabei weder seine Umgebung wahrnimmt noch eine Vorstellung davon hat, was auf ihn zukommen könnte. Anhand der Fragen wird mir auch bewusst, dass sich mein Körper und meine beruflichen Ziele gerade in zwei verschiedene Richtungen bewegen.

Trotzdem bin ich gerührt davon, wie sich meine russischen Kollegen um mich kümmern. Alle kommen mit Geschenken zu mir: Sitzkissen, Wasser, damit ich nicht dehydriere, und ungezählte Ratschläge und Ermahnungen.

Mischa, der Bär, überrascht uns alle, indem er sich in einen abergläubischen Sorgenträger verwandelt. »Natasha, du musst aufhören zu fluchen«, ermahnt er mich. »Sonst kriegt das Baby einen Storchenbiss.«

Tamara sagt, ich solle mich niemals auf kalten Beton oder auf den Boden setzen, weil dadurch »deine weiblichen Organe einfrieren«. Und eine Sekretärin im Büro meint, wenn ich mir während der Schwangerschaft die Haare schneide, steigt die Wahrscheinlichkeit einer Frühgeburt.

Das Wichtigste aber ist, dass mein Team wie die Cosa Nostra schwören muss, meinen *Sesamstraßen*-Kollegen in New York nichts von meinem Geheimnis zu erzählen. Es mag Unsinn sein, aber Gedanken mache ich mir trotzdem.

Leonid kreuzt mal wieder im Büro in Moskinap auf. Ich habe ihn nicht mehr gesehen, seit er sich von der kreativen Arbeit an der Produktion zurückgezogen hat, um sich voll und ganz auf die Suche nach einem Sender zu konzentrieren. Aber er hat keine Zeit zu plaudern. Ich soll sofort mitkommen, um Oleg Slabinko kennenzulernen, einen hochrangigen Mitarbeiter und Produzenten bei RTR, Russlands zweitgrößter Fernsehgesellschaft, die ihr Programm auf dem zweiten Kanal ausstrahlt. Auf dem

Weg dorthin erklärt mir Leonid, dass RTR eine mögliche Alternative zu ORT sein könnte.

Im Sender laufen wir durch Korridore, die denen von ORT auf schauerliche Weise ähneln. Mir wird mulmig, als ich daran zurückdenke, wie Leonid und ich auf der Suche nach einem Sender Wlad Listjew besucht haben.

Slabinko, ein gutaussehender Mann Anfang dreißig mit voluminösem welligem dunklem Haar und muskulöser Statur, kommt uns mit ausgestreckter Hand entgegen. Es überrascht mich nicht, dass er von unserer endlosen, mittlerweile vier Jahre andauernden Suche nach einem russischen Sender schon erfahren hat. Er fragt, ob wir die Unterstützung der russischen Regierung haben, da er keine Lust hat, die Behörden gegen sich aufzubringen. Leonid versichert ihm, dass das russische Bildungsministerium hinter der *Uliza Sesam* steht.

Ähnlich wie Listjew will Slabinko die mit Werbung im Zusammenhang stehende Korruption in seinem Sender bekämpfen. Ich muss an den Moment denken, als ich von Listjews Ermordung erfahren habe, und atme tief ein. Ich hoffe, dass Slabinko nichts passiert. Dann richtet sich meine Aufmerksamkeit auf ein gerahmtes Foto von einem süßen kleinen Mädchen, das auf dem Schreibtisch steht.

»Das ist meine Tochter«, sagt er stolz.

In der Hoffnung, mit ihm zu einer Einigung zu kommen, zeigen wir ihm einen russisch synchronisierten Videoclip von Ernie und Bert. Bert fällt auf, dass sich Ernie eine Banane ans Ohr hält und so tut, als handelte es sich um ein Telefon. Er versucht, mit Ernie zu sprechen, aber Ernie antwortet nicht, sondern sagt nur: »Ich kann dich nicht hören, weil ich gerade an der Banane spreche.« Bert sieht mit leidender Miene in die Kamera.

Slabinko bricht in Gelächter aus. »Jedes Mal wenn ich mit dem Kreml spreche, geht es mir wie Bert.« Ich finde ihn erfrischend entspannt und witzig. Und ich kann es kaum glauben, aber er sagt zu, die *Uliza Sesam* fünf Tage die Woche auf RTR zu senden. Außerdem erhält Irinas Unternehmen das Recht, die Sendezeit vor und nach der Sendung zu verkaufen, vorausgesetzt, er kann Reclama Holding – die Werbefirma, die die Sendezeit auf RTR verwaltet – davon überzeugen, den Vertragsbedingungen zuzustimmen.

Leonid und ich sehen uns an. Manchmal sind wir wie ein altes Ehepaar, bei dem jeder genau weiß, was der andere gerade denkt. Wir haben beide ein ungutes Déjà-vu, das sich auf unsere Unterredung mit Listjew bezieht. Wir wissen nicht einmal, ob Slabinko überhaupt die Befugnis hat, Irina Werbeslots auf RTR zur Verfügung zu stellen. Aber wir nehmen sein Angebot freudig an.

Bevor wir sein Büro verlassen, überreiche ich ihm noch ein Geschenk für seine Tochter: einen neuen »Kitzel-mich-Elmo«, frisch aus der Fabrik. Er umarmt mich, was ungewöhnlich ist, da wir uns gerade erst kennengelernt haben, aber mich freut es.

Als wir in der Eingangshalle stehen, zündet sich Leonid eine Zigarette an. »Ich glaube nicht, dass dieser Deal zustande kommt«, sagt er.

»Wir können nur hoffen«, antworte ich. Dann schlage ich Leonid vor, dass wir zurück zu ORT fahren und das Studio besuchen, in dem Mascha gerade mit dem Aufbau der Kulissen begonnen hat. Ich möchte gern sehen, wie die Arbeiten vorangehen. Irina hat inzwischen die gesamten Produktionskosten in Moskau übernommen, auch die astronomisch hohe, im Voraus zu entrichtende Gebühr für das größte Studio bei ORT, in dem wir in den nächsten vier Monaten die Szenen im Viertel drehen wollen. Jetzt können wir uns keine Verzögerungen mehr erlauben. Selbst wenn wir zwölf Stunden am Tag drehen, sechs Tage die Woche, brauchen wir bis Ende April, um alle im Viertel spielenden Episoden für die 52 Folgen der Serie zu drehen.

Wir fahren mit dem Aufzug hinauf zum Studio. Leonid drückt die schwere Metalltür auf und wir sehen in die 600 Quadratmeter große »Black Box«, in der fünfzig Mann in Overalls wie verrückt an Maschas kreativem Traumbild sägen, schleifen und hämmern. Wie der Architekt von Peter dem Großen beim Bau des Winterpalasts wacht Mascha über die Arbeiter und gibt in der Mitte des Studios stehend ihre Kommandos.

Das Studio wurde in den 1960er Jahren errichtet und sieht ziemlich heruntergekommen aus, zerdellte Metallwände und eine rostige Treppe, die spiralförmig zur Beleuchtungsanlage hinaufführt. Die Scheinwerfer sind viel größer als in amerikanischen Fernsehstudios und so veraltet, dass sie eigentlich ins Museum gehören.

Gerade leitet Mascha die Crew an, die eine zwölf mal zwölf Meter große Kulisse anzuheben versucht, um sie an der hinteren Wand aufzustellen. Sie dreht sich zu uns um und begrüßt uns. Während sie sich die Schweißperlen von der Stirn wischt, erklärt sie uns, dass die Bauarbeiter Tag und Nacht arbeiten, damit das Bühnenbild und die Requisiten rechtzeitig fertig sind, wenn in zwei Wochen der Dreh beginnt. »Normalerweise würde das hier noch mindestens sechs Wochen dauern«, sagt sie. Sie haben gerade erst angefangen und Mascha sieht jetzt schon erschöpft aus.

Dann wendet sie sich wieder der Arbeit zu und sagt ihren Leuten, sie sollen die rostigen Drahtseile nehmen und fest daran ziehen. Das Schaben von Metall auf Metall kreischt durch den Raum, während sich langsam die Leinwand hebt. Sie müssen die Drahtseile mehrere Male auf- und abbewegen, bis die Oberkante der Kulisse korrekt ausgerichtet ist.

Als das Gewebe endlich gestrafft und befestigt ist, treten alle ein paar Schritte zurück und schauen schweigend auf das Bild, bezaubert von seiner Originalität und Schönheit. Ich habe meine Gefühle für gewöhnlich ganz gut im Griff, aber heute gelingt mir das nicht. Ich habe einen Kloß im Hals. Der allererste Teil des Bühnenbilds steht!

Die breite, farbenfrohe Leinwand, die Mascha von Hand bemalt hat, verkörpert ihre Vorstellung einer modernen russischen Stadt. Wie eine architektonische Version von *Wo ist Walter?* ist sie randvoll mit Gebäuden verschiedenster Größe, die alle Epochen der russischen Architektur darstellen: blaugoldene orthodoxe Kirchen, malerische Datschas in Pink und gebranntem Orange, strenge stalinistische Wolkenkratzer, kunstvoll verzierte vorrevolutionäre Herrenhäuser und die Chruschtschobis, die mehrstöckigen Mietshäuser aus der Sowjetära. Das Wirrwarr an Gebäuden steigt vom Vordergrund aus bis zum Horizont auf wie Blumen in einem Garten, darüber ein immerblauer sonniger Himmel mit ein paar Quellwolken.

Die Schreiner nageln in einem fort Balken aneinander, um weitere Rahmen für die Kulissen zu fertigen. Fünf Stunden später bilden die montierten Rahmen mit den einzelnen Gebäuden im Hof einen Halbkreis. Besonders angetan hat es den Bauarbeitern, wie das zweigeschossige Wohnhaus mit der Klinkerfassade Form angenommen hat, vor allem der gusseiserne Balkon im ersten Stock. Es ist das größte Gebäude im Innenhof. Mascha erzählt mir: »Viele der Handwerker waren monatelang arbeitslos und sind wahnsinnig dankbar, Arbeit zu haben und etwas so Schönes für unsere Kinder zu bauen.«

Ich würde gern noch länger bleiben, aber ich muss in unser Büro in Moskinap, um mir die neusten Realfilme anzusehen. Als ich am späteren Nachmittag wieder ins Studio komme, werden gerade die Außenwände der Bäckerei, des Eisenwarenladens und der Post aufgestellt. Überall fliegt Holzstaub durch die Luft, und der Klebergeruch bringt mich zum Würgen, aber keiner der Russen beschwert sich. Für alle hier im Studio ist es ein ganz besonderer Moment.

Am nächsten Tag springe ich wieder hinüber zum Sender, weil ich unbedingt sehen will, wie die Arbeiten im Studio vorangehen. Als ich hereinkomme, übermannt mich gleich der Farbgeruch. Ich sehe zwei Arbeiter auf Leitern, die die baufällige Datscha von Tante Dascha anmalen. Damit sie etwas verwittert und abgetragen aussieht, pinseln sie mehrere Farbschichten in verschiedenen Blautönen übereinander. Eine Frau aus der Kunstabteilung steht gleich daneben auf einer Holzkiste und führt behutsam einen dünnen Pinsel mit weißer Farbe über die Nalitschniki des Hauses, die traditionellen russischen Fensterläden. Mascha erklärt mir, dass die Nalitschniki von einer Kunsthandwerkerin aus der Gegend von Hand geschnitzt worden sind. Bei den Motiven hat sie sich von Zeichnungen wilder Tiere und geometrischer Formen aus vorchristlicher Zeit inspirieren lassen. »Es soll alles authentisch sein«, sagt sie stolz.

Ein anderer Arbeiter steckt den Kopf durch das Gitterfenster von Tante Daschas Haus und rezitiert theatralisch eine Stelle aus einem Gedicht von Puschkin, das alle russischen Kinder schon in der Grundschule auswendig lernen.

Kinder, Kinder, kommt und seht, unsere Netze
haben einen toten Mann gefangen.

Seine Kollegen halten in der Arbeit inne und sehen zum dichtenden Schreiner hinauf, dessen Verse im Russischen einen lustigen Reim haben. Alle lachen, dann rezitiert ein anderer Arbeiter den nächsten Vers. Ich finde das sehr bemerkenswert. Die Sendung wurde noch gar nicht ausgestrahlt, aber sie macht den Menschen jetzt schon gute Laune.

Doch eine Woche bevor die Dreharbeiten beginnen, komme ich ans Set und sehe Tamara, die die Arbeiten im Studio koordiniert, panisch durch die Gegend laufen.

»Wir haben ein Problem«, sagt sie mit verzerrter Miene. »Schazki, der Vorarbeiter, ist verschwunden und mit ihm alle Baupläne.«

Wir rufen Mischa bei Moskinap an, der verzweifelt versucht, Schazki zu finden. Mascha kommt zitternd und aufgebracht ans Set. »Wir können es uns nicht leisten, auch nur einen Tag zu verlieren«, sagt sie und bedrängt Tamara, einen Suchtrupp auszusenden, um bei seiner Familie, seinen Trinkkumpanen und bei allen nachzufragen, die möglicherweise wissen könnten, wo er steckt. Dass Mascha von den Bauplänen keine Kopien angefertigt hat, ist eine mittlere Katastrophe, aber durchaus verständlich. Kopiergeräte für derart große Formate gibt es nur in staatlichen Organisationen.

Während wir noch suchen, platzt es förmlich aus einem der Bauarbeiter heraus: »Schazki ist bestimmt einfach abgehauen. Diese Juden interessieren sich immer nur fürs Geld. Sobald sie es haben, sind sie weg.«

Ich bin sprachlos. Ich finde es sehr enttäuschend, dass einer unserer Mitarbeiter solche Ansichten äußert. Zudem bin ich in dieser Hinsicht besonders empfindlich, weil meine Großeltern wegen des Antisemitismus und der Pogrome Anfang des 20. Jahrhunderts aus Russland geflohen sind. Ich warte darauf, dass ihm jemand widerspricht, aber keiner sagt ein Wort. Die Handwerker haben kaum hingehört und wenden sich wieder ihrer Arbeit zu. Da nehme ich den Mann beiseite und stelle ihn zur Rede.

Am späteren Nachmittag kommt Leonid ins Studio. Er ist beängstigend blass. Er nimmt mich beiseite und geht mit mir Richtung Tür. »Es gab noch einen Mord«, flüstert er und hält sich die Hand vor den Mund. Dann zieht er mich hinaus auf den Gang. »Es ist Oleg.«

»Oleg Wasilew?«, frage ich. Das ist ein russischer Banker, den wir beide kennen.

»Nein, schlimmer«, flüstert Leonid, »Slabinko.«

»Was?«, schreie ich.

Zwei Leute, die an uns vorbeigehen, drehen sich zu uns um.

Mir stockt der Atem, während ich nach den passenden Worten suche. »Wie kann das sein?«, heule ich. »Wer sollte denn Oleg töten wollen?«

»Keine Ahnung«, sagt Leonid.

Ich denke an den Kitzel-mich-Elmo, den ich ihm für seine

Tochter geschenkt habe, und schaudere. »O Gott, jetzt hat das Kind auf dem Foto auf seinem Schreibtisch keinen Vater mehr.« Zitternd erinnere ich Leonid daran, dass noch nicht einmal ein Jahr vergangen ist, seitdem Listjew ermordet wurde. »Jetzt geht wieder alles von vorne los«, sage ich. Und während ich versuche, mich einzukriegen, frage ich ihn: »Wie kannst du so ruhig sein?«

Leonid schüttelt nur den Kopf, schaut auf den Linoleumboden und tritt gegen eine lose Kachel. Dann schleppen wir uns zum Ausgang.

»Erinnerst du dich, wie mich Oleg am Ende unseres Treffens umarmt hat?«, frage ich ihn.

»Ja, natürlich.« Leonid seufzt. »Er war ein guter Mensch.«

Bevor wir durch die Glastüren wieder hineingehen, sieht mir Leonid in die Augen. Mit gerunzelter Stirn sagt er: »Dir ist schon klar, dass wir jetzt wieder nach einem neuen Sender suchen müssen.«

Ich starre ihn an. »Wie kannst du jetzt nur über so etwas reden?«

Er zuckt die Schultern. »Weil ich muss.«

Die Neuigkeit verbreitet sich wie ein Lauffeuer im ganzen Sender, auch wenn niemand weiß, wer Slabinko umgebracht hat oder warum. In den Nachrichten heißt es, er sei gegen sechs Uhr abends mit seiner Tochter in seiner Wohnung gewesen, als es an der Tür klopfte. Kaum dass er aufmachte, wurde er von einem Killer erschossen, der sofort wegrannte.

Den ganzen Nachmittag diskutiert mein Team, wie viele Journalisten allein in diesem Jahr angegriffen oder getötet wurden. Es ist einfach nur deprimierend. Alle Fernsehmachenden, die die Pressefreiheit verteidigen, stehen auf der Abschussliste. Ich sitze allein in einem Büro nebenan, atme langsam ein und aus und versuche, mich zu beruhigen. Meine Schwangerschaft ist schon weit fortgeschritten und es fällt mir immer schwerer, mit dem Stress umzugehen. Ich fühle mich verletzlicher. Ich kann meinem Körper nicht vertrauen. Es hat sich wahnsinnig viel verändert.

Als ich am Abend Ken anrufe, peinigt mich Slabinkos Tod immer noch. Ken bittet mich, nach Hause zu kommen. Ich denke kurz darüber nach. Aber ich kann hier jetzt nicht weg.

Nach vierundzwanzigstündiger Suche haben wir Schazki samt Bauplänen gefunden. Er entschuldigt sich wortreich und erklärt, ein Notfall in der Familie sei der Grund für sein Verschwinden gewesen und es habe keine andere Möglichkeit gegeben.

Nun fahren wir mit den Bauten fort, doch trotz Schichtdienst dauert alles länger, als Mascha vermutet hat. An manchen Tagen sehe ich, wenn ich um acht Uhr morgens ins Studio komme, dieselben Arbeiter, von denen ich mich am Abend zuvor verabschiedet habe. Ihr Engagement ist erstaunlich, vor allem wenn man bedenkt, wie wenig sie verdienen, umgerechnet vielleicht 30 Dollar am Tag.

Eines Tages nimmt mich Mascha beiseite und sagt mir, sie mache sich Sorgen. »Ich muss noch das gesamte Set einrichten, alle Innenräume, mit Möbeln, Licht, Bildern an den Wänden und den ganzen Kleinigkeiten, damit alles bewohnt und realistisch aussieht.«

Ich bitte sie, innezuhalten und erst einmal tief einzuatmen. »Nimm dir einen Augenblick Zeit, um zu genießen, was du mit deinem Team da geschaffen hast. Es ist wirklich bemerkenswert.«

»Ich kann nicht«, stöhnt sie. »Hier sind zu viele Köche.« Mascha ist verzweifelt. Jeder Bauarbeiter und jeder Besucher, der zufällig ins Studio komme, glaube, das Recht zu haben, seine Meinung zu sagen und ihre künstlerischen Entscheidungen zu hinterfragen. Sie zeigt auf eine freundlich aussehende Frau mit weißen Haaren und blauer Schürze. »Sogar Vera, die die Tapeten anbringen soll, die ich für das Haus der Familie ausgewählt habe, weigert sich, weil sie meint, sie wären zu modern für ein typisches russisches Haus.«

Mascha muss seit Wochen mit vier Stunden Schlaf pro Nacht auskommen. Ich versuche, sie zu beruhigen, und bekräftige, dass sie hier die Einzige ist, die etwas zu sagen hat. Das scheint sie ein wenig aufzumuntern.

Am nächsten Tag erlebe ich Maschas Dilemma aus nächster Nähe. Ich bitte einen Produktionsassistenten, im Hof Blätter auszustreuen, damit der graue Kautschukboden des Studios mehr nach Herbsttag aussieht. Als ich eine Stunde später wiederkomme, hat der Hausmeister alle Blätter beiseite gefegt. Ich bitte den Assistenten, sie wieder zu verteilen. Als ich eine Stunde später wiederkomme, sind sie schon wieder verschwunden.

Ich frage den Hausmeister, warum er immer unsere Bodendekoration entfernt. Da sieht er mich mit einem mitleidigen Blick an und sagt: »Natasha, willst du, dass uns die Leute, die die *Uliza Sesam* schauen, für nachlässig halten? Dass bei uns überall Blätter herumliegen und kein Hausmeister da ist, der sie auffegt? Der Hof ist wie dein eigenes Zuhause. Er sollte immer sauber sein.«

Mascha kommt angelaufen, um mit dem Hausmeister zu sprechen, und scheucht mich weg.

Selbst ein Brandschutzinspektor, der eine Verwarnung für einen erfundenen Verstoß ausspricht, tut seine Meinung kund. Während er über die »Gebühr« verhandelt, die er uns aufbrummen will, sieht er hinüber zum frisch gestrichenen Haus von Tante Dascha. »Die Datscha geht so nicht – Sie sollten sie lieber in einem hellen Gelb streichen statt in diesem hässlichen Blassblau.«

Mascha und Tamara haben zu tun, also versuche ich, mit ihm zu reden. »Tolja, der russische Winter ist hart und die Häuser müssen verwittert aussehen, um echt zu wirken.«

24

Heißlaufen auf Bananen

Ende Januar kann Wolodja nicht länger warten. Die Schauspieler sind schon ganz hibbelig. Er sagt, er muss mit den Puppenspielerinnen anfangen, im Studio zu proben, damit sie ein Gespür für den Raum bekommen. Mascha willigt ein. Jetzt dürfen die Darsteller ihren Text über das Getöse der Bohrer und Hammer hinwegbrüllen, während die Bauarbeiter die letzten Änderungen am Set vornehmen.

Als Tamara verkündet, dass der Beginn der Dreharbeiten wegen einer »Baumstörung« um zwei Tage verschoben werden muss – Selibobas Eiche ist noch nicht fertig –, sind die Puppenspieler dankbar, dass sie noch ein bisschen länger üben können, allen voran Stas. Die Muppet-Spielerinnen haben ihre Garderobe neben dem Studio in einen Fitnessraum verwandelt. Immer wenn ich dort hineinschaue, sehe ich sie Gewichte heben oder Liegestütze oder Kniebeugen machen, um noch mehr Kraft aufzubauen.

Eines Sonntags (wir arbeiten jetzt auch die Wochenenden durch) komme ich ins Studio und sehe, dass Mascha ein Dutzend Frauen anleitet, die lange Rindenstücke zu einer Baumform zusammenkleben. Mascha hat mit ihnen die Nacht durchgearbeitet, um den Baum aus Hunderten von Einzelteilen zusammenzusetzen. Gegen Mittag kommt Leonid und erzählt mir die Horrorgeschichte, wie er tags zuvor mit drei Kisten à 30 Kilogramm Rinde und 125 Kartons mit Eichenblättern von New York nach Moskau geflogen ist.

Da im Studio gerade so viel los ist, konnte ich Moskau nicht verlassen und habe Leonid gebeten, Packesel zu spielen und Selibobas Baumteile aus New York zu holen. Als er zurück war, saß der Arme am Moskauer Flughafen zehn Stunden beim Zoll fest.

»Die Zollbeamten dachten, es wäre Schmuggelware, obwohl ich ihnen mehrfach gesagt habe, dass in den Kisten Baumteile sind.« Er verdreht die Augen. »Sie haben darauf bestanden, dass ich jede einzelne Kiste aufmache.« Er schenkt mir einen giftigen Blick als Dank, dass ich ihn zum Kurier erkoren habe. Dann legt er den Kopf schief und spielt den trägen Zollbeamten. »In unserer Liste der erlaubten importierten Produkte sehe ich keine Kategorie für ›echte Rinde‹. Ich denke, Sie werden eine hohe Gebühr bezahlen müssen. Oder ich könnte Ihre Fracht als ›unspezifizierte Holzprodukte‹ klassifizieren, dann müssten Sie keine Steuern bezahlen.« Leonid setzt das schiefe Lächeln des Beamten auf, der sich ein Schmiergeld erhofft: »Was wäre Ihnen lieber?«

Als Antwort gab ihm Leonid wortlos vier Schachteln Zigaretten, dann sagte er zu ihm: »Ich würde es sehr zu schätzen wissen, wenn Sie meine Fracht freundlicherweise als ›unspezifizierte Holzprodukte‹ klassifizieren würden.«

Schließlich durfte er den Flughafen verlassen, im Schlepptau die Gepäckträger, die die Kisten in zwei Schulbusse packten, die er frühzeitig dafür angemietet hatte. Dann ging es direkt zu ORT, um Rinde und Blätter abzuliefern.

Alle haben innegehalten, um Leonids Geschichte zu hören, und können sich jetzt vor Lachen nicht mehr halten. Und sowie Leonid die Früchte seiner Arbeit erblickt, vergibt er mir das verrückte Abenteuer: Der halb zusammengesetzte Baum liegt mit schon ausgestreckten Zweigen, drei mal anderthalb Meter groß, flach auf dem Studioboden. Leonid sieht das halbe Dutzend Näherinnen, die über den Baum gebeugt stehen und Blätter an die Äste nähen, und ich spüre, dass ihn seine Baumeskapade mit Stolz erfüllt.

Mit einer gewissen Dringlichkeit frage ich Mascha, wann sie denkt, dass das Set realistischerweise fertig ist, damit wir mit den Dreharbeiten beginnen können.

Ohne aufzusehen schiebt sie unbeirrt ihre Nadel durch den Stängel eines Blattes. »Wir sind bald fertig, keine Sorge.« Damit will sie offenbar mehr sich selbst als mich beruhigen. Als ich mich abwende, flüstert sie, sodass nur ich es höre: »Das einzige Problem ist, dass der Baum, wenn alle Blätter angebracht sind, vielleicht zu schwer ist und nicht gerade steht.«

Ich versichere ihr, dass wir einen Weg finden werden, um den Baum zum Stehen zu bringen.

Zur Mittagszeit kommen Dutzende neugieriger Produzenten von anderen Sendungen bei ORT im Studio vorbei, um durch das Set zu laufen und sich die größte und kunstvollste Szenerie anzusehen, die jemals für eine Kindersendung in Russland erschaffen worden ist. Sie tauchen in die Kulissen ein und schwärmen, wie realistisch und heimelig alles aussehe. Am meisten wird über das Haus von Tante Dascha mit der malerischen bäuerlichen Ästhetik und den traditionellen handgenähten Steppdecken, den gehäkelten Puppen und der antiken Holzkiste mit handbemaltem Kinderspielzeug gesprochen. In der Beliebtheit an zweiter Stelle steht die Bäckerei, in der lackierte schwarze und braune Brotlaibe in den Regalen liegen. Einige Künstlerinnen bemalen auf Leitern stehend einen aus Gips gestalteten Strohkorb mit frischem Brot, der über dem Querbalken vor dem Geschäft hängt. Eine Person ruft entzückt: »Wie toll, dass die Häuser so stehen, dass die Nachbarn einfach den Kopf aus dem Fenster stecken und Hallo sagen können.« Die Kulissen wirken, wie Mascha es sich erhofft hatte, genauso realistisch wie in der amerikanischen Sendung – nur eben eindeutig russisch.

Zwei Produktionsassistenten tragen eine Holzbank an uns vorbei und stellen sie in der Mitte des Hofes auf. »Wo habt ihr die her?«, frage ich, weil ich mich nicht erinnern kann, sie auf der Requisitenliste gesehen zu haben.

Leicht bedröppelt antwortet einer: »Die haben wir ausgeliehen.« Es stellt sich heraus, dass sie sie aus einem Park in der Nähe gestohlen haben. Auf diese Weise sind wir offenbar auch an die Telefonzelle, den Picknicktisch und eine städtische Mülltonne gelangt.

Ich scherze: »Der Kommunismus ist vorbei, und damit auch das kollektive Besitztum.«

Mascha aber kommt angerannt und besteht darauf, dass sie eine »echte« abgenutzte Bank für den Hof braucht, und sie verspricht, sie nach den Dreharbeiten zurückzubringen.

Am Tag bevor die Dreharbeiten beginnen sollen, komme ich ans Set und sehe etwa zwanzig Männer, die Seile um den Stamm und die dickeren Äste der riesigen Eiche spannen, während andere Arbeiter das Ende der Seile halten und sich im Kreis um den Baum aufstellen. Als die Seile befestigt sind, ruft Mascha: *»Ras, dwa, tri«* (eins, zwei, drei).

Mit einem kollektiven Grunzen gehen die Arbeiter gleichzeitig rückwärts und halten dabei die Seile fest gespannt. Das riesige Gebilde hebt sich in Richtung Decke und ragt schließlich zwölf Meter auf. Im Stamm befindet sich eine riesige zweiflügelige Schwingtür mit einem Bogen darüber – der Eingang zu Selibobas Unterschlupf. Ein Schlitz oben in der Tür dient als Briefkasten.

Als die Arbeiter den Baum fixiert haben, nehmen sie die Seile wieder ab und alle zittern, ob er wirklich allein stehen kann. Er bleibt tatsächlich stehen und die Arbeiter mit ihren ledrigen Gesichtern brechen in Applaus aus und nicken Mascha ehrerbietig zu. Sie schlagen sich gegenseitig auf den Rücken und staunen über die Festung, die sie da gerade errichtet haben: eine herbeifantasierte Zuflucht für die russischen Kinder. Auf eine Art ist dieser Baum – gebaut aus Kork, der aus China nach Amerika geliefert wurde und dann als Reisegepäck nach Moskau gebracht und dort von einem Dutzend russischer Hände zusammengesetzt wurde – zum Symbol für all das geworden, was wir mit der *Uliza Sesam* gehofft hatten zu erreichen: etwas zu erschaffen, das für Schönheit und Erneuerung steht.

Am Abend kehre ich nach ein paar Stunden Arbeit in Moskinap mit Leonid zum Studio zurück. Mascha leitet die Künstler gerade an, die letzten Feinheiten an der Innendekoration vorzunehmen. Es ist still im Raum, die allermeisten größeren Arbeiten sind abgeschlossen. Nur ein kleines Restteam ist noch da. Der Dwor ist so gut wie fertig und kann bald von seinen Bewohnern bezogen werden.

Ich sage Schazki Hallo, der auf einer Leiter am Eingang zum Hof steht. Seit seinem Verschwinden versucht er, die Sache wiedergutzumachen, indem er eifrig Tag und Nacht seine Crew dirigiert. Leonid und ich sehen zu, wie er den letzten Nagel in das gelb-grüne Schild mit der Aufschrift »ULIZA SESAM« hämmert, das Schild geraderückt und dann langsam die Leiter heruntersteigt. Ich summe leise vor mich hin:

Sunny days
Sweeping the clouds away …

Leonid stimmt in den Titelsong der amerikanischen Sendung ein.

On my way to where the air is sweet
Can you tell me how to get
How to get to Sesame Street

Im richtigen Moment ersetzen wir das Wort »*Sesame Street*« durch »Uliza Sesam«. Jetzt singen wir ganz laut, ohne auf die befremdeten Blicke der müden Crew zu achten.

Die Freude, die ich am ersten Tag der Dreharbeiten verspüre, ist unbeschreiblich. Tamara und Wolodja trommeln das gesamte Produzententeam und alle Autorinnen und Filmemacher aus dem Büro in Moskinap im Innenhof zusammen. Alle drängeln sich aufgeregt aneinander.

Ein Autor, der viele Drehbücher für die Studioaufnahmen

geschrieben hat, fragt, wie lange wir planen zu filmen. Ich antworte: »Wir brauchen vier Monate, um hier im Viertel alle Szenen für die 52 Episoden aufzunehmen.«

Als er den Technikern »viel Glück« wünscht, ruft Tamara plötzlich: »Bitte Achtung!«

Stas kommt als Seliboba verkleidet hinter den Kulissen hervor und überragt die gesamte Mannschaft. Dann spricht er mit der Stimme seines Muppets: »Liebe Leute, herzlich willkommen zum Beginn der ersten Staffel der *Uliza Sesam*.«

Den Teammitgliedern, die Seliboba noch nicht gesehen haben, legt sich beim Anblick dieser wunderlichen Kreatur ein Grinsen aufs Gesicht.

Wolodja bedankt sich bei den Produktions- und Forschungsteams für ihren unermesslichen Einsatz. Dann wappnet er die Crew für den bevorstehenden Marathon. »Wir alle wissen, dass sich die Atmosphäre, die wir hier am Set schaffen, auf die Menschen übertragen wird, die die *Uliza Sesam* an ihren Fernsehbildschirmen sehen. Wir wollen in ihnen ein Gefühl von Freude und Vergnügen wecken. Es liegt in unserer Hand, von uns allein hängt es ab.«

Applaus brandet auf. Dann stellt Wolodja Irina Borissowa vor, die von Video Art herübergekommen ist, um zum ersten Mal vor unserem versammelten Team zu sprechen. Während der bisherigen Produktion ist sie lieber hinter den Kulissen geblieben. »Ich bin heute wahnsinnig glücklich, aber der Weg bis hierhin war lang.« Mit einer Handbewegung in meine Richtung fährt sie fort: »Die *Uliza Sesam* hat sich zu einem Baby entwickelt, das viel, viel länger gebraucht hat, um geboren zu werden, als dieses Baby hier brauchen wird.« Sie zeigt auf meinen Bauch. »Jetzt hoffe ich sehr, dass unser Sesam-Baby wenigstens noch vor diesem Baby auf die Welt kommen wird.« Sie lacht.

Ein Autor gibt ein lautes, schmerzerfülltes Stöhnen von sich, als würde er gerade gebären, und alle brechen in Gelächter aus. Ich wünschte nur, Leonid wäre hier, um mit uns diesen Augenblick zu genießen. Er ist gerade mit Baxter irgendwo in Moskau unterwegs und kämpft mit Sendern und Werbeträgern darum, dass unsere Sendung ausgestrahlt werden kann.

Tamara nimmt sich einen weißen Porzellanteller, auf dem in blauer Schrift »Uliza Sesam« steht, und führt einen alten Aberglauben auf: Sie schlägt den Teller gegen das Bein eines Kamerastativs. Als er zerspringt, brechen alle in Jubel aus, bücken sich und sammeln die Scherben auf, die angeblich Glück bringen sollen.

Tamara hebt die größte Scherbe auf und gibt sie mir. Dann ruft sie mit einigem Tamtam: »Für Natasha, die Mami der *Uliza Sesam*, zur Erinnerung.«

Alle klatschen.

Die Teammitglieder, die nicht zur Studiocrew gehören, kehren ins Moskinap-Büro zurück, während sich die Schauspielerinnen und Techniker um Wolodja versammeln, der Anweisungen schmettert. Die Kameraleute fahren in Position, die Beleuchter sausen die Metallgalerie hinauf, um die Deckenstrahler auszurichten, und die Schauspieler zerstreuen sich in ihre Garderoben. Eine Stunde später ruft Wolodja die Darsteller zum Set. Ich kann es kaum glauben: Die Dreharbeiten beginnen.

Die ersten Tage sind hart. Trotz aller Anstrengungen ist das Set noch nicht ganz fertig, weshalb wir gezwungen sind, dort zu drehen, wo die Farbe getrocknet ist.

Ich bin im sechsten Monat und merke, wie mich die vielen Menschen und das Hin und Her schummrig machen. Tamara hat für mich einen Stuhl aufgestellt, damit ich mir die Aufnahmen aus nächster Nähe ansehen kann. Die Puppenspieler ächzen unter der Last der Puppen und beschweren sich über den Farbgeruch und die brütende Hitze unter den Wolframlampen. Stas mit seinen zusätzlichen fünf Kilogramm aus Federn, Fell und Seide meint, dass er gleich in seinem Kostüm erstickt. Er muss alle fünf Minuten um eine Pause bitten, damit ihm der

Assistent der Puppenspieler Selibobas Kopf abnehmen und er kurz Luft holen kann. Irgendwann beschließen wir, ein bisschen Schaumstoff aus Selibobas Kopf herauszunehmen und ihn dadurch etwas leichter zu machen.

Als Wolodja hört, dass ein Crewmitglied Stas einen »verwöhnten Waschlappen« nennt, wirbelt er zu ihm herum und sagt: »Das alles hier ist neu für Stas. Versuchen Sie sich bitte in Mitgefühl und geben Sie ihm etwas Zeit, um sich daran zu gewöhnen.«

Ich wünschte, wir hätten diese Zeit. Haben wir aber nicht. Wir hinken jetzt schon dem Zeitplan hinterher, weil wir durch das Baumfiasko mehrere Tage verloren haben. Während der Proben lassen wir Ventilatoren laufen, um das Set zu kühlen und die Farbdämpfe zu vertreiben, und stellen sie nur ab, wenn die Kameras laufen. Mehrmals bricht das Stromnetz zusammen, was uns weitere Zeit kostet.

Außerdem stellen wir fest, dass Stas' Videomonitor – ein teures importiertes Gerät, das wir ihm im Kostüm an die Hüfte gebunden haben – nicht richtig funktioniert. Seine Kollegen, die neben ihm am Set spielen, sieht Stas nur stark verpixelt wie die Figuren bei *Star Trek*, wenn sie gebeamt werden. Da er also quasi blind agieren muss, schätzt er die Abstände zu den anderen Darstellern immer wieder falsch ein, rempelt sie an und trampelt einmal sogar fast die kleine Katja um.

Zum Glück erweisen sich unsere russischen Techniker bei Problemen dieser Art als sehr gewieft, was zu Sowjetzeiten eine unerlässliche Fähigkeit war. Sie finden schnell heraus, wie sie das Westgerät an ihre antiquierte Sowjetausrüstung anschließen können. Mithilfe von Aluminiumfolie und Drähten basteln sie einen Apparat, der aussieht wie ein Hut, den sich ein Kind gebaut hat, um mit Aliens zu kommunizieren. Irgendwie verbessert sich dadurch die Übertragung und die verschwommenen weißen Punkte auf Selibobas Monitor werden wieder zu Schauspielkollegen. Und Stas' darstellerische Leistung wird sofort deutlich besser.

Ich bin immer wieder vom Erfindungsreichtum der Russen beeindruckt. Einmal brauchte die Requisite ein Sieb, um für eine Szene im Drehbuch Samen auszusieben, fand aber in ganz Moskau keins. Da schlug ein Kameraführer vor, dass wir uns mit einer Strumpfhose behelfen könnten. Als ich ihn fragte, wie er auf die Idee gekommen sei, erwiderte er, er habe es in der beliebten Zeitschrift *Science and Life* gelesen. Er zwinkert und sagt: »Der Trick mit der Strumpfhose stand in der Rubrik Leben, nicht Wissenschaft.«

Wie sich herausstellt, besteht die größte Herausforderung für Wolodja und Tamara darin, die Episoden mit Ton zu drehen und in Echtzeit im Regieraum zu bearbeiten. Der Regieraum befindet sich oben hinter einer riesigen Glasscheibe, durch die man die gesamte Studioetage überblicken kann. Mehrere Fernsehbildschirme übertragen den Videofeed der Studiokameras, Audiogeräte zeichnen den Ton auf. Zur Kommunikation mit den Darstellerinnen am Set dient eine Gegensprechanlage mit Mikrofonen. Das ist eine relativ neue Verfahrensweise. Die meisten russischen Film- und Fernsehregisseure sind es gewohnt, die Schauspieler direkt im Studio anzuleiten, während die Tonaufnahmen erst in der Postproduktion hinzugefügt werden, wenn schon alle Filmaufnahmen im Kasten sind.

Wolodja findet die amerikanische Herangehensweise »umständlich«. Die Puppenspieler führen die Mundbewegungen der Puppen nicht lippensynchron aus und aufgrund ihrer Unerfahrenheit muss er die Szenen oft mehrmals drehen, was Zeit kostet.

Die Dreharbeiten schreiten im Schneckentempo voran, durchschnittlich schaffen wir zweieinhalb Minuten pro Tag – während für die amerikanische Sendung 20 Minuten pro Tag produziert werden –, und allmählich dämmert es uns, dass wir die Episoden nicht rechtzeitig fertig bekommen werden, wenn wir unsere Aufnahmetechnik nicht verbessern.

Daher hole ich Lisa Simon, die Regieveteranin der amerikanischen *Sesamstraße*, für eine Woche nach Moskau, um den russischen Regisseuren zu zeigen, wie sie schneller filmen können. Die erfahrensten Leute vom Workshop tun alles, um uns zu helfen, und ich muss unbedingt daran denken, mich bei ihnen überschwänglich zu bedanken, sobald ich wieder in New York bin.

Als Lisa im Sesam-Studio ankommt, fällt ihr als Erstes auf, dass die Puppenspieler schon im Laufe des Vormittags müde werden, wodurch sich der Dreh verlangsamt. Sie schlägt vor, jeden Tag eine Kiste Bananen ins Studio zu bringen, damit die Puppenspieler immer eine Kleinigkeit essen und ihr Energielevel hochhalten können. Noch wichtiger für uns ist aber, dass Lisa zwölf Stunden am Tag im Studio ist und uns verschiedene Techniken vorführt, um die Anzahl der Takes zu reduzieren.

Als sie uns wieder verlässt, haben wir das Drehtempo wundersamerweise auf zehn Minuten pro Tag erhöht. Wolodja sagt, er schulde ihr vor allem dafür Dank, dass sie ihn daran erinnert hat, wie wichtig es ist, trotz aller Schwierigkeiten Freude an der Arbeit zu haben. Das ist ihre Hinterlassenschaft – und eine Kiste Bananen, die auch nach ihrer Abreise weiterhin jeden Morgen angeliefert wird.

Als die Dreharbeiten komplizierter werden, stellt Wolodja fest, dass es für ihn neue Herausforderungen mit sich bringt, das Zusammenspiel von Menschen und Puppen zu dirigieren. Manche »menschlichen« Darsteller nehmen es ihren pelzigen Kollegen übel, dass von ihnen immer die besten und lustigsten Repliken kommen und die Menschen nur als langweilige Stichwortgeber fungieren. Um das zu kompensieren, übertreiben es die menschlichen Schauspieler und sprechen mit den Puppen mit einer gekünstelt hohen Babystimme.

Wolodjas Geduld ist nahezu grenzenlos und sein Humor unabdingbar, um das Team auf Spur zu halten. Als Stas eines Morgens zu spät zur ersten Aufnahme erscheint und alle sehen, wie er sich hastig hinter dem Haus von Tante Dascha in sein Kostüm schmeißt, ruft Wolodja im Scherz der Crew zu: »Sieht so aus, als hätte Seliboba die Nacht bei Tante Dascha verbracht.« Obwohl wir durch Stas' Verspätung zehn Minuten verloren haben, brechen alle Darsteller in Lachen aus. Sie vergöttern Wolodja. Jeden Tag gibt er ihnen Futter und hilft ihnen, ihre Figuren immer besser auszufüllen, vor allem Wlad und Andrej, denen mit Kubik noch nicht die ganz geschmeidigen Bewegungen gelingen.

Die beiden kennen sich schon seit Schulzeiten und jetzt sind sie auch noch buchstäblich an der Hüfte miteinander verbunden und spielen gemeinsam mehrere Stunden am Tag. Trotzdem ist ihr Spiel noch ziemlich ungeschickt und oft nicht synchron. Manchmal erhält Kubiks rechter Arm, der von Wlad gespielt wird, mehr Aufmerksamkeit als der Muppet selbst – sehr zum Leidwesen von Andrej, der den Hauptpart und die Stimme von Kubik übernommen hat.

Als die Situation einmal aus den Fugen gerät, beraumt Wolodja eine Pause ein und kommt aus dem Regieraum ins Studio herunter. Er schiebt die Hand in Kubiks rechten Ärmel, um Wlad zu zeigen, was er falsch macht. Dabei flüstert er Andrej etwas ins Ohr. Als Andrej den Kopf des Muppets senkt und sagt: »Ich bin heute ein bisschen traurig«, wedelt Wolodja wild mit der Hand, als dirigierte er ein Orchester. Andrej und Wlad krümmen sich vor Lachen und kriegen sich kaum wieder ein. Sie scheinen verstanden zu haben.

Später am Tag bekomme ich mit, wie sich Wolodja mit Wlad unterhält, und schleiche mich näher heran, um zu hören, was sie sagen. »Was hat es mit dieser übertriebenen Darstellung auf sich?«, fragt Wolodja.

Wlad gesteht ihm, dass er sich ärgert, nur die rechte Hand der Puppe spielen zu dürfen und keine Sprechrolle bekommen zu haben. Darauf versichert ihm Wolodja, dass die rechte Hand einen großen Teil von Kubiks Reiz ausmacht, und je liebenswerter Kubik ist, umso erfolgreicher wird die Sendung und umso mehr Anerkennung wird auch Wlad erhalten.

Wlad nickt. Der Gedanke scheint ihm einzuleuchten. Im Laufe der nächsten Tage wird seine Darstellung deutlich besser.

Anfang April, als sich die Dreharbeiten schon dem Ende nähern, nehmen wir im Schnitt 15 bis 20 Minuten Material am Tag auf. Jeder einzelne Tag fühlt sich wie ein Sieg an. Während das Team im Studio die Episoden im Eiltempo abliefert, hat schon die Bearbeitung und Fertigstellung der anderen Teile der Sendung begonnen. Vier Cutter arbeiten in Schichten rund um die Uhr in der Postproduktion von ORT, um die Hunderte von Real-, Trickfilm- und Studioaufnahmen sowie die synchronisierten Sequenzen zu dreißigminütigen Episoden zusammenzufügen. Erstaunlicherweise ist schon über die Hälfte der Real- und Trickfilme fertiggestellt. Und auch die Synchronisierung der Inhalte aus dem internationalen Archiv geht bereits dem Ende zu.

Ich lebe von Aufregung und Adrenalin. Mein achtzehnstündiger Arbeitstag teilt sich zwischen unserem Büro und dem Studio bei ORT auf. Wenn ich am Tag mindestens zweimal die sechs Stockwerke in Moskinap hinaufgelaufen bin, fühlen sich meine Beine wie ein Sack Zement an, obwohl ich mich auf dem Weg nach oben oft auf die Stufen setze, um wieder zu Luft zu kommen.

Dieser Zellhaufen, der da in mir heranwächst, zeigt mir, dass es im Vergleich zur Produktion eines Menschleins ein Klacks ist, eine Fernsehsendung zu leiten. Das Baby macht Purzelbäume und schreit nach Aufmerksamkeit, während mir die Kollegen ständig die Hand auf den Bauch legen, um zu spüren, wie es tritt. In den letzten Monaten habe ich mich sehr verändert. Wenn ich meine Kollegen um Hilfe bitte, komme ich mir nicht mehr schwach und verletzlich vor. Wir haben gelernt, füreinander da zu sein. Und ich bin gerührt, dass für das Team mein Baby Teil der *Uliza-Sesam*-Familie ist.

Wolodja neckt mich unablässig. An einem schwierigen Tag, an dem ich mich nicht gut fühle, stopft er sich ein kleines Kissen unters Hemd und spaziert damit durchs Studio, um mich mit piepsiger Stimme zu imitieren. In diesem Aufzug führt er bei gleich mehreren Szenen Regie, bis die gesamte Crew, mich eingeschlossen, Tränen lacht. An einem anderen Tag nimmt er sich einen Plüsch-Ernie, hält ihn sich an die Brust und tut so, als würde er ihn stillen. Alle lieben seine unentwegten Mätzchen.

25

Die Ziellinie im Treibsand

Die Dreharbeiten zu den Szenen im Viertel markieren den längsten Zeitraum, den ich von Ken getrennt bin. Wenigstens telefonieren wir fast jeden Abend, wenn ich wieder im Hotel bin, meist gegen Mitternacht. Ich kann mich immer darauf verlassen, dass er mich beruhigt, wenn mir die Brände, die ich zu löschen habe, übermächtig erscheinen.

Angestachelt vom Tempo der Arbeiten, die im Frühling gut vorangegangen sind, versuchen mein Team und ich, die sich im Land breitmachende Unruhe vor den russischen Präsidentschaftswahlen zu ignorieren. Nur zwei Monate vor der Wahl gewinnt Gennadi Sjuganow, der Kandidat der Kommunistischen Partei, immer mehr an Zuspruch. Die Stimmung ist düster – er könnte tatsächlich gewinnen und das Land in eine andere Richtung lenken.

Während einer Pause sehe ich Tamara auf der Bank im Hof sitzen und Zeitung lesen. Ich lasse mich neben ihr auf die Bank sinken. Über ihre Schulter hinweg sehe ich die Schlagzeile in *Kommersant*: SJUGANOW VERSPRICHT, AUS RUSSLAND WIEDER EINE SUPERMACHT ZU MACHEN. Seine Wahlkampfrhetorik ist nationalistisch und ausländerfeindlich.

Tamara schüttelt den Kopf und schnalzt mit der Zunge. »Es macht mich nervös, was es für die *Uliza Sesam* bedeuten könnte, wenn Sjuganow die Wahl gewinnt.«

In den letzten Monaten sind die Artikel in der russischen Presse über unsere Koproduktion immer beißender geworden. In *Izvestia* schrieb ein Journalist: »Wie kann es sein, dass unsere Regierung McDonald's erlaubt, eine Filiale am Puschkin-Platz zu eröffnen – dort, wo das Monument unseres verehrten Alexander Puschkin steht? Wir müssen dieser schleichenden Amerikanisierung der russischen Kultur Einhalt gebieten, mit ihren Pizza Huts, McDonald's und der *Uliza Sesam*.«

Nachdem ich gesehen habe, wie sehr die Bronzestatue des großen Dichters mit Müll besudelt ist – mit Ronald McDonalds Hamburger-Verpackungen aus Alufolie und den Milchshake-Bechern –, kann ich es der Presse nachfühlen. Ich stelle mir vor, wie sich Fjodor Dostojewski und Iwan Turgenjew, die die Statue 1880 eingeweiht haben, im Grabe umdrehen. Auch wenn manche Russen die Burger und den »Service mit einem Lächeln« genießen, sind sie den meisten doch ein Dorn im Auge.

Trotz der medialen Kritik an unserer Sendung und der im Studio umgehenden kollektiven Angst um Russlands Zukunft gelingt es Wolodja und Tamara meisterhaft, alle auf Spur zu halten. In der letzten Woche der Dreharbeiten nehmen wir eine fantasievolle und riskante Szene auf, in der den Kindern die Präposition »auf« beigebracht werden soll. Wolodja fixiert Businka am Kranarm und knotet einen mit Helium gefüllten Ballon an ihre pelzige Hand. Der Kranführer lässt den Ausleger nach oben fahren und der pinke Muppet erscheint auf den Studiomonitoren, als würde er von dem Ballon in die Luft hinaufgetragen. Vom Boden aus ruft die Puppenspielerin Lena, die Businka ihre Stimme leiht: »Auf! Auf! Auf!« Die Crewmitglieder stehen mit offenem Mund da und starren wie Dreijährige der Puppe hinterher, die langsam fast bis zur Deckenbeleuchtung aufsteigt. Als die Szene im Kasten ist, brandet rundum Applaus auf.

Wolodja lobt die Crew. »Herzlichen Glückwunsch, wir funktionieren jetzt, als wären wir ein einziges Wesen – genau wie die amerikanische Sesam-Crew, aber die hatte 25 Jahre Zeit dafür und wir nur ein Jahr.« Qualität, Kreativität und Professionalität der russischen Serie sind tatsächlich erstaunlich.

Und nicht nur die Dreharbeiten sind gut gelaufen, sondern auch die Forschung. In den vergangenen Monaten hat Dr. Genina mit ihrem Team alle Real- und Trickfilme sowie die ersten im Viertel spielenden Episoden getestet und ihre allgemeine Wirkung und den pädagogischen Wert beurteilt.

Einmal ist Wolodja nach Ljuberzy gefahren, einen Arbeitervorort von Moskau, um Dr. Genina und ihr Team bei einer Sitzung mit einer Fokusgruppe aus Kindern zuzusehen. Als er ins Studio zurückkam, erzählte er dem Team begeistert, wie sehr den drei- bis sechsjährigen Kindern die Figuren gefielen. Und er schwärmte, dass die Kinder genau das aus den einzelnen Episoden lernten, was wir beabsichtigt hatten.

Unterdessen haben wir in unserem Büro in Moskinap fast alle Audiospuren für die letzten in Russland gedrehten Filme fertiggestellt. Nur ein Film ist etwas problematisch. Ein Realfilmregisseur hat ein peppiges Musikvideo gedreht, in dem es um den Buchstaben M geht. In dem Video sind einige Mädchen mit roten und blauen Strumpfhosen, Zöpfen und Pferdeschwänzen zu sehen, die tanzend mit Armen und Beinen den Buchstaben M bilden. Die Episode wurde mit nur einer Kamera aus der Froschperspektive gedreht, die dummerweise hauptsächlich die Rücken der Mädchen gefilmt hat.

Als wir den Rohschnitt mit dem russischen Forschungsteam in Moskau und dem amerikanischen Team in New York besprechen, kommen Bedenken auf, das Video könnte so gelesen werden, dass es die Tänzerinnen sexualisiert. Der Regisseur ist bei der Besprechung dabei und ich lobe ihn dafür, dass er das Bildungsziel, den Kindern einen Buchstaben im Alphabet beizubringen, auf so kreative Weise gelöst hat. Aber ich mache mir trotzdem Sorgen. Wenn wir den Film nicht schon gedreht hätten und die Frist für die Fertigstellung der Originalinhalte nicht so knapp bemessen wäre, würde ich darauf bestehen, den Dreh zu wiederholen. Aber stattdessen schlage ich vor, dass wir die Frauen in unserem Moskauer Büro fragen, was sie davon halten.

Zwei Tage später beraume ich ein Treffen an und stelle eine Videokamera auf, um die Reaktionen der Frauen zu filmen. Meine Kolleginnen sind dankbar dafür, eine Verschnaufpause vom anstrengenden Arbeitsplan zu bekommen, und spielen gern das Versuchskaninchen für unsere Fokusgruppe.

Als ich ihnen das Video zeige, reagieren sie überraschend. Ich hätte in irgendeiner Weise Einspruch erwartet. Stattdessen sagen meine Kolleginnen nur Dinge wie, der Film habe »ein quirliges Tempo und die Mädchen sind hinreißend«.

Als ich sie auf die Bedenken hinweise, die über den Film geäußert wurden, sehen sie mich erstaunt an. Reihum sagen sie, sie könnten nichts Unschickliches daran finden.

Da hebt Wolodjas Assistentin Irina die Hand und sagt: »Es gibt da eine Stelle, mit der Unterwäsche und den kurzen Hosen, die ein bisschen irritierend ist und die auf Erwachsene vielleicht etwas misstönend wirken könnte, weil wir etwas in die Szene hineininterpretieren. Aber so denken Kinder nicht.« Sie lächelt schief und meint: »Wir Erwachsenen sind doch alle irgendwie verdorben.« Nach einigem Kichern beschließen die Frauen, den Film in die Sendung zu nehmen.

An unserem letzten Tag im Studio, als die Crew schon die Kulissen abbaut und dabei sorgfältig darauf achtet, dass alle Schrauben und Muttern heile bleiben, herrschen gemischte Gefühle. Wir sind uns alle in den letzten vier Monaten sehr nahegekommen. Mit schier übermenschlichen Anstrengungen verschwindet das gesamte Viertel in nur vierundzwanzig Stunden und die Häuser, Requisiten und Muppets werden für die zweite Staffel eingelagert. Wenn die Sendung erfolgreich ist und der Sponsor der ersten Staffel beschließt, in zwei Jahren den Vertrag für weitere 52 Episoden zu verlängern, werden wir die Kulissen und die Muppets wiederverwenden.

Ich bin stolz auf unser Team im Studio und traurig, dass ich mich von den Leuten verabschieden muss. Aber wir sind alle in guter Verfassung. Jetzt kann ich getrost in die Staaten zurückkehren, um zwei Wochen mit Ken zu verbringen.

Als er mich sieht, wirkt er fast bestürzt, wie sehr sich mein

Körper inzwischen ausgedehnt hat. Aber mein lieber Mann sagt zu mir, dass ich wunderschön aussehe. Da ich nicht will, dass meine amerikanischen Kollegen meinen Babybauch sehen, statte ich der Firmenzentrale der *Sesamstraße* keinen Besuch ab. Stattdessen arbeite ich von zu Hause aus, wo ich mir die neusten bearbeiteten Szenen aus dem Viertel auf VHS-Kassetten ansehe. Die zwei Wochen vergehen wie im Flug und schon ist es wieder Zeit, nach Moskau zurückzukehren.

Meine engste Kollegin Anna, die mit mir im New Yorker Büro an dem russischen Projekt arbeitet, kommt auch für zehn Tage nach Moskau, um mit den Buchhaltern von Video Art die Gesamtkosten für die Produktion auszurechnen und einen Bericht für den Workshop und für USAID zu schreiben.

Ich treffe sie am Flughafen JFK. Als wir bei Delta Airline in die Business-Class-Lounge kommen, hindert mich die Empfangsdame daran, meine schwere Reisetasche in einer Abstellkammer am Eingang abzustellen.

»Sie können Ihre Tasche da nicht stehen lassen«, bellt sie. »Sie müssen sie aus Sicherheitsgründen immer bei sich haben«, belehrt sie mich. Ich schaffe es kaum, die große Tasche hinter mir her in die Lounge zu ziehen.

Als Anna und ich uns hingesetzt haben, kommt die Dame herbeigeeilt, um sich bei mir zu entschuldigen. »Es tut mir leid, ich habe nicht gesehen, dass Sie schwanger sind. In Ihrem Zustand hätten Sie Ihre Tasche natürlich am Eingang stehen lassen können.«

Anna sieht die Frau mit großen Augen an, als wäre sie irre, dann schaut sie mich an.

Ich bedanke mich bei der Frau, dann wende ich mich an Anna. »Tja, ich denke, ich muss dir was erzählen.«

»Ich fass es nicht, dass du mir nichts gesagt hast!«, ruft Anna aus.

Als sie hört, dass ich schon im sechsten Monat bin, sehe ich, dass sie gekränkt ist. Ich fühle mich schlecht.

»Niemand im New Yorker Büro weiß davon«, sage ich. Ich hatte zwar gehofft, dass ich mein Geheimnis noch etwas länger für mich behalten kann, aber das ist wohl nun wirklich nicht mehr möglich.

In Moskau trennen sich unsere Wege. Anna geht ins Büro von Video Art, ich zu Moskinap. Als ich das Büro betrete, ist nur Mischa da. Er spielt auf seinem Computer ein Videospiel, sein liebster Zeitvertreib, seit er gelernt hat, das Gerät zu bedienen.

»Wo sind alle?«, frage ich.

Er seufzt. »Oh, hi, Natasha. Du bist wieder da.« Ohne den Blick vom Bildschirm abzuwenden, sagt er: »Ich habe eine schlechte Nachricht.« Nach einem Moment hört er auf zu spielen und dreht sich in seinem Stuhl zu mir. »Am besten, du setzt dich erst einmal hin.« Er deutet mit dem Kinn auf einen Stuhl. »Wie du weißt, war Video Art bei der Bezahlung der Produktion schon seit längerem säumig«, setzt er an.

Ja, das wusste ich. Irina hatte einige Zahlungen wegen »Problemen im Zahlungsfluss« zurückgehalten, wie sie es nannte, aber in welchem Umfang, war mir nicht klar.

Mischa weist mit gebeutelter Miene zur Toilette und sagt: »Ich habe nicht mal mehr Geld, um Klopapier zu kaufen.« Dann fährt er fort, Irina bezahle weiterhin die Miete für das Büro und habe auch die Löhne für die Studiocrew während der Produktion beglichen. Aber mehrere Produktionsleiter und viele Freiberuflerinnen haben seit Monaten kein Geld bekommen. Offenbar hat Mischa einige finanzielle Verrenkungen unternommen, um das Büro am Laufen zu halten. »Ich habe mir dafür sogar Geld von Freunden geliehen, aber das kann ich einfach nicht mehr machen.« Er sieht mir in die Augen und sagt rundheraus: »Wir hatten keine Wahl, Natasha. Wir mussten unser neues im Kapitalismus erworbenes Recht ausüben und uns in den Streik begeben.«

Erst denke ich, dass er einen Witz macht. Aber nein. »Soll das heißen, das gesamte Produktionsteam streikt gerade?«, frage ich.

»Ja«, sagt er humorlos, »aus Solidarität mit den Freiberuflern.« Die Bedeutung seiner Worte trifft mich mit voller Wucht. Ohne jede Ironie fügt er noch hinzu: »Das ist hier kein sowjetischer Gulag und wir können uns nicht wie Gefangene behandeln lassen, die schuften, ohne dafür bezahlt zu werden.«

Mir ist nicht bewusst gewesen, wie schlimm die Lage ist. Irina hat sowohl Mischa als auch mich belogen. Er setzt mich darüber in Kenntnis, dass Wika die allesamt freiberuflichen Trickfilmzeichner mit 30 000 Rubel aus ihren eigenen Ersparnissen bezahlt hat. Mischa hat ihr versprochen, dass sie bis Monatsende ihr Geld zurückbekommt. Als ihm Irina das Geld für Wika nicht gab, weigerten sich die Trickfilmer, ihre fertigen Filme abzuliefern, sodass keine weiteren Sendungen mehr fertiggestellt werden konnten. Es ist unmöglich, die einzelnen Episoden der Serie ohne die Trickfilme fertigzustellen.

Ich würde am liebsten schreien. Jetzt sind wir so weit gekommen und plötzlich fliegt uns alles um die Ohren. Meine russischen Kollegen haben unglaublich viel geleistet, um diese Serie zu erschaffen – die Musiker haben sogar Songs gespendet, weil sie an die Ziele der Sendung glauben, Handwerker haben wochenlang in liebevoller Kleinarbeit die Holztiere für den Innenhof geschnitzt und viele talentierte Filmemacher haben lukrativere Angebote abgelehnt, um für die *Uliza Sesam* zu drehen. Ich mache mir Vorwürfe, dass ich alle noch so eindeutigen Hinweise auf finanzielle Schwierigkeiten ignoriert habe. Ich renne ins Bad, um mich zu übergeben.

Am späteren Nachmittag kommt Leonid vorbei und ist perplex, wie geisterhaft leer es im Büro ist.

Ich nehme die Arme hoch: »Die Produktion ist angehalten!«

Er sieht entsetzt aus, boxt mit den Fäusten in der Luft herum und fängt an, mich anzuschreien. »Wie kannst du mich in so eine Situation bringen, Natasha?« Plötzlich steht ihm die Angst ins Gesicht geschrieben. »Ich habe einigen sehr mächtigen Personen Garantien gegeben – möglichen Sendern, Oligarchen –, die werden nicht verstehen, weshalb die Sendung abgeblasen wurde. Du hast dafür zu sorgen, dass diese Scheiße nicht passiert. Das ist dein verdammter Scheißjob!«, brüllt er und wischt sich den Schweiß von der Stirn, während er mich mit Schimpfwörtern in englischer und russischer Sprache überschüttet.

Da steht Mischa auf und legt ihm sanft seine Bärentatze auf die Schulter. »Komm schon, Leonid, sie ist schwanger.«

Leonid schiebt ihn beiseite und stampft aus dem Büro.

Mischa gibt mir ein Glas Wasser, ich trinke einen Schluck. Wir setzen uns nebeneinander ans Fenster und starren hinaus. »Es ist einfach nicht fair«, klage ich. Ich spüre, wie mir die Tränen in die Augen steigen. »Immer wenn wir ganz nah dran sind, verschwindet das Ziel vor unseren Augen.«

»In Russland ist die Ziellinie in Treibsand gezogen, Natasha«, sagt Mischa resigniert.

Während das Licht am Horizont verblasst, sprechen wir über verschiedene Optionen, ohne uns darüber klar zu werden, was wir jetzt machen sollen. Mischa klopft mir noch einmal auf die Schulter und sagt: »Es wird sich schon irgendwie alles richten.«

Wir bleiben noch eine Stunde sitzen, dann sagt Mischa, wir sollten gehen. Er hält meine Hand, während wir die sechs Stockwerke hinuntergehen, dann fährt er mich in mein Hotel.

In meinem Zimmer krieche ich ins Bett und werfe meine Bürste Richtung Spiegel. Sie prallt dagegen und der Rahmen kracht hinunter, dass die Splitter durchs ganze Zimmer fliegen.

Am nächsten Morgen kommt Leonid mit einem Strauß Pfingstrosen, meinen Lieblingsblumen, in mein Hotelzimmer und entschuldigt sich kleinlaut. Das ganze Jahr über hat er, während ich mich auf die Produktion konzentriert habe, alle Energie dafür aufgebracht, einen Deal mit einem Sender festzuklopfen, und immer wenn irgendetwas Konkretes in Aussicht war, wurde es wieder zunichtegemacht. Ohne Sender können wir keine Sendezeit für Werbung verkaufen. Und jetzt, mit Irinas Zahlungsverzug, ist alles noch komplizierter geworden. Uns hat nicht nur das Glück, sondern auch die Hoffnung verlassen, meint Leonid.

Ich sage zu ihm, dass wir *Madam Duscha Moja* zur Rede stellen müssen. Aber Leonid ist so wütend auf Irina, dass er sich weigert mitzukommen.

Irina lässt mich vierzig Minuten warten. Ihre nervöse Sekretärin bietet mir eine Tasse Tee nach der anderen an, bis Irina endlich bereit ist, mich zu empfangen.

Sie sitzt auf ihrem Sofa und klopft auf das Polster, damit ich mich neben sie setze. Dann nimmt sie meine Hand, als würde sie eine trauernde Hinterbliebene trösten. »*Duscha Moja*, es tut mir so leid, dass ich dich habe warten lassen«, beteuert sie mit übertriebenem Ernst. Sie zwinkert mit den Wimpern und verzieht ihr Gesicht zu einer schmerzvollen entschuldigenden Miene. »Wir sind in einer fürch-ter-li-chen, ungeheuren Krise, die ich gerade versuche zu lösen«, erklärt sie.

Für einen Moment setzt mich ihre liebreizend anwanzende Stimme außer Gefecht. Weiter meine Hand haltend, gurrt sie: »Natulja, du musst verstehen, dass nichts von alledem meine Schuld ist.« Sie zieht mit den Fingern ihre Stirnfransen glatt. »Es ist nur ein winziges vorübergehendes Problem mit dem Zahlungsfluss.«

Mit Schöntuerei braucht sie mir nun wirklich nicht mehr zu kommen und ich bin ihre Ablenkmanöver wahrlich leid, aber trotzdem schaffe ich es nicht, ihr gegenüber laut zu werden. Irina bewirkt bei allen dasselbe: uneingeschränkte Unterwerfung.

Ein anderer Grund, weshalb ich Irina nicht zusammenstauchen kann, ist die Binsenweisheit, die ich schon einmal erwähnt habe: Echte Freunde enttäuschen sich in Russland nicht. Es gibt die stillschweigende Übereinkunft, dass dein Freund immer alles für dich tut, was ihm möglich ist, selbst wenn du ihn nicht darum bittest. Und wenn ein Versprechen nicht eingelöst wird – es zum Beispiel Irina nicht gelingt, uns ein Büro zu besorgen –, dann kannst du den anderen nicht für sein Versagen verantwortlich machen. Ich habe lange gebraucht, um dieses genuin russische Verständnis von Freundschaft zu begreifen. Dennoch wissen Irina und ich, dass sie mich in eine äußerst schwierige Lage gebracht hat.

Sie sieht mich aus ihren Rehaugen an und verspricht, dass sie die Löhne noch in dieser Woche bezahlen wird, und wieder einmal fühle ich mich gezwungen, meiner Freundin zu glauben, dass sie alles tut, um mir zu helfen.

Irinas Fahrer bringt mich zu Moskinap zurück, wo nach wie vor niemand arbeitet. Mischa ist in eine Partie Online-Solitär vertieft. Ich erzähle ihm, was Irina mir versprochen hat. Er sieht mich freudlos an. »Ich bitte das Produktionsteam erst dann, wieder an die Arbeit zurückzukehren, wenn das Geld da ist.«

Als Mischa Irina kennenlernte, hat er sie sofort angehimmelt, aber inzwischen ist der Zauber verflogen. Es tut mir leid, dass er so überfahren wurde, denke aber auch, dass er womöglich nicht ganz unschuldig an der Sache ist, weil er den Zahlungsverzug von Video Art gedeckt hat.

Die Woche vergeht und trotz Irinas Versprechen ist immer noch kein Geld von Video Art gekommen. Die nächsten zwei Tage rennen Leonid und ich Irina hinterher, ohne sie zu erhaschen. Schließlich dränge ich Leonid – acht Tage nachdem mir Irina ihr Wort gegeben hat –, um elf Uhr abends mit mir zu ihrer Wohnung zu fahren.

Als sie die Tür aufmacht, sind wir schockiert über ihre derangierte Erscheinung: blutunterlaufene Augen, zerknitterte Kleidung, ungekämmte Haare. Sie bedeutet uns, leise zu sein, und führt uns auf Zehenspitzen am Schlafzimmer ihrer Tochter vorbei. Durch die angelehnte Tür sehen wir Spielzeug, das aus halbgeöffneten Kartons herausgezogen wurde und über den ganzen Boden verstreut liegt. Die Wohnung gleicht einem Lagerraum.

Es gibt fast keine Möbel, das Wohnzimmer ist vollgestapelt mit Pappkartons. Schweigend schlurft Irina in ihren weißen flauschigen Slippern, die ihr mehrere Nummern zu groß sind, in die Küche.

Leonid und ich sehen einander an. Irgendetwas stimmt hier ganz und gar nicht. Irina lehnt sich mit dem Rücken an die Kühlschranktür. Sie sieht aus, als würde sie jeden Moment zu weinen anfangen – was sie auch tatsächlich tut. Dann gleitet sie den Kühlschrank hinunter und bleibt mit übereinandergeschlagenen Beinen auf dem Boden sitzen. Ich setze mich neben sie.

Einen traurigen Anblick geben wir beide da ab: Irina, der die dunkle Wimperntusche über die Wangen rinnt, und ich, die ich mit meinem Bauch kämpfe, um mich zu ihr zu beugen und ihr die Tränen abzuwischen. Als Leonid sieht, dass es Irina peinlich ist, vor uns zu weinen, entschuldigt er sich höflich und geht hinaus in den Hausflur, um eine Zigarette zu rauchen. Allmählich gelingt es mir, sie zu beruhigen.

Als Leonid zurückkommt, sagt uns Irina die Wahrheit. »Meine Firma hat keine Mittel mehr. Wir haben kein Geld.« Sie legt Wert darauf zu betonen, dass es nicht ihre Schuld ist. War es jemals deine Schuld?, bin ich versucht zu fragen.

Sie richtet sich wieder auf und streift sich die nassen Strähnen aus den rot geränderten Augen. »Ich weiß nicht genau, was passiert ist, aber ich glaube, nach dem Mord an Listjew und der Neuordnung von Reclama Holding hat sich der Verkauf von Werbung wohl in ein riesiges Schneeballsystem verwandelt.«

Dass wir da mittendrin stecken, ist erschreckend. Das russische Recht ist wirklich zum Haareraufen. Es ist Mitternacht, ich sitze auf einem kalten Küchenboden, bin todmüde und mein Rücken tut weh, und diese Nachricht wird wohl nicht gerade dazu beitragen, Baxter gute Laune zu machen.

Irina erklärt uns, bisher habe es immer funktioniert, dass Video Art für Reclama Holding Werbung verkauft. Die Werbeagentur hat zwar schon des Öfteren Gelder zu spät überwiesen, aber erst im letzten Monat hat sie plötzlich alle Zahlungen an die unabhängigen Medienunternehmen, darunter auch Video Art, ausgesetzt.

»Weißt du, wie viel Geld noch da ist?«, fragt sie mit zitternden Lippen. »Nichts«, sagt sie und schnipst mit den Fingern. »Das ist wie die Reise nach Jerusalem. Wenn die Musik aufhört, fliegt einer – oder eine – raus.« Sie starrt zu Boden und flüstert: »Diesmal hat es mich getroffen. Ich bin ... pleite.«

Ich halte sie fest, bis ihr Schluchzen abebbt und sie wieder gleichmäßig atmet.

»Wie ihr seht, wollten wir eigentlich gerade in eine neue Wohnung umziehen«, sie zeigt auf die Kartons, »aber wir mussten den Umzug verschieben.« Plötzlich fällt ihr etwas anderes ein. »Aber noch schlimmer ist, dass die Anwälte der *Sesamstraße* gerade in Moskau sind und mich dazu drängen, einen Vertrag zu unterschreiben, der festlegt, inwieweit die *Sesamstraße* an künftigen Werbeeinnahmen beteiligt wird.« Sie wirft die Arme in die Höhe und ruft aus: »Das ist absurd. Ich kann keinen Vertrag unterzeichnen, in dem ich garantiere, einen bestimmten Prozentsatz zu zahlen, wenn wir nicht mal das Geld haben, um die Sendung fertigzustellen. Wir haben ja nicht mal einen Sender! Außerdem verstehe ich die Unternehmenssprache in diesem Vertrag nicht. Nicht einmal mein Anwalt versteht sie.«

Leonid weiß schon von dem rechtlichen Druck, den die *Sesamstraße* auf Irina ausübt. Er hat es selbst empfohlen, weil er über bestimmte Punkte in den Verträgen nicht mit den Fernsehmachern verhandeln kann, solange sich die *Sesamstraße* und Video Art nicht über die Aufteilung der Einnahmen einig sind.

Irina sieht niedergeschlagen aus. »Jetzt sagt die *Sesamstraße*, dass ich Insolvenz anmelden muss, wenn ich das Geld nicht zurückzahlen kann, das sie mir geliehen haben.«

Ich bin zwar wütend auf sie, aber es tut mir auch leid, sie so geknickt zu sehen. Hätte sie sich mir früher anvertraut, hätten wir vielleicht eine Lösung gefunden.

Leonid, der sich alles schweigend angehört hat, sagt zu, bei dem Anwalt und dem Rechnungsprüfer der *Sesamstraße* ein gutes Wort für sie einzulegen. »Ich bin mir sicher, dass uns irgendwas einfallen wird.« Er lächelt aufmunternd. »Wir sitzen alle im selben Boot und wir wollen alle, dass die *Uliza Sesam* ein Erfolg wird.«

Ich umarme Irina und fühle mich mütterlicher als je zuvor in meinem Leben. Vermutlich wegen der Hormone.

Um zwei Uhr nachts verlassen Leonid und ich Irinas Wohnung. Im Aufzug sage ich zu ihm: »Ich hätte nie gedacht, dass Irina mal aus der Fassung gerät.«

»Früher oder später passiert das in Russland jedem, Natasha.«

Nachdem ich in mein Bett gekrochen bin, rufe ich Ken an, um mich auszuheulen. Er zeigt sich verständnisvoll, aber in seiner Stimme liegt auch eine gewisse Schärfe. Ich frage ihn, was los ist, und wir geraten in einen Streit darüber, dass ich seiner Meinung nach nicht genug auf meine Gesundheit und auf das Baby achtgebe.

Am nächsten Tag rufe ich Irina an und sage ihr, dass ich nach New York zurückfliege, um die Produktion zu retten und ein paar private Probleme in den Griff zu kriegen.

Als sie bemerkt, dass meine Stimme zittert, fragt sie: »Ist alles in Ordnung?«

Dass sie sich Sorgen um mich macht, versetzt mir einen Stich. Ich versuche, die Tränen zurückzuhalten, und entschuldige mich, dass ich sie mit den Anwälten der *Sesamstraße* und den streikenden Mitarbeitern, die offiziell für Video Art arbeiten, alleine lasse.

Da wird ihre Stimme plötzlich weich. »*Duscha Moja*, ich kriege das schon hin. Mach dir keine Sorgen. Diese Probleme sind nichts im Vergleich mit der Liebe.«

Ich halte überrascht inne. Ich hatte Ken gar nicht erwähnt. Offenbar wusste sie intuitiv, was sie sagen soll.

Wieder daheim in den USA, pendle ich zwischen meinen beiden großen Leidenschaften: Am Wochenende versichere ich Ken, dass mir unsere Familie über alles geht, unter der Woche versichere ich den Leitern der *Sesamstraße*, dass ich alles tun werde, um die Sendung zu retten.

Am Montagmorgen öffnet Baxter meine Bürotür einen Spalt weit, kuckt herein und sagt augenzwinkernd *»Sdrastwuj«* (»Sei gegrüßt« auf Russisch). Dann geht sein Blick direkt zu meinem Bauch.

Ich erstarre. Plötzlich fällt mir ein, dass er noch gar nicht weiß, dass ich schwanger bin. Als wir uns das letzte Mal gesehen haben, hatte ich noch keinen Bauch.

Nachdem wir einander einen Augenblick angestarrt haben, sagt er: »Oh, ich sehe, ein Glückwunsch wäre angebracht.«

Ich schlucke. *Das ist alles?* Nachdem ich mir monatelang wegen der Schwangerschaft die Haare gerauft habe? Ich lache. Wie idiotisch von mir. Natürlich flippt Baxter jetzt deswegen nicht aus. Er hat vier Kinder und das alles selbst schon durchgemacht (oder zumindest seine Frau).

Er schließt die Tür hinter sich und nimmt Platz. Dann atmet er tief aus und sagt: »Natasha, der Workshop hat Bedenken aufgrund der politischen Lage in Russland.«

Ich nicke langsam und schürze die Lippen.

Er erklärt mir, dass sich das Unternehmen verständlicherweise Sorgen wegen der bereits hohen Ausgaben macht, mit denen es Video Art aus der Klemme helfen musste. Außerdem weigert sich Irina weiterhin, einen Vertrag zu unterzeichnen und das Geld zurückzuzahlen, das sie der *Sesamstraße* schuldet. Er weiß ganz offensichtlich noch nichts von dem Streik und davon, dass Irina wieder mal das Geld ausgegangen ist. Wie auch? Es ist ja gerade erst passiert. Als er den Stapel Videos auf meinem Schreibtisch sieht, lächelt er. »Sind das die neuen Episoden?«

»Ja, die letzten.« Stolz erzähle ich ihm: »Wir haben alle Realfilme außer einem abgedreht und bis gerade noch die Sendungen fertig gemacht. 25 Episoden sind abgeschlossen, nur die Pilotsendung fehlt noch, dafür wollten wir nächste Woche filmen.«

Baxter legt den Kopf schief und verzieht den Mund. Die Nachricht scheint ihn zugleich zu freuen und zu bekümmern. »Weißt du, Natasha, der Vorstand macht sich Sorgen, wenn die Wahl in Russland nicht nach unseren Vorstellungen ausfällt und die *Uliza Sesam* deshalb nicht auf Sendung gehen kann. Dann verlieren wir alles Geld, das wir bis jetzt in die Produktion gesteckt haben.«

Da ich nicht alles noch schlimmer machen will, zögere ich, ihm von dem Streik und Irinas Bruchlandung zu erzählen. Aber das Unternehmen hat ein Recht, davon zu erfahren. »Ich habe auch noch ein paar nicht so gute Neuigkeiten …«

Baxter wendet den Kopf ab. Nein, er will wirklich nichts davon hören. Nachdem ich es ihm dennoch gesagt habe, schweigt er erst einmal. Dann sagt er resigniert: »Ich weiß nicht, ob die *Sesamstraße* noch länger mit Video Art zusammenarbeiten kann, Natasha.«

Ich würde ihn gern fragen, mit wem wir in dieser späten Phase denn sonst zusammenarbeiten sollen. Stattdessen sage ich: »Wenn wir die Produktion irgendwie noch retten wollen, dann müssen wir Irinas Produktionskosten für mindestens die nächsten zwei Monate übernehmen – bis nach den Präsidentschaftswahlen.«

Baxter legt sich die flache Hand auf die Stirn.

»Zumindest bezahlt sie die Miete für unser Moskauer Produktionsbüro. Das ist schon mal ein erheblicher Anteil am Budget«, füge ich optimistisch hinzu.

»So einfach ist das nicht«, widerspricht Baxter. »Ich kann mich nur soundso oft für die *Uliza Sesam* einsetzen, sonst kriege ich irgendwann eins auf den Deckel, weil ich ständig Alarm schlage.«

»Ich denke, wir haben keine andere Möglichkeit«, sage ich leise. Natürlich weiß ich, dass der Workshop schon vor drei Monaten für Irinas Defizit aufgekommen ist.

Baxter sagt, er redet mit seinen Kollegen und schaut, was sich machen lässt.

Als er wieder gegangen ist, lehne ich mich in meinem Schreibtischstuhl zurück, schaue an die Decke und sinniere darüber, dass die Unternehmenspolitik der *Sesamstraße* fast genauso kompliziert ist wie die russische Medienbranche.

In den nächsten zwei Wochen schwankt die Führungsriege der *Sesamstraße*, ob sie die Produktion nur vorübergehend einstellen oder das Projekt ganz abblasen soll. Selbst ein paar Wochen Verzögerung wären in meiner Situation eine Katastrophe. In mir schlummert eine tickende Zeitbombe.

Angesichts des zunehmenden Drucks bittet mich Baxter um Hilfe. Ich soll den Fall der *Uliza Sesam* seinen Vorgesetzten darlegen. Das kommt überraschend. Bislang war Baxter immer ein willkommener Puffer zwischen der Vorstandsebene und mir.

Am Tag des großen Meetings sehe ich aus, als hätte ich mich geprügelt. Ich habe versucht, die dunklen Ringe unter meinen Augen mit Make-up zu übertünchen, aber egal, was ich tue, es bleibt dabei, ich sehe aus wie ein im achten Monat schwangeres Nervenbündel, das mehrere Nächte nicht geschlafen hat.

Baxter und ich gehen gemeinsam in den Konferenzraum. Die COO Emily Swenson und die CFO, eine angsteinflößende Frau, der ich bisher nur einmal begegnet bin, sitzen an einem Konferenztisch, an dem auch Baxter und ich Platz nehmen. Ich beäuge die CFO, die nie vom *Uliza-Sesam*-Elixir getrunken hat und sich von Anfang an dafür eingesetzt hat, dass wir gar nicht erst mit der russischen Produktion beginnen.

Es ist mir ziemlich unangenehm, dass ich jetzt *dermaßen* schwanger bin und meinen Zustand so lange vor meinen Kollegen geheim gehalten habe. Aber es ist nett von Emily – die gerade selbst ihr zweites Kind bekommen hat –, dass sie mir gratuliert.

Nachdem genug Höflichkeiten ausgetauscht worden sind,

kommt die CFO auf die aktuelle Krise zu sprechen. Sie setzt die Runde davon in Kenntnis, dass eine Nichterfüllung des Vertrags mit der US-Regierung in Russland ernstzunehmende Konsequenzen für den Workshop haben könnte. Wir sprechen darüber, dass der Workshop in der Zwickmühle steckt, weil die *Uliza Sesam* inzwischen ein prominentes Projekt ist, das von Senatoren und anderen Persönlichkeiten unterstützt wird.

Baxter sieht nervös in die Runde. Ich hebe die Hand und atme langsam ein und aus. Es ist eine Sache, mich in Moskau durchzubeißen, und eine ganz andere, hier mit meinen Bossen zu sprechen. Ich weiß nicht, welche Haltung ich einnehmen soll. Aber ich muss etwas sagen.

»Bitte lassen Sie nicht zu, dass die irrsinnige politische Lage in Russland all die Arbeit, die wir geleistet haben, zunichtemacht.« Kaum habe ich angefangen zu reden, fasse ich allmählich wieder Mut. »Meine russischen Mitarbeiter sind unglaubliche persönliche Risiken eingegangen, um diese Sendung zu stemmen. Müssen wir ihnen jetzt nicht beistehen, wo wir so nah am Ziel sind?«

Die CFO antwortet kühl, das hänge davon ab, wie groß das Risiko sei.

Ich versinke in meinem Stuhl und schelte mich insgeheim dafür, dass ich so sehr auf Konfrontation gegangen bin.

Baxter versucht, das Gespräch in eine andere Richtung zu lenken, und spricht von den finanziellen Vorteilen. »Bis jetzt haben wir uns darauf beschränkt, mit staatlichen Sendern zusammenzuarbeiten. Aber das Satellitenfernsehen nimmt gerade rasant Fahrt auf und damit bieten sich uns weltweit neue Möglichkeiten, uns als Partner unabhängige Sender zu suchen und unser Programm zu finanzieren, indem wir privaten Werbetreibenden Sendezeit verkaufen.«

Es folgt eine hitzige Debatte über die Vor- und Nachteile von Werbung gleich welcher Art in den internationalen Ausgaben der *Sesamstraße* und darüber, welche Anteile das amerikanische Unternehmen an zukünftiger Werbung rund um die russische Sendung erhalten sollte. Dann fragt mich die CFO, wie viel noch investiert werden muss, um die Produktion fertigzustellen, und wie wahrscheinlich es ist, dass die Sendung bei so viel Gegenwind tatsächlich ausgestrahlt wird.

Auf alle diese Fragen gebe ich dieselbe Antwort, die ich Baxter schon vor Monaten gegeben habe. Ich weise darauf hin, wie nah wir schon am Ziel sind und dass es die beste Lösung wäre, jetzt noch eine kleine Investition zu tätigen, um die Produktion fertigzustellen.

Baxter springt mir zur Seite und erklärt, seine letzten Reisen nach Moskau hätten ihm Mut gemacht. Er habe miterlebt, wie der Minutenpreis für Werbung im russischen Fernsehen in die Höhe geschnellt sei. »Die Einkünfte aus der Werbung in der *Uliza Sesam* werden voraussichtlich die Investition deutlich übersteigen, die die *Sesamstraße* jetzt tätigen muss, um die Produktion abzuschließen«, sagt er. Er spricht sich dafür aus, dass die *Sesamstraße* selbst die Verhandlungen beim Verkauf der Werbezeiten vor und nach der Ausstrahlung übernehmen sollte.

Er ist ebenso sehr wie ich von der russischen Produktion überzeugt. Als es schließlich an die Beratungen gehen soll, signalisiert er mir mit einem Blick, ich möge bitte den Raum verlassen. Ich denke, es wird wohl etwas dauern, bis ich erfahre, was Sache ist.

In der folgenden Nacht halte ich Ken mit meinen Motzereien über meine amerikanischen Kollegen wach. Ich wetze durch die Wohnung und murmle: »Es ist ihnen völlig egal, ob Russland ein freies Land ist ... Sie haben keine Ahnung, was auf dem Spiel steht ... Warum habe ich das hier überhaupt zugesagt? ... Ich will einfach nur zurück nach Moskau und meinem Team helfen, sich wieder zu berappeln.«

Ken zeigt sich ebenso pragmatisch wie mitfühlend. Er nimmt

mich in den Arm. »Liebling, du musst wirklich blind sein, wenn du nicht siehst, dass die meisten amerikanischen Unternehmen diese Produktion längst an den Nagel gehängt hätten.«

»Dann hätten sie diesen Weg gar nicht erst einschlagen sollen«, erwidere ich. »Gibt es irgendwas, was in Russland nicht riskant ist?«

Ken erinnert mich ruhig daran, wie mutig sich die *Sesamstraße* angesichts irrer Hindernisse gezeigt hat. Wir beide wissen, dass er wie eine gesprungene Schallplatte klingt, aber er versucht nur, mir zu helfen. »Das sind alles einfach nur verantwortungsbewusste Firmenleiter, die das Gefahrenpotenzial für das Unternehmen möglichst gering zu halten versuchen«, sagt er.

Ken hat recht. Trotzdem wünschte ich, sie hätten eine höhere Risikotoleranz.

Obwohl ich weiter vor mich hinmurmle, schläft Ken irgendwann ein. Ich dagegen brauche noch ein paar Stunden, bevor ich mich zu ihm legen kann.

Am nächsten Tag rufe ich Leonid in Moskau an und erzähle ihm, dass wir bald wissen werden, wie sich der Workshop entscheiden wird, aber ich fürchte, dass die Produktion an der Schwelle des Todes steht.

Er seufzt laut in den Hörer. »Kurz nach deiner Abreise war Präsident *Clin-ton* in Moskau.« Er hat auf einer öffentlichen Veranstaltung für westliche Geschäftsleute im Radisson Hotel gesprochen und sich wohlwollend über die Bemühungen von Sesame Street in Moskau geäußert. »Es gibt jetzt kein Zurück mehr für die *Sesamstraße*. Das wäre einfach hochnotpeinlich.«

Ich hoffe, dass er damit recht hat. Ich bin jetzt schon seit zwei Wochen in New York, was in der Lebensspanne einer Fernsehsendung eine Ewigkeit ist. Bis meine Leute die Arbeit niedergelegt haben, hat das Team in Moskau einen fantastischen Job gemacht, Sequenzen zusammengeführt, Grafiken hinzugefügt und die letzten Audioaufnahmen fertiggestellt, um die letzten der 52 Episoden abzuschließen. Aber wir haben trotzdem noch einige Wochen Arbeit vor uns und ich weiß nicht, wann es endlich mit der Postproduktion weitergehen kann.

Nach dem Wochenende gehe ich in Baxters Büro, ohne zu wissen, was auf mich zukommt. Er sitzt dort mit Steve Miller, dem Vice President Internationales Fernsehen und Lizenzen, der jetzt für Russland zuständig ist. Sie sagen mir, dass die endgültige Entscheidung auf einem internen Meeting getroffen wird, das für übermorgen zwischen ihnen und dem Senior Management anberaumt ist. Ich selbst bin zum Showdown nicht eingeladen.

Am Tag des jüngsten Gerichts warte ich ungeduldig in meinem Büro, um das Urteil zu erfahren. Ich kann an nichts anderes mehr denken als an die *Uliza Sesam*: Leonid und sein zerbeultes Auto, Mischa, der allein in seinem Büro Solitär spielt, Lena, die den Arm hebt, um Businka zu spielen, Mascha und ihr wunderschöner Baum.

Da kommt Baxter in mein Büro. Ich spüre, wie mein Herz pocht, und sehe ihn ängstlich an.

Er zeigt mir grinsend das Daumen-hoch-Zeichen.

Ich starre ihn ungläubig an. Wundersamerweise haben die Senior Executives zugestimmt, die Schulden von Video Art zu begleichen, damit die Produktion weitergehen kann. Ich bin sprachlos, überwältigt, begeistert.

Baxter setzt sich und erzählt mir, er habe seinen Kollegen erklärt, dass »der Workshop mit Russland so schwer schwanger gegangen ist, dass es jetzt kein Zurück mehr gibt«. Seine Ausdrucksweise rührt mich. Glücklicherweise hat Baxter auch Steve Miller mit in das Meeting genommen, obwohl der gerade unter Gleichgewichtsstörungen leidet und kaum geradeaus gehen kann. Baxter musste ihn buchstäblich festhalten, während Steve der Versammlung mitteilte, dass die Nestlé Corporation kurz davor stehe, eine Vereinbarung zum Sponsoring der gesamten russischen Serie zu unterzeichnen.

Baxter klopft sich auf die Schenkel. »Das ist ein echter Wendepunkt für die russische Serie.« Er erklärt mir, dass ein überarbeiteter Lizenzvertrag zwischen Video Art, Nestlé und den Sendern aufgesetzt wird, bei dem Sesame Workshop an den Werbeeinnahmen der *Uliza Sesam* beteiligt wird. Unterdessen wird der Workshop unverzüglich die Gelder für die Fertigstellung der Produktion und die Ausstrahlung der ersten Episoden bereitstellen.

In den nächsten Tagen wird meine Begeisterung über unser Glück nur von der Sorge gedämpft, wie wir die US-Dollar nach Russland kriegen sollen, um die letzten Monate der Produktion zu bezahlen. Unsere bisherige Verfahrensweise, bei der wir das Geld auf das Bankkonto von Video Art in Russland überwiesen haben, ist nicht mehr möglich, weil Irinas Bankkonto gesperrt ist.

Im Scherz sage ich zu den Anwälten der *Sesamstraße*, die einzige Möglichkeit bestehe darin, dass ich und meine amerikanischen Kollegen die Dollar im Handgepäck nach Moskau mitnehmen. »Wissen Sie«, sage ich, »mein Schwangerschafts-BH ist eine Doppel-D, darin kann ich jede Menge Cash transportieren.«

Einer der Anwälte sieht mich finster an. Aber das Problem, wie wir das Geld nach Moskau kriegen, bleibt. Kreditkarten sind in Russland noch nicht sehr weit verbreitet und Sesame Workshop hat als ausländischer Unbekannter kein Recht, in Russland ein Bankkonto zu eröffnen. Während der Produktion hat unser amerikanisches Team manchmal den noch legalen Maximalbetrag von 10 000 Dollar in bar mit nach Moskau gebracht. Aber die Summe, die wir jetzt brauchen, ist zu hoch, um sie einfach im Handgepäck mitzuführen.

Am Montag, einem sonnigen Frühlingstag, beschließe ich, die vierzehn Blocks von meiner Wohnung zur Arbeit zu Fuß zu gehen. Die Blüten der chinesischen Wildbirne, die die Bürgersteige säumt, stinken so fürchterlich, dass ich mir die Nase zuhalten muss. Schwanger zu sein ist unerträglich.

Baxter informiert mich darüber, dass die Anwälte nach einigen innerbetrieblichen Pirouetten einen Weg gefunden haben, um das Geld nach Moskau zu bekommen. Er grinst, weil er weiß, dass er unsere Produktion gerettet hat. Ich bin meinen Kollegen unendlich dankbar, dass sie den Mut und den Glauben haben, mit der Sendung weiterzumachen.

Es wird noch zwei Wochen dauern, bis das Geld ankommt, deshalb nehme ich die größtmögliche Summe in bar mit nach Moskau. Ich weiß, dass sie keine großen Löcher in unserem Produktionsbudget stopfen wird, aber zumindest kann ich Wika einen Teil ihres Honorars auszahlen und Klopapier fürs Büro kaufen, bis die restlichen Gelder kommen. Aber selbst das ist nicht ohne Risiko. Der russische Zoll ist sehr viel weniger staatlich reglementiert als bei uns und Korruption ein fortwährendes Problem. Die Zollbeamten können willkürlich Gebühren für den Import ausländischer Währung nach Russland erheben. In manchen Fällen konfiszieren sie sogar grundlos US-Dollar. Oft ist es cleverer, das Geld direkt am Körper zu tragen als in der Brieftasche.

Am Abend sieht Ken meinen BH auf der Kommode liegen, in dessen Körbchen ich mit Klebeband achttausend Dollar befestigt habe. »Das könnte unser letzter gemeinsamer Abend sein, bevor du in Russland ins Gefängnis gehst«, scherzt er. Und dann bittet er mich – allen Flachs einmal beiseite –, bei ihm zu bleiben, weil meine Schwangerschaft schon zu weit fortgeschritten sei. Und dass ich mir Dollar in den Büstenhalter und die Unterhose stecke, zeige, dass ich jede Urteilskraft in Bezug auf meine eigene Sicherheit verloren habe.

Aber ich muss fliegen. Es wird meine letzte Reise sein, bevor das Baby auf die Welt kommt.

26

Geburt eines Engels und eines Senders

Ende Mai bin ich wieder am Moskauer Flughafen, hole meine Koffer am Gepäckband ab und gehe zur Zollabfertigung. Dort blicke ich von einem Beamten zum nächsten und versuche zu erkennen, wer von ihnen der wohlwollendste sein mag. Ich entscheide mich für den jüngsten, stelle mich in seine Reihe und befummle nervös meine riesigen Brüste, um die harten Kanten der Geldscheinstapel unter meinem BH abzurunden. Als ich an der Reihe bin, schaut er in meinen Pass, sieht die Masse an Einreisevisa und lässt mich ohne Weiteres passieren. Hochbeglückt wie eine Mischung aus James Bond und Spice Girl renne ich zum Ausgang.

Mischa und Robin warten im Palace Hotel auf mich. Nach langen Umarmungen und Küssen begeben wir uns auf mein Zimmer. Mischa dreht sich ganz gentlemanlike um, als ich die Hundert-Dollar-Scheine aus dem Büstenhalter ziehe. Er scherzt: »Ich hänge schon mein ganzes Leben an Frauenbrüsten, aber noch nie war ich davon so abhängig wie jetzt.«

Gemeinsam beschließen wir, dass wir mit dem Geld die dringendsten Produktionskosten bezahlen, bis der Rest aus den Staaten eingetroffen ist. Mischa hat dem Team schon gesagt, dass es seinen Streik beenden und wieder an die Arbeit gehen soll. Ich rufe Ken an, um ihm mitzuteilen, dass ich nicht im Gefängnis sitze, dann werfe ich mich wieder in die Arbeit.

Nur wenige Tage nachdem das Team in Moskinap wieder zusammengefunden hat, läuft die Postproduktion auf Hochtouren. Im Vertrag der *Sesamstraße* mit USAID steht ein Termin, den wir unbedingt einhalten müssen: Die ersten zehn Episoden der *Uliza Sesam* müssen am 1. September 1996 fertiggestellt sein.

Ich weiß, dass wir das schaffen werden, ich habe vollstes Vertrauen in Robin und mein Team. Die letzte Szene, die wir filmen müssen, ist der Auftakt zur ersten Sendung, für den gerade Wladimir Schainski, der berühmte russische Komponist für Kinderlieder, die Musik schreibt. Unsere Pilotfolge wird die allererste Sendung im russischen Kinderfernsehen sein, in der Real- und Trickfilme miteinander kombiniert werden.

Das ist großartig, nur haben wir immer noch keinen Sender gefunden. Leonid und Baxter haben es nicht geschafft, sich mit einer der größeren Fernsehgesellschaften über die Konditionen einig zu werden. Das liege an der Unsicherheit in den Sendern, meinen sie, woran die schon in zwei Wochen stattfindenden russischen Präsidentschaftswahlen keinen geringen Anteil haben.

Wie die meisten Amerikaner hatte ich den Sieg des Westens über den Kommunismus bereits als vollendete Tatsache angesehen. Aber wenn ich jetzt die Prognosen sehe, laut denen Sjuganow als Sieger hervorgehen wird, denke ich, wie erschreckend schnell Russland doch wieder zum Kommunismus zurückkehren könnte.

Da wir gern mehr über die Lage erfahren würden, treffen Leonid und ich uns mit Igor Malaschenko, den wir seit Beginn unserer Produktion nicht mehr gesehen haben. Er ist immer noch Chef von NTV, aber inzwischen berät er auch den russischen Präsidenten bei seiner Wahlkampfstrategie. Er kann uns sicher viel über die Hintergründe erzählen.

Leonid und ich fahren zu der protzigen, neumodischen Senderzentrale, die über der Moskwa thront. Malaschenko kommt uns quer durch das Studio entgegen, um uns zu begrüßen. Er sieht müde aus. Wir sprechen über die bevorstehenden Wahlen und er verrät uns, dass sich die drei größten Fernsehgesellschaften, teils in staatlicher Hand, teils unabhängig, die Berichterstattung über die Wahl untereinander aufgeteilt haben. Er gesteht ganz offen, dass das die einzige Möglichkeit sei, damit Jelzin Präsident bleibt.

»Und selbst mit der Schlagkraft der drei großen Sender – NTV, ORT und RTR – kann es immer noch sein, dass Sjuganow gewinnt«, seufzt er.

Obwohl die Ausstrahlung unserer Sendung gegenüber der Wahl des nächsten russischen Präsidenten eine Nichtigkeit ist, muss ich Malaschenko fragen, ob er die *Uliza Sesam* in sein Programm aufnehmen würde.

Er lächelt. Vielleicht ist er dankbar dafür, dass er mal über etwas anderes als über Sjuganow sprechen kann. »Es ist ein glücklicher Zufall, dass Sie ausgerechnet jetzt zu mir kommen, weil NTV gerade stark an Macht gewonnen hat und wir es uns leisten können, die *Uliza Sesam* auszustrahlen.« Mehr noch, er deutet an, dass er auch dafür sorgen kann, dass ORT eine Wiederholung zeigt.

Ich stehe mit offenem Mund in diesem Studio und kann unser Glück nicht fassen. Leonid wiederum spielt den abgebrühten Verhandler und erkundigt sich nach den Einzelheiten.

Malaschenko schlägt vor, dass wir eine Reihe ineinandergreifender Lizenzvereinbarungen zwischen den beiden Sendern aufsetzen, sodass die Einnahmen durch die Werbung rund um die Sendung zwischen den amerikanischen und russischen Koproduktionspartnern aufgeteilt werden. »Selbst wenn die Preise für Werbung nach den Wahlen heruntergehen, bekommen wir eine hübsche Summe heraus«, fügt er aufmunternd hinzu.

Leonid schaut ganz verzückt. All das geht weit über unsere kühnsten Träume hinaus: mehrere Sender, die gleichzeitig auf konkurrierenden Kanälen die *Uliza Sesam* ausstrahlen.

Während ich mir noch darüber klar zu werden versuche, was dieses Angebot genau bedeutet, komme ich nicht umhin, schon wieder in Frage zu stellen, ob der Deal tatsächlich zustande kommt.

An meinem letzten Tag in Moskau, bevor das Baby kommt, organisiert Mischa ein Abschiedsessen für mich. Zuerst will ich gar nicht hingehen, es klingt einfach zu endgültig. Ich möchte nicht traurig sein und hatte gehofft, dass ich mich einfach ohne großes Tamtam aus dem Land schleichen kann.

Weil Mischa den Oberkellner eines beliebten italienischen Restaurants kennt, hat er einen Tisch für das erweiterte Kernteam reserviert, etwa 20 Personen. Als ich komme, sitzen meine Kollegen schon an einem schmalen Tisch, auf dem verschieden große Gläser und Flaschen mit georgischem Wein, Champagner und Wodka stehen. Als Wolodja mich hereinwatscheln sieht, springt er auf, um mich zu begrüßen. Ich setze mich neben ihn. Schelmisch bietet er mir ein Glas Wein an und ich ziehe eine traurige Miene.

Mischa steht auf, schlägt mit der Gabel an sein Glas und versucht, für Ruhe in der Runde zu sorgen. Ich schaue von Wolodja zu Mischa, dann zu Robin und all den anderen und bin glücklich, dass diese Menschen zu meinem Leben gehören. Mischa hebt sein Glas und verkündet theatralisch: »Für alle deine vielen Beiträge, Natasha, danken wir dir. Und vor allem danken wir dir für dein immerwährendes motivierendes Gefluche – niemand von uns hätte das alles durchgehalten ohne dein permanentes *›Fok, fok, fok‹*, während du uns angetrieben hast, noch schneller zu rennen.«

Ich spreche allen meinen Dank aus, als würde ich mich auf alle Zeiten in ein fernes Land verabschieden. Es ist ein überwältigender Abend.

Am nächsten Tag fährt mich Leonid zum Flughafen. Die meiste Zeit schweigen wir. So viele Jahre unseres Lebens haben wir miteinander verbracht und waren aufeinander angewiesen, um all die Hürden zu überwinden. Ich kann mir nicht vorstellen, diesen monumentalen Schritt in meinem Leben zu machen, ohne Leonid an meiner Seite zu haben.

Am Flughafen begleitet er mich noch, so weit er kann, und als ich ihn umarme, fließen die Tränen.

Leonid gibt sich locker. »Na komm, Natasha, ist ja nicht so, als würde sich dein Leben für immer ändern.« Er lacht und schiebt mich sanft zu den Sicherheitsleuten. Ich drehe mich ein letztes Mal um und sehe, wie er sich eine Zigarette anzündet, während er mir durch die sich schließende Glasschiebetür nachsieht.

Ich steige ins Flugzeug und schaue zu, wie Russland unter mir verschwindet. Ich versuche, nicht an all das zu denken, was ich vermissen werde, während ich gen Westen fliege und die Menschen hinter mir lasse, die mir mehr bedeuten, als ich in Worte fassen kann.

In unserer New Yorker Wohnung angelangt, kuschele ich mich zu Ken aufs Sofa und wir schauen uns die Auswertung der russischen Präsidentschaftswahlen im Fernsehen an. Es ist der 16. Juni. Alle großen amerikanischen Fernsehsender berichten und sagen weltweite Erschütterungen voraus, sollte Jelzin verlieren. Zu unserem Entsetzen kommt es zu einem Unentschieden.

Mit verkrampftem Magen warte ich auf den 3. Juli, an dem die Ergebnisse der zweiten Wahlrunde bekanntgegeben werden. Als CNN schließlich verkündet, dass Boris Jelzin gegen Sjuganow mit einer knappen Mehrheit von 54 Prozent gewonnen hat, kann ich endlich wieder durchatmen.

Leonid ruft mich aus Moskau an und sagt begeistert: »Endlich, Jelzin ist wiedergewählt, jetzt müssen die Fernsehleute in Russland einfach unsere Sendung zeigen.« Leonid glaubt, dass er jetzt keine Schwierigkeiten mehr haben wird, Unternehmen als Sponsoren zu gewinnen.

Ich hoffe, dass er damit recht hat. Nach fast vier Jahren harter Arbeit, in denen wir so einiges überstanden haben – die Ermordung von Partnern, die unsere Freunde geworden waren, Autobomben, finanzielle Engpässe und persönliche Lebensumbrüche –, denke ich, dass unsere Sendung endlich eine Heimat finden und von Millionen Kindern gesehen werden könnte.

»Ja, so wird es sein«, sagt Leonid. »Wart's nur ab.«

Und genau das mache ich: abwarten. Ich starre auf das Telefon in unserer New Yorker Wohnung und beschwöre es, mir Neuigkeiten von dem Deal zu übermitteln. Baxter, Leonid, Steve Miller und die Anwälte der *Sesamstraße* müssen immer noch mit den Sendern über die Konditionen und die Aufteilung der Werbeeinnahmen verhandeln.

In den meisten Ländern der Welt kaufen Fernsehsender Sendungen für ihr Programm ein. Aber wie Leonid mir erklärt, sind die Erwartungen der Medienmacher aller drei großen russischen Gesellschaften – ORT, RTR und NTV – einfach zu hoch. Das Schwerste, wenn man diese Leute davon überzeugen wolle, einen Vertrag zu unterschreiben, bestehe darin, ihnen zu verklickern, dass sie am Ende mehr Geld in der Tasche haben werden als alle anderen.

Lachend sagt Leonid: »Irgendwer muss bei russischen Geschäften immer der Verlierer sein.«

Eine »Win-win-Situation« ist in Russland offensichtlich nicht vorstellbar. Trotzdem gehen Leonid und die Bosse von Sesame Workshop davon aus, dass die *Uliza Sesam* im Oktober 1996 auf Sendung gehen wird.

Zwei Wochen vor dem errechneten Geburtstermin habe ich noch nichts für das Baby vorbereitet. Schließlich machen Ken und ich das, was alle tun, die zum ersten Mal Eltern werden: Wir fahren zu Toys R Us und kapitulieren. In dem Megastore in New Jersey schiebe ich unseren Einkaufswagen durch breite Gänge, in denen jedes nur erdenkliche Zubehör für Säuglinge zu finden ist, und fühle mich wie ein Alien auf einem unbekannten Planeten. Was sind das alles für Utensilien? Und braucht ein so winziges Wesen wirklich dieses ganze Zeug? Eine freundliche Verkäuferin sieht, dass Ken und ich hilflos durch die Gegend laufen, und bietet uns an, mit uns »die Grundausstattung« zusammenzustellen. Ich würde sie am liebsten umarmen.

Wieder daheim, wirkt der Haufen Neugeborenen-Ausstattung irgendwie fehl am Platz, wie er da auf dem Wohnzimmertisch neben den Stapeln mit Videokassetten, Skizzen vom Set, Trickfilmelementen und unseren Computern liegt. Ich stopfe die Babysachen zusammen mit meiner Beklommenheit in den Abstellraum.

Allmählich begreife ich, weshalb ich gerade so gereizt bin: Ich bin in keiner Weise auf die Mutterschaft vorbereitet. Selbst die unmütterlichste Frau hätte sich mehr Gedanken darüber gemacht als ich. Sie hätte sich zumindest begreiflich gemacht, dass irgendwann im neunten Monat das Baby auf die Welt kommen wird. Ich muss Ken zugutehalten, dass er mehrmals versucht hat, mit mir darüber zu sprechen – wie sich durch das Baby unser Leben verändert, welche Prioritäten wir uns setzen, wie wir unsere Zeit verbringen –, aber ich habe mich alledem verweigert und es geleugnet: »Durch das Baby ändert sich gar nichts.«

Erstaunlicherweise begreife ich es erst, als ich die Kisten mit den Babysachen in unserer Wohnung sehe: Wir werden für dieses Kind die Verantwortung tragen. Nichts wird mehr sein wie zuvor.

Obwohl ich offiziell in Mutterschutz bin, sehe ich mir noch die letzten fertigen Episoden auf VHS-Kassetten an, die Robin mir per Kurier geschickt hat. Für gewöhnlich rufe ich sie dann zu Beginn ihres Moskauer Arbeitstags an, um 2:00 Uhr morgens New Yorker Zeit, um mit ihr meine Änderungswünsche durchzugehen. Auch mit Wolodja und Leonid spreche ich regelmäßig, nicht nur über die Sendung, sondern auch über die Pläne zur großen Premiere in Moskau.

Jetzt spitzt sich alles zu. Die Tage verfliegen. Ich fühle mich wie ein gestrandeter Wal und bin unendlich müde. Ich muss noch wahnsinnig viel erledigen, bevor das Baby kommt. Der kleine Mann ist rücksichtsvoll: Er kommt zu spät. Vier Tage, fünf Tage ist er schon über dem Termin. Wahrscheinlich wartet er noch, bis ich die letzte Episode durchgesehen habe. Ken, der von zu Hause arbeitet, tappt leicht benebelt ins Wohnzimmer, wo ich auf dem Sofa liege, den Bauch in der Luft, und irgendwas auf Russisch in den Telefonhörer sage. Ein paar Sekunden steht er da, schüttelt liebevoll den Kopf, dann geht er wieder hinaus und murmelt: »Unser Baby wird mit einer Telefonschnur statt mit einer Nabelschnur auf die Welt kommen.«

Neun Tage nach dem errechneten Geburtstermin ist das Baby immer noch nicht da. Am Abend ruft mich Robin an, um mir zu sagen, dass die Tippgemeinschaft, in der das Team auf den Geburtstag meines Kindes wettet, täglich größer wird.

In der Nacht regt sich etwas in mir. Ich vermute, dass es Wehen sind, die so wunderbar beschrieben sind in den Büchern, die ich kaum gelesen habe. Kurz bevor wir ins Krankenhaus fahren, schicke ich Robin noch ein Fax, in dem ich ihr mitteile, wie oft ich gerade Wehen habe: alle fünfzehn Minuten. Endlich ist er da, der Moment der monumentalsten Veränderung in meinem Leben. In dem Fax schreibe ich noch, dass ich für mindestens einen Tag nicht erreichbar sein werde. Aber für den Fall der Fälle gebe ich die Telefonnummer vom Krankenhaus durch.

Dreizehn Stunden später schiebt sich unser wunderschöner, vier Kilogramm schwerer Junge mit zehn Tagen Verspätung in die Welt hinaus. Wir nennen ihn Gabriel, weil er ein Engel ist – ein stilles Wunder inmitten von heillosem Chaos. Kaum dass uns der Arzt unseren Sohn übergibt, zerstreut meine Liebe für ihn alle Zweifel, die ich an der Magie dieses Moments oder wegen unserer fehlenden Vorbereitung gehabt habe. Zum ersten Mal verstehe ich, was es bedeutet, ein Kind zu haben, mit all der Liebe, allen Ängsten, aller Zärtlichkeit und Sorge, die das Elternsein mit sich bringt.

Als wir wieder nach Hause kommen, stelle ich fest, dass Gabriel stärker reagiert, wenn ich auf Russisch mit ihm rede – was keine Überraschung ist, wenn man bedenkt, wie viel von dieser Sprache er in vitro im hohen Dezibelbereich gehört hat. Es ist noch kein ganzer Tag seit der Geburt vergangen, da rufe ich schon wieder in Moskau an und lege den Hörer neben Gabriels winziges Ohr, damit er hören kann, wie seine russische Familie für ihn »Happy Birthday« singt.

Nach ein paar Tagen, die ich vor allem mit Stillen verbracht habe, kommen die nächsten guten Nachrichten von Leonid. Nachdem er mir gratuliert hat, schreit er in den Hörer: »Wir haben es geschafft, Tasha, ich habe einen Sender gefunden – und nicht nur einen, sondern zwei!«

Es ist unglaublich. ORT und NTV, die beiden wichtigsten Fernsehsender in Russland, haben zugesagt, die erste Staffel auszustrahlen. Sie wollen die 52 Episoden im Laufe von zwei Jahren zur besten Sendezeit zeigen, mit Wiederholungen, an fünf beziehungsweise drei Abenden die Woche. Außerdem haben sie sich die Option auf eine zweite Staffel gesichert, die dann in zwei Jahren produziert würde. Und die Vereinbarung sieht vor, dass Sesame Workshop seine Investition über die Werbeeinnahmen zurückbekommt.

Ich schreie vor Erleichterung in den Hörer und schrecke Gabriel auf, der in einer Babytrage vor meiner Brust sitzt.

»Und es sieht alles danach aus, dass Nestlé die Sendung sponsern wird«, johlt Leonid weiter. Zusammen mit Baxter und Steve Miller habe er die Moskauer Bosse des Unternehmens davon überzeugt, alleiniger Sponsor der Sendung zu werden.

Als ich auflege, kann ich mein Glück kaum fassen. Der Einzige, mit dem ich meine Begeisterung teilen kann, ist Gabriel. Als ich innehalte und bemerke, dass ich gerade mit einem Neugeborenen über das russische Fernsehen spreche, wird mir klar, wie sehr ich mich verändert habe.

27

Erleuchtete Bildschirme in der ganzen ehemaligen UdSSR

Die Premierengala zur Feier der Erstausstrahlung der *Uliza Sesam*, die am 22. Oktober 1996 steigen soll, naht schneller, als mir lieb ist. Wenn ich daran denke, dass ich Gabriel nach nur sechs Wochen schon wieder verlassen muss, um nach Moskau zu fliegen, löst es in mir Heulkrämpfe aus. Ken will zwar in der Zeit frei nehmen, um sich um das Baby zu kümmern, aber ich bin mir nicht sicher, ob ich in der Lage bin, ihn zu verlassen. Meine Hormone haben die Kontrolle übernommen und verlangen, dass meine Brüste und ich in New Jersey bleiben.

»Du musst da hin«, sagt Ken, als ich ihm von meinen Bedenken erzähle. Er sagt es voller Liebe und Stolz. »Du hast so viel Arbeit in diesen Augenblick gesteckt.«

Als es für mich Zeit ist, mich zu verabschieden, weint Gabriel und Ken muss ihn mir aus den Armen reißen. Dann schubst er mich förmlich ins Taxi zum Flughafen.

Am JFK in der Delta-Lounge fühlt sich alles anders an, einsamer. Ich bemerke einen Milchfleck auf meiner Bluse und versuche, ihn verlegen abzureiben. Dann sehe ich, dass die Frau gegenüber auf meinen Bauch starrt, und stelle mir vor, wie sie mich gerade abkanzelt. Vielleicht sollte ich mir ein Schild umhängen: »Schlagt mich. Ich habe mein Baby zu Hause gelassen.«

Als ich in Moskau ankomme, entdecken die Zollbeamten die monströse, industrieanlagengroße Milchpumpe in meinem Koffer. Ich erwarte, dass sie rot werden und die Pumpe wieder zurücklegen. Stattdessen ziehen sie die Saugglocken und Schläuche heraus und untersuchen skeptisch das Gerät, während ich beschämt danebenstehe. Irgendwann nehme ich die

Saugflansche und lege sie mir über die Brüste, um ihnen zu zeigen, wie das Gerät funktioniert. Mission erfüllt: Alle werden puterrot und lassen mich mit gesenktem Blick passieren.

Im Hotel werde ich vom Portier erkannt. Er gratuliert mir freundlich zur Geburt, aber das Palace Hotel, das fast vier Jahre lang meine zweite Heimat war, kommt mir jetzt steril, fremd, unpersönlich vor.

Sowie ich auf dem Zimmer bin, rufe ich Ken an und frage: »Wie viel hat das Baby gegessen? Hat es Kacka gemacht? Weint er? Vermisst er mich?« Jetzt führen wir keine langen Gespräche mehr über die *Uliza Sesam* und die Weltwirtschaft, alles dreht sich nur noch um das Baby. Ken versichert mir, dass es Gabriel gut geht und er sich bei Daddy wohlfühlt. Wenn mich das Telefonkabel zu ihnen ziehen könnte, würde ich mich dranbinden.

Die Premiere wird in einem Moskauer Theater gefeiert und soll um 16:30 Uhr beginnen, sodass die russischen und ausländischen Journalisten noch genug Zeit haben, um ihre Berichte über dieses Ereignis von überdimensionaler Tragweite zu beiden Seiten des Ozeans für die Abendnachrichten zu erstellen.

Zwei Stunden vor dem Spektakel, als noch die verschiedensten Vorbereitungen getroffen werden müssen, denke ich nur und ausschließlich an Gabriel. Ich stelle ihn mir mit Ken in unserer Wohnung vor, meine kleine Familie. Da fällt mir ein, dass ich bald Milch abpumpen muss, weil ich nachher für mehrere Stunden auf der Bühne und auf der Feier sein werde.

Ich habe diese Milchpumpe noch nie benutzt, und als ich sie an den Spannungswandler anschließe und in die Steckdose in meinem Hotelzimmer stecke, sprüht ein riesiger Funkenschwall heraus. Ich mache einen Satz nach hinten, dass ich gerade noch vermeiden kann, mich zu versengen. Dann probiere ich es mit einer anderen Steckdose. Nichts passiert. Das Gerät ist tot. Ich starre auf meine Brüste. Und was jetzt?

Ich rufe Ken an, als könnte er aus der Ferne irgendwie behilflich sein. Er klingt etwas benommen. In New York ist es sechs Uhr morgens und ich nehme an, dass er die halbe Nacht auf den Beinen war, um sich um das Baby zu kümmern. Ich sage verzweifelt: »Ich kann doch so nicht vor die versammelte internationale Presse treten!«

Mein Schatz von einem Mann, der ehemalige Schachweltmeister, legt den Hörer beiseite, um in unseren Babybüchern nachzulesen. Als er wieder ans Telefon kommt, schlägt er mit ruhiger Stimme vor, ich solle mir kalte Kompressen auf die Brüste legen und Toilettenpapier in den Büstenhalter stopfen. Das mit dem Klopapier stand allerdings nicht im Buch.

Über 600 Gäste sind zur Premierengala gekommen, darunter Vertreter aller großen Nachrichtenagenturen, russische Minister, Beamte der US-Botschaft und viele *Sesamstraßen*-Kolleginnen aus Amerika. Die Lobby ist mit amerikanischen und russischen Flaggen und Bannern mit dem grün-gelben *Sesamstraßen*-Schild geschmückt, auf denen die Worte *Uliza Sesam* und die Logos von Video Art, ORT, NTV und Nestlé prangen.

Gegen 16 Uhr treffen die ersten Gäste ein. Sie gehen in die Lobby und versammeln sich vor den lebensgroßen Plakaten mit Muppet Wlas (Bert), der eine schwarze russische Schapka mit Ohrenschützern trägt und den pelzigen Arm um Enik (Ernie) gelegt hat, der eine sowjetische Generalsmütze mit einem roten Stern trägt. Nahebei stehen Holzständer mit riesigen Postern von Seliboba, Kubik und Businka. Das Kreativteam der *Uliza Sesam* – Produzenten, Regisseurinnen, Autoren und Forscherinnen – nimmt schon im Theatersaal Platz. Da wir uns noch nie in anderer Kleidung als in Jeans und T-Shirt gesehen haben, bestaunen wir uns gegenseitig in unseren schicken Klamotten, aufgeputzt mit funkelnden Kleidern, gebügelten Hosen, Krawatte und Jackett.

Drinnen knistert es vor Aufregung, während die Originalsongs der *Uliza Sesam* aus den Lautsprechern dröhnen. Der

Raum ist so voller Menschen, dass die Kinder vor der Bühne auf dem Boden sitzen müssen. An der hinteren Wand sind die Fernsehkameras aufgereiht und die Crews richten ihre Leitungen ein, um die Ankündigung unserer russisch-amerikanischen Koproduktion rund um den gesamten Globus senden zu können.

Dann wird das Licht heruntergedreht und es wird still im Saal. Der Vorhang öffnet sich und Seliboba holpert mit seinen weißen Turnschuhen in Größe 80 über die Bühne. Dann richtet er seine Aufmerksamkeit auf die Kinder, die vor Freude juchzen, und ruft aufgeregt: »Oi, liebe Erwachsene, Jungen und Mädchen, herzlich willkommen in der *Uliza Sesam*!« Er bittet die Zuschauer, den Blick auf die riesige Leinwand zu richten, um den Beginn der Sendung mitzuerleben, Russlands eigener *Sesamstraße*.

Dann wird es noch dunkler im Saal und die Titelmelodie setzt ein. Vor dem farbenfrohen gemalten Hintergrund mit der violett-weißen Schule hüpfen, rennen und radeln Kinder auf dem Weg zur *Uliza Sesam*, während Schmetterlinge und Buchstaben mit Augäpfeln über die Leinwand tanzen.

In der ersten Szene drückt Seliboba die Tür zur Schule auf und sein großes, pelzig blaues Gesicht mit der riesigen orangen Nase füllt die Leinwand. Dann zoomt die Kamera heraus und Seliboba springt auf ein Skateboard, um zu den Kindern zu fahren. In Anspielung auf die ländlichen Gebiete der ehemaligen Sowjetunion zieht Kubik eine Pferdekutsche, auf der ein Heuballen liegt. Kinder sitzen in dem Heu und lesen Bücher, während sie an einem Jungen vorbeifahren, der in einem Teich angelt. Dann kommt ein Heißluftballon ins Bild, an dem ein Strohkorb hängt. Darin sitzt Kubik. Alle Kinder springen mit ihren Skateboards, Fußbällen und Rollschuhen in den Korb. Kubik schneidet die Schnur durch und der Ballon steigt in den Himmel auf, wobei die Kinder und Muppets fröhlich winken, während der grün-gelbe Titel »ULIZA SESAM« den blauen Himmel füllt.

Als der Film zu Ende ist, klatschen die Kinder und Erwachsenen wie wild. Die Blitzlichter der Kameras zucken. Es folgt ein Höllenlärm, als Seliboba wieder auf die Bühne kommt und mit donnernder Stimme sagt: »Jetzt bitte Ruhe, jetzt bitte Ruhe.« Er lädt die Zuschauer ein, sitzen zu bleiben und sich auf ein kurzes Gespräch mit den Partnern der *Uliza Sesam* zu freuen.

Ich stehe auf der Seitenbühne und spüre, wie Irina meine Hand ergreift. Ich sterbe vor Nervosität. Als Seliboba unter großem Applaus abgeht, betreten Irina und ich die Bühne, gefolgt von unseren männlichen Kollegen. Wir nehmen an einem langen Tisch Platz und schauen ins Publikum.

Alle unsere Partner sagen kurz etwas, dann spricht der stellvertretende russische Bildungsminister: »Als ich zum ersten Mal von der *Sesamstraße* gehört habe, dachte ich, es wäre ein weiterer Versuch, amerikanischen Tand nach Russland zu bringen. Aber als ich die internationalen Ausgaben der *Sesamstraße* gesehen habe, wurde mir klar, dass sie die Kulturen der anderen Länder achten und eine Sendung kreieren wollten, die auch unsere Kultur widerspiegelt. Und genau das macht die *Uliza Sesam*.«

Als Nächstes spricht Igor Malaschenko, der Präsident von NTV, dann Baxter, der sich bei USAID und dem russischen Volk bedankt. Wolodja und Irina sagen Danke für die Möglichkeit, das Programm zu adaptieren, auch wenn »der Weg zur russischen *Sesamstraße* lang und holprig war«, wie Irina sagt.

Jetzt bin ich an der Reihe. Ich nicke meinen amerikanischen Kolleginnen und Kollegen zu, die an der Seite an der Wand stehen, weil sie ihre Plätze für unsere Moskauer Gäste freigegeben haben. Meine Stimme zittert, als ich auf Russisch sage: »Ich applaudiere unserem Team von der *Uliza Sesam* für seine Genialität, Ausdauer und Kunstfertigkeit.« Dann rede ich darüber, wie viel Arbeit alle in dieses Programm gesteckt haben, das die Kinder der ehemaligen Sowjetunion feiert, die in einer freieren, offeneren Gesellschaft ihren Platz suchen.

Als ich ans Ende meiner Rede komme, spüre ich eine warme

Flüssigkeit auf meiner Brust. Ich schaue nach unten und sehe, wie sich zwei winzige runde Milchflecken auf meinem violetten Chiffonkleid breitmachen. Ich verschränke die Arme vor der Brust und spreche weiter, wobei ich versuche, nicht darüber nachzudenken, dass gerade Millionen von Amerikanern und Russen meinen Kostümdefekt in den Abendnachrichten sehen. Und ich spüre, wie ich rot werde. Ich komme so schnell wie möglich zum Ende und setze mich. Der laute Applaus mildert ein wenig meine Beschämung.

Abgesehen von der Misslichkeit auf der Bühne wird der Abend ein großer Erfolg. Anschließend gibt es noch einen ausschweifenden Empfang. Stehtische mit weißen Tischdecken, Champagner und Wodka fließen in Strömen. Die Russen und Amerikaner bringen Toasts aufeinander und auf den Erfolg der Sendung aus.

Da sehe ich am anderen Ende des Raums Baxter zusammen mit Midhat und Igor Malaschenko, die sich vor Lachen krümmen. Ich gehe zu ihnen an den Tisch und Baxter sagt zu mir: »Wofür ich Russland immer verfluchen und danken werde, ist der Wodka, den ich hier kennengelernt habe.« Er hebt sein Glas: *»Na sdorowje«*, ruft er mit perfekter Aussprache.

Allen ist bewusst, dass die *Uliza Sesam* das erste Programm in Russland überhaupt ist, das gleichzeitig auf zwei konkurrierenden Sendern läuft. Heute Abend umarmen sich Fernsehmacher, die sonst erbittert um Marktanteile kämpfen und sich gegenseitig an die Gurgel gehen, als wären sie alte Freunde. Es freut mich, dass sich diese knallharten Geschäftsleute gemeinsam darüber freuen, dass sie Millionen von Kindern Freude bringen und ein Lachen ins Gesicht zaubern.

Wolodja sitzt bei den beiden Nestlé-Vertretern. Er winkt mich herbei und fragt mich mit einem breiten Lächeln: »Und, Natasha, wann fangen wir mit der zweiten Staffel an?«

Er weiß natürlich, dass niemand eine Ahnung hat, wann wir

mit der Produktion weitermachen können. Wir haben ja kaum die erste Staffel lebend vollendet. Aber das spielt jetzt keine Rolle. Heute Abend freuen wir uns einfach über das, was wir gemeinsam erschaffen haben. Jahrelang habe ich von diesem Tag geträumt, und jetzt ist er da.

Irina kommt von hinten auf mich zu und kneift mir in die Hüfte. »*Duscha Moja*, du hast schon fast wieder deine alte Figur«, neckt sie mich. Sie sieht hinreißend aus in ihrem roten Abendkleid aus Seide. Und sie trägt die Diamantbrosche, die sie auch an dem Tag getragen hat, als wir uns zum ersten Mal begegnet sind.

Ich kann die Tränen nicht zurückhalten. Sie legt mir den Arm um die Hüfte. »Was ist los, *Natulja*?«, fragt sie sanft. »Warum bist du traurig? Ist das nicht die schönste Feier deines Lebens? Vielleicht sogar noch schöner als deine Hochzeit?« Sie zwinkert.

»Ich vermisse Gabriel und Ken.« Ich wische mir eine Träne von der Wange.

»Natürlich vermisst du deinen kleinen Engel.« Sie drückt mich fest an sich.

Schluchzend presse ich heraus: »Ich habe Angst, was jetzt aus meinem Leben wird, wo es mit der *Uliza Sesam* zu Ende geht.«

Irina dreht sich zu mir und nimmt mein Gesicht in die Hände. »Hab keine Angst, Natasha. Du bist noch so jung. Es wird eine zweite Staffel geben. Und glaubst du wirklich, das hier wäre deine letzte Party? Was ist mit deiner nächsten Hochzeitsfeier, wenn du das zweite Mal geheiratet hast? Die wird nämlich noch besser!«, scherzt sie.

Wir lachen. Da kommt Leonid zu uns und knufft mich. »Ich muss eine rauchen.«

Ich schnappe mir meinen Mantel und schlüpfe in meine Stiefel, dann zieht er mich nach draußen. Es ist ein kalter, klarer Abend mit leichtem Schneefall. Ohne ein Wort zu sagen, legt Leonid den Arm um mich. Wir spazieren in ein Wohngebiet mit hohen Mietshäusern. Er bleibt stehen, um sich eine Zigarette anzuzünden, und wir betrachten die Bewohner der Stadt, die gerade heimkehren.

Als es dunkel wird, sehen wir, dass in mehreren Fenstern die gelben Lichter gleichzeitig die Farbe wechseln, erst zu hellrot, dann zu grün und zu blau. In einem anderen Gebäude auf der anderen Straßenseite passiert dasselbe. Plötzlich begreifen wir, dass es sechs Uhr ist. Womöglich haben die Familien gerade ihre Fernseher angestellt und schauen jetzt – die *Uliza Sesam*! Wir sind wie verzaubert, als wir sehen, wie die Farben hinter den vielen Fenstern wechseln.

Wir drehen uns im Kreis und schauen von Fenster zu Fenster. Unter unseren Füßen knirscht der Schnee, und das Geräusch hallt durch die Luft. Ich stelle mir vor, wie Millionen Mechaniker, Lehrerinnen, Metzger, Straßenreiniger, Bergleute, Ärztinnen und Kellnerinnen in ihren Wohnungen, Datschas und Häusern in Nowosibirsk, Tallinn, Kyjiw und der gesamten ehemaligen UdSSR über die goldigen Eskapaden und die Kopflosigkeit von Seliboba, Kubik und Businka lachen.

Sie alle schauen *unsere* Sendung.

Die erste Folge kenne ich in- und auswendig. Jetzt ist es 18:05 Uhr, also kommt wahrscheinlich gerade die Eröffnungsszene, in der Seliboba die riesige Tür zu seinem Baumhaus öffnet und den Postboten im Hof trifft. Der Postbote ist neu im Viertel und muss die Bewohnerinnen und Bewohner der *Uliza Sesam* erst noch kennenlernen. Die Autoren kamen auf diese geniale Idee, um den Zuschauern die wichtigsten Figuren der Sendung vorzustellen. Seliboba überragt den Postboten und schaut auf ihn hinab.

Ich friere und kuschle mich näher an Leonid, dann lege ich glücklich den Kopf auf seine Schulter. Dank unserer naiven Beharrlichkeit ist uns gelungen, was viele für unmöglich gehalten haben – was ich sogar selbst manchmal für unmöglich gehalten habe. Ich atme die kalte Luft ein. Noch nie habe ich mich mit Russland so sehr verbunden gefühlt wie jetzt.

Ich flüstere Leonid ins Ohr: »Glaubst du, mein Leben in Russland ist jetzt zu Ende?«

Leonid lacht. »In Russland ist nie irgendwas zu Ende«, sagt er. »Alles wiederholt sich immer und immer wieder, wie in einem Kreis.«

Конец
(Ende)

Epilog

Die *Uliza Sesam* wurde ein Riesenerfolg. Sie lief zur besten Sendezeit in der gesamten ehemaligen Sowjetunion auf den beiden größten russischen Fernsehsendern. Die erste Folge wurde im Oktober 1996 ausgestrahlt. ORT zeigte die Serie einmal, NTV sechsmal die Woche, und sie erreichten damit Millionen von Kindern und Familien in elf Zeitzonen. Die Sendung wurde in die Ukraine, ins Baltikum und in die meisten ehemaligen Sowjetrepubliken übertragen, wo die Kinder noch gewohnt waren, russischsprachige Programme zu schauen.

Die Muppets Seliboba, Kubik und Businka waren bald bei den Kindern des ehemaligen Sowjetreichs genauso bekannt wie Bibo und Elmo beim amerikanischen Publikum. Auch wurde die *Uliza Sesam* mehrmals für den Teffy, den russischen Emmy, nominiert. Aber wie Wolodja Grammatikow, der leitende Regisseur der Sendung, sagte: »So gut unsere Sendung auch sein mag, es ist unwahrscheinlich, dass eine russische Jury den Preis jemals an ein Format vergibt, das ursprünglich aus Amerika kommt.«

Die nächsten Staffeln wurden bis weit in die Ära Putins hinein ausgestrahlt, und 2006 feierte die Serie ihr zehnjähriges Jubiläum. Viele Produzenten und Regisseurinnen, die an der ersten Staffel beteiligt gewesen waren, haben noch jahrelang für die *Sesamstraße* gearbeitet. 2010 wurde die Serie zum letzten Mal ausgestrahlt, da ihr Putins Gefolgsleute in den Fernsehgesellschaften die Unterstützung versagten.

Nach der Geburt meines zweiten Kindes 1998 habe ich Sesame Workshop verlassen und ein Unternehmen für digitale Medien gegründet, um mich für mehr Gerechtigkeit im US-amerikanischen Gesundheitswesen einzusetzen. Ich schuf KickinNutrition.TV, eine Kochsendung in Form eines Singspiels, in der Kindern die Themen Ernährung und Wohlbefinden nähergebracht werden.

Ich habe in den letzten zwanzig Jahren oft über die unglaublichen Ereignisse rund um die Entstehung der *Uliza Sesam* und über die Unterdrückung und Verfolgung von Journalisten und Menschenrechtsaktivistinnen unter Putins Regime nachgedacht. Während unserer Produktion konnten wir nicht begreifen, warum unsere Partner in den russischen Sendern einer nach dem anderen umgebracht wurden oder warum das russische Militär unser Produktionsbüro überfallen hat. Auch wenn der Moskauer Staatsanwalt behauptet, inzwischen 120 Aktenordner über den Mord an Wlad Listjew zusammengetragen zu haben – heute wird an ihn erinnert als an einen couragierten Mann, der sein Leben für die Pressefreiheit gelassen hat –, bleibt die Tat ein ungelöstes Rätsel. Man darf vermuten, dass die damals im russischen Fernsehen tobenden Kämpfe – selbst wenn es nur um eine Puppensendung ging – lediglich stellvertretend für größere Konflikte geführt wurden, die auch Putins Machtergreifung den Boden bereiteten und der zunehmenden Spaltung zwischen Russland und dem Westen zugrunde liegen.

Als die Spannungen zwischen Russland und den USA nach der Annexion der Krim 2014 weiter eskalierten, fragte ich mich, was wohl aus meinen brillanten Kollegen von der *Uliza Sesam* geworden war, die so viele Risiken auf sich genommen hatten, um zu Veränderungen in ihrem Land beizutragen.

Zwar stehe ich bis heute mit Leonid in Kontakt, der weiterhin in Moskau lebt, aber zu den meisten anderen Mitarbeitern habe ich in den letzten 25 Jahren den Kontakt verloren. Selbst als ich 2016 in Moskau war, um *Russian Millennials Speak Openly about America* (Russische Millennials sprechen offen über Amerika) zu drehen – ein Video über Putin und Trump, das auf YouTube 2,5 Millionen Mal angesehen wurde –, habe ich sie nicht getroffen. Aber dieses Buch war der Anlass, mit einigen meiner ehemaligen Mitarbeiter Kontakt aufzunehmen und noch einmal nach Moskau zu reisen.

Im Januar 2020 gelang es mir, ein Visum zu erhalten, und so flog ich freudig in die eingefrorene Hauptstadt. Bei meiner Ankunft war es bereits dunkel, aber als sich das Taxi dem Stadtzentrum näherte, wurden die Straßen von den Dekorationen zum russisch-orthodoxen Neujahrsfest erhellt. Wir bogen um eine Ecke und fuhren auf ein großes vorrevolutionäres Gebäude zu, vor das ein Netz aus Hunderten winziger gelb blinkender Lichter gespannt war, die aussahen wie Glühwürmchen. Die Stadt wirkte heller, sauberer, moderner. Und auch steriler.

Dann kamen wir am Radisson Ukraina an, einem Hotel in einem der berühmtesten Wolkenkratzer der Stalin-Ära. Am Empfang wurde ich von zwei stilvoll gekleideten Frauen um die zwanzig begrüßt. Ich dachte daran, dass sie noch Kinder waren, als die *Uliza Sesam* ins Fernsehen kam, und gab der Versuchung nach, sie zu fragen, ob sie die Sendung zufällig kennen.

»Ich lieebe Seliboba. Das ist mein Lieblings-Muppet!«, kreischte die Frau, die meine Daten aufnahm. Als ich ihnen sagte, dass ich die Produktionsleiterin war, sprangen sie mich an, als wäre ich ein Star, und erzählten mir, alle in ihrer Generation hätten diese Sendung gesehen. Plötzlich fühlte ich mich sehr alt. Aber es machte mir nichts aus.

Drei Tage später rief ich bei ORT an und bat darum, noch einmal den Fernsehsender besuchen zu dürfen, in dem wir die *Uliza Sesam* gedreht hatten.

Der Eingang war versetzt worden und es gab jetzt einen Metalldetektor und einen Wachmann, der sich ganz genau meinen Reisepass ansah, bevor er mich zu den Drehkreuzen schickte, an denen zwei Vertreterinnen der Öffentlichkeitsarbeit auf mich warteten – vermutlich FSB-Agentinnen. Mein Besuch schien sie irgendwie zu erheitern.

Dass sie irritiert waren, eine Amerikanerin zu sehen, überraschte mich nicht. Heutzutage erhalten Ausländer – am wenigsten Amerikaner – kaum mehr Zutritt zum Hochsicherheitstrakt von ORT, wo die Pro-Kreml-Propaganda und die Fake News produziert werden, die den 147 Millionen russischen Bürgern frei Haus geschickt werden.

Meine Begleiterinnen drückten die schwere Metalltür zum Studio No. 13 auf – unserem Studio. Mir wurde klamm. Der Raum sah genauso aus wie damals: zerdellte Metallwände, ein klebriger Boden und die rostige, spiralförmig zur Deckenbeleuchtung hinaufführende Treppe, die ich selbst unzählige Male hinaufgestiegen war. Ich erzählte meinen Aufpasserinnen, dass ich hier vor 25 Jahren mehrere Monate verbracht hatte und mich damals frei im ganzen Sender bewegen konnte. Es schien sie nicht zu interessieren, vielleicht glaubten sie mir auch nicht.

Ich hatte erwartet, dass unser alter Tummelplatz renoviert worden wäre und sich in ein schickes Hightech-Studio verwandelt hätte. Aber es hatten sich nur die Kulissen geändert. Ich fragte eine Begleiterin: »Warum ist das Studio in der ganzen Zeit nie renoviert worden?«

Mit betretener Miene sagte sie: »Wegen der US-Sanktionen. Wir haben keine harte Währung und können uns keine Renovierung leisten. Wir mussten viele Opfer bringen.«

Ich schloss die Augen und versuchte mir ins Gedächtnis zu rufen, wie Seliboba hier über den Gummiboden trampelt und über seine riesigen weißen Turnschuhe stolpert, während die Crew durch die Gegend hetzt.

Ich fühlte mich wie eine Zeitreisende, die eine bekannte und zugleich unbekannte Welt betritt.

Dann bat ich darum, noch in den Regieraum gehen zu dürfen, in dem ich während der Aufnahmen oft gesessen hatte. Drinnen fiel einer Begleiterin plötzlich ein, dass Andrej, einer der Toningenieure des Senders, an der *Uliza Sesam* mitgearbeitet hatte. Sie rief ihn vom Haustelefon aus an. »Hier ist eine Amerikanerin von der *Uliza Sesam*, die gern Hallo sagen würde.« Ihr fiel die

Kinnlade herunter, als sie seine Antwort hörte. Sie wiederholte, was Andrej sie gefragt hatte: »Ist es zufällig Natasha Lance?« Dann übergab sie mir den Hörer und ich sprach mit Andrej, der gerade außer Haus war.

Plötzlich änderten meine beiden Begleiterinnen, die mich bis jetzt mit kaum verhohlener Verachtung behandelt hatten, ihr Verhalten mir gegenüber. Sie zauberten sogar ein Lächeln auf ihre Gesichter, vielleicht weil sie begriffen, dass ich Russland ebenso sehr liebte wie sie. Am Ende meines Besuchs lächelten sie über beide Ohren, hakten sich bei mir unter und begleiteten mich zum Ausgang. Wir sagten uns freundlich auf Wiedersehen.

Im Taxi zurück zum Hotel dachte ich an den ehemaligen Fernsehregisseur, mit dem ich am Abend zuvor essen gewesen war. Er hatte bis 2002 auch an den weiteren Staffeln der Serie mitgearbeitet. Während wir aßen, vertraute er mir an, er habe keine Hoffnung mehr, dass es zu unseren Lebzeiten noch Demokratie in Russland geben werde. »Ich habe mir letztens noch einmal ein paar der Videoclips angesehen und ich weiß nicht, ob wir heute dieselbe Leichtigkeit und Leidenschaft aufbringen würden, wie sie damals am Set geherrscht haben. Wir waren naiv, und im Laufe der Jahre sind wir rationaler geworden, verschlossener. Die Menschen haben sich verändert, die Gesellschaft hat sich verändert, das Leben hat sich verändert. Es ist jetzt ein anderes Land.«

Wir schwiegen und ich fühlte mit ihm. Er hatte erwachsene Kinder und Enkelkinder, die in Moskau lebten, für ihn musste das alles sehr schmerzhaft sein. Er erzählte mir, dass sich die meisten unserer ehemaligen Kollegen vom Fernsehen abgewandt haben, um nicht die Pro-Kreml-Propagandaprogramme zu bedienen.

Am nächsten Tag begleitete mich Leonid, der wieder geheiratet hatte, zu Irina. Sie ist immer noch ein Kraftwerk und verleiht jetzt ausländische Filme ans russische Fernsehen. Natürlich sprachen wir über Haare, Schuhe und unsere inzwischen erwachsenen Kinder. Aber hauptsächlich schwelgten wir in der beglückenden alten Zeit, die wir überlebt hatten, und sprachen darüber, wie wertvoll, anarchisch und flüchtig die kurze Phase der Liberalisierung in Russland gewesen war und was hätte getan werden können, um das Land in den 1990er Jahren in eine andere Richtung zu steuern.

An meinem dritten Tag in Moskau kam mein guter Freund Sascha Skljar, der gewiefte Komponist der *Uliza Sesam*, bei mir im Hotel vorbei. Wir sprachen wie alte Freunde, die sich in alten Zeiten verlieren. Aber ich war überrascht, dass der einstige Held der Underground-Szene Konzerte gab, in denen er patriotische Lieder über die Annexion der Krim sang. Ich war überrascht, aber es ist schwer, über Menschen zu urteilen, die in einem korrupten System um ihr Überleben kämpfen.

Am Vormittag des 14. Januar schaltete ich den Fernseher an und sah mir Präsident Putins alljährliche Rede zur Lage der Nation an. Ein surrealer Moment. Ich auf Stippvisite in Moskau und der russische Anführer schlägt eine historische Abänderung der Verfassung vor, damit er noch bis weit nach Beendigung seiner letzten Amtszeit 2024 der Anführer dieses Landes bleiben kann. Im Prinzip erklärte er sich damit selbst zum Zaren. Ich starrte auf den Bildschirm und versuchte, mich zu beruhigen, indem ich mir sagte, Putins neuste Schönfärberei sei kein Zeichen von Stärke, sondern von Schwäche. Aber ich fürchtete mich davor, was all das für das Volk bedeutete, das ich liebte, für den durchschnittlichen Russen und für die Welt.

Am nächsten Tag kehrte ich Moskau den Rücken.

Cambridge, Massachusetts
Sommer 2021

Nachbemerkung

Als dieses Buch in Druck ging, begann Putin einen furchtbaren Krieg, der in der ganzen Ukraine für Schrecken und Blutvergießen sorgte. Plötzlich äußerten sich viele Moskauer Kreative und auch Dutzende meiner ehemaligen Kolleginnen und Kollegen, die Putins repressivem Regime über Jahrzehnte getrotzt hatten, auch öffentlich zu diesem brutalen Überfall. Wer konnte, floh so schnell wie möglich aus dem Land.

Sofort nahm ich Kontakt zu ihnen auf. Fast alle sagten, dass sie sich schämten, und sie hatten Angst um ihre in der Ukraine lebenden Familienmitglieder und Freunde. Ich selbst machte mir furchtbare Sorgen um meine ehemaligen Kollegen, die inzwischen nach Kyjiw oder Lwiw zurückgezogen waren.

Gerade weiß ich nicht, wann es in Russland wieder die Chance geben wird, sich für Demokratie, Inklusion und Meinungsfreiheit einzusetzen, aber es spendet mir zumindest ein wenig Trost, wenn ein Filmemacher der *Uliza Sesam* sagt: »Ich habe nur eine Hoffnung: dass die Generationen von Kindern, die mit der *Uliza Sesam* aufgewachsen sind, einen Weg finden werden, um in diesem Land wieder für ein harmonisches Miteinander zu sorgen und diesen Wahnsinn zu beenden.«

Cambridge, Massachusetts
Sommer 2022

Anmerkung der Autorin

Ich habe für dieses Buch auf Transkriptionen von Audio- und Videoaufnahmen zurückgegriffen, die während der Produktion entstanden, sowie auf Fotografien und meine zahlreichen Notizen aus den 1990er Jahren. Außerdem habe ich zwischen 2019 und 2021 mit meinen ehemaligen amerikanischen und russischen Mitarbeiterinnen und Mitarbeitern Interviews geführt. Während der Produktion der russischen *Sesamstraße* führte ich ein Tagebuch, in dem ich mir die damaligen Ereignisse und Gespräche notierte. Ein ehemaliger Kollege hat mir großzügigerweise sein eigenes Tagebuch aus dieser Zeit zur Verfügung gestellt. Dank dieser Dokumente sowie der Fotografien und der Korrespondenz zur Produktion konnte ich die Ereignisse rekonstruieren, die diesem Buch zugrunde liegen. Dennoch ist *Muppets in Moskau* eher ein Memoir als eine offizielle Darstellung der Geschichte durch Sesame Workshop oder die Henson Company.

Der besseren Lesbarkeit halber habe ich Dialoge in russischer Sprache nicht in kyrillischer Schrift, sondern nur in der Übersetzung wiedergegeben. Außerdem verwende ich zur Beschreibung russischer Orte die Terminologie, die zur damaligen Zeit gültig war, zum Beispiel bezeichne ich St. Petersburg als Leningrad. Falls nötig, habe ich auch die Namen von Personen im Buch geändert, um ihre Identität zu schützen. Das Unternehmen, das die *Sesamstraße* heute produziert, nenne ich »Sesame Workshop«, obwohl es bis zum Jahr 2000 noch »Children's Television Workshop« hieß. Und zum Abschluss noch ein ganz wichtiger Punkt: Wenn ich von meinen *russischen* Kolleginnen und Kollegen aus den 1990er Jahren spreche, will ich sie damit von meinen *amerikanischen* Kolleginnen und Kollegen abgrenzen.

Im Team der *Uliza Sesam* Moskau gab es jedoch unter anderem armenische, ukrainische, georgische, moldauische, kasachische und usbekische Kunstschaffende und Fernsehleute.

Danksagung

Ein Buch zu schreiben ist schwerer, als ich dachte, und schöner, als ich es mir je hätte vorstellen können. Ich möchte mich gern bei den vielen Menschen bedanken, die dazu beigetragen haben, dass *Muppets in Moskau* erscheinen konnte. Dieses Buch hat mir Gelegenheit gegeben, noch einmal Kontakt zu meinen ehemaligen Kolleginnen und Kollegen in Russland, der Ukraine und anderen ehemaligen Sowjetrepubliken aufzunehmen. Ich bin ihnen zutiefst dankbar für ihre Großherzigkeit und ihr Vertrauen, sich von mir befragen zu lassen und mir ihre Geschichten von Leidenschaft, künstlerischer Genialität und überbordendem Engagement zu erzählen: Wolodja Grammatikow, Tamara Pawljutschenko, Irina Borissowa, Dr. Anna Genina, Katja Komalkowa, Sergej Nowikow, Wika Lukina, Nana Grinstein, Mascha Ribasowa, Sascha Skljar, Serjoscha Siniewitsch, Katja Fedorowna, Elena Lenskaja und Uljana Sawiliewa. Das russische Produktions- und Forschungsteam umfasste über 400 Personen. Ohne ihr bemerkenswertes Engagement und ihren Glauben an dieses Projekt wäre diese Sendung nicht zustande gekommen.

Auch danke ich meinen ehemaligen Kollegen und Kolleginnen von der *Sesamstraße*, die sich freundlicherweise bereiterklärt haben, sich für dieses Buch von mir interviewen zu lassen: Baxter Urist, Gary Knell, Dr. Charlotte Cole, Luis Santiero, Dr. Valeria Lovelace, Dan Victor, Steve Miller, Anna Connolly, Cooper Wright, Jeanne Taylor Hard, Mark McNease, Gregg Gettas, Brett Pierce, Ginger Knickman, Bunny Lester, David Britt und Emily Swenson. Außerdem möchte ich mich bei Chris Cerf bedanken, einem guten Freund, der mir über die Jahre immer mit Rat und Tat zur Seite gestanden hat. Dank auch an die Puppenzauberer Ed Christie, Marty Robinson, Kevin Clash und Nigel Plaskett, die ich für dieses Buch befragen durfte und die mich mit ihren Erinnerungen an die Zusammenarbeit mit dem Moskauer Team – bei der Kreation der russischen Muppets und dem Training mit den Puppenspielern – unterhalten haben.

Die *Uliza Sesam* ist auf den Schultern der brillanten Erfinder der *Sesamstraße* entstanden. Ich darf mich glücklich schätzen, in ihre Fußstapfen getreten zu sein, und danke Sesame Workshop, der Jim Henson Company und allen meinen Kolleginnen und Kollegen, die zum Erfolg der russischen Serie beigetragen haben, vor allem Lisa Simon, Jon Stone und meiner lieben guten Freundin Arlene Sherman. Dank auch an Bernard Meniere, Bernard Lukey und Elena Kustowa von Nestlé, dass sie mit mir und Simon Hewitt gesprochen und die Verbindung zwischen Sesame Workshop und Nestlé hergestellt haben.

Dass dieses Memoir das Licht der Welt erblicken konnte, verdanke ich natürlich auch meinen großartigen Verlegern: Dana Isaacson, die das Manuskript meisterhaft gekürzt hat, Julianna Haubner für den frühen Vorschlag, mehr Dialoge hineinzunehmen, und Paris Spies-Gans für ihre alles durchdringende Intelligenz und ihre Detailversessenheit. Sie haben viel dazu beigetragen, dass dieses Buch so lesenswert geworden ist. Ohne das Wohlwollen, die Gedanken und Beiträge meines Freundes Marti Leimbach, der ein fantastischer Autor fiktionaler Literatur ist und mich buchstäblich an der Hand gehalten hat, um mich beim Schreiben zu begleiten, und der auch das Manuskript redigiert hat, wäre dieses Buch niemals erschienen.

Zutiefst dankbar bin ich Gail Ross, meiner fantastischen Agentin, dass sie mir eine Chance gegeben hat und an jeder Wegkreuzung weisen Rat wusste, und meinen cleveren, gewieften Presseleuten David Kass und Sandi Mendelson von Hilsinger-Mendelson, die die Promotion dieses Buches zu einem Vergnügen gemacht haben. Dank auch an Maislinn Helfer, meine glänzende Medienleiterin, für ihre ungeheure Kreativität und Organisation, David Potashnik für seine Organisation und die Fähigkeit, in allen Krisen ruhig zu bleiben, und Jen Hegarty, Medienimpresario par excellence, für ihre Freundschaft und Freundlichkeit und ihre Hilfe, die Kunde über dieses Buch zu verbreiten.

Ich danke meinem Verlag, Rowman & Littlefield, und all seinen engagierten Mitarbeiterinnen und Mitarbeitern für ihre Mühen, damit dieses Buch auf den Markt kommen konnte, vor allem meiner Lektorin Christen Karniski für ihre bestechenden Einsichten und ihre Beratung, wann immer ich sie benötigte. Dank auch an Emily Lahey Shoov, die das Hörbuch von *Muppets in Moscow* eingelesen hat, für ihre kongeniale Leistung, unterstützt von den meisterhaften Toningenieuren Jordan Rich und Ken Carberry von Chart Productions.

Danke, Max Evry, für die geniale Umschlaggestaltung – du bist ein wahrer Freund – und an Ian Fried, einen sehr talentierten Grafiker, der die endgültige Gestaltung des Umschlags verantwortet, sowie Nick Holmes für das Autorinnenfoto.

Ich bin auch Robin Hessman dankbar, die mir freigebig ihr stählernes Gedächtnis öffnete und mir selbstlos ihre Erinnerungen an unsere gemeinsame Zeit in Moskau erzählte. Seit über zwanzig Jahren pflegen wir eine wunderbare Freundschaft.

Leonid Zagalski, meinem besten Freund, den ich seit über dreißig Jahren kenne, schulde ich enormen Dank für seine unermüdliche Unterstützung und seine Ehrlichkeit. Als mein engster Vertrauter während der Dreharbeiten zur *Uliza Sesam* war er oft der Erste, an den ich mich gewandt habe, während ich dieses Buch schrieb. Ich bin ihm unendlich dankbar für seine Ratschläge, seine Großzügigkeit und vor allem für seinen großartigen Humor.

Für die Hilfe bei der Übersetzung und Transkription aus dem Russischen danke ich Geordie Sinclair Kenyon und Stephan Gerald Kuehler für die Nachforschungen in den Bibliotheken der Harvard University. Dank schulde ich auch den Akademikerinnen und Akademikern für ihre ausführlichen Analysen einiger historischer Ereignisse im Russland der 1990er Jahre, die mir wichtige Zusammenhänge begreiflich machten, um größere politische und historische Ereignisse zu verstehen, die Einfluss auf die Produktion der *Sesamstraße* hatten: Arkadi Ostrowski, Mascha Gessen, David Hoffman, Ben Mezrich, David Remnick, Karen Dawisha, Ben Judah, Angela Stent, Anne Applebaum, Fiona Hill, Catherine Belton und Peter Pomerantsev. Dank auch an frühe Begleiter dieser Geschichte: Tina Bennet, Jonathan Karp, Svetlana Katz und Amy Lamott.

Bei jedem Schritt auf dem Weg zu diesem Buch haben mich meine wunderbaren Geschwister begleitet und ermutigt – Andy, Emily, Stephan und Kate, ebenso wie ihre Partner – und auch viele Freunde, die zwei Jahre lang geduldig monomanische Gespräche mit mir über diese Geschichte ertragen haben: Beth Mendelson, Elodie Goirand, Andreas Xenophontos, Lisa Randall, Sabine Howard, Suzanne Priebatsch, Julie Wolf, Judy Warner, Max Burley, Anne McElvoy, Martin Ivens, Jim Kryzanski, Katherine Craven Kryzanski, Amy Spies, Gary Gans, Ned Temko, Annie Corbett, Sasha Borofsky, Louiza Mosendz, David Blaine, Holly Davis, David O. Russell, Nadia Zamoul, Lori Gottileb, Jean Korlitz, Cornelius Fischer, Maya Popa, Jessica Prato, Anna Tse, Josh Horowitz, Barbara Guggenheim, Joe DeCola und Bert Fields.

Meine Familie war während dieses langen Projekts meine größte Kraftquelle. Meine Kinder Gabriel und Juliana haben mir eingeflüstert, dass meine Geschichte »schon echt cool« sei, und treiben ihre Freunde bis heute mit Geschichten von ihrer verrückten Mutter in den Wahnsinn. Ihre Freude an meiner Geschichte war genau der Zuspruch, den ich brauchte, um dieses Buch zu schreiben.

Zutiefst dankbar bin ich meiner Tochter auch für ihre vielen Ratschläge und ihre unermüdliche Unterstützung. Ebenso meinem Lebenspartner Ken, der mehr Fassungen von diesem Buch gelesen hat, als ich auf Papier gebracht habe, und der immer für mich da war. Ich danke ihm für seine Liebe und für seine unerschütterliche Unterstützung.

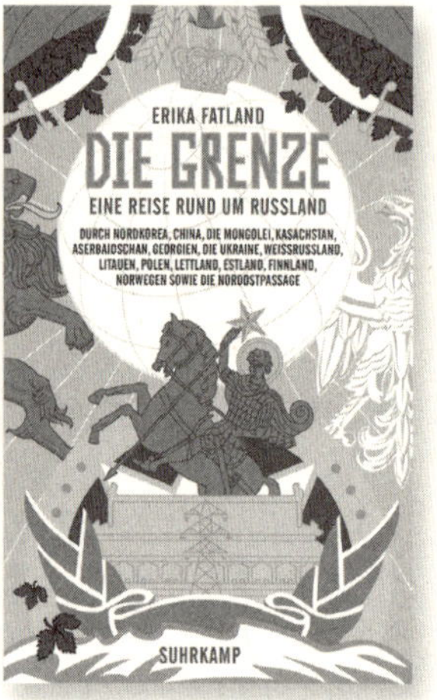

Erika Fatland
Die Grenze
Eine Reise rund um Russland, durch Nordkorea, China, die Mongolei, Kasachstan, Aserbaidschan, Georgien, die Ukraine, Weißrussland, Litauen, Polen, Lettland, Estland, Finnland, Norwegen sowie die Nordostpassage
st 4974. 623 Seiten
(978-3-518-47117-3)
Auch als eBook erhältlich

»Jedes Kapitel dieser Grenzgängerin, die keine Strapaze gescheut hat, ist fesselnde Lektüre.« **Süddeutsche Zeitung**

Erika Fatland, Autorin des Bestsellers *Sowjetistan*, reist entlang der über 20000 Kilometer langen russischen Grenze durch 14 Länder und begegnet dort den unterschiedlichsten Menschen – Taxifahrern, Geschichtsprofessoren, Rentierhirten und anderen. Sie hört zu, stellt Fragen, sammelt Geschichten. So entstehen schillernde Porträts dieser eigenwilligen Menschen und Länder. Aber auch ein Porträt des weltpolitischen Giganten – aus der Sicht seiner Nachbarn.

»Ein kenntnisreiches Buch mit Mehrwert.«
Brigitte

»Man möchte einfach immer weiterlesen.«
Frankfurter Rundschau

suhrkamp taschenbuch

Weitere Informationen erhalten Sie unter www.suhrkamp.de
oder in Ihrer Buchhandlung.

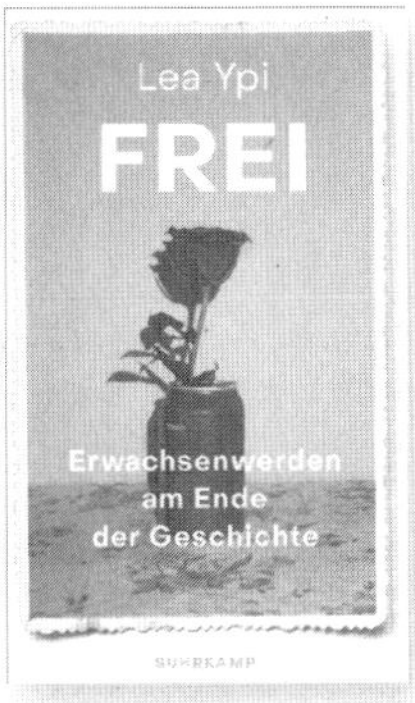

Lea Ypi
Frei
Erwachsenwerden am Ende
der Geschichte
Aus dem Englischen von Eva Bonné
Broschur, 333 Seiten
(978-3-518-47324-5)
Auch als eBook erhältlich

Lea Ypis *Frei* ist eines jener seltenen Bücher, die wirklich zu zeigen vermögen, wie die Geschichte das Leben und das politische Bewusstsein von Menschen formt.«
Ivan Krastev

Albanien 1989 – es herrschen Mangelwirtschaft, die Geheimpolizei und das Proletariat. Für die zehnjährige Lea ist dieses Land ihr Zuhause: ein Ort der Geborgenheit, des Lernens und der Hoffnung. Alles ändert sich, als die Mauer fällt. Jetzt können die Menschen wählen, wen sie wollen, sich kleiden, wie sie wollen, anbeten, was sie wollen. Aber die neue Zeit zeigt bald ihr hartes Gesicht: Skrupellose Geschäftemacher ruinieren die Wirtschaft, die Aussicht auf eine bessere Zukunft löst sich auf in Arbeitslosigkeit und Massenflucht. Das Land versinkt im Chaos, und Lea beginnt sich zu fragen, was das eigentlich ist: Freiheit. In hinreißender Prosa erzählt die Autorin über das Erwachsenwerden im poststalinistischen Albanien und in einer schillernden Familie, die vom Sturm der Geschichte erfasst wird.

»Eine der wichtigsten Denkerinnen Europas.«
Paul Mason

suhrkamp taschenbuch

Weitere Informationen erhalten Sie unter www.suhrkamp.de
oder in Ihrer Buchhandlung.